Mitt liv
1939–1986

Gro Harlem Brundtland

Mitt liv

1939–1986

GYLDENDAL

2. opplag

Trykk/Innbinding: AiT-Gruppen, 1997
Sats: AiT Trondheim AS, 1997
Papir: 80 g Ensolux Cream (1,6)
Boken er satt med 10,8/13 p. Sabon
Forsidefoto: © NTB
Baksidefoto: Stern/1981, Kurt Will
Omslagsdesign: Kristin Stephansen-Smith
Bilderedaktør: Sissel Falck

ISBN 82-05-24869-9
ISBN 82-574-1198-1 (Bokklubben Nye Bøker)

Innhold

Avgangen

Dagen er der. Min beslutning skal gjøres kjent. Det er onsdag 23. oktober 1996. Morgenen er som de fleste. Ut for å hente avisene, rundt garasjen og ned til veien der den mørkegrønne boksen fra 1965 fortsatt holder skansen. Arbeiderbladet, Aftenposten, Dagens Næringsliv, Nationen, Vårt Land. De ligger som en rull.

Jeg tar dem, går inn og opp trappen til stua. Det er som jeg trodde. Ikke et ord i avisene. Bare omtale av den første «spontanspørretimen». Ingen antydning om hva jeg har lagt av planer for denne dagen. Jeg vil be om ordet når stortingsmøtet starter klokka 10.00. Den korte erklæringen har jeg laget for tre uker siden. Jeg vil meddele Stortinget at jeg i dag har orientert Kongen om at jeg vil søke avskjed i statsråd fredag, at jeg har henvist Kongen til Arbeiderpartiets leder og parlamentariske leder.

Morgennyhetene og avisene samtidig. Så ringer jeg Inger, min effektive medarbeider på forværelset. Vi må droppe trimmen i dag, ryggen er ikke helt god. På dagens timeplan har staben satt inn morgentrim. Inger Elise Birkeland, politisk rådgiver, vil komme ut, sammen med sjåføren, slik at vi kan ta en rask spasertur før neste punkt: Stortinget klokka 09.30. Møte med Thorbjørn Jagland. Jeg har en litt annen plan, men Inger og Inger Elise vet ingenting om den.

Martin Kolberg, min stabssjef, er heller ikke orientert om denne dagens helt spesielle begivenheter. Jeg mente tidlig at det ville være urimelig om Martin skulle kjenne min konkrete tankegang om det forestående regjeringsskiftet. Jeg følte han ville komme i en lojalitetskonflikt i forholdet mellom meg og Thorbjørn akkurat her. Thorbjørn og Martin var gamle, nære venner helt fra den tidlige tiden i AUF i Buskerud. Med den åpne dialogen Thorbjørn og jeg hele tiden hadde om alt som hadde med politikk og personer å gjøre, var det greit at Martin visste det meste, men her var det best at jeg alene satt med fasiten. Det én vet, vet ingen. Det to vet, vet mange. Martin skulle slippe å bære på en hemmelighet, en hemmelighet heller ikke Thorbjørn kjente. Dette hadde jeg fortalt Martin allerede høsten før, da han begynte hos oss. Likevel hadde jeg en svak uro fordi det er lett, i en slik situasjon, å føle seg tilsidesatt.

Foruten Olav var det bare fire andre som visste.

Det var Bjørn Grydeland, den ryddige, sympatiske og høyt betrodde departementsråden. Siden Martin måtte slippe å vite, var det naturlig å bruke Bjørn Grydeland som samtalepartner. Vi gikk igjennom Stortingets dagsorden for oktoberukene parallelt med min for lengst fastlagte dagsorden og reiseplan. Jeg ville velge et tidspunkt som skapte minst mulig uro i Stortingets arbeid, som alltid er tettpakket utover høsten.

Dette regjeringsskiftet var et skifte av mannskap, ikke politikk. Den politiske plattform for regjeringen lå i Arbeiderpartiets program og det langtidsprogram som var lagt fram og behandlet av Stortinget våren 1993. Ut fra Stortingets dagsorden var det best å legge min meddelelse i tidsrommet mellom 20. oktober og 1. november. En dato pekte seg ut: 23. oktober.

Øystein Singsaas, min statssekretær for presse og informasjon, var den andre som visste. Øystein Singsaas kom til kontoret sommeren 1992. Han hadde omfattende kunnskaper og betydelig politisk erfaring, også med bakgrunn i Sosialistisk Venstreparti. Han var av dem som ga uttrykk for at han valgte Arbeiderpartiet fordi partiet gikk inn i en ny fase med fornyelse og endring på mange områder etter at jeg ble statsminister og partileder i 1981. Øystein som hadde vært en fin og nær medarbeider, var nesten alltid med meg på reiser.

Disse to hadde vært med på å drøfte en egnet dato og den samlete strategi.

Da det hele nærmet seg, var det to andre personer jeg ble nødt til å involvere: Morten Wetland, som de siste to årene hadde vært min statssekretær for internasjonale spørsmål, og som jeg hadde arbeidet nært sammen med siden 1986, da han som ung diplomat var «utlånt» fra UD til statsministerens kontor.

Dessuten Jonas Gahr Støre, som nå var blitt ekspedisjonssjef for vår internasjonale avdeling, etter at Morten ble statssekretær.

De to måtte forberede informasjon overfor utlandet. Jeg mente det var viktig at det ble gitt et korrekt bilde av de forestående politiske begivenheter i Norge. Det hele var et planlagt og frivillig skifte. Skiftet representerte ingen grunn til uro i norsk politikk og økonomi. Vi la en informasjonsplan, slik at de internasjonale byråene raskt kunne få den service de trengte, og det ble forberedt personlige brev til en rekke regjeringssjefer rundt om i verden.

Jeg hadde satt opp en nøyaktig liste over hvem som skulle informeres, og om rekkefølgen. Regjeringens medlemmer får først beskjed i tiden mellom 09.40 og 10.00, da jeg skal gå på talerstolen. De tre som er utpekt til å representere regjeringen ved den første såkalte spontane spørretimen, skal slippe å få denne nyheten på forhånd. Det er nok nervøsitet og stress rundt det å forberede seg til en slik begivenhet. Jeg har derfor bedt om at Grete Faremo, Jørgen Kosmo og Kari Nordheim-Larsen ikke blir informert. Jeg ville selv snakke med dem i Stortinget.

Sjåføren, Arne Gulbrandsen, lar seg overhodet ikke merke med at jeg gir ham en forandret endestasjon for vår første tur denne dagen: «Vi skal først til Slottet.» Jeg tenker på dagen, på pressekonferansen klokka 11.00. På regjeringskollegene som intet vet.

Kongen venter meg klokka 09.15. Bjørn Grydeland har diskret brakt på det rene at Kongen vil være i landet og i Oslo denne tirsdagen og onsdagen. Først tirsdag ettermiddag ber han om at statsministeren får et møte med Kongen denne onsdag morgenen. Også på Slottet er det en fordel at færrest mulig vet. Kongen reiser seg smilende som alltid, går rundt skrivebordet til høyre for plassen sin. Vi hilser. Han sier: «Vær så god,» og peker på stolen som alltid står vis-à-vis ham inntil skrivebordet. Denne gangen er det jeg som har initiativet. Det er jeg som har bedt om møtet, og jeg starter med å spørre om Kongen kanskje trodde at det var noe spesielt jeg hadde på hjertet, siden jeg bad om et møte utenom de vanlige månedlige samtalene våre. Ja, han bekreftet at det falt ham inn at det kanskje var spesielle grunner til dette. Det er en lett og uhøytidelig stemning mellom oss. Kongen får vite at dette er noe jeg selv har tenkt på lenge, og jeg forteller ham hvordan jeg har tenkt, og hva jeg har lagt opp til.

I mine samtaler med Kongen har jeg alltid lagt inn de overordnede, politiske resonnementene. Jeg føler meg sikker på at vi begge har hatt større utbytte av disse samtalene nettopp fordi de har vært så åpne, og fordi vi ikke så sjelden har delt en del synspunkter på de utfordringene det er å skulle velge sine ord og møte en stadig mer krevende mediahverdag.

Jeg antyder at det kan være aktuelt å gjennomføre regjeringsskiftet i førstkommende statsråd på fredag, og at det vil gi den nye statsministeren tilstrekkelig tid på seg. Kongen er selvfølgelig ikke overrasket over at jeg gir ham det råd å vende seg til Arbeiderpartiets leder, Thorbjørn Jagland.

Pressen har de aller siste ukene hatt flere innslag med spekulasjoner om «når går Gro – når kommer Thorbjørn». Det startet med en artikkel av Steinar Hansson i Arbeiderbladet like etter årsskiftet, der han resonnerte omkring når et fremtidig regjeringsskifte ville bli gjennomført, og der han mer enn antydet at det nok ville skje i løpet av 1996. På dette tidspunkt var det ingen andre enn jeg og Thorbjørn Jagland selv som kjente til hovedtankegangen. Det er selvfølgelig fullt mulig å filosofere seg fram til en slik vurdering som den Steinar Hansson gjorde. Det aner meg likevel at dette kan være et eksempel på hvor vanskelig det er å opptre helt nøytralt og uten å gi en eneste antydning eller signal i samvær med mennesker man stadig møter.

Samtalen med Kongen er denne gangen kortere enn vanlig, rundt 10 minutter, og jeg vet idet jeg går ut av døren at dette er siste gang jeg som statsminister har et personlig og direkte møte med Hans Majestet Kongen. Han har nok tenkt på det han også, for han takker for nært samarbeid og stor åpenhet gjennom mange år. Jeg stopper et øyeblikk idet jeg passerer det store vinduet like ved utgangen av fugleværelset, som ligger utenfor Kongens kontor. Her har jeg stått mange ganger gjennom årene og sett ut, nedover Slottsparken på Karl Johan-statuen og ned mot Stortinget, mens jeg har snakket med adjutanten i de minuttene jeg har ventet på å bli kalt inn til Kongens kontor.

Jeg smiler og nikker til noen av Slottets personale som står i korridoren bortover mot den store trappen, og går ned til slottsporten. Idet jeg går ned det siste trinnet, får sjåføren øye på meg fra gårdsplassen bak Slottet.

Vi er på vei mot Stortinget. Øverst på Slottsbakken står det noen barn og et par voksne som ser nysgjerrig på den svarte bilen. Jeg vinker idet vi passerer. Denne gangen er det ingen samling her oppe. Det er ingen som vet at noe er i ferd med å skje.

Jeg har bedt om et møte med Stortingets president, Kirsti Kolle Grøndahl, blant annet for å snakke om opplegget fremover for Stortingets spontanspørretime. Kirsti er glad og fornøyd. Hun ser nok fram til denne fornyelsen av Stortingets arbeidsformer, og vil gjerne vite når jeg planlegger å komme for selv å svare på spørsmål fra stortingsrepresentantene. Min tanke var at dette burde legges til den andre omgangen av Stortingets spørretime. Ikke minst for å markere at det er statsrådene som er ansvarlige for hvert sitt område, og for å bidra til å opprettholde denne tradisjonen, som jeg mener er viktig.

Jeg ser på Kirsti og sier: «Jeg er kommet i et helt annet ærend. Jeg vil be om å få ordet idet møtet starter.» Det er tydelig på Kirstis reaksjon at dette kommer helt overraskende på henne. Det var akkurat slik det skulle og burde være. Jeg ler, og vi ler begge. «Nå har du greid det en gang til, Gro,» sier Kirsti smilende. «Du har satt dagsordenen.»

Min plan har vært at vi nå skulle be Thorbjørn komme inn, slik at vi tre kunne gå igjennom selve hendelsesforløpet i den kommende halvtimen. Dagen før er det blitt sjekket fra mitt kontor at Thorbjørn skal være på plass, og det er gitt beskjed om at jeg gjerne vil ha en prat med ham i Stortinget når den første spørretimen avholdes. Men det er ikke avtalt noe konkret tidspunkt.

Ingen ble særlig overrasket over at vi ikke straks fant Thorbjørn. Det er ikke alltid slik at han legger igjen beskjed om hvor han er. Det skjønner jeg godt, for det gjorde ikke alltid jeg heller. Det blir ofte komplisert, og det føles lett som en tvangstrøye når man er parlamentarisk leder. Ja, også jeg kunne gått ut av huset uten å si fra hvis jeg fikk den ideen at jeg ønsket å gjøre et kort innkjøp, eller, som Thorbjørn, å klippe håret. Men det ble litt nervepirrende for de som fikk beskjed om at det var viktig å finne Thorbjørn, slik at han kunne snakke med Kirsti i god tid før spørretimen startet klokka 10.00.

Minuttene gikk. Klokka ble kvart på 10, ti på 10 og fem på 10 før noen fikk tak i Thorbjørn. Da det var tre, fire minutter igjen, kom han, noe kortpustet, inn på Presidentens kontor. Litt usikkert smilende. Dette var nok et tidspunkt han hadde ventet på, men heller ikke han visste noe om at dette var dagen jeg hadde valgt. Derfor visste ikke Hanne, hans kone, derfor visste ikke Sten Helland, hans nærmeste medarbeider, derfor slapp han selv belastningen med å vite noe han ikke trengte å vite.

Vi var enige om at det jo var kjekt å være nyklippet ved en sånn anledning. Vi var enige om å holde stilen, slik at ingen skulle vite hva som forestod før møtet kom igang.

Thorbjørn gikk først ut og inn i vandrehallen, for deretter å gå inn i selve stortingssalen. Jeg tok raskt til høyre da jeg kom ut av Presidentens forværelse, og brukte den døra som vanligvis er avlåst, og som fører rett inn i stortingssalen på venstre side sett fra representantenes plasser.

Det var ingen som la merke til at jeg kom inn denne litt uvanlige veien denne morgenen. Jeg tok en prat med et par representanter som sto bak stolrekkene, og gikk ned for å sette meg på min egen plass, da Presidenten gikk til sin plass for å starte møtet.

Da jeg passerte mine tre statsråder som satt ved siden av hverandre på fremste rekke, spurte jeg smilende hvordan forberedelsen hadde gått, og om de nå hadde alle svar på rede hånd. Jeg visste jo at dette var en krevende oppgave, og at departementene måtte ha stått på hodet i de siste døgnene for å forberede seg til denne nydannelsen. «Dette går fint,» sier jeg, og senker så stemmen, «men det blir ikke noe av. For nå skal jeg ha ordet først. Så blir det ingen spørretime denne gangen.»

Alle tre holdt maska. De skjønte hva som forestod.

Stortingspresidenten satte Stortingets møte presis klokka 10.00. Hun leste opp dagsordenen fra møtet og sa så: «Statsministeren har bedt om ordet for å gi en meddelelse.»

Det var siste gang jeg stod på Stortingets talerstol som statsminister. Salen var full. Ansiktene var preget av forundring. Dette hadde de ikke ventet. Det var tydelig å se på ansiktene at det også for andre var et spesielt øyeblikk. Det blir en ekstra høytidelig stemning i stortingssalen når det skjer ting som ikke er av det mer hverdagslige.

«President! Jeg har i dag bedt om å få gi Stortinget en meddelelse.

Vi går nå mot et nytt stortingsvalg og en ny fireårig stortingsperiode. Jeg mener det er riktig at regjeringens ledelse og sammensetning bør være avklart i god tid før valget. Jeg har på denne bakgrunn orientert Kongen om at jeg i statsråd fredag vil søke avskjed.»

Presidenten tok ordet:

«Presidenten mener at på bakgrunn av den meddelelse statsministeren nettopp har gitt, bør Stortinget utsette den resterende del av dagens dagsorden og foreslår at møtet heves. Er det noen innvendinger mot dette?»

Det var det ikke. Møtet ble hevet klokka 10.05.

Jeg pratet litt med de tre regjeringskollegene idet jeg gikk ut, og også med noen andre som smilende konstaterte at dette var da en overraskelse, Gro. Så stakk jeg ut den samme veien og inn på Kirstis forværelse, og ble derfra hjulpet av stortingsbetjenter til å finne en annen trappenedgang enn den vi vanligvis bruker. Slik kunne jeg komme tilbake til kontoret og få forberedt meg til pressekonferansen som var berammet til klokka 11.00.

Pressefolk hadde plassert seg både på Løvebakken og ved inngangen mot Akersgata, ja, jeg tror også ved utkjørselen fra garasjen. Ingen tenkte på at jeg kunne gå ut sideinngangen mot selve Karl Johan. Det var ingen grunn til å ha en løpende pressekonferanse i disse minuttene. Klokka 11.00 ville alle høre samtidig hva jeg hadde på hjertet og få den samme anledning til å stille spørsmål.

Innledningen til pressekonferansen hadde jeg håndskrevet kvelden før. Nå var den også gjort klar i maskinskrevet utgave, så vi kunne dele den ut etterpå.

Da først, ute i bilen, husket jeg at jeg ikke hadde sagt fra til noen i familien heller – og regnet med at Olav tenkte på den siden av saken. Mamma, Knut, Ivar og Kaja visste ingenting. Mamma, som har mest tid til å følge med på slikt, oppdaget det fort da hun hørte radiomeldingen.

Olav fortalte senere at han gikk inn til sin kollega, Olav Stokke, noen minutter før klokka 10.00 den dagen og spurte om de ikke skulle ta seg tid til å se på den første spontanspørretimen i landets historie. Han hadde ikke ringt til barna. Så familien visste ingenting.

Oppe i 16. etasje er det trykket stemning. Det er et fint samarbeidsmiljø og en god tone på Statsministerens kontor. Vi trives med arbeidet, med intensiteten, tempoet og ansvaret alle sammen. Inger Andersen, med den glade, trillende latteren og den fantastiske sangstemmen, er i et annet lune. Det blir klem og en liten tåre hos oss begge.

Jeg tar en prat med Martin, som bekrefter at han intet ante før han ble orientert av Bjørn Grydeland. Jeg minnet om vår tidligere samtale, der jeg fortalte ham at det var en bestemt ting jeg måtte la være å holde ham informert om. Martin hadde det gode smilet, slik han pleier, men litt preget av stundens alvor var vi nok begge.

Tre minutter på 11.00 er vi på vei ned til første etasje. Det står pressefolk i resepsjonen og på fortauet mellom bygningene idet jeg går over

Grubbegaten til R4, gjennom resepsjonen og opp trappen til det store pressesentret. Fotografer og pressefolk over alt. Jeg nikker og smiler, fast bestemt på at pressekonferansen starter kl. 11.00 og ikke før.

Rommet er fullt, slik det pleier å være. Øystein Singsaas er på min høyre side som så mange ganger før. Han takker for det gode oppmøtet og sier at vi for en gangs skyld har satt dagsordenen! «Jeg gir ordet til Statsministeren.»

«Dere er kjent med den meddelelsen som jeg nylig har gitt Stortinget.» Så går jeg gjennom hele bakgrunnen for min vurdering og tar utgangspunkt i Arbeiderpartiets landsmøte fire år tidligere, da jeg valgte å tre tilbake som partileder og min etterfølger Thorbjørn Jagland overtok det ansvaret jeg da hadde hatt i nesten 12 år. Hele pressen var klar over hva som var min og familiens situasjon da jeg i november 1992 valgte å gå av som partileder. Det var derfor ikke nødvendig for meg å gå noe nærmere inn på akkurat dette ved denne anledningen. Men jeg pekte på at vi den gangen stod midt oppe i en politisk prosess der EØS-avtalen skulle sluttføres og Arbeiderpartiets landsmøte samtidig la grunnlaget for den norske søknaden om medlemskap i EU. Året 1995 – det første året etter folkeavstemningen – var ikke noe aktuelt tidspunkt for å vurdere en endring av regjeringen og regjeringens ledelse. Det ble gjort helt klart for befolkningen at folkeavstemningen var det norske folks valg i vårt forhold til EU, og at det ikke ville berøre regjeringens situasjon og regjeringsspørsmålet.

Etter folkeavstemningen og inn i 1995 fortsatte så arbeidet med å sikre norske interesser i den situasjonen som forelå, for å legge til rette for Norges plass og rolle. Jeg pekte på at EØS-avtalen nå var sikret, og at samarbeidet fungerte godt.

Dermed var det perioden 1996–97 som ble aktuell for en konkret vurdering av Norges forhold til EU. Jeg hadde da lagt til grunn at den nye partilederen også burde lede regjeringen. Arbeiderpartiets landsmøte er i den sammenheng en viktig politisk begivenhet. Jeg tror det er klokt at landsmøtet før stortingsvalget kan forholde seg ikke bare til den partilederen vi har, men også vite hvilken regjering som skal stå i spissen for partiets arbeid fram mot valget i september 1997.

Spørsmålene fra pressen var mange. Stemningen mer høytidelig enn vi er vant med. Sterke følelser kom av og til til overflaten. Også latter.

Det siste spørsmålet lyder: «Denne pressekonferansen markerer slutten på en epoke, både for en hel nasjon og for deg. Hvilke følelser utløser det? Kan du si noe kort?»

Jeg svarte: «Det tror jeg ikke man riktig vet før etterpå, jeg. For når man står midt oppe i og gjennomfører en planlagt handling, så konsentrerer man seg om det.»

Slik var det. Jeg fikk nok likevel en klump i halsen så det hørtes på stemmen da jeg tenkte på Jorunn Aaserud Olsen på Kirsti Kolle Grøndahls forværelse. Hun hadde spontant vist sine følelser. I det øyeblikket visste jeg at det skulle bli to tunge dager, fylt av vemod og varme, av takk og avskjed.

Jeg hadde hatt fantastiske medarbeidere, på forværelset, de politiske medarbeiderne, embetsmennene ved Statsministerens kontor, sjåførene, kontorpersonalet, de hyggelige betjentene i resepsjonen, fru Ødegaard – den hyggelige damen som har servert meg og regjeringen lunsj i alle år.

Grydeland hadde spurt forsiktig: «Det er vel ikke tid til å arrangere noe mer enn en mottagelse på en time eller to i anledning din avskjed her fra kontoret?» Vi hadde vært så effektive. Tempoet nesten alltid foran alt. Nei, følte jeg. Jeg har tid til mine medarbeidere og venner. For det var venner de var blitt, alle her på dette kontoret der ti av mine voksne år nå lå bak meg. «Nei,» sa jeg. «Kan vi ikke ta oss tid en kveld? Da får jeg mulighet både til å le og gråte. Da får jeg tid til alle.»

Onsdag kveld var det avskjedsmiddag med hele kontoret. Det skulle ikke bli bare grøtet stemme, men også tårer når takken til medarbeiderne skulle uttrykkes. Minnene strømmet på om strevet, gleden, de gode og de tunge dagene. Alltid med støtte og inspirasjon til hverandre. Alltid med vilje til å gjøre en jobb og føle ansvar sammen. Vi husket de humoristiske innslagene – de som bare blir bedre når man minnes dem! Jeg takket, Bjørn Grydeland, Martin, Morten og Jonas takket. Steinar Nordby takket på vegne av sjåførene: «Du har styrt landet, Gro, men vi har styrt deg.» Olav takket oss alle for all bistand i hans mangfoldige virke som «dekorasjon», hans eget favorittuttrykk. Vi var som en stor familie.

På fredagen skulle jeg motta Thorbjørn og overrekke ham nøklene til kontoret.

Jeg rakk først en runde ned gjennom korridoren etter statsråd, fikk snakket med de politiske medarbeiderne som nå ikke visste hvor de selv stod. Inger Elise Birkeland som var kommet fra Sosial- og helsedepartementet, gav uttrykk for at hun nå ønsket å gå tilbake til sin jobb der. Hun hadde vært en arbeidsom og dyktig medarbeider, som sent og tidlig la til rette, forberedte, organiserte og skrev. Hun var selv aktiv i Oslo-partiet og ville fortsette med det. Norvald Mo, som hadde jobbet med det økonomiske, også i forhold til finanskomiteen og gruppa, var en nøkkelperson i den politiske staben. Jeg håpet han ville bli også en tid fremover, noe jeg hadde gitt uttrykk for overfor Thorbjørn. Norvald skriver godt, og har lang politisk og økonomisk erfaring. Han hadde full oversikt over og erfaring med å analysere de politiske partienes ulike profil, ikke minst i den økonomiske politikken. Jeg hadde jobbet nært med Norvald gjennom mange år, fra den tiden han var AUFs nestleder, og satt stor pris på hans arbeid, både i stortingsgruppa, mens han var i Fellesforbundet og samtidig arbeidet for Programkomiteen, og nå mens han var ved Statsministerens kontor.

Morten Wetland hadde UD-systemet å gå tilbake til. Det ble til at han ble utnevnt til statssekretær for Grete Faremo i Olje- og energidepartementet.

Inger-Anne Ravlum hadde gjort en god jobb. Hun hadde nylig fått sitt første barn, og det var nå uklart hva slags arbeid hun ville gå til. Guttorm Lyshagen som vikarierte for Inger-Anne er i dag Arbeiderpartiets informasjonsleder.

Når det gjaldt stabssjefen, Martin Kolberg, regnet jeg med at han ville bli å finne som medarbeider ved Statsministerens kontor også i fremtiden, men jeg visste det ikke, så der måtte jeg bare gi uttrykk for at det var ting som Thorbjørn selv måtte ta stilling til.

Politisk arbeid er engasjerende, men det er også usikkert. Det visste alle mine politiske medarbeidere, også de som ikke ble med på det nye laget. Likevel, tungt kan det være.

Nå var tiden kommet. Øystein var med ned i heisen, for siste gang. Olav ventet med bilen pakket full med klær, hobbyverktøy og lettøl. Alt lå der synlig for en stor samling fotografer, TV-kameraer og journalister. Slik ble avslutningen slik folk fikk oppleve den.

Et par forsøkte seg med politiske spørsmål. Jeg smilte. Nå er det hytta.

Det var Olavs idé. Ikke bare helg på Mylla, som enhver frihelg i oktober. Nei la oss ta en uke! Strålende. For hva er det viktigste ved siden av jobben? Familien, hytta og turlivet. De aller nærmeste.

Fredag kveld alene, Olav og jeg. Telefoner fra familien, telefoner til kolleger som var gått av og som ikke hadde det så godt i disse timene og dagene. Lørdag – de kommer én etter én. Familien samles. Det skjer automatisk. Ingen inviterer. Nå trekkes vi alle mot Mylla.

Søndag ettermiddag. Igjen er det stillhet. Vi gleder oss til en rekke med fridager. Olav rigger seg til i sin kose- og skrivekrok i stua borte ved de store vinduene ut mot vannet. Så kommer han smilende med en tykk bunke blankt papir. Hunsfoss, grønt og hvitt omslag. 500 stk.

«Her, Gro, nå kan du skrive.» Kjøkkenbordet kan brukes ute i annekset der Knut og Cecilie bor. Han bærer det inn. Det er fortsatt lyst ute. Mine øyne glir over horisonten. Aassjøvika, Bislingflakene rett i sør. Kolleren og Svarttjernshøgda utover mot vest. Mine røtter er her, naturen, tradisjonen. Jeg river opp pakken, spent på hva timene og dagene som kommer vil by på. Hvordan vil det være å ha tid til å bruke pennen, alene, uten avbrytelser og på blanke ark?

KAPITTEL I

I krig og kjærlighet

Inga Brynolf heter hun, den blåøyde og svarthårede svenske 20-åringen som haiker fra Stockholm til Oslo denne sommerdagen i 1938. Sammen med sin venn som er leder i den svenske studentforeningen Clarté, skal hun tilbringe sommerferien i seilbåt utenfor norskekysten.

Hun er ung og radikal. Hun er sosialist og farget av tankene om en ny tid, med likhet og rettferdighet. Hun tilhører det unge sosialistiske studentmiljøet i den svenske hovedstaden. Hennes mor, stockholmsadvokaten Margareta Sandberg, er også en aktiv deltaker i radikale kretser, og har vært med i miljøet rundt den sovjetiske Sverige-ambassadøren Madame Kollontaj. Som den rene Nora forlot Margareta sin mann, advokat Ivar Brynolf, med to små barn etter fem års ekteskap. Inga var fire år og broren Lennart to. Hun var 24 og ville selv bli jurist og advokat. Det greide hun, og ble den første kvinnelige advokat ansatt i administrasjonen i Stockholm tidlig i 30-årene.

I Oslo blir Inga og hennes venn møtt av Gudmund Harlem, en ung medisinerstudent og leder av Sosialistisk Forum, blant venner kalt Gubbe. De skal seile sammen med sine respektive kjærester. Gudmunds medstudent og kjæreste Rønnaug er plutselig blitt syk og kan ikke bli med, men han mener han må holde avtalen. Kameraten Ola Evensen fra Fagerborg og Sosialistisk Forum stiller opp. Det blir tre menn og én kvinne. Noen uker senere reiser Clarté-lederen hjem til Stockholm alene.

Det må ha vært en underlig stemning om bord i den båten, etter hvert som dagene gikk. For to par øyne opprettet sterk kontakt. Bare blikk, bare intenst engasjement i hverandre. Storseil, fokk, hektisk liv ombord på dagtid. Stille aftener med samtaler om sosialismen, visjoner om en ny tid. Én 7-meter, én kahytt, fire køyeplasser. Tre menn. Én kvinne.

Stemningen, sommeren, seilturen.

Slik startet mitt liv. Kort etter denne spenningsfylte ferien. For Inga ble, hun ville studere i Oslo.

De giftet seg i Stockholm den høsten. Hos byfogden var det bare de to alene. Telegrammet til venner i Norge lød: «Hurra! Vi gifter oss idag.»

Det sies at mamma ble omtalt som «hun svarte svenske som skrek så fælt» på Bærum sykehus. Hun hadde en hard og vanskelig fødsel, hun som jeg. Pappa hadde tjeneste der ute som ledd i utdannelsen. Slik gikk det til at jeg ble født i Bærum selv om de bodde i Oslo.

Jeg ble født om natten den 20. april 1939. Da den stolte far kom hjem om ettermiddagen og fortalte sine venner om den store begivenheten, stod radioen på. Hermann Göring holdt tale fra Berlin i anledning Adolf Hitlers 50-årsdag.

Kollektivet i CC2

Sommeren 1938 fylte pappa 21 år og fikk disposisjonsrett over den lille formuen som hans egen far hadde etterlatt ham. Han hadde mistet sin far før han var et år gammel.

100 000 kroner er mange penger i slutten av 30-årene. 25 000 kroner går til *Arbeidernes Leksikon*, så ildsjelene bak kan få realisert sin drøm. De går i folkeopplysningens tjeneste. Unge Gubbe har penger, da kan han også dele med andre samtidig som han er med og skriver.

Han kjøper en obligasjonsleilighet i Camillla Colletts vei 2 a, like nedenfor Uranienborg skole. Arkitekten hadde tegnet 7. etasje spesielt til skuespillerinnen Aase Bye, men nå da dette bortfalt, ble fremtiden en helt annen. Her er det plass til mange, særlig når den store stuen deles av og gir et ekstra soverom og spisestuen gjøres om til to. Slik blir den standsmessige leiligheten omskapt til et kollektiv med syv soverom og ikke fire slik arkitekten hadde tenkt.

Her bor den lille familien med ett og så to barn, senere også med pappas mor Olga og hans tenåringssøster Grete – kalt Gegga. Her bor Nini og Kristian Gleditsch og deres adoptivdatter Chris, som er hentet fra et barnehjem i Spania, der Nini har gjort en stor innsats under den spanske borgerkrigen. Jeg husker ennå skiltet utenfor inngangen til CC2. Gjennom alle etterkrigsårene stod det på et messingskilt: Harlem-Gleditsch.

Her bor også Aksel Bull Njaa og pappas kamerat Ola Evensen, som ble kjæreste med Gegga og min onkel etter krigen. Arne Haukebø og pappa var medstudenter fra høsten 1937, da de begynte på 1. avdeling medisin ved Anatomisk institutt. Harlem og Haukebø satt ved siden av hverandre på labben der mikroskopikurset ble holdt. Han flyttet inn i CC2 høsten 1941 og gikk sammen med Gubbe til Ullevål Sykehus og Rikshospitalet i de tidlige årene, før Universitetet ble stengt.

Gubbe, som han ble kalt allerede i barneårene, var blitt fanget inn av radikale ideer under gymnasårene på Fagerborg. Det ble den venstre-intellektuelle organisasjonen Mot Dag, som i disse årene 1934/35 går mot sin oppløsning. Fram Forlag som utgav *Arbeidernes Leksikon*, holdt til i lokaler på toppen av Storgaten 12. Her utkommer etterhvert «Populært tidsskrift for seksuell opplysning», med redaktørene Karl Evang, Otto Galtung-Hansen og Carl Viggo Lange.

Dette miljøet og Sosialistiske Legers Forening trekker til seg Gubbes engasjement og arbeidsinnsats. Han skifter raskt fra meteorologi til medisin og regnes som en av Evangs «disipler». I kullboka får han denne devisen (1945–46): «Evang var midlet, Evang var målet – alltid det samme gnålet!»

Arbeidermagasinet utgis også i samarbeid med Fram Forlag. Der er Viggo Hansteen og Karl Evang faste spaltister, med en leserkrets som ikke alltid har råd hverken til lege eller jurist. Nils Johan Rud er redaktør og søsteren Borghild Rud tegner sine vare, fine tegninger til bladets fortellinger og dikt.

Mange, mange år senere får jeg overraskende en innrammet originaltegning i gave fra Borghild Rud. Aase Bjerkholt har den med til meg en dag det året jeg blir nestleder i Arbeiderpartiet. Den har en kjær plass i hjemmet – ei lita jente som leker med sin dukke.

Krigen kommer

Påsken 1940 er mamma fire måneder gravid med lillebror Erik, men hun og pappa drar på påsketur i Jotunheimen, han vil vise den svenske sportsjenta våre fjell. Deres lille datter er hjemme i CC2 hos mormor Margareta, som er kommet fra Stockholm for å være sammen med sitt barnebarn. Men idyllen skal ikke vare lenge.

Nini Haslund Gleditsch forteller i sin bok *Vær utålmodig menneske!* om det som skjer den 8. og 9. april: «Sammen med venner sitter vi ved radioen og hører kveldsnytt. Hester driver i land utenfor Kristiansand, eller kanskje det er Lillesand?

Flyalarmen kommer før vi har lagt oss. Som de fleste andre antar vi at det er øvelse, men Chris og jeg blir likevel urolige, minnene er for sterke. Leiligheten vår ligger i øverste etasje, og etter en stund går vi ned i kjelleren. Kristian er oppe og henter saft og kjeks. Redselen sniker seg mer og mer inn over meg, jeg synes hele tiden jeg hører kvinet av bomber.

Chris ligger også redd og skjelvende i armene mine. Straks alarmen er over går jeg opp og pakker en kuffert med barnets tøy. Hun skal ikke og må ikke ha flere netter i tilfluktsrom. Jeg forsøker å få det unge ektepar vi bor sammen med til å tørke spedbarnets bleier, men en senere forsvarsminister nekter å ta saken alvorlig. Neste morgen sender vi Chris og den unge mor med sitt snart ett år gamle barn til Lillehammer med en varebil. Spedbarnet, en senere miljøvernminister, må reise med en kuffert full av våte bleier.»

Inga og Gro, Chris og Gegga som også var med, kom fram til Sjusjøen i kveldingen og tok inn hos Ninis søster som har hytte der. Men Inga er rastløs, hun må få vite hvor Gubbe er blitt av. Neste dag går hun den lange veien ned til Lillehammer – og så tilbake. Tyskerne har allerede tatt byen, det er tyske tropper i gatene. Hun får vite at Gubbe er blitt med Karl Evang og hans folk. De følger regjeringen under felttoget som er under utvikling. Inga reiser sørover igjen med barnet og Gegga. Hun bestemmer seg for å ta med seg Gro og reise til Stockholm for å kunne overlate henne i trygge hender hos mormor. Det går bra. Ikke lenge etter drar hun i følge med lege Arne Bruusgaard nordover gjennom Sverige og Finland for å kunne slutte seg til Gubbe, som nå er etablert i Tromsø.

Ved grensestasjonen Svanvik får de problemer med å krysse grensen. Ingen tør stole på hva slags ærend den unge kvinnen kan ha. Hun får kontakt på telefonen med Evang i Tromsø som bekrefter hennes identitet. Hun får slippe igjennom.

7. juni er den tunge dagen da kong Haakon og regjeringen forlater Norge. Det er nærmest en tilfeldighet at det unge paret ikke reiste med konvoien over til England. Mamma ble til og med utstyrt med klær til reisen, men Evang bestemte i siste liten at de burde dra tilbake til Oslo og gjøre en innsats der, i motstandskampen ved Universitetet.

Det er gått flere uker siden det lille barnet ble etterlatt hos sin mormor. Da hun ble hentet hadde hun lært å gå. Den unge moren som åpner døra, ser sin datter lekende på gulvet og opplever at hun reiser seg og kommer mot henne.

Senere var angsten for ny adskillelse så sterk at det skulle ta måneder før barnet aksepterte at mamma beveget seg mer enn en meter bort fra henne. På hjemveien reiste Inga innom Göteborg for å hilse på sin mormor. Da hun skulle spise den kvelden, måtte hun legge seg sammen med den lille jenta på gulvet, så hun kunne sovne. Til slutt gikk det, men da hun senere tok heisen opp til hotellrommet igjen, hørte hun det skrikende barnet som hadde våknet og nå kravlet rundt på gulvet og ropte mamma i ren panikk.

Krigens hverdag

De første krigsårene var tross alt preget av en slags normal hverdag, selv om matforsyningen var knapp og oppvarming bød på store vanskeligheter i de kalde vintrene.

Inga og Gubbe ble begge engasjert i illegalt arbeid ved siden av studiene. Sammen med flere andre drev Inga med utgivelse av avisen Fri fagbevegelse. På det ene av de to rommene som den opprinnelige spisestuen i CC2 var delt opp i, luktet det stadig sprit fra «korrekturlakken». Skrivemaskinen måtte holdes skjult, ingen måtte få vite noe. De kjente ikke selv navnet på dem de leverte avisene til. Alt ble gjort for at risikoen for å avsløre de viktige og farlige nettverkene skulle bli minst mulig.

Erik og jeg gikk i barnepark nede i Slottsparken, rett ved dammen på venstre side når man krysser Parkveien på vei opp mot Slottet.

Pappas medisinerkollega Arne Haukebø, som senere ble arrestert og sendt til Tyskland, forteller at han satt hjemme og leste en formiddag da flyalarmen gikk, og løp ned for å hente oss i parken. Han hadde en spesiell Røde Kors-legitimasjon som gjorde at han kunne oppholde seg på gaten under flyalarm uten å bli arrestert. Han fant oss, og sprang hjemover oppover Riddervoldsgate med ett barn under hver arm.

Vi frøs om vinteren. Temperaturen inne var ofte bare 10 grader. Pappa håndsydde ullposer av ulltepper til Erik og meg. Jeg husker de klødde, og at de lå i en hylle i kjellerboden i mange år etter krigen. Man kunne jo aldri vite.

Sommeren 1942 var en lang, gammeldags sommer. Farmors kusine var gift på gården Gleda i Hobøl, og der bodde farmor, Gegga, Erik og jeg i mange uker. Mamma og pappa kom ned noen dager nå og da, og jobbet på jordene for å kvalifisere seg til ekstra kvoter på rasjoneringskortet. Det fikk man ved innsats i jordbruket.

Jeg husker i noen glimt disse lyse, lange sommerukene, spesielt at kyra kom tilbake fra beitet til samme tid hver eneste ettermiddag, de kom gående opp bakken og rundt låven – med bjellekua foran. Jeg var tre år gammel.

Den høsten døde farmor Olga etter et smertefullt sykeleie. Jeg har ennå et bilde av hvite laken og dyster stillhet. Det var Gegga som tok meg med for å besøke sin mor på sykehuset.

Arrestasjon og flukt

Situasjonen utover i 1942 ble stadig mer alvorlig og okkupantene viste sitt sanne ansikt. Det ble klart for alle som ville se. Flere av de aktive studentene i CC2 ble mobilisert for å ta seg av en stor gruppe jøder som måtte ha hjelp til å gå i dekning, for å unngå transport til Tyskland. Mange var samlet hos journalist Leif Borthen i Briskebyveien, og måtte spres snarest mulig. CC2 i seg selv var en for farlig adresse. Flere kom og gikk. Jeg husker at det ofte var fremmede hos oss om natten.

Høsten 1943 strammet det seg også til mellom nazi-myndighetene og Universitetet. Natt til 15. oktober gikk statspolitiet til arrestasjon av 50 studenter og 10 lærere. Det skulle berøre studentmiljøet i CC2.

De kom i morgentimene og spurte etter Oddvar Berild og Arne Haukebø. De hadde arrestordre på dem begge, og de ble tatt. De oppdaget ikke pappa, som lå i samme rom som Arne, og spurte heller ikke etter hans navn. Det må ha stått på en annen liste. Han kom seg straks ut en rømningsvei for brann, ned en liten trapp til etasjen under.

En halv time senere dundret det igjen på døren. Nå var det Gudmund Harlem det gjaldt – et viktigere navn enn de to første. Da de ikke fant ham, tok de hans unge kone, som protesterte høylydt da de også ville sjekke et annet rom der Gegga lå og sov: «Hun er bare en skolepike!»

Ola Evensen gikk ut for å lete etter Gubbe, og fant ham mirakuløst nok i en sidegate i strøket. Han fikk beskjed om at Inga var tatt og reagerte intuitivt med at han kanskje burde melde seg. Ola mente at han heller måtte komme seg vekk. *Han* var en de virkelig var ute etter, med den rolle han hadde spilt i det illegale arbeidet blant studentene hele tiden.

Han gikk i dekning hos Olas mor i Chr. Michelsens gate. Få timer senere ble mamma satt fri. Hun hadde svenske foreldre. Tyskerne la stor vekt på et godt forhold til svenske myndigheter, *det* hadde allerede vist seg å være til hjelp.

Nå måtte de snarest komme seg over til Sverige.

Flyktninger

Allerede i juni 1943 hadde mormor Margareta vært i Norge og hentet Erik og meg. Hun hadde greid å skaffe diplomatpass og utreisepapirer slik at hun kunne få med seg barnebarna på toget til Stockholm.

Mormor hadde sin advokatjobb å passe, og Erik og jeg ble plassert i et barnehjem like utenfor byen. Der ble vi i nesten fem måneder. Erik var knapt tre år, jeg var fire.

I de kalde høstukene var Inga og Gubbe gått i dekning, mens de arbeidet for å organisere flukten over grensen. De måtte stadig skifte oppholdssted, og de måtte skaffe seg falske papirer. Gegga fikk en dag beskjed om å komme til en adresse på Drammensveien med en ryggsekk med litt klær til dem. Inga og Gubbe syklet senere oppover Kirkeveien og ble stanset av tyske politifolk fordi Gubbe hadde sekk på ryggen. Utrolig nok ble han ikke tatt med til avhør. Få dager etter kunne de endelig sette seg på toget til Rena. Spenningen var stor. Ville de bli stanset? Angivelig skulle de nordover for å drive tømmerhogst.

Den siste delen av turen innover mot grensen måtte flyktningelosen forlate dem. Han var redd fluktveien kunne bli avslørt etter vinterens første snøfall. Tidlig på morgenen nådde de fram til det de mente var svensk side, og banket på døra til en liten stue i skogkanten. Idet døra ble åpnet hvisket Gubbe: Nei, vi er på norsk side! Han så at blomsterpottene var blikkbokser, det kunne ikke være Sverige. De holder pusten før de oppdager at folkene der inne er like redde som dem. Så får de vite veien videre, og snart er de over grensen.

Noen dager senere kommer de ut til barnehjemmet for å hente sine barn. Erik løp mot dem med et strålende smil, jeg ble stående som fastfrosset, dypt skeptisk etter å ha blitt «forlatt» for annen gang. Mamma kan aldri glemme det.

Det gikk ikke lenge før de fikk seg leilighet ute ved Brommaplan, utenfor Stockholm sentrum. Mamma jobbet på flyktningekontoret, pappa var leirlege hos de norske polititroppene på Kjesäter. Jeg husker vi fikk høre at de første Tysklandsfangene var kommet dit med hvite busser noen uker før krigen var slutt.

Det var mange norske familier i Stockholm under krigen. Noen av dem mamma og pappa omgikkes var Willy Brandt, Bruno Kreisky og Johan Borgen. Mamma forteller at Carlotta Frahm, Willy Brandts kone, var fortvilet og søkte hennes råd. De gikk lange turer hvor hun fortalte om vanskelighetene i ekteskapet og forholdet som utviklet seg mellom Willy og deres hushjelp og barnepike Ruth, fra Hamar.

Årene i Stockholm var gode og trygge, tross alt. Økonomien var knapp, men det var den også for alle omkring oss. Vi gikk i barnehage, en norsk barnehage der flere flyktningebarn var sammen. Erik og jeg var som erteris. Vi ble sendt avgårde til barnehagen, alene, men vi var sammen vi to. Vi hadde alltid vært sammen. Han var den viktigste kameraten i mitt liv.

Vi måtte krysse trafikkerte veier flere steder, jeg fikk ansvaret. En dag stoppet vi utenfor et hagegjerde der det stod en hund på innsiden. Vi lekte med den, kastet pinne. Plutselig hoppet den opp og bet meg like over øyet. Det blødde stygt, og vi løp skrekkslagne til barnehagen.

Såret ble vasket, og jeg fikk på bandasje. Utpå ettermiddagen var det Eriks tur. Han løp rett på dørvrideren til toalettdøren. Det blødde igjen, han ble vasket og stelt, fikk bandasje. Den dagen kom vi hjem, én med bandasje over venstre øye, den andre med bandasje over høyre øye. Vi holdt hverandre i hendene, så bildet må ha vært symmetrisk, med bandasjene i ytterkant.

Jeg har alltid vært redd hunder etter dette. Erik har to og løper med dem både sommer og vinter.

Mormor Margareta

Stockholm var mammas barndomsby, og det var mormors by. Vi dro ofte på besøk til henne i leiligheten i Kungsgatan. Mormor Margareta Elisabeth var født like før århundreskiftet som nummer to av tre søsken, i familien Sandberg. Faren var dommer og dr.juris.

Hun giftet seg bare 18 år gammel, noe som var ganske vanlig i de tiders Stockholm. Hun var aktiv, dynamisk, en fargerik personlighet med meninger. Jeg tror det var *en* av grunnene til at hun brøt ut av sitt ekteskap og forlot en ulykkelig ung advokat, som var streng og oppdratt til at mannen skulle bestemme i hjemmet, og over barna.

Margareta var selvstendig. Hun var vokst opp med en sterk mor, og kunne ikke akseptere rollen som «min lille lerkefugl», i 1920-årenes svenske versjon. Min mor og hennes yngre bror, Lennart, ble altså skilsmissebarn, noe som ikke var så vanlig på den tiden. Margareta hadde støtte av sine foreldre, og fikk hjelp til å greie studier og forpliktelser med to små barn.

Sent i livet tok hun opp igjen studier, nå i sosialøkonomi. Hun var blitt pensjonist, men ville lære mere. I Uppsala møtte hun en dosent i filosofi og ble samboer med ham fra hun var omkring 70 år og til hun døde. Hun tok eksamen i sosialøkonomi og satte deretter igang med et doktorgradsarbeid som ikke ble fullført, da hun selv ble syk og måtte opereres omkring 80 år gammel.

Mormor døde i 1983, 86 år gammel. Hun har vært en del av livet for meg og mine brødre, og for våre barn. Min datter Kaja og Hanne, min 25 år yngre søster, reiste og besøkte henne det siste året. De var jevnaldrende, unge jenter – men de spente over to kvinnegenerasjoner i møte med henne som var to generasjoner foran – både mormor og oldemor.

Jeg møtte også min mormors mor Elisabeth, som var blitt syk under krigen og nå bodde på et aldershjem utenfor Stockholm. Jeg husker bare en vennlig, snill eldre dame.

Pappa kunne fortelle om noe ganske annet og mer fargerikt: En sterk, spennende og humørfylt kvinne. Hun røkte pipe og møtte sin datterdatters unge ektefelle med «skal vi ta oss en sigar?» Hun var åpenbart ingen underkuet partner i sitt ekteskap, men en utadvendt, frimodig kvinne, som sin datter. Engasjement viste hun også. Hver gang hun passerte det tyske informasjonskontoret på Kungsgatan, spyttet hun på vinduet.

Morfar Ivar

I årene etter krigen hadde vi stadig nær kontakt både med mormor og morfar, men til hver sin tid. Det hendte at pappa og mamma, og senere Erik, var på seiltur i Stockholms skjærgård med morfar. Og det var fast takst at han besøkte oss på Mylla i julen. Han hadde sine bestemte vaner, som enslige ofte får. Han gikk sin skitur hver dag, holdt på et sunt levesett og innøvde rutiner. Han var glad i å spille kort, både kabal og bridge. Også andre spill gav oss mulighet til samtale, med ham alene eller med tre generasjoner sammen. Det hendte det kunne bli litt spent, særlig når politiske spørsmål kom opp.

Han var ikke sosialdemokrat, som min mormor. Han forsøkte seg med kritikk av de svenske sosialdemokratene, og ble møtt med kraftig verbal motbør, særlig fra mammas side. Noen ganger med en annen strategi – med en mur av taushet. Disse rundene døde hen etter hvert, av hensyn til hyggen og atmosfæren. Men internasjonale begivenheter og hva som var fornuftige investeringer i samfunnet, var fortsatt samtaleemner. Det sitter spikret fast i meg et begrep som jeg først ikke forstod og senere la mindre vekt på enn i dag: «Ni måste begripa: Man *måste bilda kapital.*»

Hans bakgrunn var et hjem der faren var «herredskogsmästare» i nærheten av Norrköping og samtidig forretningsmann innenfor skogsindustrien. I det Brynolfske hjem der morfar vokste opp, var det borgerlige manerer, streng oppdragelse og moral. Der snakket barna når de ble spurt, slik mamma forteller at hun opplevde det når hun som barn kom på besøk hos sin fars foreldre. Barna stod ved bordet og spiste, mens de voksne satt.

Mormor og morfar ville nok ha hatt problemer om de skulle ha levet livet sammen. Jeg opplevde selv noen få ganger min morfars sinne og hans strenge tone. Det gjorde sterkt inntrykk å se ham gå til fysisk avstraffelse av Erik, da han uten lov hadde gitt seg ut i båt på sjøen utenfor sommerstedet på Torstugan. Dette var noe mye verre, den ene gangen morfar slo Erik, enn de gangene da jeg selv eller Erik fikk ris av pappa. For det skjedde, noen få ganger, og var forferdelig. Det var nedverdigelsen mer enn smerten som gjorde inntrykk.

Vi barna var glad i morfar, selv om han kunne virke streng. Vi følte med ham i hans skjebne og savn, forlatt som han ble av sin unge kone. Det hendte vi våknet om natten i juleuka på Mylla. Morfar drømte. Han ropte i søvne, mer enn seksti år gammel: «Margareta!»

KAPITTEL II

Barndommens gater

Mai 1945. Jeg husker spenningen. Toget som skulle til Norge. Gleden, entusiasmen, mammas forventning. Det brente seg fast.

Den utålmodige lengsel etter *grensen*, etter øyeblikket da vi skulle komme fra Sverige til Norge. Jeg hadde speidet intenst med nesen mot togvinduet ute i korridoren. Det var ingen hus, bare trær og skog. Plutselig sa mamma: Nå er vi i Norge!

Det var ikke noe gjerde, bare den samme skogen, av helt samme slaget.

Ble jeg skuffet? Nei, forbauset. Det var jo samme landet.

Da vi stod der foran inngangen til den store gården på hjørnet av Camilla Colletts vei, ut mot Riddervolds plass, følte jeg at det var noe kjent. De høye trærne, trikken som kom ned fra Briskeby.

Fra verandaen som gikk rundt hele leiligheten i øverste etasje hadde vi trekronene rett utenfor vinduet mot sør og vest, rester av den gamle Uranienborgskogen. Vi så mot øst over hustakene mot Ekebergåsen, mot sør utover byen mot fjorden. Jeg kunne ane hvor Bygdøyferja gikk, der nederst mot Skillebekk.

Erik og jeg brøt litt på svensk de første dagene. Gegga gledet seg til å se de små, som hun hadde vært så mye sammen med de første krigsårene. I gangen mellom kjøkken og stue møter hun meg og utbryter strålende: Hei Gro!

Jeg ser på henne alvorlig, med et undersøkende blikk: «Jag känner dig inte.»

Unge jenter forandrer seg mye fra 16 til 18 år. Jeg ville nok være helt trygg på hvem det var jeg stod overfor.

Sammen med mamma og pappa og oss kom mange av de gamle vennene etterhvert hjem til CC2.

Nini og Kristian Gleditsch kom fra London med sin lille sønn på tre år, men flyttet nå i egen leilighet. Ola Evensen kom fra fangenskap på Grini. Fra fangenskap i Tyskland kom Arne Haukebø. Han hadde med en gave til meg som jeg aldri glemmer. Det var et munnspill som lå i en flott eske med rød fløyel inni, og som egentlig var fire munnspill i ett!

Jeg stod i hjørnet av stuen mellom sofaen og vinduet ut mot sør, foran døren til det som senere skulle bli mitt rom, da jeg pakket opp. Jeg var stum.

Det var jeg ikke alltid.

Ola kan fortelle at jeg tidlig snakket med klare meldinger og et stort ordforråd. Det var alltid mange voksne hjemme og livlige diskusjoner. Jeg fikk lov til å sitte og lytte og sugde til meg.

Kvikksølv i blodet

Om høsten skulle jeg begynne på Ruseløkka skole. Men det begynte med Pipervika Daghjem. Det var 1945, i et Oslo preget av fem år med tysk okkupasjon. Skolen hadde vært rekvirert og var merket av dette. De to nye førsteklassene måtte få plass et annet sted først.

En dag i august fulgte mamma meg ned til Pipervika, til et koselig hus i en hage med husker, gressplen og sandkasse. Det var mitt møte med den nye tid, som skolejente. Jeg var seks år, og yngst.

I klassen var det bare jenter. Inger Sars og jeg ble straks bestevenner. Det har vi vært til denne dag.

Det var mye som var nytt og rart. De første ukene fikk vi servert betasuppe midt på dagen. Jeg syntes det smakte godt, men jeg husker noen av klassekameratene grine på nesa og erklære at det var fettklumper i den. Senere ble det skolefrokost med melk, gulrot eller et halvt eple, grovt brød med kaviar og knekkebrød med geitost. Vi fikk melk i blikkrus – og så tran! Det var det nesten ingen som likte. Jeg var unntaket, til jeg en dag da jeg var syk hjemme og fikk en barnepike til å gi meg et helt glass! Da kastet jeg opp.

Ruseløkka skole har lange tradisjoner. Den kneiser på en høy mur over kvartalet der Jens Evensens matsenter holder hus idag, med utsikt mot Vika, havnen og fjorden.

Den gang var Vika det gamle. Der lå Ruseløkkbasarene, med en skummel trapp ned fra Løkkeveien. Det var gråbeingårder og mørke portrom, og vi lærte snart hva «fylliker» var. Mange hadde trange kår. Ofte bodde flere familier i en leilighet.

Ungene i klassen kom fra mange steder i byen, fra Skøyen i vest til Dronningens gate og helt bort mot Østbanestasjonen. Noen bodde på den andre siden av Slottsparken, i Welhavens gate og Pilestredet.

Min skolevei gikk rett ned mot Slottsparken, forbi selve Slottet over Drammensveien og ned Huitfeldts gate. Eller jeg kunne ta noen snarveier i kvartalene ned mot den svenske ambassaden, langs trikkeskinnene ned til Handelsbygningen og så på skrå ned Løkkeveien forbi den store hagen på venstre side der den amerikanske ambassaden ligger idag.

Der kunne jeg plukke opp Inger på veien, på hjørnet av Hansteens gate.

Strøket er ikke mye forandret på disse femti årene. Der lå Norske Liv, da som nå, med nydelige blomsterformasjoner både vår og høst, og med ordene klare og tydelige på plenen i de to små forhavene ut mot Drammensveien, ved siden av Nobelinstituttet. Trikkene, Handelsbygningen, Lysverkene – ja, selv flere av forretningene er der den dag i dag.

Nedenfor skolen er alt forandret. Konserthuset, Aker Brygge, forretningsbyggene preger det hele.

Det gamle Vika er ikke mer.

Det første skoleåret var spennende. Men jeg var nok ingen engel. Jeg hadde kvikksølv i blodet, som de voksne sa.

Jeg fikk ta med venninner hjem. Slik var det ikke i alle familier. Jeg var glad og stolt over å kunne vise fram min lillebror Lars, fredsbarnet som ble født i februar 1946. Ja, Arne Haukebø kan fortelle at jeg viste fram mer: Med lærebøkene som han brukte i gynekologi og obstetrikk i hånden, tegnet og fortalte jeg de andre jentene om hvordan det hele gikk til!

Jeg var full av energi og ideer, av og til også rampete. Kunne finne på spillopper og fikk Erik med på leken. Snart var Inger med. Vi gjemte oss, ertet damer i gården og stakk av. En gang like etter at vi var kommet hjem fra Sverige stod Erik og jeg sammen på avsatsen oppe i 2. etasje og ropte ned til en eldre dame som hadde snakket til oss: «Jävlare skitkjerring!»

Det var jeg som ledet an, ingen tvil om det.

I parken mellom huset og Uranienborg skole satt Welhaven. Vi klatret på ham, og fikk vite at han og Camilla Collett var et par som ikke fikk hverandre og at hun var søster til Henrik Wergeland. Hun stod forblåst like ved Slottet, jeg passerte henne hver dag på vei til skolen.

Sentrum Framlag og Werna

Da vi bodde i Sverige, hadde jeg en venninne som het Sølvi Hagen. Vi var flyktningenaboer på Bromma, og nå hadde hennes familie flyttet til en leilighet i de nye blokkene nedenfor Carl Berners plass, i Sofienberggata. Einar og Werna Gerhardsen bodde også i en av de blokkene. Faren til Sølvi var «forvalter» i Samfunnshuset.

Det første året besøkte vi hverandre nesten hver søndag. Vi tok trolleybussen Skillebekk-Carl Berner tvers over byen. Det var spennende å få reise alene.

Vi begynte begge i Framfylkingen om høsten. Mamma fulgte meg den første gangen, til lokalene som da var ved Carl Berners plass. Jeg fant meg snart til rette i Sentrum Framlag og trivdes – ikke minst med søndagsturene i Østmarka og Sørmarka. Vi tok buss fra Ankertorget. Werna Gerhardsen var med, og noen ganger Einar.

Torgunn Gerhardsen ble senere min gruppeleder i Framfylkingen, hun var noen år eldre enn meg. Truls og jeg var mer jevngamle og hadde et godt øye til hverandre.

Det stod respekt av Werna. Vi barna var litt redd henne.

Hun var en aktiv leder – og hun smilte gjerne. Hvorfor var vi da litt redde? Fordi hun var streng, det skulle ikke være noe slinger i valsen. Jeg hørte henne i politiske diskusjoner også, på hytta når vi var på tur. Jeg forstod at hun visste hva hun mente. Hun var ikke i tvil. Werna satt i skolestyret også, sammen med pappa.

En gang vi var på en Fram-tur med overnatting hadde vi med oss pølser til middagen. Erik var med nå, og han var litt sulten og litt for ivrig. Jeg hører Erik rope: «Jeg vil ha pølsen min!» Jeg vet at det ikke passer seg. Vi er ikke opptatt av om det er våre eller andres. Så jeg prøver å hysje på ham.

Da ser Werna på Erik. Det er noe mer som er feil, og hun *sier* det: «Det heter ikke pølsen, men pølsa!»

På Rikshospitalet

Jeg og pappa går opp den mørke, brede trappen til barneklinikken på Rikshospitalet. Mamma og pappa har forklart meg at jeg må ligge noen dager på sykehus så de kan undersøke hva som er galt med magen min.

Det er høst. Jeg er seks år.

I hånden har jeg en stor, voksen dokumentmappe med bøker, papir og fargeblyanter. Vi går inn i en stor sal. Det er store vinduer og mange senger. Midt på den ene langveggen er det et eget rom, helt av glass. Der inne står det en enslig seng. Der skal jeg være i isolat.

Pappa er med inn, men så blir han borte. En snill sykepleier har møtt oss, og hun snakker til meg mens pappa går.

Jeg husker de stakk og tok blodprøver. Det kom noen og klemte meg på magen igjen, slik som pappa hadde gjort mange ganger. Jeg hadde mageknip, det stakk oppunder ribbena.

To dager senere kom jeg hjem. For meg var en litt spesiell opplevelse over. Jeg var liten, men tapper i det store glassburet. Bøkene hjalp meg til å oppføre meg som jeg burde. Jeg var flink og laget ikke noen vanskeligheter.

Mamma opplevde en annen virkelighet. Hun fikk ikke vite hvorfor de måtte ta en stor undersøkelse på barneklinikken. Pappa fortalte bare at han ikke visste noe, men at det måtte sjekkes.

Frykten kunne han ikke verne henne mot. For aldri før eller senere hadde hun sett pappa slik som han var i de tre dagene dette stod på. Han var taus, stirret i taket, lå våken i timevis midt på natten. Ga henne ingen forklaring når hun spurte.

Leukemi, blodkreft, var den gangen en sykdom med et uavvendelig utfall. Dødeligheten var 100 prosent. Jeg hadde tydelig forstørret lever og milt, og blodprøvene så stygge ut. De eldre klinikerne sa likevel: Hun virker for frisk. Så da de hadde sett meg, fattet pappa et lite håp.

Kunne det likevel være noe annet?

En sykdom som var svært lite kjent den gangen, men som noen var blitt klar over på barneklinikken, kunne være et alternativ. Bildet kan være svært likt leukemi hos barn. Mononucleose, eller såkalt kyssesyke, en sykdom vi i dag kjenner godt. Det var det jeg hadde.

En truende skjebne ble snudd til lettelse og glede. Jeg var intetanende og aldri redd. Meg greide pappa å skjerme.

Inger, Ane og Ida

I en stor leilighet i 4. etasje i Hansteens gate bodde Inger Sars. Hun hadde to søstre, Maren og Borghild. Storesøsteren Borghild ville gjerne bestemme, så vi trakk oss ofte unna når hun var der. Hos meg var jeg eldst og det var ikke alltid noen hjemme, så vi kunne gjøre hva vi ville – lese, spille spill, spise.

Hos Inger var moren hjemme. Hun stod mest på kjøkkenet, bakte brød, og sparte på alt som kunne komme til nytte.

Faren leste. Han satt ved kaffebordet, leste aviser og pratet med oss barna. Vi satt musestille når han fortalte historier. Michael Sars var i slekt med selveste Fridtjof Nansen og med andre berømte menn som het Georg og Ernst Sars.

Ingers foreldre var eldre enn mine. Det ble som et annet hjem for meg.

Jeg glemmer aldri første gangen Inger ropte opp fra gaten: Mo*i!* Fa*i!* Jeg kunne ikke begripe hvorfor hun ikke sa *mor* og *far*. Moren Alfhild kom fra Lyngør og Inger skarret.

Rett ved siden av skolen bodde Ane. Helt nederst i Løkkeveien. Hun var en blid og hyggelig jente, men vi var sjelden med henne hjem selv om hun bodde så nær. Det var trangt om plassen. Hun hadde flere søsken, både yngre og eldre. Den eldste søsteren til Ane var voksen og hadde mann og barn, og de bodde også der.

En dag banket tilsynslæreren på i klassen. Kunne Ane komme til overlærerens kontor? Vi lurte alle på hva det kunne være. Ane vred på seg og ville ikke si noe ute i friminuttet. Vi skjønte at vi ikke skulle spørre mer.

Noen dager senere kom Ane i ny, pen kåpe. Da hvisket frøken til oss at den kåpen, den hadde hun fått fra *sosialkontoen* på skolen. Vi skulle late som ingenting. Men vi sa det var en fin kåpe, og det ble hun glad for.

Det var store forskjeller i klassen og på skolen. Vi merket det. Det var urettferdig at Ane skulle ha slitte og dårlige klær, mens noen av barna fra Skillebekk og Skøyen fikk alt de pekte på.

Jeg opplevde andre ting som gjorde sterkt inntrykk. Hjemme hos Ida var vi flere ganger etter skoletid. Der kunne vi gjøre lekser på kjøkkenbordet. Moren til Ida var hjemme. Hun var husmor, jobbet ikke ute som min mor gjorde.

En dag fant vi ikke ut av et stykke i regneboka. Spør moren din da vel, sa jeg. Ida nølte, men gjorde det likevel. Moren så spørrende ut: «Nei, det vet jeg ikke.»

Ida ble ikke overrasket, men det ble jeg. Vi var vel en ni-ti år. Jeg hadde aldri før opplevd at foreldre ikke kunne svare på alt vi spurte om. Det var en ny og viktig erfaring.

Hvorfor er faren din Arbeiderpartiet?

Jeg var ikke store jenta før jeg ble klar over at jeg selv var heldig som hadde unge foreldre som visste mye og kunne svare meg når det var noe jeg lurte på.

Mamma var mest tilstede, og det var lettest å spørre henne. Hun lyttet og forklarte. Jeg grov og spurte, spurte og grov. Det var nok ikke så rent lite jeg hadde på hjertet! Mamma var opptatt av at mange mennesker hadde det vondt, av det som var urettferdig.

Det var alltid flere voksne hjemme hos oss, og de diskuterte bestandig. Det var spennende. De snakket om Einar Gerhardsen, om Arbeiderpartiet og regjeringen. Det ble tidlig slik at jeg følte det var viktig å forsvare Arbeiderpartiet.

Da Sentrum Framlag flyttet ned til det nye Samfunnshuset i 1946, begynte vi å gå med plakater og valgmateriell. Vi fikk lov av foreldrene våre. De mente det var helt naturlig. Vi syntes det var både spennende og moro.

Ganske tidlig vokste det fram en trassig stolthet i meg når klassekamerater eller andre barn fra Frogner eller Bygdøy Allé – eller Skøyen – kom med slengbemerkninger om Gerhardsen eller Arbeiderpartiet. Det hendte ofte. Hissig forsvarte jeg både regjeringen Gerhardsen og Arbeiderpartiet og Framfylkingen.

Den politiske striden var barsk, nesten hatsk i de første etterkrigsårene, det smittet av helt inn i barneflokken. Vi hadde *våre* debatter, og jeg vet jeg var et trekkplaster og en rød klut. Ville ikke gi meg!

Hvorfor skulle noen tjene så mye mer enn andre? Kunne noen forklare meg det?

En dag på vei hjem fra skolen stoppet min venninne Cecilie opp, så rett på meg og sa: «Hvorfor er faren din Arbeiderpartiet, når han er doktor? Han er jo ikke *arbeider*. Han får jo høyere skatt med Arbeiderpartiet.»

Det ble en ordentlig krangel om hva som var rett og galt, om hvordan det burde være. Jeg husker jeg tenkte der jeg stod: «Jeg er stolt av at faren min stemmer Arbeiderpartiet. Fordi det er riktig, selv om han ikke tjener på det. Han vil dele med andre.»

Pappa og hans familie

De var strenge, foreldrene mine. Særlig pappa. I 1945 var jeg hos tannlegen for første gang. Gap opp, sa han. Ja, det var greit. Men så kom det et brummende, fryktelig bor. Jeg bet tennene sammen og var ikke til å rikke.

Tannlege Sønju visste råd. Han kalte opp Gubbe som var doktor i etasjen under, i Storgata 12. Snart stod han der med det store, alvorlige ansiktet. Rett bak sol-lampen. Jeg åpnet munnen.

Mange år senere hadde jeg sommerjobb i England og fikk plutselig tannverk midt foran i overkjeven. Jeg ringte til pappa. Han svarte samme dagen med et telegram: *Please tolerate tooth-ache, until letter sent today*.

Han hadde konsultert Sønju igjen, som hadde rotfylt tannen den våren. Jeg ventet i ett ekstra døgn, mens jeg fikk noe smertestillende av den hyggelige familien jeg bodde hos. Telegrammet gjorde inntrykk, jeg *skulle* greie å holde ut. Men om natten sov jeg nesten ikke. Neste formiddag var det så vondt at jeg opplevde det som en hjelpende hånd da vertskapet sa: «Nei, nå går vi til tannlegen. Dette vil vi ikke ta ansvar for.»

Jeg husker hvilken enorm lettelse det var da tannlegeboret hadde gjort sin virkning og materie rant ut.

Brevet fra pappa kom ekspress den ettermiddagen. Det var en grundig forklaring på hva man måtte være rede til å tåle for at naturen selv kunne lege problemet. Jeg fikk dårlig samvittighet for å ha sviktet, ikke å ha vært tøff nok til å tåle smerte.

I dag er det min oppfatning at det ikke ville ha nyttet uansett. Det var nok en vakker teori, som i noen tilfeller kunne vise seg å holde stikk, men materie under trykk, den må ut!

Pappa var en tøffing. Utholdende og sterk, både fysisk og psykisk. Han inspirerte oss til det samme. Han inspirerte også til selvstendighet og selvtillit. Han visste hvor viktig det var å stole på seg selv og ta ansvar. Det lærte han tidlig.

Pappas familie kom fra Østfold, både på mors- og farssiden. Min farfar Gudmund Harlem var opprinnelig av bondeslekt fra Rakkestad. Hans far Ole Kristian vokste opp i trange kår på Harlemhaugen, som var en utskilt del av Harlem søndre. Han fikk sjansen til utdanning da «Smaalenenes Amts Skolelærerseminarium» ble opprettet på kapellangården Bergenhus i nabobygda.

Ole Kristian ble lærer på Oslo skole, det som nå er Gamlebyen skole. Familien bodde trangt, med sine seks sønner og en datter som døde tre år gammel. Farfar Gudmund var nummer fem av guttene og født i 1885. Han var bare 13 år da faren døde.

Det sies at Gudmund fikk en friere oppdragelse enn sine eldre brødre, og at den strenge farens mål om akademisk utdannelse for alle sønnene kom på avstand. Ole Kristians enke var en sterk og besluttsom kvinne som greide å gjennomføre det hun satte seg fore. Hun tok opp kampen for sine på ulike vis og søkte Stortinget om utdanningsstøtte for farløse barn. Det ble avslag, med en ikke uvanlig begrunnelse: Skomaker, bli ved din lest.

Men alle hennes barn *fikk* mulighet til utdanning – også Gudmund. Han valgte middelskolen og handelsskolen og ville bli forretningsmann. Det sies at han også var en flittig turgjenger og skiløper.

Han satset tidlig på egen virksomhet. Sammen med en ingeniør Syberg etablerte han et agentur i elektriske artikler: «Harlem og Syberg». Gudmund var 25 år gammel og lånte startkapitalen på 5000 kr. av sin eldre bror Alf, som var lege. Han hadde forlovet seg med Olga Haug, en jente fra Spydeberg.

De giftet seg i 1915 til tross for at han da var blitt alvorlig syk. Det var Olga som ville at de skulle gifte seg så hun kunne få barn med Gudmund før det ble for sent.

Det dreide som om en ukjent sykdom som rammet nervesystemet. Han ble delvis lam, og satt mot slutten av sitt liv i rullestol. Jeg har spurt og gravd, ikke minst hos min doktorfar om hva denne sykdommen kunne være. Vi kunne ikke gjøre annet enn å resonnere. Kanskje var det multippel sklerose, eller en annen og enda sjeldnere, fremadskridende nevrologisk lidelse.

Unge Gubbe

Lille Gudmund ble født i juli 1917. Faren døde i april året etter.

Pappa var en aktiv og utadvendt gutt. Han ble snart glad i Nordmarka, i turliv og seiling. Den lille familien hadde i lange perioder dårlig økonomi, men han pusset båt for andre, og fikk seilturer som belønning. Allerede fra 14-årsalderen finner vi ham i ulike tillitsverv. Først i Oslo Idrettslag, så i Mot Dag som gymnasiast på Fagerborg. Han var kasserer i Russestyret i 1935. Det sies at det ble solid overskudd i kassa. Året etter var han ulønnet fulltidssekretær for Norsk Sosialistisk Gymnasiastforbund. Deretter ble det universitetet, med alt som siden fulgte. Pappas livsvei var tidlig staket ut.

Pappa arvet som nevnt en betydelig sum etter sin far. Den ble ivaretatt av overformynderiet mens han vokste opp. Mor Olga hadde giftet seg igjen, og hennes nye mann syntes nok at pengene kunne ha kommet bedre til nytte for familien hvis han hadde kunnet få disponere dem. Jeg tror mor Olga hadde visse problemer å stri med, både fordi også hennes nye mann ble alvorlig syk, og fordi det oppstod konflikter mellom hennes mann og hennes sønn.

Unge Gubbe var «sjef» i hjemmet. Han skapte seg tidlig en rolle som noe mer enn en storebror – var snarere en slags «halvfar» for sin søster Gegga, slik han selv så det.

Siden farmor døde allerede i 1942, ble det slik at Erik og jeg – og senere min yngste bror Lars – vokste opp uten besteforeldre på farssiden, men med tante Gegga og onkel Ola som nær familie. Det var de som lærte meg å svømme, når de var sammen med oss i ferien på hytta på Helleskilen i Onsøy. Senere bygde de selv hytte i nærheten.

Farsslekten lenger ute var mennesker vi bare sjelden møtte. Den vi hadde mest kontakt med, var pappas fetter Ole Kristian Harlem, privatpraktiserende barnelege og senere mangeårig redaktør i Tidsskrift for Den norske lægeforening.

Drømmen om egen hytte

Sommeren 1945 var familien på ferie på Hvaler, på Kari Holters hytte. Hun var en av vennene som hadde bodd en tid i CC2. Hytta lå høyt, og det var et lite stykke ned til vannet. En dag vi skulle ut med den lille tresjekta, gikk Erik og jeg litt i forveien ned på brygga.

Vi gynger oppi båten fram og tilbake fra side til side. Erik faller uti. Skrek han? Jeg husker ikke. Jeg forsøkte å buksere den store, tunge åren så han kunne få tak, men nådde ham ikke skikkelig. Tror ikke jeg forstod hvor farlig dette var, før jeg så at han ikke fikk tak. Nå skrek og ropte vi begge! Det fantes ikke flytevester den gangen, slik våre barn alltid har hatt. Men – tilfeldighetene ville at snekka ved siden av ikke var tom. En mann stakk hodet opp fra kahytten. Erik var reddet.

Mamma og pappa fikk først senere rede på hva som var skjedd. Ofte har jeg i drømme gjenopplevd åren og Eriks hode i vannet. Åren som nådde hodet hans, mens armene fektet vilt.

Den vinteren oppstod planene om egen hytte. Mamma var på vei med Lars. Sommeren etter ville vi bli fem. Ola og pappa hadde seilt flere somre. Tankene gikk i retning av Tjøme eller Hvasser, kanskje Larkollen ned mot Hvaler. Ola hadde sittet på celle under krigen med lokomotivfører Oscar Andersen, far til skuespillerinnen Inger Marie Andersen. Hans drøm i livet var å kjøpe hus i Gressvik, få seg snekke, fiske og ha tid og ro i farvannene på Onsøy-kysten.

Dagfinn Juel, den senere statssekretær og direktør i Kommunaldepartementet, hadde bil, og om våren dro de nedover, Juel, pappa, Ola og Gegga for å sondere terrenget. Gjennom Gressvik, utover mot Slevikkilen. Ned på brygga, og så klatret de oppover de gule fjellknausene mot Oksrødkilen mot sør. Juel med bysko, hatt og frakk. Fjorden lå foran dem, fra Fuglehuk og Færder til Søsterøyene.

Det ble annonse i Fredrikstad Blad. Tomt eller hytte ønskes kjøpt, mellom Slevik og Strømtangen. Det kom ett svar. Det var fra brødrene Edgar og Johnny Larsen, Fredrikstad. De hadde en selvbygget hytte, «Ingerknausen» ute i Helleskilen, med utsikt til Færder og Flatskjær. Dette var tre viker sønnafor Slevikkilen og nord for Strømtangen. Pinsen 1946 var hytta kjøpt. Jeg var på pinseleir med Framfylkingen og husker vi holdt på å regne bort ute i Asker.

Helleskilen var rammen rundt ferielivet og helgeturene våre, sommer og høst. Der lærte jeg å svømme. Der rodde vi vår første båt. Der hadde vi morfars gamle kano, og kunne padle ut til Luseskjær eller Flatskjær og Lyngholmen.

Der var det alltid nok å gjøre. Rydding av skog, kvister og vedhogst. Der lærte vi å seile, først med en gammel snipe som pappa kjøpte. Der fisket vi og satte garn. Der var det blåbær- og bringebærturer. Plikt og hygge.

Mamma og jeg stod ofte opp klokka seks og gikk over mot Djupeklo til bringebærstedene. Var vi tidlig ute, var vi først på de beste stedene, i sporene etter tyskerne som hadde okkupert hele området mellom Helleskilen og Djupeklo. Der det var sprengt i fjell og lagt nye stier og veier, grodde det mest. Det hendte at Erik var med, men han hadde ikke riktig jentenes tak på det.

For generasjonene etter ble det mer blåbær. Bringebærstedene ble borte etter hvert. Knut var sjefen over ungeflokken fra tidlig om morgenen. Bare Jørgen fikk slippe å plukke i kopper og spann. Det lå ære i å komme hjem med nok til syltetøy eller blåbærsoll til frokost. Morfar var alltid en takknemlig mottaker av barnas matauk og morgenbidrag.

Helleskilen ble vårt andre hjem. Miljøet der ute var preget av Onsøy og Fredrikstad. Det var lite oslofolk. Vi hadde naboer og venner fra industribyen Fredrikstad. Johnny og hans kone Inger var aktive i partiet og i turnforeningen. De var miljøskapere i «vellet» og etter hvert i båtforeningen. Edgar og Johnny var industriarbeidere, de jobbet i mange år på Porselensfabrikken. De hadde bygget hytta under krigen av det de kunne få tak i av materialer. De solgte i 1946 for å bygge tomannsbolig i byen, men noen år senere var det ny hytte til begge familier, høyere opp på Helleskilfjellet.

Det var dugnadsånd og samvær. Familiene hjalp hverandre når noe særskilt stod på. Sisterne, flytting av skjul, molo, båtstell. Det ble et seilermiljø blant de unge med seilas borte på Slevik. Mange fine somre, mange fine opplevelser. Det var større nærhet i dette naboskapet enn i Oslo.

Da Olav og jeg var i USA midt i 60-årene, bygget pappa «ny-hytta». 24 m^2 med tømmer fra tomta som grunnlag for himlingen. Familien vokste. Det var en selvfølge at den måtte ha plass. Selv med alle fire barna hadde vi store deler av alle våre sommerferier på Helleskilen.

Det vi gjorde alene, var å ta den årlige båtturen. Først med en gammel 24-fots snekke, litt for rank og med sprukken motorblokk. Olav lærte båt av pappa og av mine brødre. Så ble det seilbåt, sammen med pappa. Slik fikk vi noe av tiden for oss selv, en til to uker etterhvert. Slik fikk jeg også kombinert fjorden og jobben i noen dager, da jeg var blitt assisterende overlege i Oslo Helseråd.

Jeg dro på inspeksjon til feriekoloniene med båt, til Håøya og Hudøy sammen med hele familien. En gang ble det oppstyr på Hudøy. Kvinner var de vant til der, både lærere og sykepleiere og nå en ung, kvinnelig lege. Men Kaja var med, ti-elleve år gammel. Det gikk som ild i tørt gress: Jenter på Hudøy!

Den gangen var dette guttas paradis, og guttas alene. Hudøy var det fineste tilbudet. Håøya var for jentene.

At hun får lov!

Jeg spretter opp av sengen. Det er vår! Sola skinner inn på soverommet, jeg går ut på verandaen og ser at gatene er tørre. Det er litt snø på gresset ennå, men det får gå. Jeg tar halvstrømper på skolen i dag! Det bobler i blodet. Endelig er vinteren over.

På skolen stirrer de vantro på meg: Gro går med halvsokker! At hun får lov! Forskrekkelse blandet med misunnelse.

Jeg liker det, er stolt av å ha en far som lar meg få bestemme selv: «Du må selv passe på at du er varm nok, at du ikke fryser. Gro, du får ta ansvar for det selv.»

Jeg brukte den friheten de gav meg, men jeg tror ikke jeg misbrukte den.

En annen vårmorgen er jeg oppe klokka fem. Jeg er nesten ti år, og får plutselig en idé: Ja! Jeg vil sy skjørt før skoletid. Leter fram det jeg kan finne, men det er ikke nok stoff. OK, jeg klipper stykker av to ulike stoffer, et blått og et blomstret, syr sammen og setter strikk i livet. Vips – et skjørt!

Jeg hadde ikke sett noe slikt før, men hva gjør det? Jeg likte å følge mine impulser, var ikke redd for hva de andre syntes.

Det var mye energi som måtte brukes, grenser som skulle utprøves. Det hendte nok at frimodigheten og ureddheten skapte problemer iblant da jeg ble tenåring. Men det er en annen historie.

Sommeren 1947 var den varmeste i manns minne. De 6000 barna på Fram-leir dobler Gjøviks befolkning. Den arbeiderstyrte kommunen er stolt over arrangementet. Erik og ettåringen Lars er med. Mamma og pappa er med blant leirpersonalet. Pappa er leirlege.

Det er stekende solfylte dager, til slutt helt avsvidd gress. Jeg går rundt i en liten bomullsshorts. I den svære leiren er det «byer» og veier, og fine portaler som de ulike Fram-lagene har snekret og satt opp. Det holdes konkurranse om beste port. En dag sovner jeg i teltet og blir vekket av en forskrekket Fram-leder. Du kan få solstikk! Dette var noe nytt å lære, og det var flere tilfeller av alvorlig overoppheting i Gjøvik-leiren den sommeren.

En ettermiddag kommer en brunbarket mann med lyst hår og krøller kjørende i åpen jeep. Det er Haakon Lie, sier noen, med ærefrykt. Se – der er Haakon Lie! Jeg får et glimt av et åpent, kraftig ansikt og blå øyne. Det er Arbeiderpartiets sekretær. Ja, ham har jeg hørt om hjemme.

Hysj, pappa sover!

Ruseløkka ble sett på som en foregangsskole. Overlærer Kvalheim var flink, moderne og driftig. Vi fikk svømmebasseng, vi fikk byens første keramikkovn. Vi var stolte av skolen vår.

Guttene hadde ikke skolekjøkken, og de hadde mere regning enn vi jenter. Jeg undret meg. Var dette riktig? Hvorfor skulle ikke gutta lære å lage middag, spare på husholdningsbudsjettet og bake brød? Hvorfor skulle mødre og jenter gjøre slikt? Det var dumt at vi ikke hadde like mye regning som dem også, men det verste var likevel at man bare regnet med at gutta ikke hadde noe på kjøkkenet å gjøre.

Vi jentene hadde håndarbeid, gutta sløyd. Slik bare *var* det. Jeg ergret meg over at vi ikke fikk med oss sløyden. At gutta *ikke* skulle lære å sy og strikke, visste jeg var noe tull. De trengte det de også. Faren min hadde lært seg det selv. Han sydde fjellanorakker til seg og mamma før de skulle gå i påskefjellet i 1942. Jeg så dem i kjellerboden – med fransksøm, snorer og løpeganger. De var flotte.

Det var ikke bare fagene som fortalte hva som passet for jenter, og hva som var guttas områder, men også lærerne og det de stod for.

Hjemme fikk jeg mer motvekt, tross alt. Pappa jobbet, for ham var jobben det viktigste. Vi levde også med tidens modell: «Hysj – pappa sover!» Mamma var hovedansvarlig for huset, og var mye hjemme etter at lillebror Lars ble født. Men hun var student og yrkeskvinne og jobbet på Arbeiderpartiets kontor på Youngstorget.

I alt som hadde med fritid, hytter og friluftsliv å gjøre, opplevde jeg at mamma og pappa gjorde tingene sammen. Mamma slipte, malte, lakket, bar vann. Hun bar åk med to tiliters bøtter med vann, som en selvfølge. Hun lærte seg å kjøre bil, hun bar sekk på fjellet når vi gikk fra hytte til hytte. Mamma var med i alle samtaler om politikk og samfunnsspørsmål. Likestilling var på mange områder en selvfølge. Hun var sterk og selvstendig og visste hva hun mente og hva hun ville. Men til sammen ble det mer på henne. For hun gjorde alltid mer av alt det daglige og selvfølgelige i hjemmet og i hverdagen.

Til Amerika

En dag i august 1949 stod vi oppe på dekk på en svær båt, mamma, Erik, Lars og jeg. Det vil si: Vi stod mens Lars løp omkring. Plutselig klatret han oppover rekka. Det støkk i meg. Vi hadde et lite oppgjør. Hvem passet Lars? Han var tre og et halvt år.

Vi var på vei over havet med «Gripsholm», et svensk skip som seilte fra Göteborg. Vi skulle ut i den store verden, til Amerika, og være der et helt år! Jeg hadde gledet meg en evighet.

CC2 var utleid til noen amerikanere, og vi skulle leve på pappas Rockefeller-stipend. Vi merket tydelig at mamma og pappa var ekstra redde for hvordan det skulle gå. Vi barna var ikke bortskjemte med lommepenger. Jeg husker godt at Erik og jeg vinteren før var så heldige å få dele en Solo da vi for første gang gikk tur inn til Kikut med pappa. Nå tok vi barna med oss de sparepengene vi hadde, det kunne være alt vi måtte greie oss med hele året.

Pappa hadde reist noen uker før. Han møtte oss på kaia i New York og installerte oss på et hotellrom like ved den norske sjømannskirken. Så gikk han til en forelesning.

Vi gikk en tur ut og så oss om. Tre nysgjerrige og litt utålmodige barn som begynte å bli sultne.

Mamma, kan vi få noe å spise? Nei, pappa kommer snart. Så får vi se.

I en butikk fikk vi øye på noen kjempestore, blå plommer. Mamma, *kan* vi ikke få smake en sånn? Hun gir etter, er sikkert sulten selv også. Bare *en* plomme til hver, store, søte og nydelige.

Da pappa kom tilbake ved tre-tiden fikk han se fire store plommestener i et askebeger. *Hva er det?* utbrøt han. Det ble et lite oppgjør mellom de voksne. Slikt hadde vi ikke råd til, sa pappa. Ja, men barna måtte jo få noe å spise, sa mamma. Etter pappas mening var det luksus. Brød og margarin hadde nok vært noe annet. Slik forstod jeg det, og tenkte at selv mamma kunne bli fristet av noe som så både sunt og godt ut. Jeg skjønte at vi måtte være forsiktige og samarbeidsvillige, skulle dette gå bra.

Vi fant fram til en ganske rimelig leilighet, på 11th Street i Brooklyn. Like ved Prospect Park. Pris: 75 dollar i måneden. Men mellom 500 og 600 kr. måneden var mye, nesten alt pappa hadde i stipend gikk med. Heldigvis hadde vi inntektene fra leiligheten vår hjemme. I desember kom mørkhårete og mørkøyete Rafael ved sjømannskirken med en sekk frosne poteter. Det kom godt med i husholdningen. Vi vennet oss til at det smakte søtt.

Trygve Bratteli kom på besøk og bodde hos oss noen dager, mens han var på studietur til New York. Ble han også servert de potetene? Antagelig ikke. Han var nestleder i Arbeiderpartiet. Også han var mørk, med buskete øyenbryn, og et kraftig, men varmt blikk. Han kjøpte en sovedukke med tåteflaske, som hadde bleie og tisset på seg til sin eldste datter Tone. Jeg måtte leke med den. Den *skulle* være litt brukt, da ble det enklere i tollen. Jeg syntes det var stas med en så flott dukke.

De voksne pratet til langt på kveld om norsk politikk, om USA, om det som skjedde i verden. De snakket om NATO, der Norge var blitt medlem. Det var stor frykt for et aggressivt Sovjetunionen etter de tragiske begivenhetene i Tsjekkoslovakia i 1948. Pappa var aktivt med i det internasjonale arbeidet både i AUF og i partiet.

Nabojenta i 11th Street het Elaine. Familien kom fra Irland. Faren til Elaine var advokat, men jeg tror økonomien var trang. Hun hadde også to yngre brødre. Vi var sammen hver dag både på skolen og hjemme.

Nede på hjørnet der vi svingte bort til skolen lå det en stor Drugstore med noen små kafébord i den ene enden. I vinduet stod det et skilt: «Special treat». Tre iskuler, jordbær og sjokoladesaus, med kremtopp. Det kostet 15 cents.

Noe slikt hadde vi aldri sett hjemme i Norge. Vi sparte våre lommepenger i flere uker. Den dagen vi gikk dit, hadde vi brødrene våre på slep. De hadde ikke spart, enda de godt visste hva vi sparte til. Det ble et skår i gleden å se gutteøynene gjennom vinduet. Men vi stålsatte oss og spiste vår *special treat*.

Jeg husket den dagen da Erik stod og hamret på min låste dør der hjemme og jeg hadde med en ny venninne fra 1. klasse. Han var yngre og alene. Storesøster stengte ham ute.

Vi snakket om dilemmaet med brødre, og kom til at vi ikke kunne ta dem med på alt.

Rett før jul vil pappa ha meg med til Macy's, det store varehuset på Manhattan. Vi tar undergrunnsbanen. Det er en kjempebutikk, etasje på etasje, avdeling etter avdeling. Vi går til damevesker, han peker og spør: Tror du *den* passer til mamma?

Jeg synes det er vanskelig, vet ikke hva hun vil like og hva hun trenger. Hva med den, sier jeg. Den tror jeg nok vil passe. Pappa sier nei, den er vel for stor. Jeg blir usikker, det er en underlig måte å be om råd på. Vi ender opp med et kompromiss, en enkel blå veske, litt mindre enn jeg tror mamma vil mene er fornuftig.

På julaften får jeg den blå vesken. Det var godt ment, men resultatet ble jo ikke så bra. Vesken passet verken for mamma eller for meg. Men jeg brukte den for ikke å såre noen.

Forskjell på mennesker

Hva gjorde mest inntrykk dette året i USA? Alt en kunne kjøpe, alle de ukjente slagene av frukt og grønnsaker. Bær som var ti ganger så store som hjemme! Det fargerike gatelivet og alle bilene. På søndagene gikk vi turer i parkene – ikke i Nordmarka som hjemme.

Men én søndag dro vi til et skiområde nord i staten New York og leide ski. Jeg husker skiltene i skogen langs med bilveien: *No trespassing. Private property.* Signalene var klare: Ingen adgang. Privat eiendom. Her kunne man ikke bare spenne på seg skiene, legge i vei og ta naturen i bruk.

De store forskjellene i dette samfunnet var tydelige. Vi bodde i et lavere middelklassestrøk, og i skolekretsen var det et knapt flertall hvite elever. Noen gater lenger borte var det motsatt. Alle var klar over forskjellene, de var synlige og tydelige. Det var lite å merke til dette i klassen og i skolegården, men vi visste at det var annerledes med foreldrene.

Selv var jeg sterkt preget av min mors holdninger. Hun innprentet oss alle at vi var like – ikke minst gjaldt dette ethvert raseskille. Hun gikk så langt at hun nesten overbeviste meg om at det var penere å være svart i huden enn hvit. Så jeg ikke det da? Negre var vakrere, vi var da bare grå og bleke.

Jeg så jo selv at det var forskjell på mennesker. Noen mørkhudete var vakrere enn andre mørkhudete. Slik var det også med oss hvite. Men jeg hadde ikke hjerte til å si henne imot.

Mammas motiver godtok jeg 100 prosent. For henne var dette et viktig verdispørsmål. Det skulle det bli også for meg. Mamma hadde i det hele tatt sterke idealer og holdninger. Vi fikk dem i dobbel dose, fra to sterke personligheter med hver sin stil og form.

Det var et lærerikt år også på skolen. Jeg likte særlig amerikansk historie og geografi. Men det var noe rart – vi var *inne* i friminuttene! Helt annerledes enn hjemme, der var det på med klær og ut uansett vær. Jeg likte det bedre. Og ble man ikke litt lat av å sitte inne hele tiden?

I begynnelsen av mai reiste vi hjem med «Oslofjord», den flotte nye amerikabåten. Det var som et eventyr. En tidlig maimorgen stod jeg alene oppe på dekk da vi seilte inn til Bergen. Gleden og stoltheten over mitt eget land steg i meg. Et vell av øyer og skjær badet i sol – og en blå, blå fjord og himmel var det som møtte meg. Da nasjonalsangen ble spilt inne på Bergen havn rant tårene, mens jeg sang av full hals.

Om ettermiddagen den 15. mai stod jeg i skolegården på Ruseløkka. Klassene var oppstilt og øvet i skolegården til 17. mai-toget. Jeg fikk ikke være med 17. mai. Vi hadde ikke noe sted å bo i Oslo. Leiligheten i CC2 var utleid til august, så vi måtte dra på hytta. Det ble hverken skolegang eller venner. Jeg hadde savnet begge deler. Så var jeg heller ikke blant dem som gladelig sang med i «Skolen er noe slaveri, det er alle enig i». Jeg gikk lenger enn til å være taus. Jeg sa klart fra at *det* var *jeg ikke* enig i!

Ukene på Helleskilen, hytta i Onsøy fram til skoleferien startet, var kjedelige for meg og for Erik. Der var ingen barn, ingen båt uten pappa, kaldt i vannet så tidlig. Mamma bar vann, hun leverte rygg-sekker med barnetøy til vask fremme ved veien. Vi var mest alene. Pappa var i USA hele sommeren.

På danseskolen

En dag i 6. klasse hadde vi samfunnslære og snakket om at Norge var et kongedømme mens for eksempel Finland, Tyskland og USA hadde en valgt president som samtidig var statsoverhode. Vi fikk høre litt om den historiske bakgrunnen for at det var blitt slik.

Så spør læreren: «Hva synes dere er best?» Alle roper i kor: «Konge! Konge!» Kong Haakon var en svært populær konge.

Hun ser at jeg ikke vifter med hånden og sier: «Nå Gro, hva synes du?» «President, for da kan man velge – og kan forandre på det, hvis det ikke blir så bra.» Alle så på meg, nesten ergerlige. Hvorfor tenke slik, når kong Haakon var så flott konge? Jeg var ikke uenig med de andre om dét spørsmålet. Men vi snakket jo *prinsipielt.*

Når jeg husker denne episoden så tydelig, er det nok fordi jeg ble stående helt alene. Jeg ble det noen ganger, og tålte å være det. Det var viktigere for meg å våge å tenke selvstendig enn å alltid gli inn og være en av gjengen. Jeg likte best den rollen, hadde mange venner og var sosial. Men når det røynet på og stod om noe viktig, så orket jeg å stå alene.

I 6. og 7. klasse hadde jeg tid og overskudd til alt. Noe ville mamma, noe ville jeg. Det var fritidsaktiviteter hver eneste ukedag, og Fram eller hyttene i helgene. Noen dager var jeg på to kurs etter skoletid. Jeg tok kurs i søm, keramikk, engelsk og sløyd. Jeg husker spesielt engelskkurset, fordi jeg hadde lært så mye det året i Amerika. Og så var det danseskolen.

På danseskolen hadde jeg *en* kjole, av grønn ull, som pappa hadde med seg hjem fra en tur til England. Den var kjøpt til mamma, men passet ikke. Jeg likte den selv om jeg syntes den var litt «voksen» i stilen. Den var skarp grønn med et rutete rødt og grønt skjerf av taft i halsen.

Jeg likte å gå på danseskolen, som mamma mente vi alle tre burde få med oss. Brødrene mine var slappere.

En kveld stod jeg alene igjen midt i den store salen der Svae's og senere Hjørdis Aakerviks danseskole holdt til, i hvit bluse og blått foldeskjørt – sammen med en noe eldre gutt som jeg aldri hadde møtt før. Jeg hadde vunnet den store dansekonkurransen på slutten av den sesongen, der alle gruppene var med.

Det føltes rart, nesten uvirkelig. Jeg likte rytme, likte å bevege meg med musikken og etter trinnene vi hadde lært: Vals, tango, foxtrot, og slowfox. Alt ble prøvd ut denne kvelden, og par etter par gikk ut. Til bare to stod igjen. Så måtte vi bytte partnere for å velge *en* gutt og *en* jente til slutt.

Jeg var ganske enkelt himmelfallen, hadde ingen anelse om jeg var flink eller ikke i dette med dansen. På andre mer idrettslige områder som badminton, tennis og høydehopp var jeg ganske dårlig, men flink i løp og orientering. I orientering var det blanding av bevegelse, tempo, intuisjon og observasjon som telte.

Jeg har alltid vært glad i å danse, men sluttet i de årene da jeg fikk en ungdomskjæreste som syntes det var noe tull. Even var turgutt og Nordmarka-traver, og mente at det meste annet kunne man bare glemme. Ja, bortsett fra time etter time med tredjegrads matematiske ligninger da! Han ble ingeniør.

Da hadde jeg for lengst begynt å danse igjen, og har ikke tenkt å slutte med det.

I Vassfaret

Vi dro på Framleir oppunder Gaustatoppen da jeg var 12 år. Men det var Vassfaret som gav de sterkeste av alle inntrykk fra turene i disse årene.

Rolf Hansen gikk foran meg i terrenget. Han var lederen, en helstøpt personlighet som jeg hadde ubegrenset tillit til. Det er rart dette, hvor mye andre voksne ved siden av foreldre og lærere betyr for barn

Pappa har limt inn bildet av mamma og meg, og skrevet: Seks måneder, smiler og vinker.

Pappa studerer anatomiske snitt ved skrivebordet i Camilla Colletts vei 2. Vi ser ut mot Briskebyveien, der trikken kommer ned.

Over: Farmor, som døde så altfor tidlig.

Til venstre: Jeg har visst fått nok!

Under: Werna, slik jeg husker henne. (Arbeiderbladet)

Fram-fest med strømper som klødde, og uten å tenke på at jeg hadde en H på brystet! Ingrid (Vindenes) bak, barndomsvenninne fra CC2 og Fram-kamerat.

Under: Truls (Gerhardsen) bærer vår fane 1. mai 1946. Erik i annen og jeg i tredje rekke, begge med trenchcoat. Bak meg til høyre Turid Lie, datter til Haakon. I femte rad, midt i bildet, Lis (Steen). (Arbeiderbevegelsens arkiv)

Over: Middag hos familien Harlem. Men hvor er jeg? Stolen mellom tante Gegga og mamma er tom. Lars sitter ved enden, Erik ved siden av Lillan, mor til onkel Ola. Pappa nærmest til venstre.

Under: Det var moro å strikke og sy! Jeg er ni år, Lars er to.

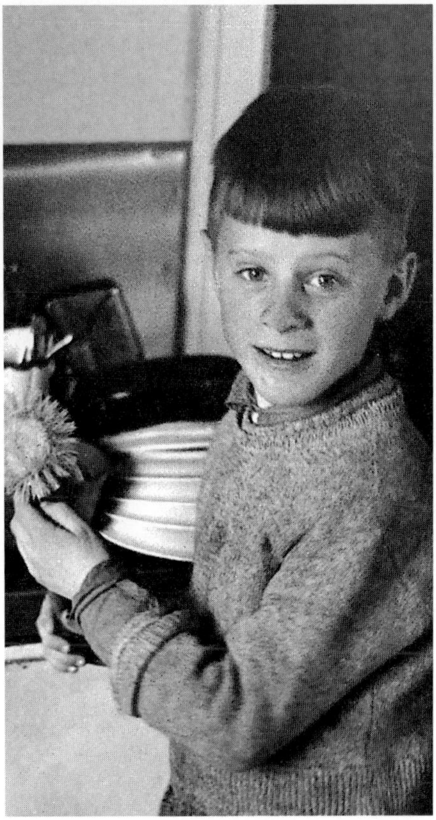

Over til venstre: Glad jente på verandaen ut mot Camilla Colletts vei, 1948.

Over til høyre: Erik er og var et sjarmtroll.

Nede til høyre: Bestevenninne Inger (Sars) og jeg i foldeskjørt og mellomblå Framskjorter. Inger uten seler, jeg uten H! Året er 1949.

Sommertur til morfar og «Torstugan», den svenske morfamiliens sted. Erik, ti år, er med. Mamma og pappa til høyre.

Mormor, her over sytti, smilende med sin samboer, dosent Harald Morin.

Over til høyre: Sentrum Fram-lag med en stor kontingent på Nordisk leir på Gjøvik i 1947. Til høyre, Erik med liten gutt i fanget, bak ham Truls (Gerhardsen). Ingrid er gjemt bak Erik, jeg ved siden av henne. Torgunn (Gerhardsen) til venstre for flaggstangen, bakerst, og Marit Hansen (kona til Rolf) lengst til venstre.

Under: Skolekjøkken i sjette klasse – bare for jenter! Men gøy var det! Sløyd fikk vi ta på fritiden.

Reisen til Amerika går fra Gøteborg i 1949. Mamma og jeg om bord på «Gripsholm».

og unge. Werna og Rolf var nok de viktigste voksne rolleskikkelsene for meg.

Jeg husker jeg langet ut, tok lengre skritt enn en jente på 1,55 naturlig ville gjøre. Det ble en sport å gå rett bak Rolf og plassere føttene i hans fotspor.

Vi kom til flere nedlagte småbruk der dørene stod åpne, med etterlatte kjøkkenredskaper, bord og krakker. Det meste var der og talte om livet i en svunnen tid. Vi så ikke et menneske på flere dager. Vi var i ødemarken.

Det var spenning knyttet til drømmen om å se spor av bjørn. Var bjørnen i Vassfaret utryddet? Hvor stor var egentlig bjørnestammen? Vi visste det var en ørliten sjanse for å kunne se spor. Flere ganger stanset vi og holdt nesten pusten: *Var* dette et fotavtrykk? Vi var aldri skråsikre, men eventyret – den trolske stemningen – forlot oss aldri. På Vassfarplassen møtte vi folk. Ensomheten vi hadde opplevd selv om vi var 20–30 stykker i laget, var brutt. Noen speidere var gått opp fra den andre siden, og nå krysset våre spor hverandre.

25 år senere var jeg i full gang med vernet av Vassfaret. Med forskningen om bjørnestammens utbredelse, med debatten om hogsten og regelverket for å ta vare på tradisjoner, på natur og kulturverdier. Jeg følte meg hjemme. Det var ikke skrivebordsteorier, det var selvopplevd og engasjerende.

Til Hardangervidda med pappa

13 år var jeg den påsken bare pappa og jeg dro til fjells. Fylte 14 år den 20. april 1953. Fredag før palmesøndag startet turen på Haukeliseter i Telemark. Det var flere unge mennesker der på vei inn i fjellet, flest unge menn. Jeg la merke til at de så nysgjerrig bort på oss, hvisket og smilte: Er det der et par? Nei, hun er da så ung. Ja, men han er for ung til å være faren. Det var litt flaut, men spennende også. Jeg så kanskje ut som seksten og pappa, som var trettiseks, som tjueåtte?

Lørdag var det tungt vær og føre. Målet var Valldalseter, og turen var lang. Ingen løype, kladdeføre. Bak oss hadde vi fire unge gutter. De tok oss aldri igjen. Hver gang vi stanset for å studere kartet, i nødvendig ærend eller for å spise, stanset de også. Mot slutten av dagen sa pappa, både foraktelig og oppgitt: Fytterakkeren, de lar en jentunge tråkke løype for seg! Da vi fikk se Valldalseter var det begynt å mørkne. Det ble en tøff, men flott start. Vi så ikke sola på de første par dagene. Pappa gikk uten solbriller. Jeg syntes det var bedre å ha dem på. Pappa fikk sin straff. Da vi kom inn til Rauhellern, spurte han om og om igjen: Gro, er det ikke litt tåkete og røykfylt her? Nei. Han var blitt snøblind. Øynene var rennende og røde. På turens siste dag gikk han med to par solbriller.

Naturen, de felles opplevelsene, det å lære å lese kart og bruke kompass – alt dette forbinder jeg spesielt med denne turen. Senere ble det flere turer.

KAPITTEL III

Tenåring

Skulle jeg søke meg til Katta? Det var det store spørsmålet den våren jeg fylte 13. Karakterene ville ikke stå i veien, så mye visste jeg. Men ville det ikke være litt «snobbete»? Litt eksklusivt? Da kunne jeg heller ikke gå videre sammen med noen av de beste venninnene mine.

Vi hadde hørt at også Hegdehaugen var en skole med et fint miljø, og slik ble det. Både Inger og jeg begynte der. Ingen presset meg, valget var mitt.

Jeg trivdes, men jeg ble litt mer obsternasig, småfrekk i kjeften og urolig i timene enn jeg hadde vært i 7. klasse. Vi gikk gutter og jenter sammen, og det var nok både puberteten og et fenomen som følger i kjølvannet: Konkurranse om og interesse for gutta. Vi flørtet også ved å finne på spillopper. Ingen tvil om det. Truls Gerhardsen og jeg var havnet i samme klasse. Han var Framkamerat i alle år etter 1945, og vi hadde alltid vært småkjærester. Nå forstyrret vi undervisningen, sendte papirball til hverandre, pratet, ertet, flørtet. Jeg forstyrret ham og han forstyrret meg. Sammen forstyrret vi de andre. Det var nok også usikkerhet med i dette og egenmarkering i et nytt miljø.

Rektor Knut Alfsen var et menneske vi alle følte for og hadde tillit til. Han var keitete, uvøren i klesdrakten, sporty og med et godt smil. Han passet til miljøet på Hegdehaugen. Det var et åpent, progressivt miljø.

En dag da en av lektorene var syk, kom Trygve Bull. Han tok noen timer i vår klasse og leste noveller av Hemingway og Mark Twain. Vi satt musestille og fascinert, både av ham som leste, og av dem som hadde skrevet det som ble lest. Slikt gav appetitt på god litteratur og på voksne mennesker som hadde noe på hjertet, hadde noe å gi.

Den klassen jeg kom inn i, viste seg å streve med flere problemer. Ett av dem var altså jeg – et annet Truls Gerhardsen, men vi hadde heller ikke fått de beste av de lærerne som startet opp med de to nye 1. klassene. Det tør jeg si, fordi jeg tidlig på våren året etter ble flyttet over til den andre klassen.

Din dritt!

Elever i klassene over oss hadde fortalt hvordan lærerne var og hva vi kunne forvente. I religion hadde vi lektor Lilleøen. Han var nok mer opptatt av filosofi enn av religion. Det var han kjent for, og slik oppfattet vi det. Han var liberal i hele sin holdning, og stilte for små krav til oss som elever. Vi hadde fått vite at han sjelden gav prøver og at vi ikke trengte å ta det faget så tungt. De få prøvene som ble gjennomført, skjedde med åpen bruk av læreboka.

En dag har vi religionsprøve. Elevene sitter med bøkene oppslåtte, hele veien. Noen har dem oppå pulten, andre på hylla under. Jeg kan ikke tenke meg det siste. Skal det være, så skal det være. Lureri liker jeg ikke. Lektor Lilleøen går nedover mellom min og neste pultrekke. Jeg sitter på rekke to fra veggen, omtrent midt i rommet. Han stopper. Plutselig kommer det med skarp stemme fra den milde Lilleøen: «Hva er det du driver med, Gro?»

Jeg ser på ham, overrumplet. Ser meg rundt på de andre pultene. De er blitt tomme for bøker.

Jeg føler meg uthengt uten noen grunn. Jeg vet at sånn har det vært ved prøver der i mange år – også i vår klasse. Jeg vet at han vet det. Hvorfor går han da helt plutselig til angrep på meg? Jeg vil ikke forsvare meg ved å peke på eller vise til de andre. Det er for pinlig. Jeg føler intenst at lektor Lilleøen opptrer uanstendig og totalt urimelig, og at jeg er utpekt tilfeldig som offer. Jeg reiser meg, ser ham inn i øynene og erklærer med høy og klar stemme: «Din dritt!»

Hjertet banker. Det er et dramatisk øyeblikk. Men jeg følte det slik, jeg kunne ikke annet. Så går jeg, eller marsjerer er kanskje et bedre uttrykk, ut av klasserommet. Idet jeg snur meg og holder i dørhåndtaket, ser jeg at Lilleøen får farten opp. Han løper etter meg! Da løper jeg også. Nå trenger vi nok avstand – så vi begge får tenkt oss om.

Jeg stormer nedover korridoren og nedover trappen. Lilleøen etter, helt ut i skolegården. Da har jeg løpt fra ham og er ute i Rosenborggata.

Hvordan kunne det skje at vi kom opp i en slik spent og følelsesladet situasjon? Jeg følte meg krenket. Ja, da det hele utviklet seg som det gjorde, ble jeg også redd. Redd for hva jeg hadde gjort, redd for hva *han* kunne finne på å gjøre.

Noen uker tidligere hadde en kjekk kvinnelig lektor som het Sande sprukket av sinne. Det hadde gått ut over min snille og greie barndomsvenninne Inger. Det var uro og bråk idet friminuttet var over og vi skulle stille opp utenfor klasserommet. Stille! ropte fru Sande. Noen fniste, men ikke Inger. Hun stod veloppdragen forrest og fikk et susende slag midt i ansiktet. Det må ha vært mye aggresjon og usikkerhet mellom lærere og elever også på denne tiden.

Ingers fars, advokat Michael Sars, inviterte fru Sande hjem. De hadde en lang og hyggelig prat om det som hadde skjedd. Det ble ingen oppfølging fra familien Sars' side overfor skolen, bare en skikkelig unnskyldning fra lektor Sande.

Jeg husker ikke om jeg hadde noen samtale med lektor Lilleøen. Vi ble iallfall ikke uvenner. Men jeg snakket selv med rektor, fortalte ham det jeg her har beskrevet og tok på meg ansvaret for å ha brukt et uakseptabelt språk. Mine foreldre var aldri inne i denne diskusjonen.

Rektor foreslo litt senere at jeg flyttet over til den andre klassen. Det var en lykke for meg – og sikkert for andre.

Jeg havnet i klasse med flere svært dyktige og kunnskapsrike elever og fikk mer å bryne meg på. Her var det mere ro og disiplin, en annen atmosfære. Lærerne skapte et miljø å vokse i, det ble spennende diskusjoner og mer læring, mer inspirasjon enn lyst til uro og erting. Hvor stor forskjell det kan være mellom klasser, mellom lærere og klasseforstandere!

Jeg fikk snart nye venner, også blant gutta. Ikke minst fetterne Lars Walløe og Even Mehlum.

En episode i det nye klasserommet på Hegdehaugen har brent seg fast. Ved siden av meg sitter en stille og beskjeden jente som hadde ganske store problemer med matematikken. Jeg ser fortvilelsen. Skjønner hun ikke hvilken formel som skal brukes i den første oppgaven? Jeg lister over en lapp med den riktige formelen.

Neste scene: Læreren stanser foran pulten hennes: «Hva er dette? Jukser du?» Det er stille et sekund. Jeg reiser meg: «Det var jeg som gjorde det, lærer.»

Kampen om leppestiften

Stakkars mamma som skulle prøve å hamle opp med en tenåringsdatter. Mamma hadde alltid holdt på det sporty, usminkede, nøkterne i stilen. Som oftest brukte hun ikke engang leppestift. Nå finner jeg venninner også fra andre miljøer. Vi prøver ut det meste, krøller og klipper håret, prøver flere farger på leppestift, kjøper øreringer. Kort sagt – vi eksperimenterer med det å være små damer.

Når mamma senere har fastholdt at dette var spesielt, så vet jeg at det var det ikke! Dette var «in», det lå i alderen og tiden. De fleste av mine jevnaldrende venninner drev med slikt. Men alle hadde ikke en slik renvasket sporty og kritisk mor og far. Få hadde Werna med det skarpe blikket i tillegg.

Mamma var rett og slett skeptisk til sin tenåringsdatters utvikling og interesser. Hun syntes det var dumt å være opptatt av sitt utseende – særlig hvis det skulle påvirkes av noe kunstig.

Det var like liten toleranse for leppestift som det var for ønsket om noe så stygt som silke og taft på en ung pike på ball. Jeg brukte leppestift når jeg ville, men fikk ballkjole sydd av bomull. Det var da mye penere, det viktigste var ikke at det var billigere. Det mente både mamma og Lillan som sydde. Hun var mor til Ola Evensen og bodde hos oss i flere år i CC2 i min oppvekst.

Jeg forstod at de begge i fullt alvor mente at bomull var penere. Det var tydelig at de ville to ting. Markere sin holdning – og bidra til at jeg fikk den samme holdningen. Jeg syntes dette var vanskelig, følte meg ikke så fin som jeg gjerne hadde ønsket. Venninnene hadde uten om og men fått taft av sine mødre. Jeg tror det var to grunner til det. De andre mødrene tenkte ikke engang på å bryte med konvensjonene, og de mente nok også at taft var finest.

Jeg gikk med bomull og misunte de andre, men inne i meg var det en stemme som sa: Kanskje har mamma likevel rett?

Senere sydde jeg selv og bestemte selv. Det ble taft og tyll, slik det *skulle* være i de dager. Med strapless overdel og mye vidde i skjørtet. Kjolen var mellomblå slik både mamma og jeg mente jeg kledde, ikke lyseblå eller rosa som de fleste hadde.

Dette varte ikke så lenge, et par-tre år kanskje, så var det av med leppestiften og på med alt som var den sporty Gro, frilufts-Gro, tur-Gro, ski-Gro. Det gikk så langt at Gegga utbrøt en gang jeg som ung student besøkte familien ute på Lijordet: «Gro, nå ser du jo ut som du tilhører indremisjonen!»

Lars og Even

Miljøet på Hegdehaugen var stimulerende og bød på mange slags utfordringer. Jeg var ikke mer enn femten da en av de eldste elevene, Leif Spongsveen, kom og spurte om jeg kunne påta meg å bli redaktør av skoleavisa Lynet etter ham. Jeg ble overrumplet, noe slikt hadde jeg ikke forestilt meg. Det der var da for de eldre elevene?

Jeg snakket med Lars – og med Even. Vi ble enige om at vi skulle forsøke og gikk igang. Ofte holdt vi på til langt på natt nede på kontoret til Walløe senior i Prisdirektoratet og brukte spritduplikator. Vi hadde mye moro og lærte at sammen kunne vi greie mer enn vi ante.

Lars og Even var spennende og kunnskapsrike venner, sønner av hver sin av Alfsen-døtrene, søstre til rektor Alfsen. Stadig oftere var vi sammen alle tre, på skolen og utenfor. Vi leste bøker og diskuterte dem. Lars var opptatt av Nietzsche. Diskusjonene gikk videre hjemme ved middagsbordet med pappa. Det ble flere tyske filosofer, blant andre Hegel og Kant. Dette var lenge før jeg ble oppslukt av *Filosofiens historie* av Arne Næss på Universitetsbiblioteket høsten 1957.

Vi seilte. Lars var skipper i sin fars båt, de to seilte regatta. Der skulle skuffene ut og flyttes fram i båten når det var lens. Det var mye å lære.

Etterhvert ble jeg mer opptatt av Even enn av båten. Vi vandret hjem gjennom gatene, pratet mens vi trillet sykler. Vennskapet med

Lars tålte forelskelsen i Even. Det ble turer i Nordmarka, Even og jeg alene. Vi var kjærester. Jeg var blitt seksten.

Slik var det fram til russetiden og gjennom de første studieårene.

Et «kjei» og intet annet?

Vi fire som gjorde jobben med skoleavisa Lynet, skrev om hverandre og tegnet hverandre. Berit Waal introduserer sin omtale av redaktøren ved å meddele at det var flere, «særlig i de høyere klasser som ble forundret, ja mange brølte av latter over et slikt tåpelig valg. Gro, som alle betraktet som et «kjei» og intet annet, skulle nå bli redaktør av Lynet. Men alle forutsigelser er blitt til skamme. Under Gros ledelse er Lynet vokst både i omfang og anseelse.

Grunnen til dette er at Gro har den bestemthet og de andre egenskaper som skal til. Ja, bestemthet ja. Har Gro først bestemt seg til noe er hun plent umulig å rokke. Hvis vi i redaksjonen erklærer at noe ikke lar seg gjøre, det være seg å spisse en blyant uten kniv eller skaffe en skrivemaskin, gir hun seg ikke før vi har greid det umulige.

Årsaken til at hun klarer å overtale både den ene og den andre er at hun har et fabelaktig kjeftament. Hun snakker i vei i slik fart at det er bra det ikke er noen religiøse og ømfintlige sjeler blant oss. Ved siden av bruker hun det «av Gud skapte ytre» til å dåre alle skolens mannlige forfattere. Noen andre får vi nemlig ikke bidrag fra, unntatt Turid (Evang) da selvfølgelig, men hun ville vel skrive for «Faen sjæl» hvis hun bare fikk skrive om pasifisme. Hvis, til tross for alle anstrengelser, ikke alt går etter programmet, blir Gro så rasende at det kan ende med at hun ligger på gulvet og brøler.

Gro har en feil som redaktører ikke bør lide av. Hun trenger mye søvn. Men Gro har en god egenskap som er svært nødvendig. Hun liker ikke å gjøre lekser. Derfor er jobben som redaktør selvskreven for Gro, for er en medlem av redaksjonen, har en simpelthen ikke tid til å gjøre lekser mer enn 2 1/2 av månedens 4 uker.»

Til England

I 1952 var jeg 13 år, bror Erik 11. Vi hadde dristige foreldre. De sender oss på sommerferie til en arbeiderpartipolitiker i Margate, i Kent. De vil hjelpe oss til å holde vedlike språket. Vi reiser med båt, jeg på 2. klasse, Erik på 3. På laveste dekk er det bare adgang for gutter og menn.

Vi opplever et England som er langt mer klassedelt enn vårt eget land.

Familien vi bodde hos hadde en hard, dominerende far. På kloss hold fikk jeg se familiemodellen der mor og barn var underkuet av en brutal sjef for alt og alle. Erik «lånte» en gang sykkelen til en eldre gutt i familien. Det var en forferdelig opplevelse å se sin bror bli banket opp, mot mine sterke protester. Gudskjelov kom vi oss vekk til en sjarmerende, positiv familie.

16 år gammel var jeg tilbake i Margate, en typisk ferieby i sørøst England. Jeg hadde lånt penger til flybilletten, og min plan var å jobbe disse ukene. Det hyggelige vertskapet fra sommeren 1952 kjente noen som drev pensjonat.

Jeg husker ennå rommet der jeg møtte innehaveren, en stor, vennlig mann. Jo, jeg kunne da trenges til rengjøring av rom – og til forefallende arbeid på kjøkkenet. Lønnen vil være 3 pund og 10 shilling per uke. Jeg smilte. Det ville bli mer enn til flybillettene på 4–5 ukers arbeid.

Et skjema å fylle ut. Skoleelev. For dem under 20 år, fars yrke. Doktor.

Han rynket brynene. Doktor? Var *det* mulig? Nei, en doktors datter kunne ikke ta en slik jobb! Det gikk ikke an. Jeg ble forundret, men skjønte intuitivt at her ble igjen de store klasseforskjellene i England demonstrert.

Jeg valgte å si det rett ut at jeg hadde satset på å ha jobb, at jeg måtte betale for billettene mine og at jeg var vant til å gjøre slikt arbeid også hjemme. Han merket nok min begynnende fortvilelse og mitt dilemma, da jeg spurte: Hva skal jeg *da* gjøre, hvis jeg ikke kan arbeide?

Han mildnet, så rett på meg og sa: Allright, så får det bli slik, likevel. Men da skal du ha 5 pund uken! Jeg trodde ikke mine egne ører. Også på denne måten understreket han sine grunnleggende holdninger. Det er forskjell på folk!

Det var mange hyggelige gjester. Jeg trivdes, både hos vertskapet der jeg bodde og i pensjonatet der jeg jobbet. Jeg fikk mine første erfaringer med det å bli tilbudt for mye mat – altfor ofte. Frokost før jeg gikk hjemmefra om morgenen. Te med melk og mye sukker. Alle voksne hadde gebiss, og det var jo ikke rart! Så – som hyggelig inspirasjon – vil du ikke ha litt av det som er til overs etter frokostserveringen? Bacon, stekte poteter? Middag ble det før jeg gikk – ja, også varm lunsj da, på engelsk maner. Vel hjemme om kvelden var det nye fristelser.

Jeg kom hjem til Norge adskillig tyngre enn da jeg dro.

«Try if you look like Marilyn»

I Margate var det fine sandstrender langsmed hele «the waterfront». Alt var mindre preget av salg, reklame og restauranter enn i vår tids typiske «syden», men noen aktiviteter var det. En ettermiddag vi var nede og badet, fikk vi se en pappfigur i naturlig størrelse, av Marilyn Monroe. Ved siden av den kjente filmskuespillerinnen poserende i hel badedrakt, var det stilt opp en «dobbeltgjenger». Marilyns figur var skåret ut av en stor plate, og på et oppslag stod det: «Try if you look like Marilyn.»

Vi var en tre-fire unge mennesker som vandret nysgjerrige bort for å studere dette fenomenet nærmere. En av gutta utbryter: Gro, du passer da helt inn der! For noe tull, jeg tar det som en spøk. Så prøver vi oss likevel. Dette er jo spennende også.

Jeg er bare 1,63 høy og tror jeg må være for lav til å passe. Dette blir jo som Askepott og skoen, det. Mine sko er sandaler, helt flate. Det stemmer, jeg blir noen centimeter for lav, slik jeg tenkte. Da kommer arrangøren fram og sier: Du må låne andre sko. Marilyn har selvsagt høye hæler.

Da glir jeg rett inn i utskjæringen. De klapper rundt meg. Du er den som har passet best!

Det er sen ettermiddag, den siste dagen av denne konkurransen. Neste dag må jeg stille opp og få utdelt premien, forklarer de meg. Idet dette sies vet jeg at *det* vil jeg ikke. Litt moro er det. Stolt er jeg også, selv om det som skjedde var den rene tilfeldighet. Men å stille opp igjen der, la seg fotografere og applaudere, det var for drøyt.

Man stiller seg ikke ut. Mammas kamp mot jåleri, leppestift, taft og tyll hadde hatt sin virkning. Jeg fortalte da heller intet om det inntrufne da jeg kom hjem.

Etterlyst

Else Alvik var en venninne fra skolen som bodde noen hus bortenfor Camilla Colletts vei, i Josefines gate. En søndag satt vi ved frokostbordet hjemme i CC2 og diskuterte hvor turen skulle gå denne sene høstdagen. Vi snakket om Kikut eller Løvlia, var også inne på at det var mulig å overnatte. Mandagen var fridag. Mamma var der, men festet seg ikke så mye ved det.

Vi bestemte oss for Løvlia, men var nok litt sent ute til å ta fatt på en såpass lang tur til fots. Det gikk også langsommere enn jeg regnet med, for Else stanset stadig på naturens vegne. Det ble sagt at hun hadde «tarmlammelse», iallfall gikk det ut over fremdriften nordover.

Det begynte å mørkne, men jeg var nokså sikker på at det var kortere fram enn tilbake og visste at det var telefon på Løvlia så vi kunne få gitt beskjed. Snart var det blitt bekmørkt og flere stier å velge i. Vi hadde ikke lykt, vi stod ved skiltene og forsøkte å kjenne med fingrene hva som var skrevet på dem.

Mellom 22 og 22.30 var vi fremme. Det var november og hadde vært mørkt i mer enn fem timer. Vi var slitne og glade for å ha funnet fram til sist. Bestyreren på Løvlia fikk vite at vi straks måtte ringe hjem. Nei, dessverre. Telefonen var i ustand. Da måtte vi gå videre ned til bygda for å få ringt, sa jeg, for de hjemme visste ikke hvor vi var. Han sa at dit var det mange kilometer og at vi fikk ta den turen i dagslys.

Jeg husker hvor urolig jeg var. Dette kunne ikke være riktig. Men her var det en vennlig, erfaren voksen som gav oss råd. Else og jeg var begge dødsslitne. Jeg følte meg i en tvangssituasjon. Lite ante jeg da at mannen hadde bil, og at veien gikk helt fram til Løvlia!

Klokka 23 kom den første etterlysningen på radioen. Da Else og jeg gikk og la oss var klokka fem på. Radioen stod på, og til denne dag vet jeg ikke annet enn at bestyreren sa han ikke hadde hørt den.

Det ble en forferdelig opplevelse å komme ned til bygda dagen etter og få høre at vi var etterlyst – og at politi og mange andre var ute og lette i Nordmarka.

Det hadde vært kuldegrader om natten. Foreldrene våre og politiet var redd vi var forulykket og kanskje kunne fryse ihjel. Den mandags morgenen som var fridag, mobiliserte også lærere og elever letelag i marka.

Tirsdag var en vond dag å gå på skolen. Jeg følte ansvaret. Vi burde ha snudd i tide. Men da vi først var fremme, burde vi ikke ha hørt på bestyreren på Løvlia.

På tavla i klassen stod det: «Vi ønsker velkommen hjem og tilbyr kurs i kart og kompass!» Flaut var det, bare flaut.

Jeg hadde lært flere lekser. Du kan slett ikke alltid stole på voksne. Og du kan aldri overlate ditt ansvar til andre, iallfall ikke når du er fylt seksten!

Året etter var jeg ute i marka på vinterstid sammen med Even. Det var gnistrende kaldt, 16 kuldegrader da vi lå ute under åpen himmel med et stort bål ved vår side, nede ved Storflåtan. Da gikk vi fra Mylla, og mine foreldre visste hva vi hadde fore, så heldigvis skremte ikke episoden meg fra å oppleve de gleder Nordmarka kan gi.

Mylla og Elise på Brattholt

Helt fra ungdomsårene har Mylla hatt en spesiell plass i mitt hjerte. Etter statsministerskiftet ifjor høst dro vi inn til hytta på Mylla og ble der en hel uke. En av disse stille og spesielle dagene i Olavs og mitt liv kom dette på papiret:

31. oktober

«I dag skinner sola. Rart hva lyset betyr for oss mennesker. Det er stille, men fine bølgebevegelser nede på vannet. Det blir første tur siden søndag, en time langsmed Mylla mot Høgnes til veien flater av og snur ned mot bygda og Olimb. Vi møter ikke et menneske. Det er heldigvis barfrost, så de siste ukenes og dagenes kraftige nedbør ødelegger ikke turgleden.

Jeg tenker på historien og kulturen her i disse delene av Oslomarka, på småbrukene og husmannsplassene, ofte langt fra folk, fattige – de fleste nå forlatte eller i bruk som feriesteder. Da jeg kom hit opp som 13-åring, var bakgrunnen pappas opplevelser som ung student på ski i disse traktene. De tok toget til Roa, gikk innom Elise på Brattholt og fikk melk eller kaffe, og kom seg videre sydover over Mylla og Aassjøvika mot Gjerdingen og Katnosa – eller Holoaseter, Katnosa og Sandungen. Drømmen om å finne en skihytte her oppe tok nok form den gangen.

Vi leiet «Hofgaard-hytta» nede ved selve vannet – mellom Brattholt og Vestend, i de tre årene fram til 1955. Det var i de tider da yngstesønnen på Brattholt, Viktor, som ikke lenger var noen ungdom, ordnet med ved og av og til fyrte opp før vi kom. Han hentet oss ofte borte ved Østend, ved Mylla Sportsstue, der Olaf og Karen Brattholt holdt hus. Med hest og slede. Vi barna elsket det.

Borte hos Elise, mor til en stor ungeflokk, med barn født antar jeg i årene fra 1900 til 1915, var vi alltid velkomne. Hun var en spedlemmet, smal og spenstig eldre kvinne, lett på foten og med glimt i øyet. Vi fikk melk med fløtebelegg på toppen – ofte luktet det rart også. Pappa fortalte hvorfor: Sildemjøl. På låven var det en eller to kyr. Vi fikk oppleve livet, hverdagen og atmosfæren, sju mil fra Oslo-gryta, men i en helt annen verden. Og vi drakk melka. Det var uhøflig å si nei takk. Det var ingen bønn.

Det gikk gjetord om Elise. Som ung kone på Brattholt hadde hun tatt beina fatt ned til byen når spesielle innkjøp skulle gjøres. Det var en tur på sommerstid på minst 60 km. Jeg har forsøkt det selv – én gang. Vi var 18 år, Even og jeg den gangen. Turen gikk fra «Store-Mylla»-hytta som mamma og pappa kjøpte i 1955. Den ligger aller øverst på Bratvold-jordet, nabogården til Brattholt, mot øst.

Vi måtte gå rundt alle vann, og delvis i myrlendt terreng. Det var noe ganske annet enn å gå strekningen til Sørkedalen eller Frognerseteren på vinterstid. Det var både tyngre og mye lenger. Så det ble med den ene gangen jeg forsøkte å gjenta Elises bedrift.

Det jeg husker aller best fra den dagen var hvordan det føltes å reise seg fra setet i Sørkedalsbussen – og så å gå ned trinnene ved utgangen. Jeg var stivnet totalt i muskulaturen på en måte jeg ikke har kjent hverken før eller siden. Det var såvidt jeg kom helskinnet ut på fortauet.

Slike utfordringer var det moro å ta og fint å gjennomføre. Den lengste skituren jeg noen gang gikk i disse unge år var på sju mil, fra Løvlia en søndag morgen og opp til Mylla der jeg var rundt 12-tida – og så den vanlige ruta ned til byen.

Slike barndoms- og ungdomsopplevelser sitter i, og du ønsker at dine egne barn skal få med seg noe av det samme. Så det ble til tregenerasjonstradisjonen, turene i helgene, først med barna på ryggen og i skikjelke – senere trukket i tau for å hjelpe fram større unger som stod på egne ben, iallfall i skisporet!

Haugtussa

Gymnasiesamfunnet Haugtussa var en viktig faktor i skolens sosiale liv. Da jeg ble bedt om å stille som formannskandidat, ble jeg like overrasket som da unge Spongsveen med speil på brillene bad meg ta over skoleavisa Lynet året før. Vi laget et interessant program for høsten 1955.

I en kommentar skriver Lynets nye redaktør Lars Walløe at formannen i Haugtussa har et klart program for høsthalvåret: «Hun vil ha flere politiske og belærende foredrag. Det vil opplagt bli en forbedring fra de evindelige jazzprogrammene som de forrige styrene har arrangert, men vi bør likevel ikke være fornøyde. Politiske foredrag har ofte en sterk tendens, vi lærer svært lite av dem. Diskusjonene etter foredragene er like blottet for innhold som politiske diskusjoner pleier å være. Alle har like forskrudde meninger og alle holder fast på sitt. – Ungdommen skulle i det hele tatt ikke blande seg i partipolitikken. Den må først skaffe seg generell kunnskap om emnet.»

Lars og jeg ser helt ulikt på dette. Fordi vi må skaffe oss kunnskap, må vi engasjere oss. Det er min innfallsvinkel. Jeg svarer i neste nummer. Hva er vel et foredrag uten tendens? spør jeg. Jeg tar tak i noe Lars skrev, om at en «må ha svært stor kunnskap om statsstyre for å kunne diskutere de forskjellige økonomiske systemene som partiene representerer. Da må jo redaktøren ha misforstått meningen med det hele. Det er ikke bare økonomien som er det vesentlige i politikken, men grunntankene og ideene bak et parti.»

Ja vi hadde mye moro – og mye trening for det som skulle bli det senere livet. Holdningene og interessene viser seg tidlig. Lars er forskeren, jeg er politikeren, men begge vet vi godt at det er behov for begge deler.

Det første møtet i Haugtussa var ganske riktig et politisk møte. Siden det var kommunevalg det året, henvendte jeg meg til Høyre og Arbeiderpartiet for å få innledere. Det ble Kjell Hanssen og Jørgen Fredrik Ording.

Kjell Hanssen var mørk, ung og intens, en skarp debattant som gjorde inntrykk også på alle oss som ikke var enige med ham. Han snakket i en stemning som jeg opplevde som klart høyrerettet, nesten Libertas. Høyresidens frihetsideal stod sentralt i hans budskap.

Jørgen Fredrik Ording var en eldre, godslig og hyggelig mann. Vi var enig i det han sa, men han matchet på ingen måte den pågående debattanten Kjell Hanssen.

Agnar Mykle og juleball

Senere denne høsten greide jeg å få Agnar Mykle til å komme til et debattmøte omkring romanen *Sangen om den røde rubin*, som hadde vakt voldsom oppsikt. Hos oss fikk han bred støtte.

Det var den mest stappfulle møtesal jeg kan huske på Hegdehaugen. Ytringsfrihet og moral var brennhete temaer på denne tiden. Mykle og hans forlag ble faktisk tiltalt for sin roman. Statsadvokat Dorenfeldt som hadde saken, bodde i femte etasje i CC2. Jeg husker jeg spurte ham i heisen hvordan lov og rett virket i dette tilfelle. Svaret var unnvikende.

Vi hadde også Carl Emil Petersen i Haugtussa. Han kåserte med lysbilder over sine ferder og opplevelser på tvers av det amerikanske kontinent. Så da Tori, min studievenninne og kollega, to år senere fortalte om sin kjæreste Carl Emil, så forstod jeg henne!

Det hørte til tradisjonene med dette formannsvervet å arrangere juleballet og ha rektor til bords. Det betydde også å holde festtale. Ja, hva var nå det? Hvordan burde det gjøres?

Jeg fant etterhvert ut at jeg hadde en god del på hjertet, så etter mye tvil, blyanttygging og titting ut av vinduet, hadde jeg skrevet ferdig min tale. Men jeg hadde ikke *holdt* den – før jeg skulle reise meg under middagen.

I det øyeblikket fikk jeg se noe jeg aldri hadde opplevd før. Jeg hadde fått et rosa utslett over brystet. Det var jo ikke noe å gjøre ved det, så jeg holdt min tale, med klar og tydelig stemme. Da jeg satte meg etter syv-åtte minutter og så ned, var problemet forsvunnet!

Det var spenningen som skapte fenomenet.

Sosialistisk Gymnasiastlag

På bordet foran meg her jeg sitter og skriver ligger et eksemplar av en gammel gulnet avis. Den heter Vi gymnasiaster: 1. årgang – mai 1956 – nr. 1. Redaktør Gro Harlem og Bente Evang. Formann i Arbeidsutvalget Roar Sommerseth. Erfaringene fra arbeidet med skoleavisen Lynet skulle komme fort til nytte.

Denne nye avisen var organ for Sosialistisk Gymnasiastlag, som jeg var med på å stifte sammen med unge radikale elever fra flere osloskoler. Det var ikke få barn av tidligere motdagister blant dem – navn som Waal, Elster, Evang og Bang-Hansen forteller sitt – så jeg var ikke alene om å ha et kjent navn. Berge Furre, som var noen år eldre enn oss, var lederskikkelsen.

I hele barndommen og ungdommen var jeg preget av arbeiderbevegelsen og sosialdemokratiet. I bokhylla hjemme leste jeg det meste. Der stod klassikere som Marx side om side med *Seksuell Opplysning* av Karl Evang og *Arbeidernes Leksikon*. Det var historiebøker, debattlitteratur og partihåndbøker. Jeg leste tidlig og mye, fikk – og lånte – barne- og ungdomsbøker med sosialt innhold og engasjement.

I avisen skrev Berit Waal en artikkel om «Sosialismen og vi unge?» Hun avsluttet slik: «La det bli høve til å være medlem av AUF selv om en mener noe annet enn pappa. Hvis ikke vil AUF, slik som en kjedelig pappadalt må lokke til seg venner ved hjelp av slikkeri, komme til å være nødt til å lokke til seg medlemmer ved hjelp av jazz og dans. Da vil AUF bli en selskapsklubb og ikke en politisk ungdoms-organisasjon og det ville jo være sørgelig.»

Selv skrev jeg en artikkel med tittelen «Vi har tradisjoner bak oss». Jeg hører fremdeles pappas stemme i bakgrunnen: Jeg hadde pumpet ham for det han kunne fortelle om sin generasjon og det som skjedde i 30-årene:

«Når vi nå skal prøve å få opprettet et sosialistisk gymnasiastlag, starter vi ikke helt fra grunnen av uten tradisjoner. Avisen Vi gymnasiaster kom regelmessig ut helt fra begynnelsen av 30-årene og inntil krigen. Alt i 1932 ble Norsk sosialistisk gymnasiastforbund stiftet av Arbeiderpartiets gymnasiast- og middelskolegruppe.

Disse to konkurrerte om medlemmer, men Norsk sosialistisk gymnasiastforbund hadde hele tiden ledelsen. Det hadde flere hundre medlemmer med eget kontor i Mot Dags lokaler. Da Mot Dag gikk inn i Arbeiderpartiet i 1936, ble de to gymnasiastforbundene slått sammen og het Sosialistiske gymnasiaster og middelskolelever, som ble tilsluttet Forum. I perioden fra 1936 til krigen kom, vokste organisasjonen stadig og hadde i 1940 hele 700 medlemmer. De hadde eget møtelokale med bibliotek i Folketeaterbygningen.

Nasjonal Samling og Fedrelandslaget drev i denne perioden utstrakt virksomhet blant gymnasiastene. Unge Høire eksisterte også den gangen. Som nå var Unge Høires møter populære blant gymnasiastene som et hyggelig dansested. Unge Høire gikk ellers noen steder i enhetsfront med Nasjonal Samling og det fascistiske Fedrelandslaget.»

Jeg husker jeg måtte spørre pappa flere ganger: Var det virkelig sant? Han bekreftet det. Den unge redaktøren avsluttet med disse hjertesukk:

«Den gangen var det mye mer liv i gymnasiesamfunnene, ikke bare reiser, foredrag og dans slik som nå. Diskusjonene var livlige mellom de sosialistiske gymnasiastene, NS-medlemmene og Fedrelandslagets folk. Da krigen brøt ut, gikk «Sosialistiske gymnasiaster og middelskoleelever» i oppløsning, og arbeidet blant gymnasiastene har ikke vært tatt opp igjen.

Det er i alle fall sikkert at det bør gjøres fortest mulig, slik at «Norsk Sosialistisk Gymnasiastlag» kan bli en realitet. Det trengs visst, så svak som den politiske interessen blant gymnasiastene og ungdommen i det hele er i dag.»

Ja, slik var det. På Hegdehaugen var det nok en viss interesse for politikk og samfunnsspørsmål, men jeg opplevde at det var svært vanlig ikke å engasjere seg.

Russetid, kjoler og veivalg

Det gikk mot russetid. Vi lurte på om vi skulle engasjere oss i det, Even og jeg. Det ble tja, for vi dro på tur i Nordmarka mens noen av de mest populære festlighetene gikk for seg.

Jeg sydde to kjoler selv, en hvit i bomullspiqué, med utskrådd skjørt og jakke til. Jeg brukte spisebordet til klipping og montering. Simplicity mønster, mammas symaskin, Singer tråmaskin. Det var kroklissekanter rundt halsen og ermringningene. Ja, – og på kraven og nederst på ermene på jakken. Så var det blå pjekkertjakke med stort, hvitt lyn på ryggen. Hegdehaugens symbol. Jeg valgte blå, for da kunne jeg ha mer nytte av den senere.

I disse årene fikk jeg 50 kroner i måneden til alt som het lommepenger, fritid og klær. Det var bare ett unntak: Vinterkåpe.

Jeg sydde også en rød- og hvit-rutet kjole med volangskjørt i tre høyder, og båtutringning. Én kjole ble bestilt hos sydame. Den var i rød, egyptisk bomull, litt blank i overflaten. Det ble tre plisserte folder langsmed knappene på blusen. Jeg likte den aldri helt, følte meg mest vel i det jeg selv hadde planlagt, kjøpt stoff til, sydd og gjennomført. Går du til sydame, blir det hennes eller mammas blikk som gjelder. Kjøper du mønster og ser tegningene selv, vet du hva du får. Kjolen ble brukt noen få ganger. Så gikk den videre til Merle og Helge Sivertsens datter som var russ året etter.

Russetiden den gang var fra tidlig morgen 17. mai, og ut til midten av juni. Ikke snakk om noen festing før 17. mai! Jeg husker min indignasjon da Knut som var blårusspresident startet ukevis før det, i tråd med de tradisjoner som var utviklet i den neste generasjonen.

Når du har kjæreste, er det ikke plass til så mange andre. Jeg møtte mange nye venner først da Even reiste til Trondheim for å studere på NTH, men det var en adskillelse jeg slett ikke ønsket.

Sommeren 1957 hadde jeg store kvaler. Hva skulle jeg bli? Nå var sannhetens time kommet. Jeg kunne ikke bli alt, slik jeg aller helst ville.

Det var så mye jeg ønsket å lære. Jus, for da kunne jeg lese om rettsstatens og rettferdighetens våpen. Jeg kunne drive med fri rettshjelp, som min mormor. Få bøker hadde gjort slikt inntrykk som Johs. Andenæs' *Statsforfatningen i Norge*. Økonomi, for jeg ville forstå samfunnet, hvordan det kunne styres så muligheter og ressurser ble fordelt rettferdig. Medisin gav flere muligheter til å lære om menneskene og samfunnet. Det hadde vært i mine tanker siden jeg var jentunge og leste om sykdom, fattigdom og om fyrstikkarbeiderstreiken i Kristiania. Men kanskje tannlege likevel burde være yrket, siden jeg også tenkte at jeg skulle stifte familie og få barn?

Jeg gravde og spurte mine foreldre etter hva de mente, hver for seg og sammen. Det må ha vært vanskelig, så pågående og utholdende som jeg var – når begge mente at de *ikke* skulle ha noen avgjørende innflytelse på et valg jeg selv måtte ta.

Mamma har en beskjedenhet og stillferdighet i seg som bidro til at jeg til slutt la større vekt på pappas råd når det gjaldt det vanskelige valget. Hun mente jeg burde gå inn og påvirke et «kvinneyrke», f.eks. gjennom husholdningshøyskolen på Stabekk, for å gjøre det mer tidsriktig og passende for en moderne families behov.

Jeg forstod det aldri fullt ut, og gjør det heller ikke i dag. Likevel, noe hadde hennes holdning å gjøre med et slags opprør mot den oppfatning at bare typiske akademikeryrker er bra nok. En flink jente, som kunne velge hvilken utdanning hun ville, kunne markere et viktig poeng hvis hun ikke gikk inn og erobret en mannsarena, men bidro til å styrke en kvinnearena, på likeverdig basis. Disse tankene formidlet hun på en direkte, men forsiktig måte, la ikke noe press.

Det ble altså medisin, etter at pappa var blitt sterkt presset til å si hva han mente. Fornuftige resonnementer om fagenes ulike krav holdt opp mot det å være mor, endte med at han i et brev fra et fly til London skrev: «Derfor Gro, er det nok likevel best at du velger tannlegeyrket.»

Da var jeg klar.

Hvorfor jeg valgte medisin? Ikke fordi jeg var trassig og ville gjøre det motsatte av hva han til slutt rådet meg til. Nei, jeg må nok ha lest mellom linjene og opplevd at det var hans logiske resonnement som førte ham til konklusjonen, ikke hva han mente ville være det mest engasjerende og spennende.

En ny verden

Det er sol over Universitetsplassen denne septemberdagen i 1957. Vi er et par tusen forventningsfulle studenter som skal immatrikuleres.

Det er høytidelig. Universitetets rektor taler, og avslutter med å ønske oss lykke til. Så toger vi inn i Gamle Festsal – etter fakultet. Også de nye medisinerstudentene skal dit og motta sitt brev.

Professor Axel Strøm står for seremonien. Det blir min tur og jeg går fram. Han bøyer seg mot meg og hvisker: «Jeg har måttet venne meg til å se mine kollegers barn bli immatrikulert. Det blir noe helt nytt når jeg nå skal immatrikulere mine studenters barn!»

Jeg var ung, og pappa var ung da han ble far. Axel Strøm var nok universitetslærer allerede femten år før, mens pappa fremdeles studerte. Slike episoder ble det en del av. Aldersforskjellen mellom pappa og meg var liten, og krigen gjorde også at den generasjonen tapte noen år.

Jeg husket jubelen da pappa tok eksamen høsten 1946, og resultatene ble annonsert i døråpningen oppe i CC2. Tolv år senere stod jeg her i min hvite selvsydde kjole og den svarte studenterlua med dusk. Alle hadde det dengang.

Det var noe mye mer enn fag og kunnskap jeg møtte på Universitetet. Jeg møtte *Norge* gjennom mine medstudenter. Arne Garborgs skildringer i *Bondestudentar* var så langt fra bare historie. Det er de ikke i dag heller, forresten.

Jeg lærte mye nytt, dialekter, nye kulturer og holdninger. Streng religiøsitet. Nynorskens stilling ble formidlet gjennom mennesker jeg lærte å kjenne. På kjemi-laben kom vi inn på hverandre, mer enn gjennom forelesninger og kurs ellers. Byjenta hadde nok lest og lært mye, også om landet hun bodde i, men det var noe annet å *oppleve* det.

På mange måter hadde jeg bredere erfaring og innsikt enn de fleste fra mitt eget oppvekstmiljø. Jeg gikk på Ruseløkka, ikke på Uranienborg. Jeg gikk i Framfylkingen, ikke i Speider'n. Jeg gikk på tur med Framvenner og ledere i Østmarka, ikke i Nordmarka. Jeg var en del av miljøet rundt Samfunnshuset og Youngstorget. Jeg gikk i 1. mai-tog, og jeg hadde med meg opplevelser fra USA og England. Likevel kjente jeg ikke bygdenorge annet enn gjennom litteraturen.

Nå fikk jeg venner som hadde bodd hjemmefra siden de var 14, som hadde gått på landsgymnas og som hadde hele sin kultur og sine holdninger fra landsbygda. Det opptok meg, det var nytt og annerledes. Her var ikke likestilling mellom gutt og jente noen selvfølge, her var det sønnene fremfor døtrene som gikk på gymnas og fikk studere, her hadde kirken og kristendommen en sterkere kulturell gjennomslagskraft.

Det skulle lære meg *hvor* mye mer som var landet Norge enn det jeg kjente fra hovedstaden, øst og vest lagt sammen. Det var ikke mange radikalere blant mine kamerater fra distriktsnorge – det er sikkert.

Vi hadde heftige debatter om seksualopplysning, om likestilling og om abort. Om kristendom og religion. Om Hallesby og helvete. Alltid var jeg midt inne i det, nysgjerrig etter å teste ut andres tanker og meninger.

Men ingen av de andre gikk i Studentersamfundet eller var med i politiske organisasjoner blant studentene. Noen var med i Kristelig studentlag.

På Universitetet møtte jeg Tori. Første gang jeg så henne satt hun i sola på aulatrappen lys og sporty, med blått blikk. Vi har vært venner siden. Vi inspirerte hverandre i studiene, skrev begge skikkelige referater fra forelesningene og var en kilde til andres støtte og hjelp før eksamener. Det holdt ikke bare med bøker, forelesningene var enda viktigere. Og vi fikk barn i studietiden begge to.

Tori møtte jordomseileren og eventyreren Carl Emil Petersen sommeren før vi begynte å studere. Han var over tredve og skulle reise jorda rundt med «Rundø». Vi fulgte med i spenning. Det ble brev, telegrammer og telefon. Årene gikk og det ble forlovelse på avstand. Vi var med i bryllupet, men det var ikke Toris foreldre. De kunne ikke akseptere en svigersønn så langt fra doktorfamiliens idealer.

Valgnatt 1957

Jeg ble kjent med Per Brunvand som studerte statsvitenskap, denne kvelden og natta. Vi var begge frivillige valgmedarbeidere i Arbeiderbladets lokaler på Youngstorget. Jobben var å følge opptelling og resultater og svare innringere på telefonen. Jeg var atten, han tjue. Det var glede og spenning i korridorene. Valget var en suksess for Arbeiderpartiet, og vi var stolte når vi kunne gi tallene til de mange som ringte inn.

Jeg var tre uker ute i studiene. Jeg var glad for den hyggelige sosiale rammen i Folketeaterbygningen, glemte å tenke på adskillelsen fra Even som det tok litt tid å venne seg til.

Ved halv tre-tiden var det noen som sa at nå trengte vi ikke jobbe lenger. Valget var vunnet og telefonene begynte å stilne.

Vi skulle få drosje hjem, Per og jeg. Det var nattestille gater. Jeg gav sjåføren min adresse, men føyet til da vi nærmet oss: Du kan bare sette meg av her. Bilen kom oppover Briskebyveien der trikkeskinnene går, og svingte inn mot hjørnet der Camilla Colletts vei og Skovveien møtes. Rett til venstre for meg satt Welhaven i den lille parken, såvidt til å skimte i nattemørket.

Jeg smelte igjen bakdøra, drosjen fortsatte oppover bakken i Briskebyveien. Idet jeg rundet hjørnet og var inne i Camilla Colletts vei, hørte jeg skritt. De kom bakfra, oppover Skovveien. Jeg oppfattet at farten økte, uroen tok fatt i meg. Noe var ikke som det skulle. Han skrådde over fra østre til vestre fortau, gjennom det store krysset der kiosken stod. Jeg visste at han var bare et par titalls meter bak meg.

Angsten tok tak i meg, men konsentrasjonen skjerpet seg. Jeg kjente nøklene i høyre kåpelomme, klemte rundt den riktige, holdt den klar i loddrett stilling. Gikk *litt* fortere, men umerkelig håpet jeg, ellers var jeg overbevist om at han ville svare med å løpe. Det pågikk en nervekrig og stillingskrig.

Først da jeg var fremme ved den korte veien inn til inngangsdøra, spurtet jeg inn til venstre, traff med nøkkelen og smatt inn, uten å åpne døra helt. Kastet meg mot den innenfra idet den mørkkledde mannen, kanskje 30–35 år gammel bykset fram mot meg og døra. Jeg spente mot og trykket hele kroppen mot rammen. Jeg vant. Det tiendels sekundet i forsprang jeg hadde beholdt, reddet meg. Låsen klikket i. Den lyden av lettelse skal jeg aldri glemme.

Han stod der. Jeg så konturene gjennom det stålsatte glasset. Armene halvt løftet, håndflatene trykket inn mot døren. Hjertet løp i brystet, jeg sprang inn mot heisen, som stod der i første etasje. Kastet et blikk på de tre dørene til leilighetene der nede.

Hvorfor vekket jeg ikke mamma og pappa? Jeg gikk ut på verandaen, så ned i stille gater, men gatelysene viste at han ikke lenger var å se.

Hvorfor bry dem nå? De var sikkert sent i seng denne natten. Og politiet? Jeg hadde jo ingen klar beskrivelse å gi av ansiktet. Bare et lite glimt fikk jeg, idet døra smalt igjen mellom oss.

Episoden er av de sterkeste jeg har opplevd, den kommer tilbake i mine drømmer selv i dag. Mannsskrittene, frykten som viste seg berettiget, spranget han gjorde da han kastet seg mot meg.

Neste morgen sa mamma: «Du skulle ha meldt fra, Gro.» Det hadde vært flere tilfeller av angrep og voldtekt i området omkring Bislett det siste året. En kvinne var blitt drept i sin seng oppe i Geitmyrsveien. Det *kan* ha vært Geitmyrsmannen, som de aldri har funnet.

Kanskje mamma ringte den dagen. Hun husker ikke. Jeg kan ikke huske at jeg avgav noen forklaring. Jeg har aldri vært i tvil om at mamma hadde rett. Jeg *skulle* ha sagt fra.

Den 19-årige jenta

Første avdeling tok to og et halvt år. Vi så ikke en pasient, bare «Bunsenbrennere», bare gasser og farger og preparater for mikroskopi. Vi lærte anatomi ved å studere døde mennesker. Så var det bøker, bilder og plansjer. Det var mye å forstå teoretisk, og mye å pugge. Navn på ben, muskler og nerver. Vi hadde dyktige, anerkjente og spennende lærere, professor Alf Brodal, professor Jan Jansen og professor Johan Torgersen.

Hvor spennende var det ikke å gå over i «klinikken»! Endelig skulle vi få føle hva det var å være doktor. Vi holdt til på Ullevål sykehus 8. avd., indremedisin. Nå fikk vi lære om mennesker, om sykehistorier, menneskeskjebner, behandlingsmuligheter og om medisinens begrensninger.

Professor Anton Jervell var et uforglemmelig menneske. Vi merket hans omsorg og interesse for pasientene, vi opplevde hans faglige innsikt og grundighet. Pasientene og personalet følte seg trygge. Vi fikk se hva det var å være en god lege. Tenk hva slike betyr for de neste generasjoner av utøvere i sitt fag!

Jeg skal aldri glemme dagen det semesteret vi møtte den unge 19-åringen. Jenta med en medfødt, alvorlig hjertelidelse. Vi fikk høre henne fortelle hvordan hun gradvis var blitt verre og verre, hun kunne ikke lenger gå i trapper, hadde vansker med å reise seg. Hun fikk hosteanfall, kunne bli blå – og besvime. Hun hadde *Fallots tetrade*, fire klassiske og alvorlige feil ved selve dannelsen av hjertet.

Den gangen opererte man ikke før slike pasienter var utvokst, iallfall ikke hvis man kunne vente. Nå var hun utredet for operasjon, det var nødvendig å få rettet opp noen av feilene, ellers ville hun neppe ha mange år igjen. Vi fikk vite at risikoen ved dette inngrepet var betydelig, men det å la være å operere var ikke noen reell mulighet.

Vi studenter identifiserte oss med den unge jenta. Hun var omtrent på vår alder. Vi hadde hjertet i halsen ved tanken på hva hun skulle gjennom, og hvilken risiko det medførte.

Hun ble flyttet over til Kirurgen. Dagene gikk. Vi hørte at operasjonen hadde vært vanskelig. Så en morgen fikk vi sjokket. En komplikasjon var inntrådt, hun døde den samme natten.

Vi stod der og gråt, gutter og jenter. Så brutalt var livet. Så brutalt var faget.

Men snart kom spørsmålene. Hvorfor gikk det galt? Hva var skjedd? Hvilken komplikasjon var det tale om? Kunne noe vært gjort annerledes? Det kom igang en diskusjon oss imellom. Hvorfor ble hun operert her på Ullevål? Var ikke Rikshospitalet mer erfarent i slike tilfeller?

Det ble en skjellsettende erfaring på så mange måter.

Teamet på Rikshospitalet hadde operert slike tilfeller i flere år, de hadde et stort antall å bygge sine erfaringer og resultater på. Tallene for dødsfall under og etter operasjon var vesentlig lavere der enn på Ullevål. Alt dette kom opp i den diskusjonen som fulgte oss imellom.

Jeg stilte spørsmål. Her var det vanskelige avveininger. Skulle ikke enhver pasient med en sjelden og krevende tilstand bli budt bare det beste? Var dette riktig, medisinsk og samfunnsmesig sett? Motargumentet var: Ja, men Ullevål må jo også sette seg i stand til å håndtere disse tilfellene. Kirurgene ved det sykehuset måtte også lære. Jeg husker jeg tenkte at nei, de kirurgene må lære av – og sammen med – det teamet som har mest erfaring.

Intet kan erstatte erfaringen

Det er mange slike avveininger innenfor medisinen. Vi står overfor de samme typene problemer i debatten om hvor mange av landets sykehus som skal ha hvilke spesialavdelinger og spesialtjenester. Det må ikke bli for mange, for da vil ingen lære nok til å gjøre den beste jobben. *Pasientene i sentrum*. Det må alltid være utgangspunktet. Ikke pasientens behov for å være nær hjemmet, hvis den tilstanden det gjelder er krevende å behandle og kanskje kan være livstruende.

At det er behov for faglig spesialisering, kan ingen komme utenom. Det nytter ikke å skrike ut mot «sentralisering» når det som skal gjøres for den enkelte, krever at den som gjør det, har gjort det samme mange ganger før.

Jeg husker en sommer tidlig i mine år som lege. Pappa og jeg snakket om den tøffe hverdagen som unge amerikanske leger hadde under såkalte «internships» ved sykehus. Jeg reagerte først og fremst mot at det var omtrent umulig for kvinner med barn å greie noe slikt. De var nærmest livegne, måtte stå til disposisjon dag og natt i to år.

Jeg var jo selv vant til litt av hvert, det var ikke det. Jeg hadde hatt «todelt» vakt på Sandnessjøen sykehus sommeren 1960. Vakt annenhver ettermiddag og natt. Arbeid hver dag – også lørdag, og vakt annenhver lørdag og søndag. Jeg hadde hatt tredelt vakt på Bærum sykehus i «turnustjenesten». Hver dag, hver tredje natt og hver tredje helg – i tillegg. Og aldri noen fridag som kompensasjon for alle vaktene. De vaktene var såvisst *ikke* «hvilende», stort sett jobbet vi minst halve tiden, natten igjennom. Men moro var det, jeg klaget ikke.

Vi diskuterte det amerikanske systemet. «Gro», sa pappa, «du vet det er slik de lærer mest på de to årene. Det er da de er beredt til å ta ansvar som leger, når de har sett og erfart et stort antall ulike tilfeller. Intet kan erstatte erfaringen. Mindre tid betyr færre pasienter, dårligere doktor. Øvelse gjør mester.»

Der er vi ved det samme poenget. Ingen arbeidsmiljølov eller arbeidstidsavtale kan oppheve det faktum. Og i helsesektoren dreier det seg hele tiden om andre menneskers liv og fremtid.

Urettferdig!

I Framfylkingen og på Hegdehaugen var det et visst miljø for engasjement og holdninger til samfunnsspørsmål. Vi var flere som ville noe. Men på Universitetet var det tungt, iallfall blant medisinerne.

Der hvor samfunnsengasjementet burde være innebygget i selve faget, i rollen og yrket, var det totalt dødt. Jeg ble sett rart på fordi jeg snakket om politiske saker, om debatter i avisene, og fordi jeg stadig satte det vi lærte inn i en samfunnssammenheng.

Det var bedre i Studentersamfundet der andre fakulteter bidro sterkere til studentfellesskapet. Og så var det et Sosialistisk Studentlag med interessante og intense politiske debatter. Vi hadde møter i Aulakjelleren. Så *noe* fantes det da, ikke minst blant økonomene.

Det var på denne tiden jeg fikk sjansen til å delta i et interessant politisk utvalgsarbeid for Arbeiderpartiet. Vi skulle legge fram forslag til et «Ungdoms- og fritidsprogram». Aase Bjerkholt var «formann», Rolf Hofmo nestformann. Blant medlemmene var Harriet Holter, Hjalmar Seim, Helge Sivertsen, Leif Skau, Reiulf Steen og Aksel Zachariassen. Noe av det som gjorde aller sterkest inntrykk på meg var de store ulikhetene i samfunnet når det gjaldt muligheter for skolegang. Vi formulerte oss slik: «Den utdanningen ungdom kan skaffe seg, er fortsatt i stor grad avhengig av hvor de bor i landet og hvilken sosial og økonomisk stilling foreldrene har.» Mindre enn en tredjedel av artianerne var barn av vanlige lønnstakere. I skoleåret 1958–59 gikk 5,5 prosent av 17-åringene i Finnmark i første gymnasklasse. I Oslo var tallet 37 prosent! Jeg ble bare enda sterkere overbevist om den viktige oppgave Arbeiderpartiet hadde i det norske samfunn.

Å kutte tråder

Tiden som gikk, de nye erfaringene og den geografiske avstanden etter at Even dro til NTH i Trondheim, førte umerkelig til at han ble mindre sentral i mitt liv. Det ble litt færre brev utover høsten 1958. Likevel hadde jeg ikke tenkt tanken å gjøre det slutt. Vi hadde forlovet oss etter artium.

Det var intense leseuker i november og desember. Vi skulle opp til eksamen, blant annet i det store og viktige faget anatomi. Vi skulle ha eksamensfest noen få dager før jul og holdt til i en av de store peisestuene på studentbyen på Sogn. Even var nettopp kommet fra Trondheim, og han hadde planer om å være hos Lars Walløe den kvelden. Vi var enige om at de to kunne stikke oppom sånn ved 12-tiden. Min tanke var jo da at festen ville gå mot slutten, og at jeg naturlig kunne gå sammen med de to hjemover.

Vi var ikke mange jentene på kullet, og ingen av oss ante hva gutta hadde planlagt for denne kvelden. De hadde bestilt små tønner med bokkøl som skulle være til lapskausen som ble servert. Ingen av oss jentene hadde smakt slikt øl før, og vi syntes det var litt stramt i smaken. Stemningen ble raskt høy, og jeg stusset: Dette bokkølet måtte da være svært sterkt? Etter hvert var det en av gutta som avslørte komplottet. De hadde blandet 96-sprit i tønnene! Jeg ble sint, sa klart og tydelig fra. Den slags lureri ville vi ikke finne oss i.

Likevel – vi lot ikke dette ødelegge festen som var i full gang med dans og sang da det nærmet seg midnatt. Jeg registrerte at Even og Lars var kommet inn i rommet. Jeg var i full sving på dansegulvet og lot dem vente. Litt senere, da de spurte om jeg ville gå sammen med dem, svarte jeg nei.

Jeg visste hva det innebar – jeg tok mitt valg i det øyeblikket.

Det var ikke lett å kutte over tråder. Hjemme var det sorg. Even var blitt en del av familien – med oss i helger og ferier. Han kom opp på Mylla andre juledag slik han pleide. Jeg hadde en rar, tom følelse da jeg sa farvel og han stod på ski ned mot Grua stasjon.

Studentersamfundet

En dag tidlig på høsten 1959 kom teologistudenten Øyvind Foss bort til meg på lesesalen på Universitetsbiblioteket. Han ville jeg skulle si ja til å stille på lista til Studentersamfundet for det radikale kandidatstyret til Karl Nandrup Dahl. Slik ble det, selv om jeg igjen ble litt overrasket over å bli spurt. Og vårt styre vant. Med Asbjørn Eide og Hans Fredrik Dahl, og Håvard Alstadheim fra Studentvenstrelaget.

Det ble en morsom tid. Jeg skulle ha ansvaret for det kunstneriske til møtene. Jeg husker en lang samtale en søndag formiddag med skuespilleren Carsten Byhring. Han var ikke så lykkelig, og fikk noen å snakke med da denne unge studentjenta ringte. Og jeg husker André Bjerke og Henny Moan, hun som ropte med klar stemme fra galleriet: *André!* så hele salen snudde seg mot henne den kvelden. Marie Takvam fikk jeg også ja fra.

Så var det nachspielene i U11, ertesuppa og ølet og det varme, fullstappede lokalet. Her var det mye å få med seg av mennesker og engasjement. Skarpe debatter både innad på venstresiden og tvers over det politiske landskapet.

Vi hadde også gjester fra utlandet. Den frittalende briten Anthony Crossland husker jeg spesielt. En annen jeg ikke glemmer, er Arne Skaug som den gang var handelsminister. Når han viste seg, var han midtpunkt.

Som datter av en av hans regjeringskolleger fikk jeg meg noen overraskelser da jeg så og hørte hva alkoholkonsum kan føre med seg. Her ble det ikke lagt fingre imellom, i uttalelser hverken om politikk eller personer. Jeg satte minus i margen, for meg ble dette en advarsel.

Arve Solstad var en dominerende figur i miljøet, han gjorde seg bemerket på mer enn én måte. Han var uforferdet og frekk. Jeg likte ham. Lars Roar Langslet og Kjell Hanssen var andre fargerike skikkelser.

Gjennom Arbeiderpartiets studentlag, som ble dannet da Sosialistisk Studentlag sprakk etter «påskeopprøret» i 1958, ble jeg kjent med flere fra Institutt for statsvitenskap. Blant andre traff jeg Per Brunvand igjen. Han ble ansvarlig for at jeg møtte andre av hans studiekamerater, ikke minst en viss Arne Olav Brundtland.

Blikket

Ofte har jeg lurt på hvor mye tilfeldigheter kan spille inn i livet. Ville jeg ha blitt opptatt av hvem han var og hvordan han var, slik at jeg *så* ham da jeg gjorde det, hvis det ikke hadde vært for Marit?

Hun var studiekamerat på kullet og bodde på studentbyen på Sogn. En mandag fortalte hun at hun hadde sittet i nærheten av to andre studenter og spist middag søndag kveld. Det var Olav og Pål Caspersen, Olavs venn fra Drammen. Marit hadde fulgt med i hva som skjedde, og berettet hvordan de to gutta hadde sendt maten ut igjen fordi den var kald da den ble servert.

Det ville jeg aldri ha våget. Ikke Marit heller. Vi var begge helt målløse over disse frekke gutta – og litt imponert. Det vakte nok min nysgjerrighet.

Vi har ledd av denne episoden mange ganger gjennom årene. For Olav insisterer på at jeg i så fall ble dyktig lurt. Det var Pål og ikke han som var den pågående, det var Pål som var så frykteslløs at det gjorde inntrykk på Marit, og så på meg.

Det var mer jeg la merke til da vi traff hverandre første gang på trikken opp til studentbyen på Sogn. Vi skulle ha møte i Arbeiderpartiets studentlag i en av peisestuene. Det var noe sjarmerende ved øynene som jeg festet meg ved, noe ved blikket. Det var også noe frimodig og litt freidig, åpent som jeg likte. Senere har jeg fått høre at hans sersjant i det militære skrev om ham: «Han stiller ikke sitt lys under en skjeppe.» Noe er det i det. Iallfall var han ikke redd meg.

Men hva var det med blikket? I erfaringens lys vet jeg hva jeg så: Olav har en liten fold over øyenkroken, rett ved neseroten. Den gir det spesielle utseende som alle hans etterkommere har arvet. Eskimoer og asiater har det, alle våre barn og barnebarn har det. Mange år senere skulle jeg forklare min svenske tante hva jeg mente, i Olavs fravær. Til slutt forstod hun og utbrøt smilende: «Menar du mongol*väck?*» Ja, det var jo det det dreide seg om.

Det begynte med Knut. Jeg så det med en gang, han hadde øyne som Olav. Og slik fortsatte det. Alle barna, også tre barnebarn, har fått det. Da jeg besøkte Knuts kone Cecilie på sykehuset i Fredrikstad den sommeren hun fødte Arne, nummer to, trodde jeg ikke det jeg så. Skuffelsen var stor. Han hadde ikke det klassiske familiestempelet. To dager etter da jeg kom på ny visitt, var min forundring stor. Litt hevelse i ansiktet fra det første døgnet var borte, han var akkurat som de andre. Tre til, og ingen unntak. Dominant arv, det er sikkert.

Er du sammen med en fra Høyre?

Da jeg fikk øynene opp for Olav, visste jeg at han var Per Brunvands, John Aaneruds og Einar Olsens venn og at han studerte statsvitenskap. Jeg visste også at han var i DKSF (Den konservative studenterforening), og at han var redaktør av Minerva, de konservative studenters tidsskrift.

Først da vi hadde møtt hverandre, og kontakten og tenningen var i full gang, ble jeg klar over at han hadde vært på det tapende laget da Karl Nandrup Dahls styre vant noen måneder før. Olav stilte som styrekandidat på laget til Jan Brekke, og hadde tidligere vært nestformann i styret i DKSF under Lars Roar Langslet.

Da var det for sent å utvikle ytterligere motforestillinger. Dessuten var det noe tillitvekkende og positivt i det eneste *andre* jeg visste – at dette var «Ola» fra Horten. Ham jeg hadde hørt om fra Mona Lyche i parallellklassen på Hegdehaugen. Mona hadde vært på Nansen-camp og fortalte ivrig og oppglødd om denne Ola, som hun hadde møtt i ferien den sommeren da vi var 16–17 år gamle. Av en eller annen uforståelig grunn hadde det navnet festet seg.

Mine mannlige venner blant sosialistene var ikke begeistret, selv om de likte Olav. Skulle jeg gå over skillelinjen?

Og hvordan gikk det ikke da jeg møtte Werna den vinteren, rett overfor Gassmann og Haraldsen i Storgata? «Hva er det jeg hører Gro, er du sammen med en fra Høyre?» Ja, men jeg vet jo ikke om det varer, mumlet jeg. Jeg nølte, syntes det var vanskelig. Werna var en sterk autoritetsfigur. Og jeg visste jo ikke hva jeg ville mene etter noe lengre tid. Det var bare gått et par måneder.

Ryktene løp foran meg. Når Werna visste det, hadde selvsagt mange, mange andre også hørt det.

Jeg merket at det vokste en trass i meg. Dette gikk ikke an. Jeg var da et fritt menneske, partiet eide meg ikke. Jeg var fortsatt Gro, og Olav var Olav. Det var da likestilling – og et fritt land!

Jeg angret straks på at jeg hadde uttalt meg såvidt svevende overfor Werna. Jeg kunne da stå for hva jeg gjorde, også i dette tilfellet? Likevel følte jeg tvisynet i mitt sinn. De sosialdemokratiske likhetsverdiene hadde en stor plass i mitt hjerte. Var det ikke rart at jeg hadde «falt for» en med andre verdier og tradisjoner? Jeg kunne forstå både Werna og andre, men det ble ikke utslagsgivende for mitt endelige valg.

Olav frir

Våren 1960 fridde Olav på gammeldags maner, hjemme i huset i Drammen. Det er nesten ikke til å tro i dag, men det føltes bare vakkert og på ingen måte komisk da han på kne foran sengen i gjesteværelset uttrykte sitt ønske.

Det var varme pinsedager. Vi var på besøk i Drammen så jeg kunne bli bedre kjent med Olavs familie. Lektorparet hadde bil, og Knut senior var en villig utlåner, så det ble turer i omegnen også.

I slutten av mai 1960 forlovet vi oss. Hjemme glapp kniven som pappa holdt i da vi kom inn på kjøkkenet den kvelden og meddelte det glade budskap: «Vi har forlovet oss.»

Faen! kom det fra anretningen der pappa stod og skar brød.

Hvor mye det var ulikt partisyn, og hvor mye det var at dette var nytt, at det gikk så fort – og at hans unge, men likevel eldste barn og eneste datter kunne forsvinne så fort fra redet, det vet jeg ikke. Han følte nok også som Werna at han hadde fått et slags benektende svar, at jeg ikke hadde bestemt meg ennå, da han spurte et par måneder før. Han bad meg komme til kontoret sitt en dag i februar eller mars, og det han snakket om var Olav. Jeg måtte tenke gjennom om dette kunne være et riktig valg.

Ja, sa jeg. Det må jeg.

Så snakket vi ikke mer om den saken. Han følte nok at jeg løsrev meg, enda et skritt.

Jeg husker så godt hvordan *jeg* opplevde det mange år senere da vår eldste hadde tatt skrittet ut av barndomshjemmet. Knut ble atten den sommeren, de to yngste var med på båtturen til Sørlandet. Jeg visste ingenting om hvilke nye planer Knut hadde lagt og hva han hadde fortalt Olav om.

Vi gikk en kveldstur bortover strendene ved Mandal. «Knut kommer til å flytte over sommeren,» sa Olav. «Han skal bo på Frogner sammen med to kamerater.» Jeg hører hva han sier, men tror det ikke. Hva? Hvorfor? Han har ikke avsluttet skolen engang! Det stakk i morshjertet. Knut. Ikke lenger bo sammen med oss?

Jeg tror at slike følelser kan være sterke ikke bare hos en mor overfor sin førstefødte sønn, men også hos en far overfor sin førstefødte datter.

Olav hadde en mer åpen holdning enn mange unge menn på den tiden.

Likevel. Da jeg forsiktig antydet at mitt navn var Gro Harlem, og at det var den identiteten jeg følte var min, ble det stille. Vi kjørte bortover Josefinegaten forbi Kvinneklinikken da jeg sa det. Skal ikke jeg heller beholde mitt pikenavn? Benet slapp gasspedalen. Ikke hete

Brundtland? Han ble helt stille. Jeg skjønte det ble for tøft. Kanskje følte han det sårende? Iallefall ble han overrumplet. Ja, men hva med barna? Jeg slapp tanken, der og da. Det fikk bli Gro Harlem Brundtland.

Brudens far

Jeg har enda et bilde på netthinnen fra det året. Det var bryllupsdagen, den 9. desember hjemme i CC2 der jeg vokste opp. Bordet var dekket til 15 personer med to plater i, det bordet som i dag står på hytta i Helleskilen.

Mormor hadde overraskende dukket opp i kirken, hun fant seg ikke i å ikke bli invitert «til sin dotterdotters bryllup». Hun hadde tatt toget fra Stockholm. Jeg var glad og takknemlig for hennes besluttsomme initiativ. Det er klart det var feil å ikke invitere henne. Skulle mormor holdes utenfor? Hvordan kunne mamma gjøre dette? Det var nok frykten for kostnadene den gangen i 1960.

Pappa skal tale i bryllupet. Han reiser seg. De første, innledende velkomstordene kommer på rutine. Så er det helt stopp. Jeg hører klumpen i halsen, deretter at stemmen brister – «når Gro nå skal forlate oss ...».

Han gråter.

Jeg merker at hjertet synker i brystet på meg. For det første: Jeg skal da ikke forlate noen. For det andre: Slik har jeg aldri sett pappa.

Det gjør et uutslettelig inntrykk at den trygge, stødige, rasjonelle mannen reagerer med så sterke følelser. Tårene spretter fram. Jeg vet jo hva det jeg opplever, betyr. Sterke bånd, og kjærlighet. Begge veier.

Jeg skal oppleve noe liknende selv, ikke så lenge etter. Når jeg skal tale som forlover til min venninne Inger, brister *min* stemme, og jeg sliter med å kontrollere følelsene mine. Det finnes nok mye som arves.

Reisen til Jugoslavia

Året 1960 hadde også gitt noen andre erfaringer. Jeg var i Jugoslavia – i det nåværende Kroatia – sammen med min studievenninne Marit.

Vi besøkte «Rodiliste», fødeklinikken i Split på Adriaterhavskysten, en vakker by med gammel middelhavskultur, med Diokletians palass – i Titos Jugoslavia. Det var lange dager på varme strender og lite arbeid.

De to unge medisinerstudentene fikk spise sammen med legene, som alle var menn. I de svarte små kjelene som stod oppstilt foran dem lå det kjøtt, poteter og grønnsaker. I våre to, bare poteter og grønnsaker. Jeg husker jeg tenkte: Har jeg ikke opplevd dette før? Jo, i vår egen litteratur fra det forrige århundret. Far først, så barna, så mor. Noen av kollegene valgte å dele med oss, de følte nok at det var ganske pinlig med slik åpenbar «diskriminering».

Vi fikk se vår første fødsel. Det er umulig å glemme. En varm, mørk kvinne, tydelig preget av slit og mange barn. Hun ventet nummer sju. Vi stod på diskret avstand under det drama en fødsel er, i den siste fasen. Moren – og jordmoren – arbeidet rutinert. Plutselig skjøt barnet ut som et prosjektil og landet mellom morens føtter. Hun smilte lettet, så sjokket i våre ansikter – og lo.

Jeg ser det for meg. Den erfarne moren, den vante, raske jordmoren. Naturens sterke krefter, og morens stolthet og glede over det sjuende barnet.

Vi var i et forholdsvis fattig land, standarden på sykehuset fortalte om det. Vi merket tydelig at kvinners status var en annen enn i vårt hjemland. Lik behandling av kvinner og menn var slett ikke noe naturlig, og langtfra noe man strebet etter. Den oppmerksomhet vi fikk var mer enn noe knyttet til at vi var unge, at vi var kvinner – ikke at vi hadde en faglig ballast som vi gjerne ville dele med andre. Jeg fikk lære litt mer om ulikhet, og om ulik behandling av kvinner og menn.

På en båttur ut til en av øyene utenfor Split møtte vi noen tyske studenter. Vi pratet og fortalte hverandre om vår bakgrunn og våre fag. Etter en stund der ved rekkverket sier en av dem, mens han ser bort på Marit og meg: «Du kan se ut som en typisk nordisk arier, med dine blå øyne og dine rene trekk. Men din venninne, det er noe annet. Hun ser ikke ut som kvinnene de tyske soldatene hadde hørt om da de dro til Norge i 1940.»

Vi frøs til, begge to. Det var bare femten år etter at den tyske okkupasjonen opphørte. Jeg gav dem en lekse, og vi forlot dem i forakt og ettertanke.

Hva er det hun våger?

Jeg sitter bøyd over mikroskopet, i likhet med de andre. Vi gransker et snitt av flimmerhår og slimhinne. Med ett stopper prosektor Fred Walberg på Anatomisk institutt opp: – Gro, du har sett det!

Hva da?

Vi har fått beskjed om å tegne det vi ser, ingen annen instruks. Jeg gjør det han har bedt om, og en fin nyanse i strukturen trer fram på mitt tegneark. Det er det han ser – og roper ut om.

Jeg er ingen god frihåndstegner, men nøyaktig og observant, det kan man jo være. Det er visst ingen andre som har fått det med seg, viser det seg. Jeg får bekreftet at det er klokt å se nøye – og å stole på det man ser.

På kirurgisk avdeling på Ullevål har vi uketjeneste og tar imot de nye pasientene utover ettermiddagen og kvelden. En hyggelig, men engstelig dame på rundt 60 år skal legges inn. Det er mistanke om brystsvulst. En privatpraktiserende lege skriver i sin søknad at han har kjent en liten svulst i høyre bryst. Hun sier at hun også synes hun kjenner den.

Jeg undersøker henne nøye, begge bryst – og beskriver hva jeg kommer fram til: «Det kjennes en hasselnøttstor tumor i høyre bryst, til høyre og nedenfor brystvorten.» Jeg føler veldig med henne. Hun har kanskje kreft. Jeg legger fram journalen for assistentlegen som har vakt den kvelden. Han sier at han skal se på henne.

Neste dag er det klinikk. Alle legene er samlet i auditoriet, professor Arne Bruusgaard sitter på første benk. Den ene pasienten etter den andre trilles inn. Legen beskriver tilstanden og foreslår behandling, det nikkes og spørres innimellom. Vi studenter sitter på rekke og rad oppover i auditoriet. Så er det min pasient som kommer inn.

«Hun er innlagt med mistanke om tumor mamma,» sier legen. «Jeg har ikke funnet noen tumor – og foreslår at hun utskrives.»

Jeg blir kald og varm. Hva skal jeg gjøre? Har han tenkt å slippe henne rett ut, uten videre? Hjertet banker. Kan jeg ha dette sittende på samvittigheten? Han sier ikke engang at jeg, studenten, har skrevet i mitt utkast til journal hva jeg har observert.

Jeg reiser meg, midt i studentflokken. «Professor, jeg har kjent den tumoren.»

Alle hoder snur seg. Noe slikt har aldri skjedd før. Hva er det den unge Harlem-jenta sier? Hva er det hun våger? Forbauselse og forskrekkelse i alle ansikter. Den unge legen foran tavla er tydelig irritert.

Professor Bruusgaard reiser seg. «Kom ned her,» sier han. Vi går sammen ut i korridoren, der kvinnen ligger. Han trekker en stol fram. «Sett deg. Vis meg hva du har funnet.»

Så er det ham. Han nøler, og sier: «Vi får ta henne inn på operasjonsstuen.» Jeg er lettet. Nå er alt i de beste hender, nå er risikoen over. Et menneske med en mulig livstruende sykdom blir sjekket – ikke avvist og oversett.

Det går noen uker. Jeg har uketjeneste igjen og møter den kvinnelige anestesioverlegen i gangen en ettermiddag. Hun går rett fram til meg. «Gratulerer!»

Jeg ser ned på min egen hånd. Vet hun at jeg er blitt forlovet? Det er forsommeren 1960.

«Å, har du sett det i avisen,» sier jeg litt forundret. «Avisen? Nei, det gjelder den klinikken den morgenen. Du hadde helt rett. Det ble tatt frysesnitt. Hun ble radikaloperert. Det *var* kreft i høyre bryst.»

Så gratulerte hun med forlovelsen. Jeg følte det lå en slags søstersolidaritet i hele hendelsen. Hun var glad for at kvinnen fikk den behandlingen hun trengte, hun var stolt fordi jeg hadde stått opp blant alle mennene. Hun ville vise meg sin støtte og anerkjennelse, som kvinne.

Jeg lærte mer enn det å observere, jeg lærte å ta folk på alvor, og være nøye. Jeg lærte å respektere professor Bruusgaard. Jeg lærte å være var overfor den fare det er å være for selvsikker og ikke lytte til andre, slik den unge legen var kommet i skade for.

Se det som det er

På øyenavdelingen skal vi undersøke pasienter en dag i klassen med de andre studentene. Det er jeg som blir kalt fram. En hyggelig mann sitter foran meg. Jeg skal beskrive det jeg ser etterhvert som undersøkelsen skrider fram.

Punkt én: Er øyenhinnen blank? Ja. Er forkammeret klart? Ja. Hvor dypt er det?

Jeg stirrer, kan ikke se det, slik vi pleier å kunne. Skal jeg si slik det er vanlig, normal dybde i camera anterior? Nei, jeg *ser* jo ikke dybden. Jeg stopper og nøler litt.

Professor, jeg kan ikke se det. Sier du det? Får jeg se? Han forsøker seg litt til for å se om jeg velger å gå videre. Da må han avsløre det hele. Pasienten har glassøye!

Så forteller han at denne testen er noe han gjør med jevne mellomrom. Nå gjelder det at *vi* ikke forteller det til kullet etter. For det er en viktig lærepenge for mange. Nesten hver gang skjer det nemlig at den stakkars utvalgte student går videre og forsøker å beskrive innover i øyet som om det var normalt!

Det var en ny lærdom og viktig erkjennelse: Si det som det er. Se det som det er.

På Ullevål hadde vi psykiatri i 3. avdeling. Professor Thomstad var vår lærer. Det var ulidelig. Vi følte alle at det han gjorde var meningsløst. Han forklarte oss lite. De stakkars pasientene som kom inn til oss, skulle være der for at vi kunne lære. Men, det gjorde vi jo ikke. Det vi lærte var at vi ikke ville være som Thomstad, hvis vi skulle bli psykiatere. Det ble det motsatte av inspirasjon til å velge *det* faget. Han var taus, sa nesten ingenting. Det jeg husker var at *han* spurte oss, som den eneste respons på våre spørsmål: Hva synes du?

Det var helt annerledes på Gaustad og på psykiatrisk klinikk på Vinderen. Der hadde vi Ødegård og Eitinger. Fine lærere. Vi lærte om sykdommene. Vi lærte at det var viktig å stille riktig diagnose, i psykiatrien som i andre deler av medisinen. Jeg tror dette er like viktig i dag, og at det har vært et blindspor å undervurdere diagnosens betydning, slik jeg fikk oppleve mange år senere da Jørgen ble syk.

Kapittel IV

Mor og lege

Ingenting kommer opp mot det øyeblikket da du kjenner at ditt første barn forlater din kropp, overraskelsen ved at du opplever barnets ytre, formene, armene langsmed kroppen. Du kjenner det – innenfra.

Knut ble født etter en langvarig og krevende åpningstid, 36 timer tok det fra riene ble regelmessige, men med 10-12 minutter imellom, gjennom mange timer. Det er nok til at det ikke blir noen virkelig søvn. Og det var natten før.

Hodet ble presset ut. Det stod der alene. Vi måtte vente på en ny ri, så han kunne komme helt ut. Det virket som en evighet, men var nok sekunder. Han skrek, høyt og klart, mens hele kroppen ellers var inne i meg. Jeg vet ikke hvor ofte slikt skjer, men det føltes som en utrolig lettelse. Han – eller hun – var i orden, vital. Jeg visste det, før barnet var født.

Jeg sier jeg, for jeg var alene – bare med en fantastisk jordmor som hjelper. Ansiktet hennes er brent inn i bevisstheten. Hun var moden, sikker, støttende og saklig krevende. Hun kunne sin jobb. Hun betydde uendelig mye.

Den gangen var det helt ukjent at far fikk være til stede, bortsett fra på privatklinikken Røde Kors. Der hadde det visst såvidt begynt. Men å føde der var ikke aktuelt, av mange grunner. Jeg fødte på kvinneklinikken på Rikshospitalet.

Knut var spesiell på mer enn en måte. Han ble født tre uker gammel, den 17. juli 1961. Jeg sier det slik, for det var så åpenbart at «overtidigheten» på hele tre uker hadde satt sine spor! Han var litt for mager, huden litt tørr og vid. Han hadde nok vært litt rundere, slik de tre neste barna var, ved den riktige terminen.

Jordmor la ham snart i en liten sprinkelseng ved siden av min seng.

Han så på meg, med klart blikk. Vi så hverandre, der og da. Blikket var festet.

Det første båndet mellom oss gikk gjennom våre øyne. Det var uvanlig, men det tenkte jeg ikke og visste jeg ikke – akkurat da.

Jeg glemmer det aldri.

Han smilte den åttende dagen. Det er rart å tenke på at modningen også av nervesystemet og mottakeligheten for de menneskelige og sosiale, ytre impulsene hadde fortsatt i de tre ukene. Men da tendensene til de samme langvarige svangerskapene gjentok seg, ble det gjort mer for å fremskynde fødslene. Det kan noen ganger gå galt – ved at morkaken «eldes» og hele systemet går i stå. Man risikerer skader eller dødfødsler.

Jeg var student, og det var to år igjen av studietiden. Om fem uker skulle høstsemesteret ta til. På barselavdelingen ble jeg liggende i åtte-ni dager fordi Knut fikk kraftig gulsott. Det var på nippet til at de måtte foreta blodtransfusjon. Jeg var urolig, og håpet at vi skulle unngå det. Så kulminerte det og gikk langsomt tilbake gjennom flere uker. Vi slapp noe inngrep, og den niende dagen kunne vi reise til hytta i Helleskilen.

Ved siden av meg lå en ung mor som også hadde fått sitt første barn. Vi hadde mye tid til å prate. Hun var amerikansk og gift med en nordmann. Tilfeldighetene gjorde at jeg gjennom henne fikk høre om en noe eldre norsk student som het Johan Jørgen Holst og om den dramatiske hendelsen som hadde rammet hans nære venn da han var 18 år gammel. Det skulle prege også hans liv.

De to gymnasiastene hadde stått og pratet i nærheten av Vestheim skole da en bil i rasende fart tørnet inn mot dem, inn på fortauet og rett mot gjerdet de stod lent mot. Kameraten døde på stedet. Johan Jørgen reiste til USA og Canada kort tid etter for å møte og trøste vennens kanadiske kjæreste. De kom tilbake til Norge sammen, Judy og Johan Jørgen Holst. Jeg ble ikke kjent med ham før noen år etter min første fødsel og etter mitt møte med kona Judy. Hun kom flere ganger for å hilse på sin venninne der i vårt felles rom på klinikken på Rikshospitalet.

Fine, intense år

Disse første årene som ung mor og student, som lege og senere forsker var fine, arbeidsomme, men intense år.

Studiene ble avsluttet til vanlig tid sammen med kullet mitt. Det var mamma og Olav som gjorde at det ble mulig. Hun tok noen ukers ulønnet permisjon fra jobben i Arbeiderpartiets stortingsgruppe de første høstukene da jeg ammet og leste til eksamen. Hun trillet Knut ned til Rikshospitalet der jeg satt på lesesalen, noen ganger to turer hver dag. Jeg ammet ham ute i damegarderoben.

Det var annenavdelings eksamen vi skulle opp til. Jeg husker det sprengte og dryppet mens jeg satt og skrev i Ingeniørenes Hus. Mamma ventet tålmodig med Knut nede i underetasjen.

Olav holdt på med sin magistergradsavhandling i statsvitenskap. Mamma følte nok at hun hjalp oss begge, og hun gledet seg stort over sitt første barnebarn. Forholdet mellom henne og Knut har alltid siden vært noe helt spesielt.

Året etter hadde Olav et hovedansvar. Han brakte og hentet ettåringen til Studentenes Småbarnstue. Knut trivdes og blomstret i Lise Østlyngens fine varetekt. Vi følte oss privilegerte, i en liten to-roms leilighet i studentbyen på Sogn – og begge med interessante studier og jobber.

Olav og jeg flyttet fra den første ettroms leiligheten vi fikk bruke den første våren og over i nye ekteparboliger lenger oppe i Sognsveien. De var små, men store nok for oss tre. Stue og kjøkken i ett, og soverom. Vi kjøpte en to år gammel folkevogn av Dagfinn Juel, som skulle skifte til ny. 10 000 kroner var mye penger, og det ble lån oppå studielånet. Men den var gull verdt når vi skulle frakte barn.

Tredje avdeling var våren 1963. Jeg var gravid i sjette måned ved avsluttende eksamen. Det barnet var nøye planlagt. Det måtte ikke bli for stor avstand mellom barna.

Kaja ble født i september. Jeg hadde turnustjeneste på Bærum Sykehus og var bare borte fra jobben i to uker. Jeg ville gjennomføre halvåret på medisinsk avdeling så godt det lot seg gjøre, uten avbrekk. Det gikk fint.

Vi hadde fått unge Berit fra Søndre Land til å passe Knut og Kaja.

Kaja fikk bryst, så hun var med meg på nattevakt. Vi var friske og sterke, og vi bodde i nærheten av sykehuset.

Bortover mot gården Dønski mellom Bærum Sykehus og der vi bodde, kunne naboer og veifarende dagstøtt møte en glad, sprudlende ungjente som trillet sportsvogn og sang av full hals. Knut sang med. Han ble til god hjelp med baby Kaja. Var hun urolig og gråt mens vi strevde med mat, bleier og morgenstell, stilte han seg høytidelig opp ved den lille sprinkelsengen. Enten han sang «Kua mi jeg takker deg» eller «leste» prikkfritt i de barnebøkene han kunne ut og og inn, var det øyeblikkelig musestille. Vi hadde to stellebord, så vi kunne jobbe sammen – og så vi ikke blandet bakterier.

Knut og Berit ble et utrolig par. Under slike forhold er det lett å være arbeidende mor.

Leiligheten var større enn den vi forlot på Sogn, med større stue og et soverom også til barna. Den glade Berit gav oss trygghet for de små. Vi fikk leie rom til henne i naboleiligheten. Det var ideelt, hun var like i nærheten, men familien på fire fikk være seg selv. Knut sprudlet og pratet som en foss. Han gikk i barnehage på sykehuset, og fikk jevnaldrende lekekamerater. Det var gressbakke utenfor huset. Vi laget en stor inngjerding så Knut og den litt eldre sønnen til naboen under kunne leke trygt for trafikken.

Kaja fikk bryst til ut på vinteren. Hun var med til sykehuset, og var på legenes vaktrom de første ukene. Om natten var hun hos meg på mine vakter. Hver tredje natt hadde jeg vakt og det ble lite søvn med pasienter og amming om hverandre. Men jeg husker det året som gledesfylt, spennende og grunnleggende.

Bleier og nattevåk

Olav og jeg fortsatte vår stil fra studietiden. Vi gjorde tingene sammen. Året før var *han* i virksomhet som vitenskapelig assistent på Institutt for Statsvitenskap. Da brakte og hentet han Knut i barnehagen like bak Universitetsbiblioteket. Jeg var i gang med 3. avdeling, med nattevakter, lesing og eksamensforberedelser.

Det året betydde mye for samspillet og oppfatningene om farsrollen i vår familie. Jeg var glad, men litt sjalu også, når jeg så hvordan Olav og Knut hygget seg om ettermiddagene den våren mens jeg satt på lesesalen til nærmere klokka 19. Da gav jeg meg, Knut måtte jeg se før han la seg.

Bærum-tiden ble delvis en fortsettelse av «likeverdig far-prinsippet», men bare delvis. Olav var begynt på Norsk Utenrikspolitisk Institutt hos John Sanness og jobbet mer enn året før. Berit var en avlastning i hverdagen, men vi holdt på arbeidstid for henne så Olav kom hjem til middag 16.30 – iallfall de dagene jeg hadde vakt.

Men hva med nattevåk og nattebråk? På Sogn hadde det vært et fellesanliggende uansett. Vi hadde ett soverom og Knut i sprinkelseng inne hos oss. Vi fikk med oss alt. Rart forresten, hvordan menn kan være i stand til å sove tross uro, skriking, mating, trøst og sang.

Sprinkelsengen, ja. Jeg minnes en tidlig påskemorgen. Mamma hadde passet Knut den uka, slik mormor hadde gjort da jeg var ett år. Vi var på påsketur med pappa og gikk fra hytte til hytte helt over mot Vest-Jotunheimen og Sulebu. Sent om kvelden langfredag kom vi hjem og byttet vakt med mamma. Alt var vel. Knut sov godt.

Vi våkner av at Knut roper til oss. I sengen står en strålende blid gutt og rister i sprinklene. Bak ham, som et innrammet bilde – hele madrassen, med laken og alt. Han var åtte og en halv måned. Vi hadde for lengst introdusert poselaken, for å unngå at han reiste seg når han la seg eller når han våknet for tidlig. Mamma hadde festet det i madrassen, ikke i sengebunnen. Han var utrolig fornøyd med seg selv. *Dette* hadde han da kontroll over!

Olav hadde utviklet en utrolig evne til ikke å høre barna om natten. Den evnen har han beholdt. Det er en av flere grunner til at jeg med troverdighet kan hevde at jeg gjorde mest av jobben i årene mens Kaja, Ivar og Jørgen ble født, fra 1963 til 1967 – og i de årene som fulgte.

Jeg husker jeg ble urolig. Han hørte jo ingenting, selv når det gikk livlig for seg i barnerommet nattestid. Hva når jeg ikke var hjemme? Jeg hadde jo nattevakt en av tre netter. Til denne dag har han insistert på at ørene virket, bare *jeg* ikke var der!

Den våren startet planleggingen av amerikareisen. Berit ville gjerne være med. Vi var lykkelige, ett år til med den jenta barna var så glade i. Jeg husker bare solskinnsdager. Olav og jeg på plenen med barna eller på turer bortover til Dønski.

Vi hadde hatt en alvorlig runde med Knut da han var ett år og hadde fått dårlige vaner med tåteflaske og melk, ikke *en*, men flere ganger utover natten. Jeg visste vi måtte bryte dette mønsteret, like gjerne først som sist. Jeg sa med alvorlig stemme og mine: Knut, du kan ikke få melkeflasken om natten. Du får bare denne, nå når du legger deg. Fra i dag blir det ikke flere.

Det var forferdelig. Han våknet og gråt kl. 22, som vanlig. Jeg minnet ham om hva jeg hadde sagt, og gikk ut igjen. Det skar i hjertet. Han gav seg ikke med gråten før klokken var over ett om natten. Da hadde naboer vært på døren og lurt på hva som foregikk. Vi burde kanskje ha varslet, men hadde ikke fantasi til å forestille oss at han ville være *så* utholdende!

Vi tenkte med gru på de neste nettene. Kvelden kom, og det samme gjentok seg. Han våknet klokka 22. Jeg sa at han visste jo at han ikke kunne få flere flasker. Det tok ti minutter, så var det stille. Ikke et knyst natten etter. Så var *det* problemet over.

Men nå var det Kaja, året etter i Boston. Berit fortalte at hun nesten ikke spiste om dagen. Hun virket varm og hadde feber, viste det seg. Jeg tittet i halsen, hun var hoven og full av grønt puss på mandlene. Streptokokker. Hun fikk penicillin og kom seg etter noen dager. Men hun ble tynnere og tynnere, spiste nesten ikke i ukene som fulgte. Da blir det slik at du gir barn det de har lyst på. Kaker, sjokolademelk, syltetøy. Nå måtte noe skje. Kaja var 13-14 måneder.

«Berit, nå får hun bare vann og vitaminer. Nå må vi over på normal mat!» sa jeg. Det var vondt. Det tok mer enn tre dager – og hun var allerede så tynn. Da bad hun om brød ved frokostbordet! Sorgene var slukket. Hun spiste alt, egg, friske grønnsaker – alt det hun hadde ristet på hodet over i mange uker. Men jeg hadde hatt det forferdelig vanskelig. Gjorde jeg rett?

Samfunnsmedisineren

Jeg vet ikke hvor vanlig det er og ikke hvor sterkt det er til stede hos unge kvinner og mødre, dette at man lever i en stadig angst for at noe alvorlig skal ramme et barn. For meg var uroen svært ofte til stede i det daglige. Olav og pappa forsøkte å dempe min frykt. De sa at jeg var for redd, for pessimistisk. Jeg husker jeg tenkte: Jeg må gjøre hva jeg kan for å forebygge, gjøre det som er mulig for å minske all risiko.

Mamma følte seg nok mer beslektet med min morsfrykt. Hun hadde opplevd mye av det samme selv. Hun og jeg var pekefingrene i familien. Jeg måtte ha sikringstiltak, sele, barna under kontroll – også på fortauet når vi hadde flere å passe på. Jeg er ofte blitt urolig når jeg har sett barnehager på tur i bytrafikken med en voksen foran og bak. Tenk om én stakk ut til siden, impulsive som barn er. Jeg hadde en frykt i meg: Det verste måtte ikke skje.

Jeg leste mye om barns fysiske og mentale utvikling, lette etter kunnskap, både som mor og lege. Som student og ung lege var jeg oppslukt av samfunnsmedisinen, folkeopplysningen, av hva det var mulig å legge til rette for å fremme folkehelsen, tryggheten, likeverdet i vid forstand. Det sosiale opprøret, fyrstikkarbeiderstreiken, kampen for de Castbergske barnelover, innsatsen mot folkesykdommen tuberkulose. Alt dette hadde jeg vært opptatt av fra jeg var ung jente. Jeg ville være med på å søke etter ny viten, spre den kunnskap alle måtte ha rett til – og tilgang til. Jeg ville være med og dele med andre de holdninger og kunnskaper som jeg etter hvert fikk anledning til å tilegne meg. Jeg ville arbeide innenfor samfunnsmedisinen.

Elise Ottesen Jensen, Mødrehygienekontoret – innsatsen for å nå kvinnene med den innsikt og de muligheter de trengte for å få kontroll over sine egne og sine familiers liv – dette var i 1950- og 60-årene fortsatt ikke selvfølgeligheter. Den politiske dragkampen om seksualundervisning i skolen pågikk for fullt. Da jeg senere ble skolelege kastet jeg meg inn i det, underviste helsesøstrene i Oslo, gikk inn i samarbeid med bevisste lærere. Jeg var inne i klasseromsundervisning der det var mulig å få til, holdt foredrag og skrev artikler.

Årene etter turnustjenesten på Bærum sykehus var helt ut preget av dette: Samfunnsmedisineren Gro. Tidlig tok jeg konsekvensen av mine holdninger og interesser.

Jeg hadde klare oppfatninger om hva jeg ville sikre meg også når det gjaldt den nye morsrollen. Jeg ville amme, jeg var overbevist om hva det betydde både biologisk og psykologisk – for mor og barn, for kontakt, trygghet og fremtidig helse. Dette ble bestyrket da hele familien reiste til USA høsten 1964. Jeg lærte mer om brysternæring, og jeg opplevde hvor utenkelig det ville ha vært å være uten barna, selv for en kortere periode.

Da pappa hadde fått høre om studieplanene våre, kom han med et tilbud. Hvis vi ville, kunne selvfølgelig mamma og han passe Knut og Kaja det året. *Det* var det ikke verdt. Tanken var helt utenkelig. Jeg tror ikke han hadde spurt mamma først. Hun ville ha visst hvordan jeg ville reagere.

Til Harvard

14 år var gått siden sist jeg var på vei mot USA. Denne gangen *fløy* vi på billigste måte, med Braathen/Loftleidir via Reykjavik. Olav hadde tatt imot et tilbud om å være et år ved Harvard som visiting scholar hos Henry Kissinger på «Center for International Affairs». Jeg var klar over at dette var et av de universitetene der flere norske leger hadde fått spesialutdanning i forebyggende medisin og samfunnsmedisin. Det fristet. Jeg søkte råd og fikk sterke anbefalinger, ikke minst fra overlege, senere stadsfysikus Fredrik Mellbye. Det var disse områdene av faget jeg var aller sterkest engasjert i, liksom Karl Evang i sin tid, Fredrik Mellbye selv og min egen far. Å få være med å prege samfunnet så sykdom og lidelse kunne forhindres og folkehelsen styrkes, var for meg det helt sentrale ved legegjerningen.

Lykkeligvis fikk jeg ja fra «Harvard School of Public Health» og ble tilbudt friplass der, og jeg fikk et stipend fra «The American Women's Club of Oslo» på 1500 dollar. Det var nok til at vi kunne betale reisen og så leve der borte på Olavs lønn fra NUPI. Slik kunne vi greie å ta med barna og Berit som de var så glade i, og vi så trygge på.

Fredrik Mellbye fortalte at det eneste som var virkelig vanskelig i det studieprogrammet jeg skulle gjennom, var statistikk. Jeg kjøpte læreboka den sommeren og leste den ut i ferien. Det ble ikke noe problem, jeg trivdes som fisken i vannet både med statistikken og med de andre fagene.

Vi kom til et internasjonalt miljø, både der vi bodde i Boston, på «International House» og på selve skolen. Der var jøde og araber, canadier, nigerianer og koreaner, der var unge og middelaldrende. Det ble et utrolig spennende år. Vi leste og lærte. Arbeidsdisiplinen var høy, og jeg skulle ta en rekke krevende eksamener det året, på engelsk. Kanskje har jeg aldri lært så mye og opplevd så mye nytt på så kort tid. Og det sier ikke lite, for årene fra 1974/75 og fram til i dag har jo ikke akkurat vært preget av rutineoppgaver og kjedsomhet!

Vi var i Ny England. Harvard bar preg av det. Tidlig den høsten ble vi invitert med en av lærerne, William Forbes, til Cape Cod der familien hadde et landsted. Han tilhørte en av de opprinnelige engelske puritanerslekter som landet i Boston tidlig på 1600-tallet. Han var britisk i språk, stil og manerer og amerikansk i sin gjestfrihet. Det trekket var tydelig i alt vi opplevde det året. Amerikanerne åpner armene, de åpner sine hjem, de er lette å ha kontakt med. Vi følte oss velkomne.

Økonomien viste seg ikke å være noe stort problem. Maten var billigere, innkjøpene enklere enn hjemme. Supermarked var en selvfølge. Vi satte pris på å kunne gjøre det hele så lettvint. En gang i uka, gjerne torsdag, dro vi alle fire eller fem og gjorde de nødvendige innkjøp med en Rambler, en noen år gammel stasjonsvogn. Vi kjøpte den for 900 dollar og solgte den for 750 etter ett år. Så enkelt og rimelig bilhold har vi aldri hatt.

Nye erfaringer, nye venner

Berit, den glade jenta fra Søndre Land, var en trygg faktor i familien. Sammen med andre internasjonale studenter som bodde i det samme «internasjonale hus», organiserte vi barnehage i et kjellerlokale. I fire–fem timer hver dag var Berit barnehageassistent og hadde med seg Knut og Kaja, som trivdes. Det gjorde vi til gagns alle sammen. Berit fikk oppleve USA, lærte engelsk, fikk nye venner og erfaringer – og attest for praksis i barnehage. Hun fikk min fulle støtte da hun søkte barnevernsskolen Dronning Mauds Minde i Trondheim og gikk rett inn der høsten etter.

Olav og jeg hadde faste leserutiner. Middag kl. 18 og samvær med barna, lek og lesing. Så fra kl. 20 minst to timer i lesesalen nede i kjelleren.

Men viktigst av alt var alle de nye impulsene fra mennesker du møtte, fra lærere og medstudenter. Verden – ikke bare USA stod i fokus. Undervisningen var internasjonal. Fattigdommen, befolkningsutviklingen, matproduksjonen og helseproblemene i ulike deler av verden stod på vår dagsorden.

Hele min politiske grunnholdning ble styrket og inspirert gjennom de opplevelser og inntrykk dette gav. Jeg hadde medstudenter fra alle deler av kloden, fra flere afrikanske land og fra muslimske land i Midtøsten, fra India, Japan og Korea. De amerikanske studentene var sosialt engasjert, noen av dem hadde også gjort tjeneste i fredskorps i Afrika.

Dagene var fylt av nye erfaringer og nye kolleger. Mange ble våre venner. David fra fredskorpset, Jacques fra Canada, George fra Nigeria. De to siste var sikkert 15 år eldre enn meg. For de to legene var dette etterutdanning mange år etter studiene. De hadde faglig erfaring – og livserfaring. Stephania, også 15–20 år eldre, var barnelege fra Israel. Hun var en fantastisk venninne og en fin faglig inspirasjon. Jeg har fulgt henne og mannen Tibor, fødselslegen, og landet deres nært siden den gangen.

Og så var det Al-Awadi fra Kuwait, som ble helseminister i sitt land i en rekke år i 70- og 80-årene. Jeg husker en biltur med ham og broren fra Boston ned til Williamsburg i Virginia. Vi var valgt ut til en studentkonferanse. Jeg spurte og grov om Midtøsten, om konfliktene mellom jøder og arabere, om palestinerne.

Det satte virkelig en støkk i meg. Her satt de to velutdannede, positive og hyggelige kollegene, og hva var det de fikk seg til å si? *Vi skal kaste dem alle i havet.* Det var bare et spørsmål om tid. Staten Israel hadde ingen rett til å eksistere. Det var palestinernes og arabernes land. Dette må da være billedlig ment, sa jeg, dere kan da ikke virkelig *mene* noe sånt. De så på meg. Stive i blikket. Dette var blodig alvor.

En septemberdag i 1993, nesten 30 år senere, mintes jeg disse sterke inntrykkene fra min ungdom i USA under en tale ved en middag i den israelske ambassade i New York. Det var like etter at Oslo-avtalen var undertegnet. Jeg satt mellom Shimon Peres og Johan Jørgen Holst. En sten var lettet fra mitt hjerte.

Forsvarsminister på besøk

Pappa kom og besøkte oss i november, i en svart bil og med sjåfør, rett fra flyplassen. Som norsk forsvarsminister var han offisiell gjest hos sin amerikanske kollega Robert McNamara. Mange år senere, da jeg selv hadde vært med i norsk politikk i en årrekke, ble jeg klar over hvor mye en slik kontakt og det vennskap og tillitsforhold som utviklet seg, betydde. McNamara fikk den norske utenriks- og sikkerhetspolitikken under huden, han forstod betydningen av «nordisk balanse», av lavspenning i nord og av den selvstendig valgte atom- og basepolitikken, som var et norsk bidrag til helheten i alliansens struktur og politikk. De snakket sammen gjennom en hel helg, de to.

Det var først i 1980-årene at denne innsikten og denne felles forståelsen etter hvert døde ut i Pentagon.

Min lillesøster Hanne var født få dager før pappa kom. Han ble med oss til Thanksgiving-fest hos en gren av Olavs familie som hadde «utvandret» til USA tidlig i dette århundre. I denne arbeiderfamilien utenfor Boston var rystelsen stor da en svart bil med en norsk forsvarsminister dukket opp. Det fortok seg raskt. Pappa var alltid uformell og full av sjarm og med en egen evne til nær menneskelig kontakt.

Pappa hadde meldt sin ankomst et par uker i forveien, og lærerne på skolen bad pent om han kunne holde foredrag for studentene. Det sa han ja til. Stakkars mann, han ville vite hva jeg mente ville interessere dem mest. Jeg var sterkt engasjert i alt det nye jeg hadde gått inn i. Vi hadde vårt felles fag og vårt felles politiske ståsted og engasjement, og for meg var han fortsatt mer legen og sosialministeren (1955–61) enn forsvarsministeren (1961–63, 1963–65). Dessuten var vi jo på «School of Public Health», så jeg snakket oppglødd om «Ecology» – om sammenhengene i naturen og den helhet vi må etterstrebe for å sikre stabilitet og balanse både i naturen og mellom menneske og natur. Jeg trodde at noe så sentralt og viktig var noe han også hadde innsikt i. Det at jeg først lærte noe om dette den høsten på Harvard, tenkte jeg nok ikke så nøye over. 25 år gammel levde jeg fortsatt i den tro og overbevisning at opphavet kunne mer og visste mer enn jeg selv, stort sett på alle områder.

Pappa lyttet og sa ikke så mye akkurat da, men han snakket *ikke* om økologi da jeg hørte hans forelesning. Det var nok av annet å ta fatt i for en politiker og helsepolitiker fra Norge og Norden. Han hadde betydelig internasjonal erfaring også, både i WHO (Verdens Helseorganisasjon) og i flyktningespørsmål som FN-ekspert i Egypt tidlig i 50-årene. Han var aktiv i AUF som internasjonal delegat til IUSY-møtene allerede i 40-årene.

Jeg var 22 år yngre og opptatt av nye tanker og nye forskningsresultater som strømmet på. Miljøproblemene kom gradvis på dagsordenen, men først med full tyngde noen år etter at jeg var kommet hjem fra Harvard. Da var jeg godt forberedt. Økologi var noe jeg hadde studert. Forskningsmetodikk i sosiologi, statistikk og epidemiologi likeså. Ralph Naders bok *Unsafe at any speed* var et hett tema i våre diskusjoner: Trafikk, forurensning, ulykker og manglende sikkerhet var viktige elementer i den samfunnsmessige bevisstgjøringen også blant oss unge leger.

Viktig å amme

Jeg valgte forebyggende helsearbeid blant mor og barn som hovedemne på Harvard, men brukte likevel det meste av min tid på å lære grunnlaget og metodene for det forebyggende helsearbeid bredt sett. Statistikk, epidemiologi og forskningsmetodikk, alt dette sugde jeg til meg for senere bruk.

Vi skulle velge hovedoppgave innenfor vår egen avdeling ved skolen. Jeg valgte å skrive om brysternæringens betydning for mor og barn.

Utgangspunktet var en uro og et spørsmålstegn knyttet til den tydelige nedgang i amming vi hadde sett både i Norge og andre land. Hvordan ville dette virke? Kunne det være til skade både for mor og barn? Timer, dager og uker satt jeg på det store medisinske biblioteket og pløyde meg gjennom internasjonal litteratur og nyere forskning.

Rapporten jeg utarbeidet beskriver brysternæringens utbredelse i ulike land, dens hyppighet og varighet, og hvordan dette har utviklet seg over tid. Jeg skriver om sosial klasse og utdanning og hvordan disse faktorene virker inn, om individuelle faktorer som den yrkesaktive mor og om sammenhengene rent arvelig sett. Jeg tar også opp de psykologiske implikasjonene, mødres holdninger og hvor mange som lykkes med brysternæring, holdninger blant profesjonelle og hvordan disse virker inn på den praksis som er ved ulike sykehus.

Jeg peker på at det hadde vært et historisk privilegium for overklassekvinner å kunne velge ikke å gi bryst ved å engasjere en amme. Dette i seg selv kan lett ha gitt redusert prestisje til brysternæringen,

Klasse 2 b på Hegdehaugen,1954. Jeg står i midten i forreste rekke. Bak meg til venstre Lars (Walløe). Even (Mehlum) i tredje rekke, helt til høyre. Else (Alvik) nummer to i annen rekke til venstre.

Under: 14 år, høyhalset genser, krøller, Sans égal og sølvklokker i ørene som ringer når jeg går: En gave fra pappa etter FN-oppdrag i Egypt. (Ikke populært hos mamma!)

Hjemme hos Even i Madserud allé. Selvsydd russekjole i rødt og hvitt.

Stolte realister i studenterluer, 1957. Klasseforstander Einar Aandahl og lektor Dahle. Lars står bak meg, Even er nummer tre fra venstre bakerst.

Glade studievenninner i 1962, snart leger, sammen med professor Schøtt-Rivers, som brukte å si: «Husk menstruasjonen er bare tårene fra en skuffet livmor.» Her er halve «Adiposum» – doktorklubben vi jentene har hatt helt til nå. Til høyre foran Unnlaug Lingaas, så Tori Garegg Petersen. Til venstre Anne Merete Gaut og jeg.

Til venstre: Kjekk gutt fra Horten og Drammen. Redaktør av tidsskriftet Minerva.

Under: Styret i Studentersamfundet våren 1959. Karl Nandrup Dahl og kona Ingeborg foran i midten. Aina Uhde til venstre, jeg til høyre i selvsydd kjole, nå med ny, ikke «strapless», overdel. Bak meg Asbjørn Eide, deretter Hans Fredrik Dahl, Hjalmar Selmer, Håvard Alstadheim og Øyvind Foss.

Til høyre: Sammen med Marit Løkkebø og to leger utenfor «Rodiliste», fødeklinikken i Split, Jugoslavia sommeren 1960.

Under: Olav er reiseleder for Bennett. Jeg er med to dager i Danmark i juni 1960. De amerikanske turistene synes det er «wonderful» med de nyforelskede unge.

En lykkelig dag, desember 1960. I selvsydd brudekjole, spart og omsydd til Kaja, 27 år senere. Slør? Nei, krans av liljekonvaller!

som noe som er knyttet til de midlere og lavere klasser. Da andre løsninger og kunstige melkeblandinger kom i bruk, var utgangspunktet for denne nye praksis også overklassen, og den spredte seg derfra.

Det var tidligere tydelig høyere hyppighet av brysternæring blant pasientene som var innlagt på offentlige klinikker, sammenlignet med de private sykehus. Men mitt spørsmål var om dette var i ferd med å bli endret? Også kvinnene på klinikkene tok nå i bruk de nye alternativene, slik de rike gjorde. Samtidig kom det gradvis en motsatt tendens. Mange av de private pasientene og de med mest utdanning tok opp igjen brysternæringen. Bevisstheten om at det kunne være viktig for barnet og for det psykologiske båndet mellom barn og mor var nok der.

Men verst var det at nedgangen betydde en fare for spedbarn i mange u-land som etter hvert begynte å ta etter «vestlige» mønstre. Det var f.eks. tilfellet i Puerto Rico, dit vi dro på en studiereise. Inntrykkene fra amerikansk fjernsyn og fra reklame for kunstig ernæring skapte økt fare for infeksjoner og spebarnsdødelighet under de hygieniske forhold som ofte var typiske for et slikt område. I rapporten siterer jeg overlegen på barneavdelingen i San Juan, hovedstaden i Puerto Rico, som fortalte oss at blant flere hundre tilfeller av alvorlig spedbarnsdiaré året forut, hadde det ikke forekommet et eneste hos barn som fikk bryst!

Det var et strevsomt arbeid å finne fram til og sile alt det vitenskapelige materialet. Det ble mye frustrasjon og mismot gjennom måneder, mens jeg slet med stoffet, disposisjonen og selve skrivingen. Det var mitt første større, systematiske faglige forskerarbeid. Jeg opplevde det som viktig, men også ensomt på mange måter. Jeg skulle alltid senere ha denne dobbelte dragningen, mot det å søke etter kunnskap og utvidet vitenskapelig erkjennelse, og det å gjøre noe med det man allerede vet.

USA og Norge

Vi snakket og diskuterte samfunn, helse og politikk sent og tidlig. Jeg var sterkt kritisk til det amerikanske systemet. Her var det ingen offentlig garanti for skikkelig helsetilbud. Det var frivillig helseforsikring, og mange lavinntektsfamilier kom i skikkelig klemme når sykdom eller ulykke rammet. Jeg var stolt av Norge og hva vi hadde fått til gjennom sosialdemokratiets pådriverinnsats, både før og etter krigen. Gerhardsen og Evang regjerte fortsatt i 1964. Linjene var lagt for en grunnleggende trygghet for alle.

Jeg var indignert og opprørsk, kastet meg inn i debatter med kolleger om hvordan et rettferdig samfunn måtte være. Det gikk en rød tråd i holdningen og engasjementet over i nye generasjoner.

En kveld kort etter ankomsten hadde vi besøk av en fjern slektning av Olav, de var annen generasjons innvandrere fra Norge. «Tante» Evelyn var mor og fostermor for en rekke barn og et varmt og engasjert menneske. Det var hyggelig å ha familie ikke så langt unna.

Berit tok på seg jakke og var på vei ut. «Hei,» sa hun «jeg stikker bort til Sears and Roebuck en tur.» Evelyn ropte ut: «Hvor skal hun?» Vi fikk litt av en lekse, Olav og jeg. En ung jente kan under ingen omstendighet gå ut alene etter mørkets frembrudd, ingen andre heller, for den saks skyld. Det skal alltid være to i følge.

Kriminaliteten var en helt annen, også i en by som Boston. Det er trist å tenke på at den frihetsfølelsen vi norske hadde – for vi hadde jo ikke slike erfaringer hverken fra Oslo eller Bærum – nå er blitt borte. I dag ville tante Evelyn sagt det samme om mange steder i Norges hovedstad.

En annen episode har brent seg fast. En ettermiddag er jeg på vei over grøntområdet som er omrammet av Park Drive der vi bodde, sammen med en kollega. Vi skal hjem fra dagens forelesninger. Vi hører et kraftig smell like i nærheten og oppfatter straks situasjonen: En bil har kjørt inn i et tre i den andre enden av området. Vi ser et menneske foroverlent over rattet, sterkt skadet. Jeg begynner å løpe, men min legevenn drar meg hardt i armen: «Stopp, Gro! Det der må du ikke gjøre.»

Jeg ser målløs på ham. Hva er det han sier? Vår lege-ed er klar: Å hjelpe der du kan. Han rister på hodet, trist og samtidig litt flau. «Slik burde det være. Men her i landet er det direkte farlig å bli innblandet i slikt – også for leger. Du kan risikere årelange rettssaker, du kan miste alt du eier.» Jeg er sjokkert og fortsetter bestemt bortover mot den skadete. Da kommer både politibil og legevakt. Vi er begge fritatt fra vårt dilemma.

Det blir en lang samtale mellom oss to. Det er et stort tankekors for meg som ung norsk lege at tingene kan utvikle seg så galt. Slik må det aldri få bli i Norge. Vi har et offentlig helsevesen. De fleste leger er fastlønte sykehusleger eller på annen måte offentlig finansierte. Det er ikke advokater og forsikringsselskaper som står i fokus i en kamp om behandling, rettigheter og erstatninger.

I dag *har* vi likevel en litt annen situasjon. Lovgivning om pasientrettigheter og erstatning ved feilbehandling er også hos oss blitt en aktuell og nødvendig problemstilling. Det er helt avgjørende at vi ikke beveger oss inn i en situasjon og et klima som kan medføre at leger og annet helsepersonell er mer opptatt av å beskytte seg selv mot kritikk eller ansvar enn av å hjelpe dem som trenger det.

Et grunnleggende år

Det var en annen side ved det amerikanske systemet som kom til å opprøre meg særlig sterkt. Både gjennom litteraturen og gjennom praktiske eksempler ble det klart for meg at fødselslegene provoserte fram fødsler til egnet tidspunkt, etter bestilling fra moren. Men først og fremst på eget initiativ, for å kunne motta flere barn samme dag eller kveld på samme klinikk. Det var helt vanlig å ha sin egen lege under svangerskap og fødsel. Det var da så trygt og godt, mente mange.

Jeg var kritisk. Det ble et altfor stort antall keisersnitt av det, og altfor ofte ble det brukt tang eller sugekopp, sammenlignet med f.eks. i Norge. Det ble sett på nærmest som litt bakstreversk, naivt og romantisk med «natural birth», naturlig fødsel. At det var sikrere og gav færre skader, overså man altfor lett. Ett argument jeg hørte, var at de foretrakk keisersnitt fordi mor da slapp å bli utvidet nedentil! Dessuten unngikk man at barnets hode ble trykket sammen. Det var da mye penere også. Men hva med den økte risikoen for mor? Full narkose gav også større risiko for alvorlige infeksjoner.

Kunstige midler for å sette i gang riene og øke tempoet ble brukt. Slik kunne fødselslegen kanskje gjennomføre både tre og fire fødsler på noen få timer samme ettermiddag. At risikoen økte både for mor og barn, mente jeg det var liten tvil om. Hos oss kom barna når tiden var inne, og jordmødre og leger hadde vakt dag og natt og kunne bistå. Jeg var stolt da jeg fikk bekreftet at spedbarnsdødeligheten var lavest i de nordiske land.

Gjennom studiene var vi opptatt av å se på helsetjenester og samfunnssystem, på utdanning og befolkningsvekst. Ernæring, rent vann, matproduksjon og sosiale forhold verden over. For meg ble dette året grunnleggende. Ikke bare stod sammenhengene mellom helse, miljø og sosiale forhold i min egen del av verden enda klarere for meg, det ble nå et anliggende som krysset landegrenser, regioner og kontinenter. Fattigdom og ulikhet *var* roten til mye vondt. Jeg ble enda mer overbevist om at de verdier og erfaringer vi bygget vårt norske samfunn på var noe å ta med seg og strebe etter i land der ulikhet, sykdom og nød preget hverdagen.

Dette året på Harvard bidro også til at jeg fikk utdypet mitt syn på likestilling. Jeg tvilte ikke på den grunnleggende likestillingstanken mellom kvinne og mann som jeg var vokst opp med, men jeg ble enda sterkere i min tro på at vi ikke måtte bygge på den vrangforestilling at kvinner og menn var like og måtte bedrive det samme til enhver tid. Brysternæringens betydning er ett eksempel. Her kunne det ikke være likestilling mellom kvinne og mann, uten at det gikk ut over barnet. Virkningene av reklame for kunstig ernæring *var* farlig, ikke bare i u-land. Vi var likeverdige, ja, men rollene måtte også tilpasses de krav og behov som naturen har lagt til rette.

Man kan gjerne si at jeg kom hjem i 1965 med flere spirer i meg til det som senere ble hetende nyfeminisme. Alt skulle ikke skje på guttas premisser. Det var andre verdier som skulle fram i lyset og som måtte verdsettes.

Nytt veivalg

I månedene før vi reiste hjem sommeren 1965 fikk jeg to tilbud om jobb. Det førte til mye tankearbeid og tvil. Jeg skulle gjerne tatt begge. Det var spennende å kunne arbeide for Fredrik Mellbye i Hygienekontoret og være med på å utrede og forme retningslinjer og tiltak innenfor samfunnsmedisinen og det forebyggende helsearbeid.

Men etter at overlege for Det norske kreftregisteret, Einar Pedersen, hadde besøkt Harvard School of Public Health den våren, fikk jeg også et annet tilbud. Jeg mistenker noen av mine lærere for å ha hvisket ham noen ord i øret. Jeg hadde kastet meg med liv og lyst inn i medisinsk statistikk, epidemiologi og forskningsmetodikk. Det var utfordrende og inspirerende. Jeg var stolt av Norge, også der. Vi hadde et unikt materiale, en total oversikt over krefttilfeller, samlet over flere tiår. I Norge var det mulig å trekke ut viktig, grunnleggende viten til beste for det internasjonale samfunn. Det materialet måtte vi ha plikt til å dra nytte av så vi på det best mulige grunnlag kunne forebygge livstruende sykdom.

Jeg ble bedt om å gå inn som vitenskapelig medarbeider ved Kreftregisteret med den særlige oppgave å lage en omfattende undersøkelse ut av dette materialet. Det gjaldt kreft i livmorhalsen, en alvorlig sykdom som ikke bare i Norge, men verden over hadde en sterkt økende hyppighet. Hva kunne være sammenhengene her? Hva var årsaksforholdene? Kunne norske kvinners erfaringer gi oss nøkkelen til svaret? Hvordan kunne vi forebygge og bekjempe denne alvorlige trussel mot kvinners helse?

Det var en stor utfordring. Det betydde å kunne gå i dybden, konsentrere seg om en uhyre krevende faglig innsats gjennom flere år. Feltet var viktig, men det var smalere enn hva jeg ville kunne arbeide med i Hygienekontoret. Jeg likte å jobbe sammen med andre. Det gav inspirasjon og pågangsmot. Det var et vanskelig valg. Jeg gikk igjennom runde på runde med pro et contra-argumenter.

Jeg var gravid, det tredje barnet var på vei. Det ble nok til slutt utslagsgivende. Jeg måtte ta permisjon fra desember, bare noen måneder etter at jeg skulle begynne i min første jobb. Det var nok mest forsvarlig med tanke på arbeidsgiver og praktiske konsekvenser at jeg ble en av flere leger som jobbet sammen i Hygienekontoret. Men gjennom flere år hadde jeg en slags kjærlighetssorg overfor Kreftregisteret og Einar Pedersen. Jeg visste hvor utrolig interessant det var, det materialet jeg var tilbudt å jobbe med.

Boligkjøp

Ivar hadde vi ikke planlagt. Det bare ble slik. Men jeg hadde sagt til Olav allerede på bryllupsreisen med toget til Grua, at min plan var å få fire barn! Han holdt på å dette av stolen. Jeg hadde sett min mor streve med å få sitt ønske om en attpåklatt oppfylt, sett sorgen ved svangerskap som ikke førte fram. Da jeg var sytten, og mamma trettiåtte gikk det galt første gang. Etter det var jeg alltid opptatt av å få svar på dette: Kan jeg få barn? Det bidro til at jeg var utålmodig da Olav og jeg var blitt forlovet. Underbevisstheten styrte meg da Knut ble til, det er jeg ikke i tvil om. At det var tre år før studiene var avsluttet, var underordnet.

Vi var heldige og fikk leie et helt nytt rekkehus på Gaustad den høsten vi kom hjem fra USA. Nå hadde vi større plass igjen og mer sol, lys og luft. En ny jente passet barna, Åshild fra Sandefjord. De gikk i park like ved boligfeltet. Jeg hadde begynt i Helsedirektoratet. Vi var på utkikk etter egen bolig.

Vi fikk et tilbud fra Selvaag, ikke om leilighet slik vi hadde søkt om et par år før, men om et hus i et stort boligfelt ute på Bygdøy. Vi kjørte ut og så på den store Moltzau-tomta, med gamle store trær, furumoer og utsikt over fjorden fra toppen. Det var ikke så langt fra den delen av byen der jeg vokste opp. Bygdøyferja ut på søndager var et av minnene fra barndommen.

Vi tok sjansen. Vi satt på kontoret til Harald Hertzberg i Selvaagbygg mens han ringte til en bankforbindelse: Jeg har et ungt par her. De lurer på hva de kan låne, og hvor mye de kan greie av finansiering. Hun er lege. La oss tenke oss at de til sammen har en brutto inntekt på 100 000.

Jeg skvatt. Han gjettet – og gjettet feil. Olav tjente førti tusen, jeg tjente tredve. Ville dette gå? Jeg sa ingenting. Det gjorde ikke Olav heller. Huset kostet 300 000. Det var *mange* penger.

Vi dro hjem og satte oss og regnet. Nei, det går ikke, sa Olav. Vi klarer det ikke. Jo, jeg ville ikke gi meg så lett. Vi hadde jo snart tre barn, dessuten barnepike. Vi trengte de fire små soverommene. Vi leier ut to rom til hybler! Det var løsningen, mente jeg. Da kunne vi makte dette.

Spisestuen ble til et soverom for Olav og meg. Per Frydenberg, en kollega fra Norsk Utenrikspolitisk Institutt, hjalp til en lang kveld. En vegg ble satt opp. Åshild hadde det innerste av fire soverom, det som var til foreldrene. Alle tre barna delte ett lite rom. To ble leiet ut til studenter. Harald Kjølaas som nå er redaktør av Sunnmørsposten, var en av dem.

Fem år senere var rommene i bruk for vår egen familie, og vi bygget kjellerstue under uteterrassen. Det forandret seg hva vi syntes vi kunne greie og trenge. Knut var blitt ni, og kjellerstue var fint til besøk av venner i huset for ham og for Kaja.

En mor

Da vi skulle legge naturheller oppå det hele i 1971, ble det for mye. Jeg løste floken, sa at greier vi det ikke, kjører jeg legevakt. Det skulle bli en interessant og slitsom, men nyttig erfaring.

Jeg kjørte over hele Oslo og fikk oppleve alle slags miljøer, sosiale forhold og familiesituasjoner. Jeg ble kjent med byen, slik jeg hadde fått mange ekstra impulser som Fram-jente i sin tid.

Svakhetene ved manglende oppfølging og etterkontroll av pasienter jeg hadde behandlet på kvelds- og nattetid ble snart tydelige. Jeg engasjerte meg i oppfølging – fra skoleoverlegens kontor i dagene som fulgte disse vaktene. Barnevern, smittsomme sykdommer, psykiatri. Indremedisinen. Det var mye å lære – og mye å gjøre, for virkelig å kunne hjelpe.

Det aller verste jeg opplevde i denne tiden var et sykebesøk ved Bislet et sted. En mor fra Lambertseter var hos sin søster denne sene kvelden. Hun var forvirret, fortvilet. «Rita sa hun ville være hjemme klokken elleve.» Hun gjentok og gjentok det, klamret seg fast til dette som datteren hadde sagt da hun forlot hjemmet ved 21-tiden kvelden før.

Familien fortalte meg hva som var skjedd. Hennes eneste datter var blitt drept i en trafikkulykke den kvelden. Det var ungdom ved rattet, hun var passasjer i en bil utover mot Ekeberg. Moren hadde mistet kontakten med virkeligheten. Jeg måtte tilkalle psykiatrisk legevakt. Jeg har aldri glemt rommet, den hardt rammede moren og avisoppslaget jeg fant hjemme på morgenkvisten etter den nattevakten: «Dødsulykke på Europaveien.»

Å miste et barn. Ingenting kunne være verre.

Ivar

Ivar hadde en eiendommelighet som han og jeg fikk lide for. De første åtte dagene var alt fint. Vi kjørte hjem fra klinikken i vår grå folkevogn, stolte av den nyankomne. Min lillebror Lars var der. Det var han som fant på navnet, Ivar – etter morfar. Jeg husker det skjedde akkurat i svingen der veien går mot venstre oppover langs Gaustadjordene. Ivar var født 9. desember, på vår femte bryllupsdag.

Den niende dagen begynte han å suge på en ny måte, slapp inn luft og mistet taket på det å tømme effektivt. Det fortsatte, og Ivar og jeg strevde mer enn noen av barna før og Jørgen senere, med å få ammingen til å fungere. Det ble lite nattesøvn i måneder fremover. Jeg gav meg ikke så lett.

I påsken gikk vi tur oppover i Holmenkollen en dag. Da vi satte oss ned og spiste matpakke var noe galt, det kjente jeg. Det murret og stakk i underlivet. Det ble legevaktslege, antibiotika og sengeleie. Tre og en halv måned etter fødselen.

Jeg hadde en underlivsinfeksjon. Det varte og rakk. Ny kur, til slutt Aker sykehus helt inn i sommeren. Mammas barnepike skulle passe Ivar på Helleskilen. Jeg husker jeg holdt ham i armene, den lyse, blide gutten. Jeg ville ikke gi ham fra meg, men måtte.

Det var første gang *jeg* var satt ut av spill. Jeg hadde en del plager av hele denne affæren, med smerter og ubehag når jeg beveget meg, helt til jeg ble gravid med Jørgen den samme høsten.

Jeg var blitt livredd for ikke å kunne få barn igjen. Det gikk ofte slik etter en infeksjon som den jeg hadde hatt, det visste jeg. Jeg fikk ikke ro på meg, måtte vite. Slik ble avstanden mellom Ivar og Jørgen bare et og et halvt år, mindre enn mellom de andre. Og alle smerter forsvant!

Men jeg hadde lært noe: Det var ingen selvfølge at kreftene alltid var uten begrensning. Du kunne bli syk. Og – du skulle ta deg skikkelig av barna. Jeg bestemte meg for å ha mindre enn fulltids jobb, og begynte på Christiesgate helsestasjon den sommeren Jørgen var ett år. Da kunne jeg komme hjem ved tre-tiden noen ettermiddager, trille Jørgen og ta med noen av de andre på småturer.

Ivar var et enkelt barn, da sugetiden var over. Han lå ofte våken i bagen etter soveperioden midt på dagen og så på trærne og himmelen. Han skrek sjelden etter oppmerksomhet. Det kom snart for en dag hvor teknisk interessert han var. Han plukket fra hverandre alt han kunne komme over og greide å sette det sammen igjen. Han kunne regne, ganget med tosifrede tall som fireåring til sine eldre søskens forskrekkelse og misunnelse.

Ellers var han en trofast liten sliter. En søndag trillet vi sand hele ettermiddagen, vi skulle fylle en kjempestor blomsterkasse i forkant av terrassen. Olav trillet, Ivar trillet, i hver sin trillebår. Vi tenkte han fort ville gå lei av det. Men nei. I fire samfulle timer var han med fram og tilbake til den store sandhaugen sammen med Olav. Han var snart tre år. Også i dag har Ivar en standhaftighet og utholdenhet som jeg ikke har sett maken til. Det måtte da være hos min bror Lars når han bygger og snekrer på sin hytte.

Årene fra 1965 til 1975 var år med flere nye barnepiker, noen i ett år, et par av dem i to. Da Jørgen var åtte, var det slutt. «Jeg orker ikke mer,» sa Olav. «Jeg orker ikke å ta meg av fem i stedet for fire barn!»

Det var nok en god del frustrasjoner som lå bak. Den siste jenta var mer umoden, hun røykte og hadde besøk av venninner i timevis på dagen. Det ble mindre stil og orden, og barna visste jo hvordan ting *skulle* være. De var store nok til ikke bare å merke forandringen, men også fortelle om den. Knut nærmet seg barnepiken i alder. Det har nok ikke vært lett. Olav var heller ikke så vant til eller innstilt på å administrere og veilede det hele.

Jeg hadde brukt en del omtanke på opplæring og veiledning av barnepikene og av barna. Det var vaskedag oppe og vaskedag nede. Visse rutiner for uka, reparasjon av tøy, stryking og støvsuging. Dette skjedde i noen av de timene da barna var i park, barnehage eller skole. For alle barna var i ulike aktiviteter utenfor huset. Jeg ønsket ikke å overlate dem i unge jenters varetekt etter spedbarnsalderen. Da var det behov for voksne, erfarne mennesker. Og det var behov for lekekamerater i samme alder.

Barnehageutgifter til tre i privat barnehage og en ansatt hjemme. Det ble dyrt, det hele, men jeg mente det var verdt det.

Kapittel V

Forsker og opprører

Fra min plass på Hygienekontoret var jeg flere ganger inne i diskusjoner og saksbehandling i saker som knyttet seg til Kreftregisteret. En gang skrev jeg et notat som svar på denne problemstillingen: Hvordan skulle prioriteringen være når vi skulle gå inn for å «screene» utvalgte aldersgrupper av kvinner for å kunne oppdage krefttilfellene tidlig – helst i tide?

Det brakte meg bl.a. inn i en viktig prinsipiell problemstilling. Innsatsen måtte konsentreres der vi kunne finne flest tilfeller. Ressursene var begrenset, både når det gjaldt personell og ekspertise, og når det gjaldt den samlede oppgaven det var å organisere og gjennomføre det hele.

Det var flere måter å angripe disse valgene på. Man *kunne* legge ensidig vekt på hvilke aldersgrupper som hadde den høyeste hyppigheten, og konsentrere oppmerksomheten om dem. Men jeg nølte. Min måte å tenke på var også preget av lærdommene fra Harvard. Vi måtte også tenke på *sparte år*, ikke bare sparte liv. Lot vi flere yngre kvinner vente til risikoen for kreft var blitt større, betydde det jo at flere unge liv kunne gå tapt. Flere mødre til små barn kunne dø av sykdommen.

Min konklusjon var at vi også måtte legge vekt på dette hensynet, og jeg anbefalte at vi foretok de samlede beregninger av de mest aktuelle aldersgrupper i et slikt perspektiv. Vi skulle spare liv – *og* vi skulle spare flest mulig år.

Jeg husker vi fikk en interessant debatt. Ville en slik tankegang bli forstått fullt ut? Var folk innstilt på å tenke så rasjonelt og helhetlig? Ingen betvilte at dette egentlig var den riktige analysen med sikte på spart sykdom og død, og for å kunne forebygge mest mulig unødig lidelse. Likevel ble en mellomvei valgt. Det var lettere å få folk til å forstå verdien av sparte liv enn av sparte år. Jeg tror flere av de involverte så det som mer «politisk korrekt», for å bruke dagens språk.

Gjennom arbeidet på Hygienekontoret fikk vi mye kontakt med forskning og med ny innsikt. Jeg jobbet med et opplegg for «medisinsk registrering av fødsel».

Skader ved fødselen, faren for varige funksjonshemninger i mors liv og tidlig i spedbarnsalderen – alt dette var områder som opptok oss og som jeg var sterkt engasjert i. I samarbeid bl.a. med Statistisk sentralbyrå og med fagmiljøene i nyfødtmedisin og gynekologi/obstetrikk, utviklet vi et skjema for registrering som alle jordmødre og leger skulle fylle ut ved hver ny fødsel.

Forskning og skolehelse

Jeg følte etterhvert at jeg også måtte inn i den pasientrettede, praktiske medisinen for en periode. Det ble ledige vikariater ved barneavdelingen på Ullevål sykehus og på Rikshospitalets barneklinikk. Men jeg slapp ikke helt taket i kontakten med Hygienekontoret og Mellbye. Da jeg skulle trappe ned den daglige arbeidstiden noe, og gikk inn som helsestasjonslege i Christies gate med 24 timers uke, påtok jeg meg etterhvert også konsulentarbeid for Statistisk sentralbyrå og Helsedirektoratet. Noen måtte gjøre den faglig krevende, og samtidig tidkrevende jobben å gå inn i de tusener av utfylte skjemaer som nå bare lå og hopet seg opp.

Det var ikke laget noe system for analyse og bruk av dette verdifulle materialet. Jeg jobbet i ensomhet – det var bare jeg og skjemaene. Jeg systematiserte innholdet i svarene på hvert av de mange spørsmålene og observasjonene i det enkelte skjema, vurderte mulighetene for å benytte materialet vitenskapelig, og utviklet et opplegg for å kunne kode – og dermed også bearbeide det innsamlede materialet.

Det var litt av et bilde å se inn i. Alle de hundrer av leger og jordmødre som fylte ut etter beste skjønn – alle fødslene, de friske og fullbårne barna – og alle tragediene som fremgikk av de skrevne ord. Jeg måtte mobilisere fantasi og innlevelsesevne. Dette var å legge til rette et viktig grunnlag. Slik kom helsemyndighetene i gang – og byrået i gang. Hele prosjektet Medisinsk registrering av fødsel ble senere forankret på Haukeland sykehus, der en av mine studiekamerater ble leder av det.

Igjen var jeg absorbert i pasienter, livssituasjoner og forskning. Slik fortsatte det da jeg litt senere ble assisterende overlege i Skolehelseavdelingen ved Oslo Helseråd og tok opp arbeidet med å styrke og forbedre kvaliteten og resultatene ved skolehelsetjenesten rundt om i hovedstaden. Jeg utformet etter hvert en konkret «sjekkliste» for skolelegen, som gikk til foreldrene til 1.- og 4.-klassingene, og til elevene selv når de kom i sjuende.

Det gjaldt å utvide perspektivet fra mål og vekt til det psykososiale, til eventuelle tegn på begynnende helseproblemer, psykiske eller fysiske. Også her gjaldt det å fange opp problemer tidligst mulig. Hvordan kunne noen hjelpe? Hvilke råd kunne vi gi til barn, foreldre – og lærere?

Jeg er ikke i tvil. Det betydde en mer meningsfylt innsats rundt om på legekontorene og i skolene. Det betydde en bevisstgjøring av helsesøstre, leger, lærere, barn og foreldre. Jeg så at det virket, praktiserte det selv – og justerte sjekkpunktene i lys av erfaringene.

En dag kom det et kraftig angrep i Dagbladet med Arne Skouens signatur. Han gikk voldsomt ut mot dette nye. Her skulle barna registreres, her ble det liggende skjemaer inne i helsejournalene til barna. Det kunne forfølge dem, sette stempler på dem. Denne «sorteringen» burde man ikke ha noe av.

Jeg var dypt uenig med Skouen. Jeg var ikke redd for misbruk innenfor en helsetjeneste med den etikk jeg så godt kjente. Det var den han rettet sterk mistanke mot. Men jeg skjønte jo også hvor sterkt pressen kan virke, og vi forstod hvor krevende det kunne bli å kaste seg inn i den kompliserte debatten det ville innebære å ta til motmæle. Vi visste så altfor godt at vi kunne tape noe av det viktigste vi hadde oppnådd hvis dette ble til noe mer enn en enkelt, om enn hardtslående artikkel.

Det er blitt mange slike erfaringer gjennom de nesten 25 år som har gått siden den gangen. Jeg har opplevd hvor krevende det er – ja, noen ganger umulig – å gi seg inn i en omfattende og nyansert debatt i pressen om tiltak, virkemidler og praktisk politikk på alle de områder der fokus kan komme – fra en eller annen helt spesiell innfallsvinkel.

Mini-Gro

Årene i Oslo Helseråd som assisterende overlege (1970–74) var faglig virksomme år. Og barna preget livet. Det ble forskning, om risiko for urinveisinfeksjoner hos barn og hvordan vi kunne avsløre dem tidlig og få dem behandlet. Jeg var på Nic Waals Institutt sammen med legekolleger og psykologer, for å lære teamarbeid og forebyggende virksomhet blant barn og unge.

På denne tiden begynte jeg også på det som skulle bli mitt doktorarbeid: Studier av vekst og utvikling hos barn og unge, og av hvordan dette var koplet til sosiale forhold, til ulikheter etter strøk i Oslo. Jeg tok opp spørsmålet innad i kommunen om formen på skolemøbler for å forebygge feilutvikling og rygg- og leddskader. Jeg ble med i bydelsutvalget for Arbeiderpartiet, og var engasjert i en nyfeministgruppe en del av denne tiden.

For å få mer tid til barna, forsøkte vi i noen måneder å snu litt på arbeidstiden. Vi stod opp før seks og dro avgårde før barna våknet. Planen var at vi skulle være tilbake ved tretiden. Det var vårmåneder – og det gikk en stund. Så orket vi ikke mer. Jeg var opprinnelig et typisk A-menneske, Olav hadde aldri vært det. Nå følte vi at vi begge var blitt B! Vi gled tilbake i de gamle rutinene, men jeg hadde merket hvor effektive de var, disse første timene på mitt forskningskontor. Stille, ingen som tittet inn, lyst og fint ute.

Når noe måtte skrives ferdig som jeg ville legge særlig vekt på – også i senere år – var ofte løsningen å legge seg når klokka var 22-23 og så komme seg opp ved femtiden. Da kunne jeg lett skrive en artikkel eller et innlegg ferdig. Særlig hvis det var lyst ute, men i alle fall, mørkt eller lyst, når fristen var i ferd med å gå ut.

Vi merket stor forskjell på barnas stil og personlighet – allerede i mors liv. Knut var intens allerede da, det var aldri fred å få. Kaja var roligere, men middels. Ivar så stille at jeg måtte trykke meg på magen for å se at han beveget seg. Jørgen var nesten som Knut.

Alle tre guttene var likevel noe som Kaja følte hun fikk slite med. De ryddet ikke som de skulle, de fulgte ikke alltid reglene og avtalene som var inngått om rydding, støvsuging og vask, om middag og oppvask. Hun ønsket nok ofte at foreldrene var der og kunne overta oppdragelsen av brødrene. Kaja følte ansvar og ble møtt med motstand og erting, av og til av en samlet gutteflokk: «Mini-Gro».

Kaja var samvittighetsfull, som jenter flest. Hun gjorde mer hjemme enn gutta – og ofte mer av det som ikke syntes og ble gjenstand for ros. Knut forhandlet seg fram til flest mulig middager. Det var prestisje – og rengjøringen av kjøkkenet ble det ofte så som så med. Hun kom en dag og viste meg en bok hun og venninnene leste og diskuterte: «Jentene gjør opprør.» Jeg kjente meg igjen og tenkte: Intet er nytt under solen.

Da Jørgen var åtte og Knut fjorten, var det blitt slutt på barnepikene. Kaja følte nok fra da av at *hun* var blitt det, uten at vi foreldrene på noen måte hadde forutsatt det. Jeg tror det er mange jenter som går inn i omsorgsrollen og ansvarsrollen på en slik måte. Mitt inntrykk er at gutta fornemmet det og utnyttet det, mer eller mindre bevisst. Et ikke ukjent fenomen også når det gjelder fullvoksne menn. Mamma kalte det mannfolkfrekkhet.

En lyslugget gutt

En dag stod en usikker lyslugget gutt foran meg på legekontoret på Ruseløkka. Jeg var skolelege, og nå hadde vi helsekontroll av sjuendeklassinger. Jeg hadde gått gjennom de opplysninger som var gitt på forhånd, som gutten selv hadde skrevet. Han svarte ja, at han av og til hadde hode- eller magesmerter, det hendte at han sov dårlig og han hadde iblant svie ved vannlatingen. Helsesøster hadde merket av at vi burde ta en grundig kontroll av urinen. Han var nervøs, det var tydelig.

Det tok litt tid før jeg fikk samtalen i gang, han holdt igjen. Etter hvert kom det fram at han var fylt av angst for at han kunne være alvorlig syk. Han våknet om natten, drivende våt av svette, og av og til hadde han tisset på seg, forklarte han, skrekkslagent hviskende.

Han var utrolig lettet da han gikk ut av mitt kontor en halv time senere. Vi hadde snakket rolig og grundig om puberteten, om hva som skjedde både med jenter og gutter i disse årene. Han hadde aldri snakket med sine foreldre om slikt – og de aldri med ham. De hadde aldri tatt opp slike spørsmål som dette. Han hadde ingen søsken. Han var ensom, redd og liten. Ingen voksen hadde noen gang forholdt seg til ham på den måten jeg nå gjorde.

Vi holdt kontakt av og til gjennom det året som fulgte. Han ble en gladere, tryggere gutt, fikk nye kamerater og trivdes bedre på skolen.

En jente og en mor

En annen episode jeg ikke glemmer, er møtet med en 13-årig jente. Skjemaet var denne gang utfylt av moren, ikke av jenta. Jeg merket meg det, men det hendte jo nå og da.

Da hun kom inn til meg til undersøkelsen, var moren med. Jeg stusset, dette var sjelden, i den alderen. Jeg hilste på begge, men begynte å snakke med eleven. Det var hun som var hovedperson. Hun svarte med enstavelsesord, var svært lukket og tilbakeholdende. Moren tok straks over. Hun gav svar på jentas vegne, mens jeg bevisst fortsatte å forsøke å få kontakt med jenta.

Så bestemte jeg meg for å ta tyren ved hornene. Jeg sa høflig, men uten omsvøp: «Jeg vil gjerne at Rita selv svarer. Det er henne dette gjelder.»

Moren ble både forbauset og snurt. Dette var hun ikke vant til. Hun var hovedpersonen. Hun var sjefen, hun var talerør – også for sin datter. Rita var enebarn, født av en mor som den gang ikke var helt ung. Hun hadde en del psykosomatiske symptomer, hodepine, magesmerter og en nervøsitet som kom til uttrykk i klassesituasjonen. Det var min umiddelbare tolkning når jeg så mor og datter sammen og hvordan de fungerte i forhold til hverandre, at her var noe grunnleggende galt. Det var helt uvanlig å oppleve en så dominerende mor.

Jeg tok opp de første trådene i dette i denne første samtalen – også med moren alene – etter at Rita var gått ut for å kle seg etter undersøkelsen. Jeg fikk henne med på at det kanskje var klokt å oppsøke hjelp hos en psykiater eller psykolog for å ta tak i noe av det som skapte såvidt tydelige nervøse symptomer hos datteren. Jeg fortalte henne hvor uvanlig det var at mor overtok styringen på denne måten og sa at jeg trodde det var klokt å tenke gjennom bakgrunnen for dette og bringe opp det hele i samtaler med spesialist.

Hun var innforstått med at datteren trengte hjelp, og medvirket til at jeg kunne skrive en henvisning til psykiater. Jeg skrev til en kollega jeg hadde hatt en viss kontakt med tidligere, beskrev hva jeg hadde opplevd mellom de to. Et år etter hørte jeg at hun virket friere og gladere blant kameratene, og at det gikk fint i fagene.

Mange år senere, kanskje 15 år etter den dagen på legekontoret med Rita og moren, kom en dame opp til meg i en mottakelse, tok meg i hånden og sa: Kjenner du meg igjen? Nei, måtte jeg innrømme, men kan du ikke hjelpe meg litt på vei? Hun fortalte om Gro, skolelegen. Om Rita. Om de mange år de hadde strevet og slitt for å overvinne konflikter, angst og hemninger. Både hun selv og datteren hadde hatt en lang vei å gå. Rita var senere blitt enda dårligere og hadde også vært innlagt for sine psykiske problemer.

Hun takket, med tårer i øynene. Rita var voksen nå, hadde det godt med seg selv, var frisk og arbeidsdyktig. Hun var blitt lege – hun også.

En solskinnshistorie. Alle er ikke det, men du verden hvordan det underbygger og overbeviser deg om at det nytter. Å være oppmerksom, var overfor symptomer og tidlige varselsignaler, være aktivt pågående når det gjelder å ta fatt i problemer tidlig. Det er viktig, og det er nødvendig.

Vi må engasjere oss i hverandre og forsøke å hjelpe. Det kan bare nytte gjennom en fellesskapsholdning i samfunnet. Vi er alle i samme båt. Alle kan trenge en hjelpende hånd, eller et puff. Vi må organisere vårt arbeid så vi når dem som trenger det – og i tide. Og hver enkelt må føle et personlig ansvar. Ånden og kulturen i det offentlige hjelpeapparatet, i skole, utdanning, barnehage og helsetjenesten må være gjennomsyret av dette. Du er til for å hjelpe, for å dele med deg av din kunnskap. Du må ta deg selv i bruk, engasjere deg og glemme alle tendenser til å gli inn i rutiner. Gi av deg selv – for intet kan erstatte innlevelse og personlig engasjement.

Beirut og Anita Gradin

Sommeren 1970 blir jeg oppringt av Lars Walløe og bedt om å representere Norge på et internasjonalt møte av International Planned Parenthood Federation i Beirut. Det skal være det siste møtet i sitt slag, der Europa og Asia møtes under én paraply. Organisasjonen skal deles i en europeisk og en asiatisk avdeling. Midtøsten er valgt for å markere broen mellom de to.

Jeg møter svenske Anita Gradin som er noen få år eldre og politiker fra det svenske arbeiderparti. Senere blir hun riksdagsmedlem, statsråd og leder av kvinnebevegelsen i partiet. I dag er hun Sveriges medlem i EU-kommisjonen.

Innholdet i møtet var spennende og viktig, helt i tråd med spørsmål som alltid har engasjert meg: Hvordan gi mulighet for å planlegge også kvinners og barns liv? Men i motsetning til mange senere erfaringer var jeg her i et miljø og i en del av verden der selve rammen om møtet gav like viktige og varige inntrykk.

Det pulserende livet i Beirut, før den første militære trefning i en by som skulle bli hjemsøkt i årrekker senere. Vi dro også ut på landsbygda i leiebil med sjåfør, Anita og jeg, og kom til byen Baalbek. Det ble lange samtaler disse dagene i Beirut, om Midtøsten, om nordisk kultur og sosialdemokrati, om kampen for kvinners likestilling – i våre egne land – og i verden. Det var en søster, sosialdemokrat som jeg, engasjert som jeg – og allerede i full virksomhet i det partipolitiske arbeidet i vårt naboland. Det var en inspirasjon.

Oppgjøret

Olav satte også stor pris på alle diskusjoner om politikk og samfunn, både med mamma og pappa, gjennom alle år. *Hun* har alltid fulgt nøye med gjennom aviser, radio og TV – og har brakt inn nyhetene i samtalene. *Han* var mer filosofisk og opptatt av de lange linjer, skrudde radioen ned eller av og ville føre samtale, ikke ta inn tilfeldige rapporter fra dagsaktuelle politiske saker og situasjoner.

Jeg er i det hele vokst opp i en sterk familiesammenheng. Den har preget meg. Men samtidig har det å utvikle selvstendighet vært sentrale verdier i oppdragelsen. Disse to sidene kunne av og til føre til konflikter, med sterke følelsesmessige reaksjoner.

Respekten for pappa ble enda klarere befestet da han en ettermiddag etter skoletid – jeg var vel i 12–13-årsalderen – ringte hjem og gav meg rett etter en kraftig konflikt som hadde utviklet seg mellom oss ved frokostbordet.

Ved ettertanke mente han at han ikke hadde lyttet skikkelig til hva jeg hadde på hjerte. Dermed hadde han brukt sin voksne autoritet til å overkjøre meg, og de meninger jeg hadde full rett til å ha, selv om de ikke var de samme som hans. Han ba om unnskyldning for sin opptreden, og vant min tillit mer enn noen gang tidligere. Saken var uviktig, jeg husker ikke hva vi var uenige om, men den holdningen han viste var helt avgjørende.

Vi kom opp i en liknende konflikt mange år senere. Barn nummer tre, Ivar, var tre år gammel, og året var 1968. Pappa og jeg hadde vårt siste «oppgjør», og hans autoritet som far og doktor ble stilt opp mot min, som mor og doktor.

Ivar hadde vært syk med feber. Nå hadde han «brennkopper» rundt munnen og var fortsatt tufs. Ved bordet skjøv han vekk en halv skive med ost som jeg hadde laget til ham, og pekte på syltetøyet. Jeg gav ham loff med syltetøy. Pappa eksploderte. «Hva i all verden er dette, Ivar? Du har jo allerede fått en annen skive!»

Da måtte jeg ta Ivar i forsvar. Det var *jeg* som hadde latt det skje, og jeg forsvarte min egen handling. Han hadde spist lite den siste uka. I dette tilfelle var kaloriene viktigere enn oppdragelsen, sa jeg. *Den* fikk jeg ta en annen gang.

Det oppgjøret markerte også slutten på at pappa var øverste autoritet i familien i alle saker. Fra nå av var det hele mer jevnbyrdig, og familielivet, det store, kunne fortsette i en fin og balansert atmosfære.

Pappa søker råd

Det er sen ettermiddag på kontoret. Pappa ringer. Denne gangen ønsker han et personlig råd. Nå går fristen ut på en søknad på helsedirektørstillingen. Skal han søke eller la det være. Det er 1973, under regjeringen Bratteli, og fortsatt er det et år til jeg blir medlem av regjeringen. Vi vet at Thorbjørn Mork, statssekretæren i Sosialdepartementet, vil være søker. Fredrik Mellbye, som er en annen aktuell kandidat, har gjort det klart overfor pappa at av de to vil pappa rangere sterkest på grunn av sin mangeårige statsrådserfaring. Det er mange som legger stor vekt på at han er villig til å ta denne stillingen. Jeg vet han vil bli en god helsedirektør, og sier: «Selvfølgelig skal du søke, pappa!» «Ja, men det blir strid om den saken, fordi også Thorbjørn Mork har søkt. Det er flere medlemmer i regjeringen som ønsker at jeg skal søke, men som har fortalt meg at jeg må regne med at det blir strid om avgjørelsen.» «Gjør det noe?» sier jeg. «Du må gjøre det som er riktig.»

Jeg tror regjeringen Bratteli traff den gale beslutningen med Trygve Bratteli selv som den avgjørende stemmen for Thorbjørn Mork. Andreas Cappelen hadde vært regjeringskollega med pappa i tidligere år, og hadde fulgt hans arbeid på nært hold. En som møtte ham på

Løvebakken i disse dagene forteller hva han svarte da han forsøkte å fritte ham ut på regjeringens syn på helsedirektør-stillingen. «Vet du hvem det blir som får jobben?» «Nei, men jeg vet hvem som burde få den.» Han var av dem som gikk inn for pappa som helsedirektør. Regjeringen var altså delt på midten.

Doktorgradsarbeid

Jeg sluttet som skolelege på Ruseløkka, der jeg selv hadde gått som barn. Veien gikk videre, til forskningspermisjon for å fortsette et arbeid jeg hadde satt i gang innenfor skolehelseadministrasjonen. Jeg var involvert i en omfattende undersøkelse av barns vekst og kjønnsmodning i de ulike delene av Oslo, en sammenligning over de siste mer enn 50 år. Vi hadde et unikt materiale også der.

Skoleoverlege Per Wøien hadde studert alder ved første menstruasjon hos jenter i Oslo-skolen i 1952. Nå var det 1970. Var det skjedd noen ytterligere senkning? I forskningslitteraturen antok de fleste at slik var det. Vi fikk et oppsiktsvekkende resultat. Menarche-alderen lå nå fast.

Sammen med venn og kollega Lars Walløe publiserte jeg en originalartikkel i det høyt ansette amerikanske tidsskriftet Nature med tittelen «Halt in the trend towards earlier maturation». Doktorgradsarbeidet var i gang. Med permisjon fra Helserådet fikk jeg NAVFs forskningsstipend og kontor på Rikshospitalet. Igjen satt jeg alene – med papirer, statistikk, data og skjermer. Flere artikler fulgte, og nye ble planlagt.

Men ved siden av forskningen var det én sak som hadde opptatt meg i flere år. En sak som vakte sterke følelser og skapte strid i mange leire i samfunnet.

Første møte med abortsaken

Blikket var tomt og fjernt. Hun var nærmest apatisk, den unge jenta som kom inn til 2. avd. på Ullevål utpå natten. Jeg hadde uketjeneste, min første på kirurgisk avdeling. Det var en trist historie. Hun var 19 år. Noen hadde hjulpet henne med å få blødning i gang. Hun var 11 uker gravid og innlagt til øyeblikkelig hjelp. Jeg følte at hun stengte seg inne, ville si svært lite. Likevel merket jeg at det lettet noe da jeg bøyde meg over henne og hun oppfattet at det var en ung kvinne som skulle undersøke henne.

Det var mitt første personlige møte med abortsaken. På denne tiden var det ingen sikkerhet for at en ung jente som henne ville få den hjelp hun trengte, hvis hun henvendte seg til en praktiserende lege eller en helsestasjon. Loven la opp til et samlet medisinsk skjønn, der også sosiale forhold kunne tillegges vekt. Men ingen kunne vite utfallet av en behandling av en søknad om abort.

Denne jenta hadde ikke forsøkt den utveien. Hun hadde liten selvtillitt, trodde ikke det ville nytte. Derfor valgte hun en farligere vei, en venninne som kjente noen, en som hadde en adresse.

Blant mine studievenner var det ulike syn, men de fleste av oss følte at denne situasjonen var uverdig, og at den var farlig. På denne tiden var det ikke så mye offentlig debatt om saken, men den skulle komme noen år senere. Vi studenter fikk nye impulser til store diskusjoner både gjennom det vi opplevde av pasienter og innleggelser, og det vi lærte om helse-, sosial- og trygdelovgivningen i faget sosialmedisin.

Både kravene om en strengere praksis og om kvinnens rett til selv å ta det endelige standpunkt ble reist utover på sekstitallet. På Arbeiderpartiets landsmøte i 1969 kom det et benkeforslag om at kvinnen selv måtte få avgjøre. Det ble vedtatt med stort flertall.

I abortnemnda

Kampen om abortloven startet. Jeg ble selv del av den, både som offentlig ansatt lege i Oslo Helseråd, gjennom arbeidet på helsestasjonen for mor og barn i Christies gate og som medlem av abortnemnda ved Aker Sykehus. Jeg *så* hvor umulig det var å leve med den lovgivning og praksis vi hadde.

Noe av det som gjorde aller sterkest inntrykk var at her, som på mange andre av livets områder, var det de som hadde minst krefter, pågangsmot og selvtillit som ikke greide å kjempe sin sak og sitt syn igjennom. Vi som satt i nemnda, to leger – var i virkeligheten en domstol. Vi avgjorde kvinnens og familiens sak. Jeg opplevde flere saker der min legekollega, gynekologen og overlegen på avdelingen sa nei. Det førte til ankesak etter det regelverket som gjaldt.

I flere av tilfellene støttet ankenemnda mitt syn. Etter et par år hadde jeg ikke gitt noe avslag. Jeg hadde ikke møtt noen konkret situasjon som gjorde at det føltes riktig å si til den det gjaldt: Du tar feil. Du må bære barnet fram, mot din og dine nærmestes overbevisning. Vi vet bedre.

For dem vi møtte, var mennesker som gjennom mange uker hadde gått gjennom en krise i livet, som hadde nølt og tvilt, søkt råd og støtte i en vanskelig prosess. Det skal mye til å ta en slik beslutning, og det skal mye til å møte alle de kritiske spørsmålene som følger med. Det viste seg at det var få tilfeller av ugjennomtenkte, uklare holdninger hos de kvinnene vi møtte.

For én ting var jeg alltid svært opptatt av: Ingen skulle gå gjennom et abortinngrep etter press fra andre, direkte eller indirekte. Vi skulle være den gravide kvinnes støtte og hjelp til å stå opp mot alle slike forsøk. Derfor hendte det at søknader ble trukket tilbake – der jeg selv hadde medvirket aktivt til en slik utgang på et vanskelig valg og en konfliktfylt situasjon.

Jeg engasjerte meg i den politiske debatten om abortloven. Sammen med kollega og nabo Berthold Grünfeld skrev jeg artikler som bygget på mine egne erfaringer. En artikkelserie i Arbeiderbladet fikk stor oppmerksomhet. Jeg skrev om de konkrete kvinneskjebnene, basert på mitt forslag til abortnemnda, anonymiserte, endret litt på bagateller, så de ikke skulle kunne gjenkjennes. Men bildet av virkeligheten var det som trengtes.

Debatten gikk jo ellers over hodet på de fleste. Den var ikke preget av de konkrete tilfellene og hverdagen ved sykehusene. Vi kom midt inn i en følelsesladet debatt, også mellom legekolleger i avisene og i fagtidsskrifter.

Kjempe kvinnenes sak

Jeg følte at det måtte være min plikt å kjempe kvinnenes sak. Det var stort sett menn som var «dommere» i abortnemndene. Resultatet av manglende eller mislykket prevensjon rammet kvinnene, ikke mennene. Var det mulig for noen å være «dommer» over andre, selvstendige og voksne individer? Vi visste jo at teknologien og mulighetene til å gjennomføre ulovlig abort var der. Ingen kunne hindre noen i å gjennomføre sin vilje. Men vi kunne hindre slike farlige situasjoner ved å legge til grunn at kvinnen selv til sist måtte ha det endelige ord.

Det var også et paradoks i hele denne diskusjonen at det ofte var en dobbel dagsorden blant dem som sterkest agiterte *mot* vårt syn: De var ofte også lunkne til – eller direkte imot – å gi alle muligheter til å beskytte seg gjennom prevensjon og familieplanlegging. Jeg hadde langt større sans for det syn at vi må gjøre alt vi kan for å hjelpe til å forebygge uønskede svangerskap. For også jeg hadde stor respekt for det syn at et spirende liv har krav på vern. Men jeg visste at samfunnet likevel ikke kan verne det, mot morens sterke overbevisning, vilje og ønske. Når et barn er kommet til verden, kan vi alle ta ansvar. Fosteret er totalt avhengig av mors kropp. Det er også avhengig av en mor som kan og vil verne det.

Jeg hadde vært fire ganger mor i disse kampårene. Jeg hadde opplevd hvor sterkt du blir preget av det som spirer i deg, hvordan din omsorg og konsentrasjon om det som skal skje, dominerer tanker og følelser. Jeg visste at jeg selv ville ha hatt store vansker med å gi det fra meg. Terskelen ville ha vært skyhøy for min egen del. Flere av barna kom på tidspunkter som ikke akkurat var så nøye planlagt, men gleden vokste for hver uke – lenge før den magiske grensen på tolv.

Å tenke seg en situasjon der det *ikke* er slik, og der hver dag bringer ny frykt og uro for fremtiden, var noe ganske annet. Mange av de kvinnene jeg møtte, opplevde det slik. Og jeg hadde ingen mulighet for å kunne fortelle dem at jeg eller andre kunne overta deres byrder – sorgen ved å være forlatt av en mann, å ha et sykt eller funksjonshemmet barn fra før, som tok all tid. Eller en mann som var alkoholiker og uten fast arbeid.

En kvinne vil jeg aldri glemme. Søknaden virket svakt begrunnet. Hun var gift, hadde et barn fra før, en pike på seks år. Det fremgikk av søknaden at hun «ikke orket et barn til».

Det virket merkelig. Hun var omkring tredve år, ingen sykdom eller annen belastning var anført, heller ikke noen spesielt vanskelig økonomi. Jeg ville bruke tid på samtalen med henne. *Var* dette vel overveiet? Ett barn? Ingen søsken? Var det noe annet som lå under, noe hun ikke hadde villet si?

Jeg prøvde å komme mer inn på henne. Her måtte det være noe spesielt. Kanskje kunne jeg bidra til at hun våget å satse på et nytt barn? Var ikke dette en sak der jeg burde være var for den faren at hun var under en eller annen form for ytre press?

Jeg spurte henne også om det første svangerskapet, hvordan hun hadde opplevd det, om fødselen og hvordan den var gått. Da rant det ut av henne. Det hele hadde vært et sammenhengende mareritt. Hun ville ikke ha det barnet heller. Hun hadde ikke fått innvilget abort, og så ble det for sent å ordne seg på annen måte. Hun hatet å gjennomgå graviditeten, hun kunne aldri tenke seg å føde en gang til. Men aller sterkest inntrykk gjorde det da blikket ble helt svart og hun sa om det barnet hun allerede hadde: «Jeg orker henne ikke. Det er ikke til å holde ut å være mor. Jeg ville ikke ha henne.»

Her var det sterke og dype psykiske konflikter. Vi var til slutt to den dagen som sa ja. Det var i en sak som på ingen måte pekte i den retningen, slik den så ut på papiret.

Gratis prevensjon?

Som ung lege på Helserådet i Oslo fikk jeg i oppdrag av Fredrik Mellbye å lage en innstilling om hvordan vi best kunne forebygge uønskede svangerskap. Et utvalg ble nedsatt. Vi gikk gjennom mange sider ved undervisningen i skolen, oppfølgingen av den, hvilke tilbud om opplæring de unge senere hadde.

Jeg tenker tilbake på ett av mine – og våre forslag: Jeg mente vi måtte gå inn for gratis prevensjon. Det var radikalt, men jeg mente det var den riktige konklusjonen på hele vår analyse. Vi ville forhindre abort og uønskede svangerskap. Det krevde kunnskap og muligheter for *alle* unge. Jeg visste jo at mennesker med en oppvekst som min og med foreldre som dem jeg hadde hatt, ikke hadde noe problem. *Vet* man, ja så kan man i stor grad selv velge hva man vil, og hvordan man ønsker å leve sitt liv. Jeg følte at det minste vi som samfunn kunne gjøre, var å la de mulighetene være for alle.

Det hendte også at jeg mer direkte og personlig praktiserte denne holdningen i min kontakt med ulykkelige pasienter. Jeg mente at Christiesgate helsestasjon, der jeg jobbet et års tid, måtte kunne stille gratis hjelp til disposisjon, der hvor det ingen penger var.

Jeg husker en ung kvinne som kom til oss. Hun hadde tatt sterkt mot til seg for å tørre. Da jeg hadde undersøkt henne, snakket med henne og gitt henne det rådet hun trengte, spurte hun: Hva koster dette på apoteket?

Det var ikke noe stort beløp, men hun sa: Da må jeg vente til neste uke.

Det var en fredag – og jeg tenkte: Nå må det ikke skje noe galt allerede i helgen. Jeg sa hun kunne få det hun trengte av meg. Senere tok jeg dette opp med ledende helsesøster. Vi måtte ha et lite pustehull, måtte kunne gi hjelp til enkelte som var vanskeligstilte. Nei, det kan vi ikke, var svaret. Det har vi aldri gjort før. Neivel, da bør vi endre den situasjonen, tenkte jeg – og sa jeg.

Så betalte jeg av mine egne penger, flere ganger i tiden som fulgte, for å minske risikoen for uønskede svangerskap hos jenter som kom for å få hjelp. Senere fikk vi til en liten åpning etter at jeg hadde gått over i ny stilling i Helserådet. Men de mest radikale tankene ble nok lagt til side.

Gå inn og bry oss

På andre områder der jeg fikk møte menneskers hverdag, var jeg langt mindre sikker på hva som ville være den beste politikken fra samfunnets side. I noen år før og etter 1970 var jeg lege en kveld hver uke på det som het «Hotell Gjennomtrekk». Det var Maarud-brakker oppstilt på området der Aker Brygge nå ligger. Hit kom menn uten bolig, eller menn som av andre grunner ikke hadde noen annen mulighet for å overnatte, få mat, varme og renhold. Mange var alkoholikere. Jeg gikk med glød inn i arbeidet med å kunne hjelpe folk ut av slike ulykkelige livssituasjoner. Her møtte jeg også voksne, eldre kvinner – offisersfruer som drev frivillig arbeid. Mennesker som ville hjelpe.

Vi var flere unge leger som ofte drøftet de problemene vi ble konfrontert med. Hvordan burde trygdesystemet utvikles? Burde ikke

Den førstefødte og en mor som smelter.

Nede til venstre: Min spøkefulle ektemann, før alvoret av og til innhentet ham!

Nede til høyre: Knut i hjemmelaget pulk av aluminium.

På besøk i Nittedal hos Einar Olsen. Vår folkevogn bak.

Over: På tur med nabofamilie i Boston, USA.

Til høyre: Avslutningsseremonien ved Harvard, juni 1965.

En nyfødt Ivar, desember 1965.

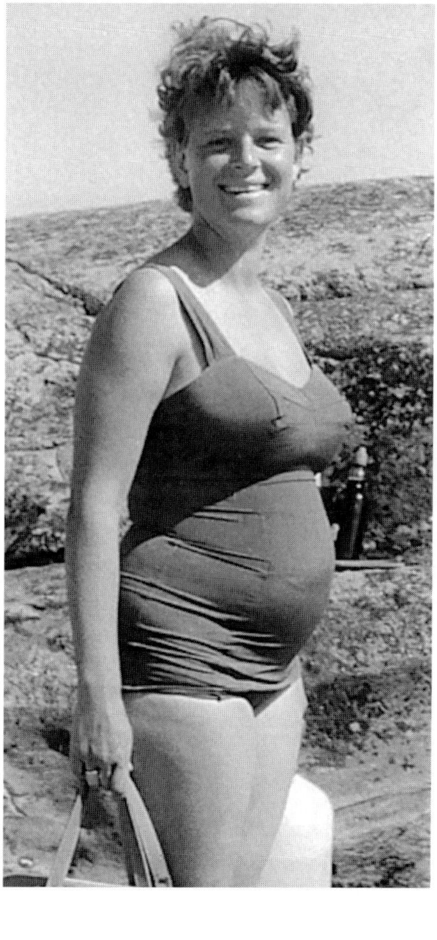

Over: Hjemme med alle fire. Yngstemann Jørgen har oppdaget noe spennende.

Til venstre: Holmetur på «Flatskjær», sensommeren 1965. Ivar i midten, foran!

Under: I Nordmarka, men hvor er Ivar? Er det han som tar bildet?

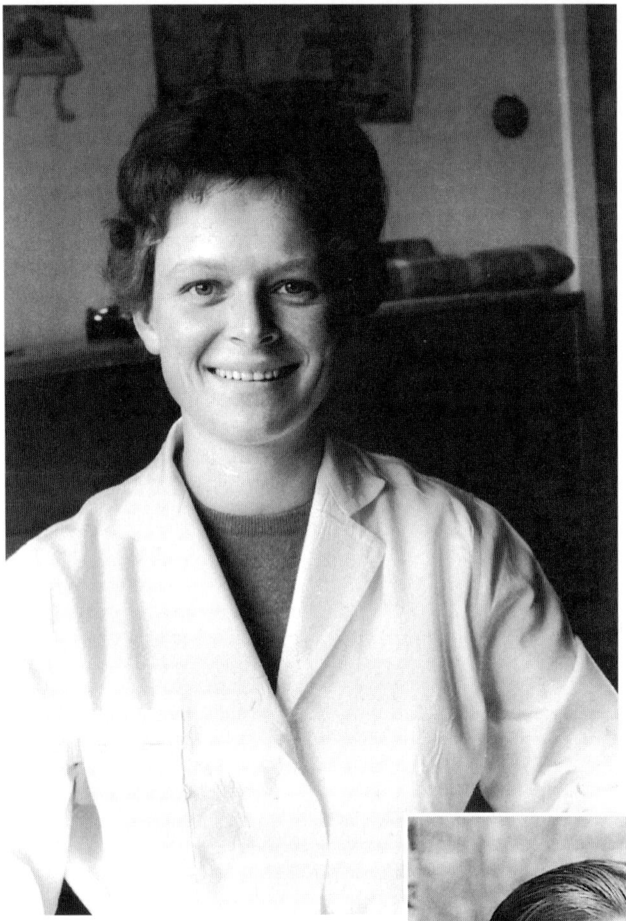

Over: Lege og firebarnsmor. (Scanfoto)

Til høyre: Fredrik Mellbye, min sjef både i Hygienekontoret ved Helsedirektoratet, og som stadsfysikus og leder av Oslo Helseråd. (Scanfoto)

Til høyre: Knut i blomsterfloret på søndre Søster, med Hvalerøyene bak.

Nede til høyre: Liten pike med prestekrager. Kaja på Søster.

Nede til venstre: Ivar og Jørgen ved Lordehytta, Folarskardet, Hallingskarvet 1972. Vi takker bergenseren som tok dette for oss historiske bilde!

Alle er velkomne på Helleskilen. Bror Erik øverst til høyre, så Olav, bror Lars og kone Annichen med Maren. Eriks kone Hanne med sønnen Gudmund til høyre for pappa. Mamma ved min side. Barna: Kaja med Snoopy lengst til høyre, så Knut, min lillesøster Hanne, Jørgen, Cathrine (Eriks datter), Ivar og Christian, sønnen til Lars.

Til høyre: Kaja var trofast i skolekorpset.

alle mennesker ha rett til minstelønn? Jeg husker at senere professor Per Sundby var blant dem som gikk inn for dette. Jeg nølte. Selv om jeg var yngre og mindre erfaren enn ham, kunne jeg ikke uten videre kjøpe den tanken.

Det som trengtes, var menneskers hjelp og oppfølging, ikke penger til å drikke for. Det var det å bli hjulpet i gang, komme i virksomhet, gjenreise verdigheten, som var det sentrale for dem som var rammet. Postanvisninger med penger kunne ikke være svaret. Ville ikke en slik ordning bli falsk hjelp? Ville vi ikke «betale oss fri» som samfunn? Dessuten – og kanskje like viktig: Vi *måtte* tenke på hvordan en slik løsning kunne øke antallet unge som kom inn i en tilsvarende livssituasjon.

Per Sundby holdt fast på at den tankegangen jeg gav uttrykk for, ikke var holdbar. Vi måtte tenke på den beste løsningen for dem som allerede var kommet i en slik livssituasjon. Det kunne da ikke være noe stort problem det jeg var så opptatt av!

Gjennom årene ble jeg bare sikrere i min grunnleggende analyse. I slike spørsmål *måtte* vi tenke forebyggende. Vi *måtte* også vurdere de langsiktige virkningene av de politiske løsningene vi valgte. Det signalet til unge på skråplanet at de kunne få trygd for å fortsette, var ingen god idé.

I årene etter at jeg ble politiker på heltid, har jeg en rekke ganger stått overfor disse avveiningene. Jeg er like sikker i dag som den gangen: det er arbeidslinjen, tjenestelinjen, mennesker som bryr seg om og som støtter den det gjelder, som er den riktige kursen og løsningen.

Som skolelege hadde jeg møtt mange unge fra vanskeligstilte hjem som hadde store problemer å stri med. Det var det samme der. Vi måtte gå inn og bry oss.

En dag stod jeg overfor en 15-åring som var blitt gravid. Hun var to og en halv måned på vei. Hun bodde i Welhavens gate, hadde mange søsken og et alkoholisert hjem. Hun hadde vært i kontakt med sosialkontoret som hadde anbefalt svangerskapsavbrudd, ung som hun var. Så var noe skjedd. Jenta ville ikke, hun hadde ombestemt seg. Slike ting måtte vi jo ta alvorlig og respektere. Hun måtte i så fall få god hjelp og støtte.

Men jeg undret meg. Var det noen som presset henne? Hun fortalte meg til slutt at nei, det var ikke det. Men hun ville bort hjemmefra.

Hvis hun fikk barnet, fikk hun hjelp under svangerskapet og hjelp til leilighet senere. Hun ville få egne penger, så hun selv kunne kjøpe klær, røyk og reise med trikken. Hun sa hun hadde fått vite at hun ville få morstrygd.

Det er mye man kan si om denne skjebnen og situasjonen. Jeg fikk iallfall enda et eksempel på at de ordninger vi innfører, virker inn på menneskers valg av fremtid. Det kom til slutt fram av samtalen at hun rett og slett hadde gått inn for å bli gravid, fordi hun ville få egne penger og komme seg bort hjemmefra. Det burde ha vært mulig for oss som samfunn å gi jenta et bedre alternativ enn å velge morsrollen som 15-åring!

En krone til bussen hjem

Påsken på Geilo, på hytta til Olavs foreldre opp mot Skurdalen, ble tradisjon fra Ivar og Jørgen var helt små.

Jeg var opptatt av at *vi* skulle gå på ski, selv med små barn. Det ble skikjelke, noen ganger en nedi og en sittende oppå. Senere skitrekk, tau med karabinkrok. Det kalte vi skiheis. Fra fire år av går det bra.

Hver morgen tidlig opp. Vær og føre må utnyttes. Lyset også. Vi drar av gårde oftest før klokka 9. Det går buss fra Geilo vestover. Da kan vi gå turen tilbake over fjellet, sør eller nord for Bergensbanen. Da blir målet greit og klart: hjem til hytta. Og turen blir skikkelig, ikke noe mas om at vi skal snu. Det var fine påsker, vi kom nytrente og uthvilte hjem.

Hvis det da ikke ble for mye lek og bråk i bilen. Fire barn i baksetet hjem var ikke alltid så enkelt. Knut og Kaja ble oftest «levert» torsdag eller fredag i påskeuka, da skulle mine foreldre til Helleskilen og møte våren.

Det ble virkelig ille en slik hjemfart fra fjellet. Knut som var eldst fikk bære ansvaret. Han var 10-11 år. Jeg ba til slutt Olav stoppe, rett ved Gaustad stasjon. Slutter dere ikke nå, får Knut gå av, hadde jeg erklært. Som sagt, så gjort. «Du får ta trikken ned til Majorstua og så bussen hjem.»

Det var like vondt som da jeg hørte ham gråte etter melk som ettåring.

Han hadde fortsatt sjansen til å si at det ville bli slutt på tøyset. Han tok det kronestykket jeg rakte ham, gikk taus bort til stasjonen. De tre andre hylte. *Knut!*

Jeg var urolig til han var vel hjemme. Ingen glemte episoden, ingen av oss seks. Det var også meningen.

Påsketur – og oljekrise

Av alle påskene står påsken i 1972 sterkest i minnet. Olav og jeg var begge tidlig i tredveårene, i god form og vant til lange turer hele vinteren. Knut og Kaja var med pappa og mamma på hytte-til-hytte-tur i Jotunheimen. Hvordan skulle vi finne et brukbart opplegg, så vi fikk brukt oss og virkelig prøvd skigleden på fjellet? Vi måtte trekke fire-åringen Jørgen og seks-åringen Ivar etter oss så det iallfall kunne bli noen kilometer hver dag, tenkte vi. På Mylla hadde vi ofte glede av at en annen voksen – helst mamma! tok en kortere tur senere på dagen, så vi og de eldste barna kunne løpe ut etter frokost. Nå var det bare vi fire. Vi måtte finne på noe!

Det ble ikke kilometer, men mil! Vi trodde ikke våre egne øyne. Tempoet avgjorde vi, for dette dreide seg om hvor langt vi (oftest jeg) orket å holde farten oppe. Ungene stod på. De pratet og lo mens vi dro. Jeg hadde fryktet at koordineringen og utholdenheten hos den minste ville bli minusfaktoren.

Den første dagen dro vi oppover mot Ustetind, det er en 12 km tur fra hytta. Vi kom fram. Trekkplasteret – Ustetind-hytta med brus og lefse – holdt spiriten oppe. Ivar og Jørgen hadde karabinkrok i enden av slepetauet som de selv kunne ta av og sette på en ring som var festet i beltet. Var det fallende terreng, var det av med kroken. Gøy å stå nedoverbakke.

Det mest interessante av alt: Erfaringen viste oss at den frykt vi hadde for at dette opplegget skulle forsinke guttenes egne skiferdigheter, ble gjort til skamme. Jeg har aldri sett en slik utvikling på ni dager. Motet steg, og humøret holdt hos alle fire. Vi konkurrerte med oss selv. Lengre turer og enda større dristigheter i tilslaget for hver dag.

Vi tok tidlig morgenbuss til Haugastøl, gikk sørover og opp på Monsbunut, derfra østover mot Tuvaseter – og hjem til Geilo. Værmeldingen var ganske dårlig, med frisk bris til liten kuling. Jeg pleide å legge turene etter vindretningen. Det skulle bli vestlig, derfor Haugastøl. Heldigvis gikk vi alltid med sekk, kart og kompass. Det kom godt med for tåka ble tett og vinden økte på. Det ble ganske utrivelig etter hvert.

Vi tenkte nok begge at vi kanskje nå var blitt mer enn dristige i vår glede over denne påskens utrolige erfaringer sammen med så små barn. Vi ville holde oss til den kvistede løypa, måtte stå og rope til hverandre for å være sikre på å finne neste. Vi trakk hver vår sønn, og de hjalp til i de verste kneikene ved å sette fiskeben oppover – som vi. Fra toppen og østover mot Tuva røk det utfor. Om tåka stod rundt oss, så var heldigvis terrenget snilt og mykt fallende. Vi måtte konsentrere oss om å holde nærkontakt med hver vår, jeg med Jørgen, Olav med Ivar – så de ikke skulle bli borte for oss i tåkehavet der de strålende hektet av karabinkrokene og satte utfor.

Vi fikk godt betalt for strevet. Dagen og himmelen sprakk åpen, vidda kom til sin rett. I løpet av det neste kvarteret var all uro som blåst vekk sammen med tåka. Den dagen glemmer vi ikke.

Erfaringene skulle åpne nye muligheter. Året etter kom oljekrisen. Jens Evensen satt i lusekofte på fjernsynet og tegnet og fortalte om rasjoneringskort og strenge tiltak, som helgeforbud mot bilkjøring. Det ble ikke bare fredelige biltomme gater og mang en gjenopplevd glede i de ukene dette varte. Det oppstod nye. Fantasien ble tatt i bruk.

Vår vane i vintermånedene var jo Mylla, helst hver eneste helg. Hva skulle vi gjøre nå? Ta toget og så komme oss fram derfra? Da ville jo dagene i stor grad gå med til hele den operasjonen. Nei, vi ville prøve å gå fra byen og opp til Hadeland – alle seks.

Barna syntes det var litt spennende, de ble med på eventyret om å gå helt fram. Ivar og Jørgen med løfte om skitrekk ved behov. Flere helger på rad fikk vi fine opplevelser og vi voksne fikk god trening. Lørdag opp. Søndag ned.

Følelsen av frihet, følelsen av å mestre – også uten bil – var helt spesiell. Det ble et ski-kick for hele familien. Og etter de turene ble det en sjeldenhet at de to minste ønsket noen hjelp i løypa. De var blitt proffe, gikk i bra tempo og fulgte i kjølvannet av de to eldste i løypene.

I familien har vi ofte takket for bensinkrisen, for det pågangsmotet, den selvhjulpenheten og fantasien som den utløste.

KAPITTEL VI

Den nye miljøvernministeren

Vi hadde avtalt møte den 31. august 1974 i Helserådet. Jeg skulle til min sjef Fredrik Mellbye. Da kom det beskjed: Statsministeren ber deg komme på hans kontor kl. 12.

Fredrik fikk vite det, for vi måtte jo endre vår avtale. Han har senere sagt at han straks skjønte hva det var. *Jeg* skjønte det ikke – tenkte det kunne ha noe med abortsaken å gjøre.

På forværelset på statsministerens kontor blir jeg møtt med et vennlig smil: Værsågod, statsministeren venter deg.

Trygve Bratteli ber meg sitte ned. Det er mange år siden jeg sist hadde sett ham. Det var i Stortinget, på besøk hos mamma.

«Jeg vil be deg gå inn i regjeringen.»

Det kom som en bombe.

«Du må ta ansvar for Miljøverndepartementet.»

«Det hadde kanskje vært lettere om det var Sosial-,» sa jeg.

«Nei den saken er avgjort. Dit skal Tor Halvorsen. Det er heller ikke så sikkert at det beste er å drive politikk på eget fagfelt.»

Det var to telefoner jeg straks tok. Jeg ringte til Olav og pappa.

Begge gav meg det råd å si ja. Jeg hadde bare noen timer på meg. Overfor dem begge var jeg opptatt av to ting. Klarer jeg det? Klarer Olav og jeg å ta oss skikkelig av våre fire barn?

Det siste var det viktigste tema i telefonen med Olav, som var på NUPI. Jeg husker at jeg hadde i tankene – helt bevisst – at dette ville bety at jeg måtte dele, eller kanskje gi fra meg, rollen som nummer én i barnas liv.

Vi var et moderne ektepar – i likestillingens og nyfeminismens tidsånd. Olav var bedre enn mange, også da vi to møttes. Begge hans foreldre var yrkesaktive, lektorer på samme skole i Drammen.

Så Olav forstod og godtok mine krav i vårt samliv. Her var vi like. Arbeidet måtte vi dele – også i hjemmet. Men hvordan utviklet det seg i praksis?

Jeg hadde de sterkeste meningene. Holdningene til hva man gjorde, hva man spiste og hva som var fornuftig og riktig ble først og fremst preget av meg. Jeg var ikke bare mor, men også lege. Det var jeg som planla, drev og administrerte hverdag og familie. Jeg beklaget meg ikke. Det føltes nok mest naturlig for oss begge.

Den dagen i telefonen med Olav var jeg klar over at noe nytt stod foran oss, en reell likedeling av dette ansvaret, noe jeg intuitivt hadde et nølende forhold til. Men det jeg sa var: Er du villig til å ta en større del av ansvaret for barna?

Vi snakket om hvordan det hadde vært. Det var ingen uenighet om den analysen. Men Olav var en skarp iakttager. Han sikret seg, var kjapp nok til å presentere et krav der og da. «*Da skal det skje på min måte.*»

Øyeblikkelig fattet jeg hvor mye som lå i det. Jeg kunne ikke lenger regne med at det ville være meg som var sjefen. Nå skulle vi være mer likestilt – i beste fall. Det var tøft. Jeg kunne ikke lenger lede gjennom planlegging og tilrettelegging.

Gode råd

Så var det pappa. Han sa ja, det klarer du. Ta utfordringen. Jeg tror ikke det var i den samme samtalen, men før det hele brøt løs, gav han meg noen få råd, da jeg spurte.

Det ene handlet om forholdet til Stortinget: «Husk at du der ikke skal si mer enn du selv vil og kan stå inne for. Du har rett til å tie stille. Mange har brent seg på å si for mye, for tidlig, og uten å ha kunnet sjekke et saksforhold nøye nok.»

Det andre dreide seg om forholdet til de ansatte i departementet: «Husk at alt du legger til side av notater og utkast som sendes inn til deg, i påvente av bedre tid til å kunne reagere, betyr at flere andre sitter og venter – på deg. Tid går tapt og effektiviteten i departementets samlede innsats rammes.»

Det var viktige råd å ha med seg. Jeg har gitt dem videre til kolleger og medarbeidere i årene som fulgte, helt fram til i dag.

Ønsket om å holde rent bord bidro nok også til at jeg helst hver dag prøvde å sikre meg at ingen unødig måtte vente på signaler fra meg. To-tre timer hver ettermiddag eller kveld, måtte til for å holde hodet over vannet – som arbeidsleder og politisk sjef.

Det tredje rådet var ikke mindre viktig: «Sørg for å ha politiske medspillere, slik at du trekker flere inn i resonnementene. Du trenger flere som kan dra sammen i vanskelige saker.»

Og slik har jeg arbeidet – og inspirert andre til å arbeide.

Jeg husker godt hva Trygve Bratteli sa, den dagen på hans kontor. Jeg følte at det ikke var mye rom for å sløse med tid. Han hadde sagt sitt. Jeg hadde fått mitt å tenke på, og klar melding om at selvsagt måtte jeg få tid til å overveie det, men bare noen timer. Svaret måtte han ha samme kveld.

Jeg ønsket likevel å få hans svar på et viktig spørsmål: Hvordan skal man forholde seg til de embetsmenn og andre medarbeidere som kanskje har et helt annet politisk syn? Er det ikke vanskelig å håndtere disse grenselinjene mellom politikk, embetsverk og forvaltning?

«Nei,» sa Trygve Bratteli. «Min erfaring er at det er enkelt. Oppfør deg overfor alle som fortrolig og nær medspiller i et felles arbeidslag. Det blir satt pris på. Vær deg selv, gi uttrykk for det du mener og ønsker.»

Jeg har aldri brent meg på dét. Det var en viktig erfaring og grunnholdning å gå inn i et departement med. Og slik ble det, i Miljøverndepartementet.

Et drivende team

Det ble en utrolig tid, med inspirerende oppgaver, med flinke og engasjerte folk. Vi ble et drivende team sammen. Og feltet mitt – miljøpolitikken – ble brakt inn i sentrum av politikken. Det var tverrfaglig, det var langsiktig, det var vitenskapelig basert, det spente over biologi, fysikk, økologi, økonomi. Det var fremtidsrettet, det krevde nytenkning og nybrottsarbeid. Det krevde debatt, engasjement og politisk bevisstgjøring. Det brakte oss straks inn også i de internasjonale perspektivene, for det var på den internasjonale arena at mange av oppgavene måtte løses.

Som statsråd kastes du loddrett inn i rollen. Ja, det går ikke mange timene eller dagene før du *er* rollen. Den fyller deg med respekt for det ansvar du skal forvalte.

Min første dag med statsrådsansvar hadde jeg med meg noen saker som Tor Halvorsen hadde forberedt og signert. De hadde passert forberedende statsråd med ham som miljøvernminister. Han gav meg papirene og sa. «Dette behøver du ikke å gå inn i. Her er alt godt forberedt og har vært gjennom en grundig prosess.»

Det var forskrifter til lov om kloakkavgifter. Jeg husker jeg ble urolig, likte ikke å få ansvaret for å klubbe igjennom noe jeg selv ikke kjente. Men det ville vel også være en desavuering av og et uttrykk for manglende tillit til Tor Halvorsen, den kommende sosialministeren, om jeg gjorde noe annet enn å ta imot. Jeg fikk se hvor mye jeg kunne rekke å lese og lære til dagen etter.

Det er underlig å tenke på denne hendelsen. Ikke bare fordi det var min aller første sak som statsråd. Ikke bare fordi kong Olav stilte et spørsmål om den i statsråd på Slottet den dagen, og jeg kunne prise meg lykkelig for å ha valgt å lese på leksen.

Mange ganger i årene som fulgte hadde jeg harde runder, blant andre med Oslo Arbeiderparti og Oslo kommune ved kommunalråd Eldrid Nordbø – min senere statssekretær og statsråd – om disse forskriftene, om loven og om lovens tolkning. Oslo kommunes sosialdemokrater ville ikke uten videre akseptere at forurenseren skal betale, selv om det var vedtatt som hovedprinsipp i lovverket. De mente man burde gradere kostnadene etter inntekt. Jeg måtte stå på lovens realiteter, selv om jeg hadde sympati for Eldrids sosiale engasjement. Etter loven var det heller ikke tillatt å ta mer i vann- og kloakkavgift enn hva det reelt sett kostet å utføre tjenestene. Den kunne altså ikke brukes som en allmen, kommunal inntekt for å dekke andre viktige oppgaver. Heller ikke dét likte alle kommunepolitikerne.

Denne aller første erfaring har et sentralt innhold. Den evige debatten om lovgivning, regler og fordeling av ansvar mellom stat og kommune er mye av det som preger hverdag og virke i den politiske styring av samfunnet.

Utrolig tålmodige utrolig lenge

Det ble litt av en start for den ferske statsråden. Få dager etter at jeg var utnevnt, var det et stort demonstrasjonsmøte om abortsaken på Universitetsplassen. Jeg var bedt om å tale. Jeg husker jeg stod mellom søylene i inngangen til Aulaen, med et hav av kvinner (og menn) foran meg. Jeg talte fra hjertet. Rett på sak. Jeg var indignert og opprørt over de argumentene som ble brukt av noen av mine legekolleger i den offentlige debatten.

Senere samme kveld var det et stort møte i Samfunnssalen. Igjen ble jeg bedt om å tale. Der var Trygve Bratteli også til stede, og dagen etter bad han meg om å delta i stortingsdebatten om den nye «familiemeldingen». Jeg snakket nok annerledes – med den erfaring jeg hadde som lege og det engasjementet det hadde medført og styrket gjennom årene. Min overbevisning og indignasjon bar ordene fram. Slik ble det også under selve stortingsdebatten.

Debatten virket sterkt, på meg og på andre. Jeg satt og hørte på en rekke talere, og tenkte mitt. Her var sentrale erfaringer om kvinners og familiers mange ulike livssituasjoner og skjebner glemt av mange talere. En rekke innlegg var unyanserte, for å si det mildt. Jeg måtte skape motvekt, komme inn med det jeg hadde sett og det jeg visste, så ikke de legene som ble brukt som sannhetsvitner i den offentlige debatten skulle bli stående uimotsagt.

Innlegget avsluttet jeg slik: «Vi kan ikke se bort fra at en lov som gir kvinnene det avgjørende ord, samtidig er en lov som fratar legene tilvant og innarbeidet myndighet. Det er ikke vanskelig å se at dette ikke nødvendigvis har med selve det prinsipielle i abortlovgivningen å gjøre.

Jeg har fått det inntrykk gjennom kontakt med en rekke mannlige kolleger at oppfatningen av egen rolle som den allvitende, den dominerende og bestemmende stikker dypt. Vi skal være oppmerksom på at det er uhyre få kvinner som har fått erfare hva det vil si å være øvrighetsperson – å være gitt nemndautoritet.

Vi leger er betrodd en umulig oppgave i den nåværende lov. Vi betros mer enn vi har kompetanse og dekning for når vi skal gjøre oss til dommere over et annet menneskes liv og fremtid. Jeg og mange med meg har følt det som en umulig situasjon å bli gitt slik domsmyndighet. Det er i strid med legens sentrale rolle i et lege/pasientforhold.

De tross alt mange av oss leger som har tatt konsekvensen av dette, har gjort det ut fra en dyp overbevisning om at vi begår overgrep mot andre menneskers integritet og selvaktelse.

Vi har fått oppleve hvordan kolleger kan ha fullstendig motstridende oppfatninger av de livsforhold og problemstillinger vi blir vitne til daglig i abortnemnda i den enkelte sak. Det er umulig å komme fram til ensartet saksbehandling og definerte indikasjoner. Det tror jeg de aller fleste nemndmedlemmer er klar over.

Det blir aldri likhet eller renslighet i disse sakene så lenge leger eller andre skal frata kvinnene det ansvar som i virkeligheten ikke er mulig å dele med andre. Kvinner har vært utrolig tålmodige utrolig lenge i vårt land.»

Dagen etter skrev Arne Skouen i Dagbladet under overskriften: «Hun kastet skautet.» Ja, jeg gjorde nok det. Guttorm Hansen skriver i en av sine bøker om den unge statsråden som smalt pennen sin i talerstolen. Menneskelig engasjement er en viktig kapital i politikken. Jeg lærte den gangen at det kan være uhyre kraftfullt og effektivt, når budskapet kommer fra hjertet og fra praktisk innsikt. Jeg merket også at balansegangen er krevende. Du blir helt hos mange, men jammen får du fiender også.

Den lavmælte, milde, runde og snille er ingen fare for noen og blir vennlig omtalt av alle. Det er ikke alltid slik at det har sterkest virkning, hvis det er forandring du er ute etter!

Frimodig og åpenhjertig

I et av startintervjuene i Vårt Land, legger jeg merke til hvor uberørt frimodige holdningene kan være når man er helt ny. Fresk i svarene, flere steder. Partikollegene i avisen Sørlandet er ikke særlig vennlige mot utnevnelsen, spør Vårt Land.

Jeg slår tilbake: Her gis uttrykk for følgende holdning: «Stakkars det departement som blir belastet med regjeringens kvinne.» En skremmende holdning som jeg nå trodde at vi var på vei vekk fra. Tenk på de kvinnene som leser dette!

«Og så fra ens egne da!» fortsetter journalisten. «De må da få gi uttrykk for sine holdninger, selv om utgangspunktet er skjevt. Det er høyt under taket i mitt parti.» Ung, optimistisk, med tro på partiet, landet og fremtiden! Men, forsiktig likevel: Statsråden har sikkert gjort seg opp en mening om hvem som skal bli ny partiformann? «Nei, det har jeg for lite grunnlag til å uttale meg om.»

I et litt senere intervju med Sissel Benneche Osvold blir jeg i dag slått av hvor åpenhjertig og personlig jeg uttaler meg. Journalisten har laget et lite knippe av mer eller mindre provoserende spørsmål. Jeg svarer direkte og er ikke særlig redd for at noen ikke vil like mine svar. Jeg er ikke mye preget av hva som vil være «politisk korrekt».

Vi satt på Blom, ved bordet rett inn til høyre ved veggen. Der var også Gösta Hammarlund, den kjente Dagblad-tegneren. Jeg var trygg og snakket åpent ut om den unge familien og rollefordelingen hjemme, fortalte om Olav som strøk bluser og hjalp til det han kunne. Hammarlund satt stille og gjorde sitt, helt utenfor samtalen mellom oss unge jentene. Så klarte han ikke å holde seg lenger. Han ser opp og sukker tungt: «Stakkars mann.»

Sissel Benneche Osvold presenterer først for leserne denne «skarp som lynet», kontante, og «faglig respekterte legen med etterutdanning fra Harvard. Pålitelige kilder kan berolige med at hun er stappfull av energi, grundig, ganske lukket av natur, artikulert, reflektert, selvbevisst og ikke så lite prektig.»

I intervjuet fyrer hun løs: «Er det så at det norske folk har fått en nyfeminist i regjeringen?

Kort pause. Brundtland lot sindig kniv og gaffel synke. Satte to trivelige blå øyne i en mens hun smilte over hele kroppen og sa at jo, det stemte nok. Jeg ble nokså seint klar over hvordan det stod til med kvinnens stilling. Var vel tidligere av den oppfatning at dersom kvinnene bare var dyktige nok kunne de saktens konkurrere på linje med mannen. Hjemme fikk jeg og mine brødre samme oppdragelsen. Jeg var vant til ikke å stille meg bakerst i køen bare fordi jeg var jente. Skaffet meg en skikkelig utdannelse og giftet meg med en mann som var vant til å vaske huset på lørdagene fordi begge hans foreldre jobbet. Jeg har sluppet kampen for likestilling hjemme og har klart å hevde meg faglig i et mannsdominert legemiljø. Kanskje nettopp derfor var jeg lenge blind for mange andre kvinners situasjon.

Så skjedde det noe. Jeg var ansatt i Helsedirektoratet og fikk besøk av Elisabeth Helsing som ville lage en ammebrosjyre. Det var på et tidspunkt da helsestasjonene var fulle av gode råd om hvor viktig det var å sterilisere flasker og lage riktige melkeblandinger til spedbarna. En opplysningskampanje om hvor viktig det var at mødre ammet sine barn istedet, syntes jeg var av stor betydning for helsemyndighetene og gikk fullstendig inn for oppgaven. Og opplevde at mine mannlige kolleger lo av meg! På den måten fikk jeg anskueliggjort at menn og kvinner synes forskjellige ting er viktige. Et avgjort argument for at kvinner må være representert der beslutninger tas, mennene kan de ikke alltid stole på.»

Jeg forteller også om mine erfaringer fra helsestasjon og abortnemnd, om kvinner som må spare på husholdningsbudsjettet for å få penger til prevensjonsmidler. De var helt avhengige av sin mann økonomisk.

Så kommer en ironisk snert fra journalisten: «Kan vi kanskje melde at interesserte som ønsker miljøvernministeren med i gruppa, kan henvende seg til statsrådens kontor? Bill. mrk. 'Skoleflink med stor selvtillit'. Er De ikke redd det blir nokså tomt i postkassa?»

Du må holde maska i en slik situasjon. Denne type spydigheter må man raskt lære seg å motta med stor ro og med et smil – helst ikke la seg merke med at man opplever det negativt. Hva sier jeg så til journalisten? «Jeg er ikke så selvsikker. Jeg ble faktisk over 30 år før jeg turde gripe ordet i større forsamlinger, der jeg ikke var forpliktet til å holde innlegg i embets medfør.»

Det hørtes sikkert overraskende ut for journalisten, men det kom da i alle fall på trykk.

Statsministerens kontor

Mitt første møte med Statsministerens kontor er preget i minnet som et møte med Trygve Bratteli. Mennesket, personligheten, de mørke, faste øynene. Mannen med få ord. En klok og sindig mann, i et stort rom. Sofaen han satt i, stolen vis-à-vis som jeg ble budt. Samtalens knappe og overraskende innhold.

Ved dette kontoret konsentreres tilretteleggingen av regjeringens arbeid.

Statsministeren har statssekretærer til hjelp med den store samordningsoppgaven som ligger til rollen. Den gangen var det to menn, Oluf Fuglerud, som stelte med informasjon, og Kjell Kristensen, som tidligere hadde vært leder for Arbeiderpartiets gruppesekretariat i Stortinget. Jeg kjente Kjell fra stortingsgruppa der mamma hadde jobbet som sekretær siden tidlig i 1950-årene.

For en ny, ung og uerfaren statsråd var Kjell en hjelp både i praktiske spørsmål og fordi han av og til kunne gi meg noen små tips også om saker som kunne bli politisk vanskelige. Kjell kjente alle, i partiet, gruppa og på Stortinget, og han kjente alle i den politiske ledelse i de ulike departementene. Jeg tror han gav gode råd, ikke bare til statsministrene Bratteli og Odvar Nordli, men også til statsråder, statssekretærer og stortingsrepresentanter i det mylderet av saker som vi alle var delaktige i.

Regjeringskollegiet er et felleslag. En ny ønskes hjertelig velkommen og føler seg velkommen. Slik opplevde jeg det, og slik tror jeg andre har erfart det.

Kongens dør

Det første møtet i regjeringen for en ny statsråd blir gjerne på Slottet. Du går opp trappen til venstre i slottsporten, der sjåføren fra regjeringens biltjeneste setter deg av. Garderobe, en bred korridor, med inngang til forrommet, der regjeringens medlemmer venter. Der står vi sammen med den embetsmann fra Statsministerens kontor som har ansvaret for saksdokumentene fra forberedende statsråd dagen før, og hans sekretær. Et smil, en prat, en kommentar til dagens presseoppslag eller fra et stortingsmøte man nettopp har forlatt for å rekke statsråd.

To minutter på. Nå må vi nok gå inn i statsrådssalen. Vi stiller i rekke, hver foran sin egen plass og stol, med ryggen til vinduene, og med ansiktet vendt mot Kongens dør.

Messinghåndtaket, lite og alltid nypusset, vris nedover. Kongen kommer inn, hilser på hver enkelt rundt det lange bordet. Jeg startet nederst på venstre langside, sett med Kongens øyne. Da Einar Magnussen ble handelsminister tre uker senere, rykket jeg opp, det vi si over til høyre side, nederst ved bordet. For her er det tradisjon og orden.

Statsministeren øverst på Kongens høyre side, utenriksministeren øverst på venstre side. Deretter går det etter ansiennitet, med nummer to på høyre side ett hakk over nummer to på venstre. Disse tingene blir fort rutine. Det gir faktisk en viss trygghet å vite hvor man rent fysisk skal finne sin plass. Tilsvarende er det når Stortinget åpnes om høsten: Oppstilling på visepresidentens kontor i riktig rekkefølge. Kongen som hilser på hver enkelt. Regjeringen som følger etter og *står* til venstre foran embetsmannslosjen under hele seansen.

Ved Stortingets åpning denne høsten hadde jeg fått i oppdrag å lese «Beretning om Rikets tilstand». Den er alltid på nynorsk, og yngste eller nyeste statsråd pleier etter tradisjonen å lese den. Jeg takket i mitt stille sinn min fine norsklærer, Einar Aandahl, som hadde gitt oss respekt for dialektene og nynorsken. Jeg tok oppgaven med glede og ærefrykt.

I statsråd

De sakene som skal besluttes i statsråd fredag, har vært behandlet i forberedende statsråd dagen før. Statsrådssakene er alltid første punkt på torsdagens regjeringskonferanse. Statsrådene har med seg sine saker og en liste der disse står oppført i rekkefølge.

Statsministeren gjør denne dagen som Kongen den neste. Han sier: «Utenriksdepartementet.» Utenriksministeren leser fra sin liste, gir eventuelt noen kommentarer om sakens bakgrunn. Er det spørsmål fra noen av regjeringens medlemmer, tas de opp. Så får neste departement ordet.

I regjeringens møterom trener vi alle på morgendagens seanse ved å lese opp listen slik vi skal neste dag, med unntak av innledningen: «Deres Majestet.» Mens Ingvald Ulveseth var industriminister, hørte vi på vakkert nynorsk: «Herre Konge.» Siden har jeg savnet det, våre andre nynorsktalende har valgt å bruke den samme form som vi andre.

Hva skjer så i statsråd på Slottet? Den enkelte statsråd sier for eksempel: «Jeg har den ære å foredra tre saker: Sak 1 – Stortingsmelding om regionalpolitikken.» Kongen sier ja, og markerer derved at forslaget er godkjent, sanksjonert. Det er stikkordet for å gå videre og referere neste sak. Hver gang en ny statsråd blir oppropt, reiser han eller hun seg, tar med listen og går opp og leverer den til Kongen. Er Kronprinsen der, og det hender av og til, er det forberedt to slike lister, først til Kongen, så til Kronprinsen.

Kronprins Harald var ofte til stede i 1970- og 80-årene. Kronprins Haakon har vært det flere ganger, og har måttet stå som ansvarlig for hele gjennomføringen i sin fars fravær. Det gir et overbevisende bilde av tradisjon og kontinuitet. Slik var det da kong Olav og daværende kronprins Harald fylte disse rollene. Slik er det i dag, med far og sønn.

Ved avslutningen av statsråd på Slottet vender Kongen seg til statsministeren: Er det flere saker i dette møte? Nei, det er det ikke, Deres Majestet. Han reiser seg, går mot døren som er nær den øvre enden av bordet, nikker, takker for i dag og forlater salen, der regjeringens medlemmer nå står, alle med ansiktet vendt mot Kongen.

På vei til regjeringsbygget kjører vi to til tre i hver bil til «høyblokka», der Statsministerens kontor holder hus. Det er lunsj rett før halv tolv etter gammel tradisjon. Det gir en fin avslutning på uka, en mulighet for samtale, refleksjon og en god replikk. Både her og under måltidene før regjeringsmøtene på mandager og torsdager, blir man sveiset sammen. Det utvikles et kameratskap, en teamstemning. Saker tas opp til uformell meningsutveksling. Vi gir hverandre råd, sonderer synspunkter på vanskelige saker den enkelte strever med.

Flere ganger gjennom årene har jeg fått forslag om å ha med en eller flere fra kontoret for å kunne referere fra disse uformelle samtalene. Det hender nemlig at en politisk sak får sin reelle avklaring der. Da finnes det ikke noe referat, og vi må bygge på hukommelse. Jeg har likevel sagt nei. Verdien av *kollegiet,* av kameratskapet og følelsen av at man er del av et virkelig fellesskap, tror jeg kunne lide under en slik formalisering. Alle store og viktige saker vil likevel måtte behandles inne ved bordet i selve regjeringskonferansen, i regjeringens eget møterom. Der er det alltid referent.

Mine regjeringskolleger

Hvem var så kollegene den gangen i 1974? Hvem kjente jeg – og hvem ble jeg kjent med? De aller fleste var nye venner. De jeg hadde møtt før og kjente litt, var Trygve Bratteli selv og Bjartmar Gjerde, som jeg hadde møtt både i *gruppa* og som del av AUFs ledelse.

Inger Louise Valle og Annemarie Lorentzen var mine to kvinnelige kolleger. Det var svært hyggelig å kunne prate om det meste og høste erfaringer fra to som hadde fartstid både i regjering og i storting. Inger Louise hadde kommunalpolitisk erfaring fra Bærum. Hun var klar og ryddig, saklig i sin argumentasjon, med sterk rettferdighetssans og et sosialt engasjement.

Det hadde Annemarie også, og hun hadde det frodige nord-norske over seg. De var begge likestillingsorienterte, miljøbevisste og jordnære. Jeg var bekymret for Annemarie. Hun hostet forferdelig, men bagatelliserte det fullstendig. Og røykte videre. Den gangen var det ingen som våget å tenke tanken å forby røyking ved regjeringens bord. Vi andre så jo hvor avhengige de var, de som drev med det. Men vi forberedte lovgivning for å forby alkohol- og tobakksreklame. Slik ble Norge et foregangsland, mot sterke protester fra høyresiden.

Tor den tillitsvalgte

Tor Halvorsen ble jeg fort kjent med. Jeg overtok hans departement, og i den første tiden var det naturlig å holde en spesiell kontakt om saker han hadde holdt på med. Kort tid etter regjeringsendringene inviterte han meg med ned til Herøya der han kom fra. Tor var den typiske faglige tillitsvalgte. Han hadde vært hovedtillitsvalgt i en lang rekke år på Hydro, Herøya.

Nå ville han ha med hele tre av kollegene sine til årsmøtet, – både Ingvald Ulveseth, Per Kleppe og meg. Vi bodde i gjestehuset, og deltok hele dagen på konferansen. Det var positivt og lærerikt. Jeg husket vår tur under studietiden da vi fikk erfaring med industri og bedriftshelsetjeneste. Herøya og Hydro var det gode eksempel. Tor ville at jeg og de andre skulle medvirke til å finne de beste løsninger for den videre utbygging av det ytre og indre miljø. Det var store investeringer på gang, og Stortinget hadde allerede vedtatt utbyggingen av oljeraffineriet på Rafnes.

Jeg var alene kvinne i en typisk prosessindustriforsamling. Langt over hundre menn. En kvinne.

Gjennom årene hadde Olav og jeg en del kontakt med Tor og hans familie. Vi besøkte dem på hytta nede i Helgeroa når vi passerte på båttur om sommeren. Han var en åpen, glad og tillitsfull personlighet. Alle likte Tor. Også jeg.

En kveld på Helgeroa klaget lille Jørgen over at han hadde vondt når han satt. Det var kveld og mørkt og vi skulle legge oss i båten alle sammen. Neste dag så jeg nærmere på ham. Han var rød og hoven på enden. Det var en verkebyll som måtte tømmes.

Tor var rask til å foreslå å kjøre inn til sykehuset i Skien. Olav ble med og jeg tok meg av de andre tre barna. Allerede da valgte jeg å la Olav ta slike oppdrag, enda mitt morshjerte banket for yngstemann som var åtte-ni år. Jeg følte det var vanskelig å være både lege og statsråd, og ha et ønske om å bli behandlet som enhver annen uten å bli skjøvet forover i køen. Det ble alltid så kunstig, ikke minst for andre pasienter.

Jeg visste med meg selv at alt ble mest mulig normalt hvis Olav som far stilte opp på poliklinikken. Men alle i Skien visste jo hvem Tor var. Så langt tenkte jeg ikke. Han hadde ingen slike skrupler som jeg stadig var plaget av. For ham var dette en helt naturlig sak.

Per Kleppe med flere

Per Kleppe var både hyggelig og kunnskapsrik. Jeg følte at vi var på bølgelengde i det meste. Han var en viktig person i regjeringen, slik en finansminister alltid må være. Men han var noe mer enn det. Han interesserte seg for alt, uten unntak. Visste noe om alt – av og til til fagstatsrådenes fortvilelse. For det hendte jo at han brukte sin innsikt til å argumentere kraftig imot vedkommende statsråds faglige utlegning.

Per Kleppe har holdt et tempo og hatt en bredde i sitt engasjement også i årene etter regjeringene Bratteli, Nordli og Brundtland I, som er ganske utrolig. Vi kan alle bare håpe på å bevare en kapasitet og et engasjement tilnærmelsesvis som hans. Han *er* et unikum, også i dag, og han gjorde en stor innsats nå på nittitallet i den utredningen vi gjennomførte som grunnlag for et styrket inntektspolitisk samarbeid, det såkalte solidaritetsalternativet.

Alf Jacob Fostervoll, Odd Sagør og Torstein Treholt var typiske representanter for sine ulike distrikter. De var med på å skape bredde og innsikt i et spennende regjeringskollegium.

Eivind Bolle og Jens Evensen stelte med saker jeg var en del borte i, både havrett, fiskeressurser og utenrikspolitikk. De støttet meg ofte i saker jeg jobbet med, og hadde gjerne en miljøvennlig profil.

Med Leif Aune var det som regel annerledes. Men jeg likte ham, han var engasjert og arbeidsom, reiste mye rundt i landet. Miljøvern var nok litt for «bakstreversk» for Leif. Det skulle være *action*. Og helst enda mer utbygging. Jeg husker han pleide å si, før sine reiser ut til distriktene: «Jeg må da ha med noe i posen.» Det betydde at han forsøkte å skaffe fram midler fra sitt eget budsjett, så konkrete saker kunne løses med hans aktive medvirkning mens han var ute blant folk rundt i landet.

Jeg lærte flere ting av dette. Han ble nok populær som statsråd der han kom, løste saker som det var fint å få løst, fordi han selv engasjerte seg. Men det ble ikke så lett for andre politikere, som ikke hadde slike budsjettposter å bruke. Leif Aune var senere i mange år direktør i Distriktenes utbyggingsfond.

Knut Frydenlund – og en spesiell middag

Knut Frydenlund hadde jeg også møtt, men Olav kjente ham bedre. Utenrikspolitikken var felles interessefelt for dem. Jeg husker vi møtte Frydenlund i en 40-årsdag i mai 1974. Knut Frydenlund og jeg fikk en hyggelig samtale før middagen. Han fortalte hvordan han misunte mennesker som var slik laget at de kunne sove på reiser. Det var et problem, sa han, i hans jobb – å ikke få tilstrekkelig med søvn. Lite ante jeg da hvor viktig den observasjonen var, og betydningen av å kunne få til nettopp det som han sa han lengtet slik etter.

Det var for øvrig Jahn Otto Johansens 40-årsdag som ble feiret stort ute på Ås, der han og kona Kirsten bodde. Det var alltid store dimensjoner over det Jahn Otto og Kirsten gjorde. Mange mennesker, rikelig med mat og drikke, musikk og et yrende liv. Det var her jeg første gang fikk oppleve den spesielle humor som kjennetegner de to. Det satte seg fast i mine ører, slagordet som stadig ble gjentatt den kvelden: «Kirstens motto er Jahn Otto!»

Det var dekket til middagen med langbord i et stort telt. Enkelte av gjestene bar preg av at for dem hadde festen vart noen timer. Da jeg måtte passere en mannsskikkelse som lå på gulvet, ble jeg redd. Mannen lå jo med ansiktet ned rett mot svart jord. Legen sjekket

– ingen fare. Mannen, en kjent norsk forfatter, sov. Til tross for sterke opplevelser som dette, hadde vi stor glede av kontakt med Kirsten og Jahn Otto i årene som fulgte. Det hendte vi besøkte dem på Hvaler der de har hytte. For Jahn Otto og Kirsten var det en selvfølge å slå seg skikkelig løs sånn som å danse på sofabordet. Den frodige livsstilen gjorde inntrykk, ikke bare på oss, men enda mere på våre barn som aldri glemte Kirsten og Jahn Otto.

Junior i regjeringen

De første ukene som «sjef» for et departement og som regjeringsmedlem bød på en virvelvind av inntrykk, spennende dager og en bratt lærekurve. I regjeringen lyttet jeg. Jeg var helt klar over at jeg var junior – i enhver forstand. Men jeg leste alltid alle regjeringsnotatene, så jeg var godt forberedt og kunne dra nytte av diskusjonene.

Miljøverndepartementet stod i krysningspunktet til nær sagt alle andre statsråders ansvarsområder, og det var en viktig oppgave å skaffe seg bred, generell politisk innsikt for å kunne gjøre jobben skikkelig. Jeg skulle være naturens og miljøets «finansminister», tale de langsiktige interessenes sak, forsvare en rekke «myke» verdier som lett ble skjøvet til side for sterke interesser og tradisjoner i samfunnet.

På samme måte som finansminister Per Kleppe, lærte jeg fort å skaffe meg overblikket, få tak i helheten i den samfunnsanalysen som alltid ligger bak når man skal stake ut retninger og trekke politiske konklusjoner. Jeg var aldri noen ren fagstatsråd. Selv om jeg kjempet miljøets sak, sterkt og markant, innad i regjeringen og i den offentlige debatten, var jeg engasjert i bredden av de sosialdemokratiske ideene. Jeg var opptatt av likestilling, utdanning, barn og familie, boligpolitikk og nærmiljø.

Distriktspolitikken kom også raskt inn i bevisstheten hos en ung miljøvernminister som overtok et departement som nylig hadde vunnet den store drakampen med Kommunaldepartementet om plasseringen av den såkalte Planavdelingen. Landets kommuner skulle planlegge bruken av arealene og strukturen i nærings- og bosettingsutviklingen. Planene skulle godkjennes i Miljøverndepartementet.

Mandag 9. september er min aller første regjeringskonferanse. Det er spennende. Hva skjer i et slikt møte?

Her foreslår statsministeren at det nedsettes en styringsgruppe for utarbeidelse av et register over forskrifter. Vi er allerede kommet dit at mange opplever at det er mye og kronglete lov- og regelverk å ha oversikt over. Det er behov for forenkling og opprydning. Sommeren etter vekker Odvar Nordli oppsikt med sitt foredrag omkring et ofte ugjennomtrengelig byråkrati. Det er tid for virkelig å ta fatt på disse problemene, som mange mennesker opplever som unødig vanskelige.

Den andre saken den dagen er en diskusjon om andelen av kvinner i offentlige styrer og råd. Forbrukerminister Odd Sagør og statsministeren understreker behovet for handling. En oppmuntrende opplevelse!

Statsministeren reiser også spørsmålet om regjeringens eget arbeid med fiskerigrensespørsmålene, og ber om et notat til neste mandag, før denne saken skal behandles i den utvidede utenrikskomité – forsterket med fiskerikomiteen. På denne tiden var åpningen kommet så vi kunne gå videre med en langt mer omfattende fiskerisone. Dette var en stor sak for Norge og angikk både utenriksminister Knut Frydenlund, handelsminister Jens Evensen og fiskeriminister Eivind Bolle.

Den fjerde saken var Alcan/ÅSV. Problemstillingen: hjemkjøp av utenlandske aksjer. Finansminister Per Kleppe peker på at en reduksjon i utenlandsk andel fra 50 til 25 prosent kan være bedre enn full utløsning. Da kan vi fortsatt ha glede av både erfaring og samarbeid. Forhandlinger fortsetter. Dette var den saken som nær utløste regjeringskrise i desember dette året.

En vanskelig sak

Den 30. september kommer en vanskelig sak på dagsordenen. Det gjelder den nye organisasjonen for energisamarbeidet, IEA som var blitt utløst av oljekrisen i 1973. Skal Norge velge å være medlem? Et engere utvalg med deltagelse også fra LO har sett på saken. Denne dagen foreligger det innstilling fra utvalget, som har delt seg i et flertall og et mindretall.

Utenriksminister Knut Frydenlund sier at han er imot å velge en løsere tilknytning bygget på en erklæring, mens Tor Halvorsen sier klart fra at han støtter utvalgets flertall, som går inn for en slik mindre forpliktende løsning. Forsvarsminister Alf Jacob Fostervoll støtter også mindretallet, i likhet med utenriksministeren.

Statsministeren har allerede sagt at han «ville gjerne se den erklæring som ikke ville kunne tolkes som en vakling i vår holdning til det vestlige samarbeid». Statsministerens konklusjon: Tar forslagene til etterretning. Kommer tilbake til saken. Det er tydelig at han ikke liker situasjonen. Så mye skjønner jeg.

Allerede her så jeg to viktige sider ved Trygve Bratteli. Når det var noe han mente var særlig viktig, gav han klart uttrykk for sitt syn og sin holdning. Samtidig var han preget av den lange erfaringen som tillitsvalgt. Han kjente de spenningene som var der, i partiet og i fagbevegelsen, og det var slett ikke sikkert at det han personlig ønsket, også lot seg gjennomføre. Da kunne han virke resignert, nesten fatalistisk. I denne saken stod altså LOs representant Tor Halvorsen på den andre siden.

Energisamarbeidet kommer opp igjen den 7. oktober. Da konsentrerer diskusjonen seg om det reelle innholdet i det regelverket vi vil binde oss opp til hvis Norge deltar. Saken er ikke bare politisk sensitiv i fagbevegelsen og partiet, men også i Stortinget. Argumentet om at Norge bare vil få fire av 160 stemmer ved viktige beslutninger, har stått i fokus. Vi er fortsatt i kjølvannet av folkeavstemningen om EEC.

Statsministeren understreker sterkt betydningen av det internasjonale samarbeid og dets plass i Arbeiderpartiets program. Dette var industrilandenes reaksjon på den oljeboikott som OPEC-landene hadde gjennomført. En særavtale vil være bedre enn bare en solidaritetserklæring, mente han.

En slik avtale, der Norge er medlem, men har fått en særstilling som oljeproduserende land, ble til slutt resultatet. Vi kunne selv avgjøre om vi skulle delta i eventuelle aksjoner som kunne bli vedtatt. Knut Frydenlund lyktes i å finne en løsning vi og andre godt kunne leve med. Det er ofte en fin balansegang som må til for å ivareta våre samlete interesser og samtidig sikre en bred nok oppslutning.

Jeg hadde vært statsråd bare noen korte uker da jeg skulle lede det store miljøvernministermøtet i OECD, det aller første i sitt slag. Jeg ville reise ned en dag før, sette meg inn i forberedelsene på stedet, lære å kjenne nøkkelpersoner i sekretariatet. Møtet var en viktig begivenhet, en prosess som hadde vært forberedt gjennom måneder og år. Nå skulle vi få til mest mulig. Da gjaldt det for møteledelsen og den norske delegasjonen å stå på.

Jeg fikk en orientering om hvordan en rekke konfliktfylte saker stod landene imellom. En del saker var løst og stod i teksten til oppleggene for vedtak. Men det var mange parenteser, noe som betyr at ett eller flere land har reservert seg mot innholdet. Man kan ikke vite om det som står, lar seg lose igjennom i møtet. Hvorfor? Hvem kan ikke gå med på den – og på den? Jeg kastet meg inn i det.

Forurenseren skal betale: Det var formulert på flere møter og i ulike sammenhenger. Men flere land, ikke minst Spania og Portugal, hadde tatt forbehold. Jeg satset på å gå rett på de statsrådene det gjaldt. Jobbet kvelden før under mottakelsen, hadde møter med et par av landene neste morgen. Det hjalp – de beveget seg litt.

I løpet av konferansen greide vi å lirke mye på plass. Delvis skjedde det i aller siste runde, gjennom åpne oppfordringer i selve møtet om å akseptere nye formuleringer. Det var spennende. Det nyttet. Det hjalp å bruke det man hadde av overtalelsesevne.

Jeg fikk en rekke slike erfaringer i årene som fulgte. Det er ofte mulig å skape den type dynamikk hvis man bare går inn for det.

Politikere får ofte på forhånd presentert et bilde av et forestående møte malt med grå farger, iblandet noe svart. Ekspertene og embetsmennene forteller hva du må motsette deg, hva du for all del må *unngå*. Faresignalene blir alltid satt opp klart og tydelig av embetsverket i de ulike land.

For politikeren blir det da ofte en aha-opplevelse å få saken presentert med entusiasme av en politikerkollega fra et annet land. Jo, kanskje vi *kan* driste oss til å gå litt lenger? Bør jeg ikke utvise litt evne og mot til å stake ut nye veier? Politikere som møtes over landegrensene, kan oppleve inspirasjon og gi hverandre gjensidig støtte.

Byråsjef Haakon Hjelde skriver om disse minnerike dagene. «En smule nervøsitet gjorde seg nok gjeldende, ikke bare i kretsen av norske embetsmenn, men også i OECD-sekretariatet. Ville dette gå bra? Usikkerheten fortok seg fort. Fra det øyeblikk Gro Harlem Brundtland grep klubben, åpnet møtet og redegjorde for sin arbeidsplan, som inkluderte kvelds- og nattmøter – om nødvendig. Den gode utgang av konferansen ble behørig feiret med en munter delegasjonsmiddag i latinerkvarteret. Gro Harlem Brundtland lot seg lett overtale til å fortsette på en jazzklubb i nærheten, La Huchette. Frankrikes beste jazzband spilte. Det ble danset. Stemningen var høy. Klokka 3 var det slutt.»

Jeg har alltid likt å danse. Musikken var strålende. Det var også jeg og mine dyktige embetsmenn. Vi hadde lyktes, vi var unge. Natten var ung. Det var Paris. Ingen drosje å oppdrive. Mild vind i november. Vi vandrer og prater, byråsjefen, konsulent Richard Fort og jeg, etter hvert arm i arm alle tre. Skoene må av! Høye hæler duger ikke. Det får bli ødelagte nylonstrømper. Vi nærmer oss det lille hotellet i Passy, der rommet er fylt til randen av blomster. Den franske miljøvernministeren hadde diskret spurt meg ved lunsjen første dag: «Er dette madam ministerens adresse?» Navnet skriblet ned på et visittkort. Det hotellet hadde han aldri hørt om før! Det hadde derimot norske embetsmenn som lette etter det lille og rimelige når de var på møter i den franske hovedstaden. Jeg hadde insistert på likebehandling.

Men – først bortom markedet, som åpnet ved 6-tiden. Franske oster med hjem til Olav og barna.

Over grensene

Den nasjonale kampen for en forsvarlig ressursforvaltning og et bedre miljø gikk videre i årene som fulgte – i et stadig samspill med de internasjonale oppgavene og erfaringene.

Ved siden av utenriksministeren, handelsministeren og forsvarsministeren var jeg nok den i regjeringen som arbeidet mest med internasjonale spørsmål. Det var ingen mulighet for å sikre et langsiktig perspektiv på de store miljøutfordringer uten et forsterket samarbeid over landegrensene. Enten det dreiet seg om det klassiske naturvernet eller om kamp mot forurensning og for ressurssparing, så var det behov for avtaler og regler om det ansvar det enkelte land måtte påta seg. Det er med de fleste internasjonale avtaler som med trafikkreglene: Vi har dem og følger dem fordi det er i alles interesse å ha felles regler i stedet for jungelens lov.

Forurensninger er som penger – de krysser landegrensene og er langt vanskeligere å kontrollere enn den økende strømmen av mennesker, biler og fly som gjør det samme.

OECD var tidlig ute med å drøfte de mange sidene ved miljøproblemene som fulgte i kjølvannet av den industrielle utviklingen og den økonomiske veksten. Problemene ble først synlige i de rike industrilandene. London-smogen tidlig i 1950-årene ble en av flere alvorlige vekkere. 500 mennesker døde som en direkte følge av denne akutte episoden. Det var en av oppgavene vi fikk i faget statistikk og epidemiologi på Harvard i 1965, å beregne hvor mange dødsfall den forårsaket.

Statsråden og embetsverket

Styringen innad i departementet var en vesentlig del av jobben. Her gjaldt det å sikre grepet og sørge for at de politiske signalene ble fulgt opp. Forholdet mellom statsråden og embetsverket er nøkkelen til suksess i et departement. Med det mener jeg evnen til å få gjort det som skal gjøres. Da gjelder det at arbeidsplanen er ryddig og klar, at hovedlinjene er gjennomdrøftet, at misforståelser ikke får leve videre – eller nye oppstå. Og det gjelder hele tiden å motvirke at en del av jobben går ut på å motarbeide andre. Konkurransen mellom personer og mellom fagavdelinger kan være sterk. Hvis den som er leder ikke vet det eller ser det, da er man ille ute.

Det var lett å merke at mange var opptatt av å gjøre inntrykk på den nye sjefen. Det gjaldt å skaffe seg en god utgangsposisjon. Det gjaldt å sikre seg min støtte til å holde på de seire man måtte ha vunnet under tidligere statsråder.

Det var fine folk jeg hadde som medarbeidere, folk med klare meninger. Der var Gunnar Germeten, Thor Skrindo og Erik Lykke. De hadde sterke oppfatninger i mange saker. Når jeg ser tilbake, er jeg enda mer overbevist om at det var helt nødvendig å åpne mer opp mellom de ulike miljøene og fagavdelingene, slik jeg satte meg fore.

To tendenser var helt tydelige. Hver enkelt ekspedisjonssjef ville inn til meg alene og fremlegge sakene. Ofte var sakene preget av vanskelige avveininger, av strid i lokalsamfunn, sterke motsetninger mellom vekst og vern. Fagavdelingen hadde lenge jobbet seg gjennom dem. Det kunne være prosesser som gikk over flere år, med høring, konsesjonsbehandling, offentlige utvalg som forhistorie. Så skulle saken fram for politisk ledelse til endelig avklaring.

Setter jeg meg inn i ekspedisjonssjefens situasjon, følte nok *han* det slik: Nå gjelder det å få statsrådens tilslutning til avdelingens konklusjon. Men jeg var opptatt av å trenge inn i bakgrunnen og argumentasjonen, så jeg spurte og grov, bad om å få fram mer av bakgrunnsmaterialet, stilte motspørsmål og gikk inn i saken med en kritisk innfallsvinkel. Bare slik kunne jeg være rimelig sikker på at også jeg mente at konklusjonen ville være den riktige. Dessuten måtte jeg jo selv ha momentene under huden og kunne forsvare saken i åpen debatt.

Jeg trengte flere på debattlaget for å få det til. Flere fra samme avdeling i en del tilfeller. Da jeg begynte å be om å få med folk fra avdelingene som hadde drevet forarbeidet i sakene, og gjerne få møte folk med ulike syn på saken, var det raskt uro å spore. Ekspedisjonssjefen representerte jo – slik han selv så det – det omforente og endelige syn. Men problemet sett med mine øyne, var at jeg altfor lett kunne bli ekspeditør for vurderinger gjort av andre. Det var jeg som var «tillitsvalgt», som hadde det politiske ansvaret og som skulle stå inne for sakene – ute i befolkningen, i regjeringen og partiet, og i Stortinget. Det var flinke, sterke ledere i flere av avdelingene. Det er klart det foregikk en dragkamp om å ha statsrådens øre – og dermed innflytelse.

Departementsråd og politiske medarbeidere

Det var ingen departementsråd i Miljøverndepartementet. Jeg lurte på hvorfor. Saken var blitt utsatt under flere statsråder. Men det er utrolig viktig å ha en embetsmann eller -kvinne som har et helhetlig ansvar på tvers av fagavdelingene. Noen måtte hjelpe statsråden med å trenge inn i og se på valgene vi stod overfor på tvers av sektorene.

Jeg drøftet spørsmålet med flere av ekspedisjonssjefene. Jeg tror jeg kan oppsummere mitt inntrykk slik, selv om det ikke ble sagt rett ut: Jeg er nok best, har mest erfaring og vil være den som best kan se helheten og få kreftene til å trekke sammen. Men hvis du er i tvil om det, så la være å velge noen, for blir en av de andre sjef over meg og min avdeling, da går det dårlig.

Jeg fikk følelsen av at de alle hadde for mye forhistorie med seg fra tiden og striden i Kommunaldepartementet, før det nye Miljøverndepartementet ble opprettet. Det måtte være bedre å ta en utenfra, som var uavhengig av alt det der.

Det ble Olav Sætersdal, som kom fra Finansdepartementet. Han var vant til helhetstenkning, han var vant til å stille kritiske spørsmål. Vi arbeidet godt sammen, og vårt samarbeid med Finansdepartementet, både med statsråden og med embetsverket der, ble en stor styrke i årene som fulgte.

Friidrettens Jan Gulbrandsen var statssekretær i Miljøverndepartementet under Tor Halvorsen. Trygve Bratteli anbefalte meg å beholde ham. Det var nok gjort et politisk poeng av å rekruttere fra idrettsmiljøene – og for meg var dette helt greit. Bjartmar Gjerde foreslo Mona Persvold, som han kjente fra tiden i AOF, som personlig sekretær. Det ble mye arbeid med å forberede reisene og foredragene rundt om i landet og i partiforsamlingene. Senere kom Tore Jarl Christensen som var jurist ved LOs juridiske kontor. Han var fra Mandal, og styrket representasjonen fra den landsdelen. Rolf Lasse Lund, tidligere leder i AUF og senere leder i Akershus Arbeiderparti, ble personlig sekretær etter noen år. Vi diskuterte ofte ideologiske spørsmål, også senere da jeg ble partileder.

Regjeringskrise?

Allerede første høsten, etter tre måneder i den nye jobben, bygget det opp til regjeringskrise. Det gjaldt den saken som var oppe i min aller første regjeringskonferanse – den såkalte Alcan-saken. Det lå an til å bli flertall mot regjeringen Bratteli i spørsmålet om hjemkjøp av utenlandske aksjer i selskapet. På formiddagsmøtet i Stortinget den dagen hadde innleggene fra hovedtalsmennene og replikkordskiftene pekt mot storm. Gikk det som det nå så ut, var krisen et faktum. Jeg forstod at Senterpartiets innlegg ved starten av kveldsmøtet ville avgjøre det hele.

Den kvelden skulle det være julebord i Miljøverndepartementet.

Jeg hadde i tankene hva jeg skulle si til de mange dyktige og entusiastiske medarbeiderne ved en slik festlig anledning. Jeg skrev to innlegg i pausen. For innholdet måtte jo unektelig bli noe forskjellig om jeg nå skulle takke for meg – eller stå på for å inspirere til ny, felles innsats for de mange sakene som opptok oss i Myntgata.

Jeg satt på plassen min i salen da klokka slo seks. Erlend Steenberg, Senterpartiets parlamentariske leder, gikk på talerstolen. De fleste ventet i spenning, selv om jeg tror Trygve Bratteli kort tid før hadde fått høre hva Steenberg hadde lagt opp til i sitt innlegg. Jeg så Bratteli og Steenberg stoppe og snakke et øyeblikk idet jeg gikk opp trappen til salen. De hadde hatt drøftinger i Senterpartiets gruppe i pausen. Spenningen ble utløst – og regjeringen satt trygt, fram til Trygve Bratteli søkte avskjed i januar 1976, og ble fulgt av regjeringen Odvar Nordli.

Den kvelden var det særlig høy stemning i Myntgata, nede i kjelleretasjen der julefesten ble holdt. Jeg siterte noen setninger fra mitt alternative opplegg til tale for å illustrere hvor nære på det hadde vært at de så raskt skulle få enda en ny statsråd. Jeg tror de var oppriktig glade for å slippe det. De følte nok at de hadde fått en ung, handlekraftig sjef, det var så. Slike ting betyr mye for alle miljøene i departementetskontorene, for arbeidsgleden, fellesskapet og resultatene av den innsatsen som gjøres. Men i tillegg kommer at de fleste departementer jobber lojalt for sin statsråd – og føler en naturlig medmenneskelig solidaritet, uansett parti, med den det gjelder.

Folk og land å kjenne

Jeg reiste mye ut i landet. Følte at jeg måtte lære om landet og menneskene. Forvaltningen av naturressursene, retningslinjene for arealplanleggingen, vekst og vern kunne ikke skje med utgangspunkt i hovedstaden. Jeg måtte se med egne øyne, møte folks hverdag og holdninger, kjenne sakene, engasjementet og løsningene på pulsen.

Det var spennende å lære nye mennesker og nye steder å kjenne. Miljøsakene angikk de fleste. Pågangen for å få meg på besøk for å holde foredrag var stor.

Når jeg blar tilbake i mine små, røde lommealmanakker fra disse første årene, får jeg et levende inntrykk av hvordan andre må ha opplevd min arbeidsstil. Det ble mye arbeid av å ha en så aktiv sjef og det ble mange helger, ettermiddager, netter og frokoster uten Gro og mamma.

Mandag 6. januar 1975 begynner reisevirksomheten med Karmøy. Stort møte den kvelden. Jeg besøker aluminiumsverket neste dag og blir møtt av senere nestleder i Norsk Kjemisk Industriarbeiderforbund, Olav Støylen. Vi diskuterer det indre og det ytre miljø – og de forandringer som nå må til på Karmøy Verk.

Vi drar videre til Fiskaa Verk, Kristiansand. Embetsmenn fra departementet og andre fagfolk er med. Også der må det stilles strengere krav. Onsdag kl. 15.00 retur fra Kjevik. Samme kveld: Kvinnesekretariatet i Arbeiderpartiet. Torsdag kveld er jeg hjemme hos familien. Fredag var Olav og jeg i Parkveien, Regjeringens representasjonsbolig, der det var middag med ektefeller, etter en lang ettermiddag med politiske samtaler i regjeringen.

Mandag 13. januar drar jeg alene til åpent møte i regi av Porsgrunn faglige samorganisasjon, og det er retur samme kveld. Det blir sent, men jeg forsøker å sove ved å legge meg i baksetet. Det var en hjelp i alle fall å få en liten blund på øyet, for klokken kunne bli både tolv og ett før jeg kom hjem.

Onsdag er det Bergen Jern og Metall, den politiske situasjon. Det var et tøft møte. Også her reiser jeg alene. Mange SV-ere, sterk pågang mot parti og regjering. Jeg slo tilbake – og fikk applaus for det.

Fredag er det Mandal Arbeiderparti. Lang reise, deler av helgen går med. Hyggelige folk, glade, blide ansikter. Jeg trives, forsøker å formidle de saker jeg brenner for. Miljø, barn, likestilling, familie.

Mandag 20. januar avsluttes arbeidsdagen med et arrangement hos Riksantikvaren klokka 19.30. Dagen etter er det landsstyremøte som tar hele den dagen og kvelden og avsluttes onsdag.

Torsdag er det reise til Europarådet i Strasbourg, der jeg skal være til lørdag.

«Mamma skal være her»

Søndag ser jeg familien, før jeg reiser videre den ettermiddagen til Staur gård utenfor Hamar. Her har regjeringen sin årlige budsjettdrøfting som går over to fulle dager og kvelder.

Torsdag er det på vei til Giske på Sunnmøre, der det skal være åpent møte i Giske Arbeiderparti. Hyggelige partifeller, entusiasme, god stemning. Glede over møtet med positive mennesker.

Helgen er skihelg. Vi er på Mylla alle sammen. Enhver helg i januar og februar som ikke brukes til det, er noe jeg alltid har opplevd som negativt. Jeg har kjempet for å bevare i alle fall noen, og har lykkes de aller fleste år.

Mandag 3. februar står det *Doktorklubben*. Det er pappas kolleger som er samlet. Denne gangen er jeg invitert. Det er ti år siden sist. De gjorde det til tradisjon at barn som ble leger som sine fedre, ble ønsket velkommen som «tillegg» til klubben. Der er Christian Lerche, Fredrik Mellbye og de andre nære vennene og kollegaene fra pappas studietid. Jeg kjente dem alle, kjente familiene og barna. Det ble en stor vennekrets. Det ble snakket politikk. Helsepolitikk. Styrke og svakhet. Uløste oppgaver. «Du skulle vært sosialminister, Gro.» Jeg fortalte hva Trygve Bratteli hadde sagt. Jeg demonstrerte nok mitt store engasjement i de sakene jeg var gitt å stelle med. De var en fin gjeng. Det hendte jeg ringte når jeg trengte råd.

Tirsdag er det befaring ute ved Sjursøya, kloakkproblemer, deretter til Brevik der jeg skal åpne en stiftelse som steller med kulturminnevern. Vi har hatt en tung sak der nede, der jeg måtte overprøve lokale vedtak for å verne en verneverdig bygning.

Onsdag er det Drammen, Åskollen Arbeidersamfunn.

Arbeidsmiljøloven er kveldens debatt-tema. Den saken er en av ti, som regjeringen Bratteli hadde på sin spesielle reformliste foran stortingsvalget i 1973. Nå fremmer regjeringen sitt forslag til lovgivning. Det skal skje et løft når det gjelder retten til et godt arbeidsmiljø. Parti- og fagbevegelse står sammen om en viktig politisk sak.

Torsdag er det fly til Bodø, med retur sent på ettermiddagen. Det fortsetter, uke etter uke, måned etter måned. Nordisk Råd i Reykjavik. Ålvik og Odda, bedriftene der.

Paris, to franske kvinnelige statsråder har invitert kvinnelige kollegaer fra en rekke land i Kvinneåret.

Jørgen sitter i den grønne sofaen hjemme, sammen med Olav, Knut, Kaja og Ivar og ser mamma på TV. Han er mørk i ansiktet og utbryter: «Mamma skal være her.» Han er syv år.

Kaja har aldri glemt det.

KAPITTEL VII

Nestleder i Kvinneåret

Inger Louise Valle hadde den ledende rollen i markeringen av Kvinneåret i 1975 på vegne av regjeringen Bratteli. For meg var det en fin støtte å ha Inger Louise og Annemarie Lorentzen som «venninner» i regjeringen. For slik ble det. Vi snakket i pauser og ved lunsjene. Jeg var friere overfor dem når det gjaldt å spørre om praktiske ting. Vi diskuterte saker med en feminin fargelegging. Vi oppdaget at vi ofte tenkte likt i saker som ble drøftet i regjeringen.

Det var helt tydelig et poeng i seg selv at noen av oss i regjeringen ikke var menn. En dag ble det behandlet et regjeringsnotat om en stortingsmelding om ernæringspolitikk. Vi tre hadde merket oss de samme tingene, men ingen av mennene. Slikt opplevde vi flere ganger, og det gjaldt ikke bare i typiske kvinne- og familiesaker.

Tidlig det året skrev Inger Louise på sitt hovedforedrag ved åpningen av Kvinneåret. Hun viste meg utkastet for å få eventuelle råd og merknader. Et slikt forhold til hverandre som kolleger bidro til samarbeid og arbeidsglede.

Jeg ble enda mer klar over at mye fra min fagbakgrunn og erfaring som lege var med på å prege mine egne holdninger til likestilling. Dessuten hadde jeg etter hvert fått mer og mer sans for de nyfeministiske strømningene.

Jeg husker jeg sa til Inger Louise at det var større forskjeller mellom jenter og gutter – også fra de var helt nyfødte, enn det som lå bak ordvalget i hennes tekst. Men hovedpoenget hennes var selvfølgelig svært viktig: Fordi vi behandles ulikt, og fordi vi møter ulike erfaringer og utfordringer, så blir forskjellene forsterket. Derfor må både foreldre og lærere gi jenter og gutter de samme mulighetene og stille dem overfor de samme forventningene. Bare slik kan vi bidra til likestilling mellom kjønnene.

I selve begrunnelsen for disse vurderingene var det likevel kommet inn en analyse som ikke kan sies å være korrekt. Inger Louise skrev at bortsett fra de rent ytre, synlige kjønnslige forskjeller er vi født like. Jeg hadde fulgt med i en del av forskningen gjennom noen år, om barns utvikling, både før og etter fødselen. Det var allerede klart at det er langt, langt mer som skiller de to kjønn, når vi sammenlikner større grupper av jentebarn og guttebarn.

Flere av jentene er tidlige i sin språkutvikling, mer opptatt av det verbale. Jentebabyer interesserer seg tidligere for farger som vises fram for dem. Flere gutter er opptatt av bevegelse, viser tidligere interesse for tall og teknologi. Jeg måtte innse at de teoriene mange hadde bygget sine holdninger på, ikke stemte med det vi faktisk kunne observere. Det var heller ikke en god nok forklaring at dette skyldtes ytre, kulturelle påvirkninger. For disse forskjellene kunne registreres allerede i mors liv og i de aller første ukene av livet.

Det som ville vært politisk korrekt å hevde, var jo at slike forskjeller kom *etter hvert*, fordi vi voksne var preget av stereotypier og oppførte oss forskjellig overfor gutter og jenter. Så enkel er likevel ikke naturen og biologien. Vi har mye med oss av anlegg og potensialer *før* det ytre miljøet får virke inn på oss som mennesker. Det *er* både arv og miljø. Og det *er*, gjennomsnittlig sett, også andre medfødte forskjeller på gutter og jenter enn de rent ytre og synlige.

At det rokket ved det jeg var lært opp med, mest fra mamma, fikk ikke hjelpe. For meg førte en slik erkjennelse til en klarere forestilling om hva likestilling egentlig måtte gå ut på: Like muligheter til utfoldelse – av alle de iboende egenskaper i det enkelte menneske. Vi måtte ikke uniformere hverken kvinner eller menn. De mest typiske «kvinnelige» impulsene og drivkreftene måtte få samme status som de mannlige. Først da kunne alle individer bli «frie», uansett hvor store doser hver enkelt hadde av de ulike trekk.

For de gjennomsnittlige ulikhetene var jo bare et oppsummert fenomen. Plasserer vi gutter og jenter på en skala etter for eksempel «språkøre», vil vi finne dem om hverandre i en herlig blanding. Og har vi noen få individer å ta av, ja så kan like gjerne den med det beste språkøret blant dem være gutt.

Å sette mennesker i bås er galt uansett. «Guttejenter» må få lov til å være det. Og omvendt. Det er det som betyr frihet og likhet! Her ser vi hvordan spirene til nyfeminismen faller sammen med ny, vitenskapelig innsikt.

Inger Louise rettet litt på teksten. Men jeg tror nok hun beholdt en klokkertro på de holdningene og tankene om grunnlaget for kvinners likestilling som hadde preget henne og min mor, og som i utgangspunktet også hadde vært mine.

Hvis jentene sa nei – Landsmøtet i 1975

Det var gått kortere tid i regjeringen enn perioden for et svangerskap da den unge statsråden ble valgt til nestleder i Arbeiderpartiet i 1975. Svært mange hadde foreslått mitt navn, viste det seg, noen til og med som partileder, men først og fremst som ny nestleder – i den runden som fikk navnet «postkassa» før landsmøtet i april 1975.

Jeg fikk litt av en overraskelse da Bjartmar Gjerde ringte meg en kveld noen få dager før landsmøtet. Hans budskap var: «Gro – du må gå på som nestleder i partiet.» Han ringte på vegne av de tre som hadde ansvaret for «postkassa» – Trygve Bratteli, Aase Bjerkholt og Tor Aspengren.

Men hvordan skal jeg greie det da, i tillegg til det store arbeidet som miljøvernminister? Jeg var forskrekket og reiste straks alle motforestillingene. Bjartmar skulle berolige og overtale meg: «Egentlig blir det bare *en* virkelig stor forskjell i forhold til den innsatsen du gjør nå: *Du må være i sentralstyret hver mandag kveld.*»

Intuitivt forstod jeg at han ikke ville ta nei for et svar, og at det han sa var litt galt og litt riktig på samme tid. Det er klart det ville gi meg et helt annet og enda mer omfattende politisk ansvar enn før. Det ville også forplikte over lang tid på en helt annen måte. På den annen side hadde jeg jo allerede kastet meg ut i det meste.

Noen dager senere mottok jeg en oppfordring fra Kvinnebevegelsen i partiet. Det ble avgjørende. Jeg kunne ikke si nei. Hvordan kunne vi få til likestilling hvis jentene sa nei?

Det ble mer. I 1977 ble jeg valgt til Stortinget.

Nestleder utenfor striden

På selve landsmøtet fikk jeg en smak av hva personvalg kan innebære. Jeg opplevde også pressens rolle. Jeg så hvordan enkelte brukte pressen for å vinne fram med sin kandidat og sine ønsker. Det ble satt ut rykter. En dag var følgende historie spredt til hele landsmøtet: Gro vil bare bli nestleder hvis det er Reiulf Steen som blir partileder. Jeg ble sjokkert da dette også nådde meg, og sa fra om at jeg overhodet ikke ville foreta slike koblinger mellom personer.

Jeg hadde et godt forhold både til Odvar Nordli og Reiulf Steen og ville slett ikke la min person bli noen brikke i maktkampen mellom alle dem som hadde sterke meninger om hvem av de to som ville være best egnet som leder av partiet.

Det føltes ikke naturlig for meg så tidlig å innta klare standpunkter om dette viktige personvalget.

Jeg sa fra om dette til enkelte delegater og journalister, men jeg hadde ikke noe «korps» av sekretærer eller andre personer – heller ikke i pressen – som jeg brukte til å spre mitt budskap systematisk og effektivt. Så den dag i dag vet jeg ikke hvor store deler av landsmøtet som faktisk levde i den tro at det de hadde fått vite, også medførte riktighet.

Men noen hadde satt motild. For dagen etter fikk jeg til min like store overraskelse høre – og med sterk overbevisning – fra flere delegater: Jo, de *visste* at jeg bare ville si ja til å bli nestleder hvis det var Odvar Nordli som ble leder.

Jeg følte meg maktesløs. Jeg ville ikke delta i denne kampen, og jeg ville slett ikke brukes av noen i spillet om arvefølgen og makten i Arbeiderpartiet.

Jeg trodde på en demokratisk prosess, og var av dem som da mente at både Reiulf Steen og Odvar Nordli var fine kandidater som ny leder. Så for meg var det helt naturlig å opptre tilbakeholdende i den striden.

Det miljøet jeg kjente best på denne tiden, var regjeringen. Blant regjeringskolleger var det betydelig varsomhet når det gjaldt å diskutere spørsmålet om hvem som burde etterfølge Trygve Bratteli. Ute i partiet rundt om i landet var det ulike syn – det merket jeg når jeg var ute på oppdrag i partiforsamlinger. Mange var også usikre. De som hadde de sterkeste meningene sa gjerne noe av det som fremgikk av debatten i pressen.

Odvar Nordli var en likandes kar. Han var en dyktig stortingspolitiker og hadde gjort en god jobb som kommunalminister. Han stod solid plantet i norsk virkelighet og var en god representant også for Distrikts-Norge.

Argumentene for Reiulf Steen var at han var nestleder i partiet, han hadde gjort en god jobb som leder av programarbeidet, han var ideologisk orientert og var en dyktig taler. Han ble oppfattet som mer radikal og moderne, han hadde støtte fra AUF og fra endel intellektuelle miljøer. Reiulf Steen hadde nok også en aktiv gjeng i fagbevegelsen som støttet opp om hans kandidatur. Men rundt om ute i landet var det delte oppfatninger, og det var vanskelig å vite hvem av de to som hadde sterkest støtte i landsmøtet.

Det oppstår lett litt ulike kulturer og vennskap knyttet til stortingsgruppa på den ene siden og miljøet rundt Youngstorget på den andre. I dette tilfellet var Reiulf Steen plassert på partikontoret til daglig, og han hadde i mange år vært leder i AUF før han ble nestleder, mens Odvar Nordli i en rekke år hadde hatt sin plass i stortingsmiljøet.

Resultatet ble at begge ble valgt; Reiulf til formann, Odvar til statsministerkandidat.

Det var bred enighet, og ingen diskusjon om valget av meg som nestformann, i valgkomiteen og i landsmøtet. Det var formannsspørsmålet som opptok alle. Derfor var det viktig at noen favnet på tvers av den striden.

Så kan man spørre hvordan det kunne ha seg at en så ung og uerfaren politiker kunne få så bred og enstemmig støtte som ny nestleder? Det var kvinneår. Det var viktig med en kvinne. Og kampen stod altså på et annet plan. Det er også en del av forklaringen.

Haakon Lie svarer slik på spørsmålet i sin bok *Slik jeg ser det* fra 1975: «Hva var det som gjorde at hun fra det ukjente i løpet av noen måneder ble en selvskreven kandidat? Jeg tror jeg kan gi svaret. Her kom en kvinne som kunne si ja eller nei, og ikke bare tullet ord inn i bomull og vatt.»

Stempel fra politisk ledelse

En dag fikk jeg på min pult en høringsuttalelse fra Industridepartementet, undertegnet av statsråd Ingvald Ulveseth. Uttalelsen var sterkt kritisk til Miljøverndepartementets forslag til en helt ny lov, lov om produktkontroll. Her ble behovet for selve loven trukket i tvil, den kunne skade industriens interesser, og arbeidsplasser kunne bli skadelidende.

Enkelte slike øyeblikk i strømmen av politiske erfaringer brenner seg fast. Jeg hadde vært med i dette i mindre enn et år, men her var noe grunnleggende galt. Arbeiderpartiet hadde gått til valg med en 10-punkts strategiplan for raskest mulig gjennomføring av en del viktige reformer. Arbeidsmiljøloven, en av de store sakene i 70-årene, var en av dem, lov om produktkontroll en annen. Skulle jeg virkelig ta uttalelsen alvorlig? Skulle jeg ta inn hovedpoengene i dette brevet i arbeidet med regjeringsnotatet om saken? Kunne jeg det som partiets nestleder?

Nei. Jeg ringte min kollega i stedet. «Ingvald – har du *lest* det brevet du nettopp har undertegnet, og som går stikk i strid med partiets og regjeringens program?»

Han ga ikke noe krystallklart svar på det, men da samtalen ble avsluttet, var vi enige om at det brevet skulle han få i retur. Slik ble det en annen høringsuttalelse i den saken fra Industridepartementet.

Også den tok naturlig nok – og slik det bør være – opp de ømtålige punktene i lovutkastet, sett fra industriens synsvinkel. Men politisk ledelse fikk satt sitt stempel både på form og innhold, slik det bør være i alle viktige saker.

Gjennom en lang rekke år hadde jeg det som prinsipp at jeg aldri undertegnet noe jeg ikke selv hadde lest. Det var arbeidskrevende, men jeg tror det gav viktige styringssignaler i mange saker. Det gjorde også at kvaliteten i arbeidet økte. Alle visste at det kunne hende de fikk et ferdig utformet brev tilbake fra statsråden, rettet eller med en klar påtegning.

I politikken og i forvaltningen er konklusjonene viktige, men grunnlaget, premissene og hvordan de uttrykkes, er ofte like viktige. Det er fordi vi skal praktisere et lovverk i et demokratisk rettssamfunn der mye skal kunne etterprøves, og der folk ofte har rett til å klage over avgjørelser.

Og begrunnelsen for at man velger en bestemt politisk løsning, er også viktig i seg selv. Enda tydeligere er det i dag enn den gangen i 70-årene, at slående formuleringer ofte er gull verdt. Sakene skal nå igjennom i mediasamfunnet. TV-alderen har gjort at avisene bruker mindre plass – og færre og større ord. Det gjør det mer krevende å være politiker. For grundigheten bak de kvikke ordene bør ikke svekkes. Da kommer man fort opp i vanskelige situasjoner når saken skal ha oppslutning av et flertall, eller virke tilstrekkelig overbevisende der et standpunkt allerede er tatt.

Regjeringens kollektive ansvar

Det var to grunner til at jeg i enkelte tilfeller etter hvert kunne lempe på den strenge linjen. Jeg lærte hvilke embetsmenn som hadde den viktige evnen til å fange opp signalene på en helt riktig måte. Jeg visste hvem som visste når de burde spørre eller lage et kort problemnotat på forhånd, der det kunne være tvil om hvordan jeg så på et bestemt problem eller en bestemt formulering. Da kunne jeg nøye meg med å hurtiglese – og danne meg et hovedbilde av en tekst, i full trygghet om medarbeiderens presisjon og dyktighet.

Denne erfaringen har jeg tatt med meg også under årene på Statsministerens kontor. Der var det få og nære medarbeidere. Vi kjente hverandre, og det var høy kvalitet på arbeidet. Vi visste hvilke departementer og saksområder, og hvilke typer dokumenter, det var viktig for oss å sjekke særskilt.

Det gjelder både å kunne inspirere kolleger og medarbeidere – og å kunne sile så man bruker kreftene riktig. For det er viktig å hindre at noe glir gjennom systemet så man senere må slite nesten livet av seg for å komme riktig ut – og ned på beina igjen. Jeg tenker ikke minst på de hundrevis av store og små saker som berører regjeringens kollektive ansvar.

Mange tenker ikke over at hver setning i et stortingsdokument har passert statsråd. Det betyr at fagstatsråden har fått sine kollegers – *og* regjeringssjefens – tilslutning til å fremme det. Saker som avgjøres gjennom kongelige resolusjoner har den samme status. Det er ikke departementet alene som står ansvarlig. Regjeringen har sluttet seg til det, men den statsråd det gjelder, er selvfølgelig fortsatt primært ansvarlig for å foredra, fremme, forklare og forsvare saken, også i Stortinget.

Det har vært mange interessante episoder gjennom årene som illustrerer noen av de dilemmaer som kan oppstå. Jeg husker en utnevningssak fra 1981. Regjeringen hadde i forbindelse med lunsjmøtene uformelt drøftet de ulike søkerne til stillingen som barneombud. Flere av regjeringskollegene hadde meninger om saken.

Saken hørte under Sissel Rønbeck, forbruker- og administrasjonsministeren, som registrerte synspunktene og ville komme tilbake med et endelig forslag overfor regjeringen. Problemet var at det forslaget som kom – på Tove Pihl – på ny ble møtt med en rekke motforestillinger fra andre medlemmer av regjeringen, da det likevel senere ble fremmet formelt.

Etter debatten i regjeringen måtte jeg konstatere at forslaget måtte revurderes eller trekkes. Det var tydelig at en slik konklusjon ikke var så lett å akseptere. Det gikk opp for meg gjennom de reaksjoner som kom, at regjeringen som kollegium ikke var blitt tillagt den vekt under forberedelsen som jeg mener er helt avgjørende for et godt arbeid og samarbeid.

Jeg valgte å ta en kort pause så jeg kunne snakke med Sissel under fire øyne – og forklare at situasjonen var at hun ikke hadde regjeringen bak seg i sitt forslag til valg av person. En uke senere ble Målfrid Grude Flekkøy utnevnt.

Tillitsvalgt – med hud og hår

I et større avisoppslag fra høsten 1975 med reportasje om den unge statsråden og nestlederen finner jeg noen glimt av hvordan den vennlige og pliktoppfyllende «forværelsesdamen» Thora Skogsrud opplever situasjonen: «Hun er tross alt bare et menneske. Jeg skjønner ikke hvordan hun holder ut. I tillegg til møter i departementet, regjering og storting, kimer telefonen dagen lang fra partilag og organisasjoner som vil ha henne til å holde foredrag ... Hun er veldig aktiv. Jeg har arbeidet under 11 statsråder og tror jeg trygt kan si at statsråd Harlem Brundtland er den mest villige til å påta seg foredrag utover den ordinære kontortid.»

Det gir et lite bilde av hvordan andre så denne tiden. Jeg var opptatt av å gjøre en skikkelig jobb og sparte meg ikke. Jeg var ung, jeg var kvinne. Det skulle i alle fall ikke bety at jeg ikke gjorde en like god jobb som mine kolleger mennene. Slik tror jeg psykologien min var.

I kvinneåret lot Alle Kvinner leserne kåre Årets kvinne, og skriver i den forbindelse: «I 1975 etablerte Gro Harlem Brundtland seg raskt og elegant som en ener i norsk storpolitikk, og hun gjorde det som kanskje enda vanskeligere er: Snakket seg inn i menigmanns hjerter. Vi forstod hva hun mente og hva hun stod for. Enig eller uenig i hennes politiske farve, klar tale er noe man verdsetter i disse tider med mye ull, politiske vendinger og fine fremmedord.»

Det skulle komme tyngre tider, vanskelige saker og vanskelige valg i årene som fulgte. Jeg var blitt tillitsvalgt, med hud og hår.

På hjemmebane

Hjemme forandret tingene seg umerkelig. Min måte å legge opp rutinene på, også i det arbeid som skulle gjøres hjemme i formiddagstimene, gled ut.

Våren 1975 tok vi farvel med familiens siste praktikant. Knut, Kaja, Ivar og Jørgen kom ikke lenger hjem til en voksen etter skoletid, men hjem til hverandre. Så tomt hus var det ikke, og nøkkelbarn ble de minste aldri. Knut var blitt 14, Kaja 12, Ivar og Jørgen ni og åtte. Men mindre orden og struktur, det ble det. Vi kom hjem mellom kl. 16 og 17. Og ofte kom Olav alene.

Det skjedde også noe annet, noe jeg ikke fullt ut skjønte mens det utviklet seg. Ofte ringte jeg hjem rundt halv fem for å sjekke stoda. Det hendte ikke så sjelden at Olav da kunne si: Gro, gjør deg heller ferdig, kom heller hjem litt senere, før barna skal legge seg. Nå går det så greit, vi skal til å spise middag. Nå i ettertid vet jeg at jeg oftere kunne ha klart å være hjemme på den tiden, og så heller tatt med meg dokumenthaugen hjem, til kveldsbruk.

Jeg tror Olav syntes det var greiest mange ganger å administrere sitt opplegg og sin måte å være sammen med barna på, uten en «konkurrerende» voksen til stede.

Heldigvis var det som før i helger og ferier. Var jeg hjemme, var jeg det fullt ut. Jeg elsket det, smurte matpakker til alle i påsken, sjekket alt utstyr etter familiens gamle og solide fjellregler.

De fleste dagene kom jeg hjem før barnas leggetid, om ikke til middag, men når jeg tenker tilbake på min reiserute i disse årene, så var jeg nok borte til langt på kveld, noen ganger til neste dag, iallfall to av de fem hverdagene i uka. Og ikke få lørdager og søndager gikk også med. Frokosten ble det som var mest strukturert, der hele familien var til stede. Vi holdt på dekket bord, te og skikkelig brød med pålegg. Det var smøring av matpakker, som oftest med min hjelp, så vi passet på. Ånden fra de mest strukturerte årene var med oss.

Og hyttene om sommeren og i påskefjellet, juleferien fra jul til nyttår, samværet med min mor og far. Det skapte ramme og stabilitet i familielivet, tross alt.

Minneboka

På en stor blå bok som ligger foran meg, står det Heimdal Avisutklipp. Når jeg åpner den, er det skrevet med barnehånd: «Julen 1975 – Til mamma fra Jørgen, Ivar, Kaja, Knut og pappa!»

Under står et nydelig bilde av oss alle seks, Jørgen med bare én fortann i overkjeven, Kaja med Snoopy, marsvinet i armene. De fem hadde hatt en hemmelig plan, de hadde samlet avisklipp om mamma, bilder og artikler gjennom lang tid, og klippet, klistret og skrevet sammen. Det hadde nok verdi på flere måter. De gjorde noe sammen, de leste og lærte, og de fikk et forhold til hva som var mammas jobb. Det ble med den ene presangen, for slikt tar tid og er lettere å gi seg i kast med når alt er nytt og spennende.

I minneboka finner jeg et sommerintervju fra 1975 i Arbeiderbladet ved «Toni», under overskriften «Statsråd på solsiden». Journalisten utfordrer – litt spøkefullt: Hva skal man egentlig med medisinsk embetseksamen? Ikke før er disse Harlemmene kommet litt ut i tredveåra, så hentes de inn i regjeringen, alltid som yngste medlem. Jeg sier: «Når jeg valgte medisin, var det ene og alene ut fra et sosialpolitisk engasjement. Selv føler jeg at jeg som statsråd utnytter utdannelsen langt mer effektivt enn jeg hadde mulighet for som lege. Jeg har flere utfordringer enn noensinne, og jeg kunne knapt gjøre en viktigere jobb akkurat nå.»

Så kommer det: «Allerede første svar bærer miljøvernministerens varemerke: Liten eller ingen åpning for fortsatt diskusjon, og tonefallet så selvbevisst at det er på grensen til å irritere – men innebygd smil i begge munnviker gjør at man bare sjarmeres.»

Merkelappene kom tidlig. Jeg blir spurt om hvorfor jeg valgte legestudiet, og svarer på det, mens journalistens egentlige poeng ligger i de neste spørsmålene han stiller: «Embetseksamen er iallfall en original vei til Arbeiderpartiets toppskikt. Det må ha vært mønstergyldig oppvekst i Framfylkingen og AUF som tok luven fra en ellers utbredt akademikerskepsis?»

Jeg sa ja da Trygve Bratteli bad meg gjøre en jobb. Hvorfor skulle jeg da hele tiden måtte be om unnskyldning for å ha tatt en utdanning slik det sosialdemokratiske Norge hadde lagt opp til? Det kunne virke sårende at man ble lastet for å ha lært noe. At noen søkte å utnytte dette mot en politisk konkurrent, var noe jeg først opplevde noen år senere.

Jeg registrerer også hvor sterkt jeg allerede i 1975 uttaler meg omkring oljevernberedskapen. «Når det gjelder å sikre oss mot oljesøl er vi ikke kommet så langt som vi burde!» – og «på dette felt må vi ta et krafttak».

Ja, det skulle bli et stormfylt felt blant de nye som kom inn under Miljøverndepartementets anvarsområde! I et avisklipp fra The New Yorker, september 1975, finner jeg følgende: «Jeg har ansvaret for å beskytte vårt land mot forurensning fra oljen,» sa doktor Brundtland, mens hun holdt meg fast med et stålblått blikk som ikke etterlot noen tvil i min sjel om at forurenserne absolutt burde ta seg i vare. «Jeg våkner vanligvis ikke opp med mareritt om natten – jeg sover normalt godt – og det er viktig å få åtte timers søvn hver natt. Men jeg har flere ganger våknet om natten av en drøm om en oljeblowout i Nordsjøen, med store forurensninger som sprer seg innover mot norskekysten. Og jeg drømmer at jeg står på en oljeplattform, med olje flytende på vannet rundt meg, og en TV-reporter spør meg: Hva har du tenkt å gjøre?»

Statsminister på oppsigelse – og på venteliste

Etter landsmøtet i 1975, da Odvar Nordli ble utpekt til partiets statsministerkandidat, varte det ikke lenge før vi merket utålmodigheten hos Odvar Nordli og hans nærmeste i gruppa og i Hedmark. Da valget var over og vi var samlet oppe i NRK om natten, bad Odvar oss tre i partiledelsen, Reiulf, Ivar og meg, om å bli med ham hjem for en liten prat. Det var sent og derfor overraskende. Han bodde i en av Stortingets leiligheter nede i Parkveien. Hva hadde Odvar på hjertet? Han sa straks at han mente det nå var nødvendig med en rask avklaring av statsministerspørsmålet. Alternativet for ham var å søke fylkesrådmannsstillingen i Hedmark! Tre ledere var minst en for mye, mente han. På meg kom dette uventet. Jeg hadde regnet med at det ville ta litt lengre tid.

Odvar ville raskest mulig inn og overta etter Trygve Bratteli. Trygve – og Randi – mente helt sikkert at det hastet da ikke. Det ble Reiulf og Ivar som måtte formidle budskapet til Trygve. Reiulf ville ikke alene. Det sa han klart fra om. Jeg var nestleder, men var også medlem av Trygves regjering, så jeg slapp.

Det var ikke enkelt, dette. De to grudde seg fælt, det var det ingen tvil om. Trygve var fåmælt, fortalte de, og tydelig ikke glad. Det hele endte med en tung og lite hyggelig prosess. Tidspunktet, tidlig i januar, ble senere fastsatt på et landsstyremøte oppe på Olrud utenfor Hamar.

Pressen skrev om hvordan Trygve ble presset ut. Vi hadde det vondt, flere av oss.

Det hadde selvfølgelig vært bedre hvis denne situasjonen også var blitt mer åpent og endelig drøftet og avklart i forbindelse med selve landsmøtet. Nå *ble* det faktisk slik at vi hadde «en statsminister på oppsigelse». De som var misfornøyd med landsmøtets valg av leder, og som mente at valget kanskje kunne ha blitt Odvar ved en reell votering, var mest utålmodige. De mente at dette spesielle «dobbeltvedtaket» måtte gjennomføres for å oppfylle landsmøtets intensjoner.

Ingen hadde spurt Trygve. Han hadde frasagt seg ansvaret som partileder, men følte nå at han ble presset ut som statsminister. Han opptrådte med saklighet og verdighet da skiftet skjedde. Men det var fleres ansvar å bidra til at slike situasjoner kan unngås. Det var hverken nødvendig å være utålmodig eller å holde igjen. Slike skifter kan skje i en positiv atmosfære. Selv la jeg vekt på dette tyve år senere.

Det var ekte glede og applaus ved Odvar Nordlis tiltredelse som statsminister 15. Januar 1976. I Hedmark var stemningen høy. Fylkets egen sønn skulle hylles. En fullstappet sal på Hamar med hele den nye regjeringen til stede, ble et fint minne fra de aller første dagene.

Like før skiftet hadde Odvar Nordli samlet partiets og LOs ledelse for å diskutere den nye regjeringssammensetningen. Først mer prinsipielt, om profil og balanse geografisk og mellom kjønn. Senere kom han med konkrete navneforslag til de ulike postene. Han hadde ingen nye forslag til utenriks-, finans- og justisminister.

Han ville ha inn Ragnar Christiansen fra stortingsgruppa, en av de andre som i likhet med Odvar selv hadde fått tilnavnet Brattelis «sølvgutter». Det ble Samferdselsdepartementet, og Annemarie Lorentzen måtte flytte til Forbruker- og administrasjon. Jens Evensen, Eivind Bolle og Leif Aune ble på sine poster.

Odvar la stor vekt på å få Bjartmar som industriminister og tok ham over fra Kirke- og undervisningsdepartementet. Ingvald Ulveseth gikk tilbake til gruppa, og Kjølv Egeland fra Stavanger ble ny undervisningsminister. Den kommende statsminister ville også gjerne ha med Rolf Hansen i kollegiet. Han ble forsvarsminister etter Alf Jacob Fostervoll. Tor Halvorsen ville tilbake til LO. Han skulle gjøre seg klar til opprykk ved neste kongress.

Vi drøftet flere kvinnenavn på posten som sosialminister. Jeg ble spurt om jeg ikke kunne tenke meg å ta den jobben, dessuten ble jeg oppfordret til å ta jobben etter Bjartmar.

Når det gjaldt Sosialdepartementet, kunne jeg vise til det Trygve sa i 1974 om å være statsråd på eget fagfelt. Når det gjaldt Undervisningsdepartementet, argumenterte jeg sterkt med det jeg mente var det viktigste: Miljøverndepartementet måtte ikke enda en gang bli salderingspost og være det departement som opplevde stadig nye folk. Det ville være galt for partiet og dets troverdighet, mente jeg.

Hallvard Bakke kom inn etter påtrykk fra AUF og overtok Undervisningsdepartementet. På to andre punkter var det mye diskusjon. Vi måtte ha inn minst én kvinne til. Likevel ble det bare fire, én bedre enn Trygve. Dette var et år etter Kvinneåret – og noe mindre var ikke mulig for partiet. Det var få kvinnelige statssekretærer også. Jeg pekte på muligheten av Kirsten Myklevoll fra gruppa. Odvar nølte. Det ble Ruth Ryste, som ny sosialminister. Hun var personlig sekretær på den tiden og lite kjent av de fleste av oss.

En hedersmann

Det aller vanskeligste punktet for Odvar gjenstod. Torstein Treholt fra nabofylket Oppland hadde vært landbruksminister i begge de to Bratteli-regjeringene. Han var blitt eldre. Det var slett ikke sjelden han falt i søvn under møter også i regjeringen. Likevel fikk han med seg alt som gjaldt landbruk. Han var en hedersmann. Alle var vi fulle av respekt for ham, ikke bare Odvar.

Det ble en vanskelig avveining. Ville han ikke ta det tungt? Jeg husker jeg spurte: Ja, men er det ikke likevel riktig *nå* å skifte over til noen som er yngre? Han virket faktisk trett. Vi må også tenke fremover. Det går mot valg. Det ble slik. Vi hadde alle knute i magen.

Oskar Øksnes etterfulgte Torstein Treholt. Det var nok første gangen jeg var mer direkte medansvarlig for å ta slike tunge beslutninger omkring personer. Da ulykken rammet ham så brutalt i januar 1984, fikk jeg tilbake følelsen fra den gangen i 1976. Den aldrende Torstein måtte oppleve at sønnen Arne ble arrestert som spion.

To år senere skulle det gjøres noen nye endringer i regjeringen. Odvar og Bjartmar hadde forberedt et nytt departement, Olje- og energi, som Bjartmar skulle starte opp. Olav Haukvik, fylkesrådmann i Telemark, ble ny industriminister. Samtidig gikk Ragnar Christiansen og Annemarie Lorentzen tilbake til Stortinget. Arne Nilsen gikk fra gruppa inn i Kommunaldepartementet og etterfulgte Leif Aune.

Denne gangen gikk Kirsten Myklevoll inn i regjeringen etter Annemarie Lorentzen. Det ble ikke sagt så mye om vurderingene bak. Hun hadde vært i regjeringen siden den andre Bratteli-regjeringen i 1973. Det var nok blitt en del slitasje. Annemarie var tøff på miljø og sikkerhet. Jeg tror det var en god del motstand ute og gikk mot en kvinnelig samferdselsminister med en fremsynt profil.

Også ved denne korsvei ble jeg invitert til å bytte beite, ja hvis jeg ville, da? Odvar husket nok diskusjonen fra sist. Nå var det helt utenkelig. Store, viktige miljøsaker skulle løses. Arbeidet med Hardangervidda-planen lå foran oss.

Hets i valgkampen

Mediasamfunnet har utviklet seg kraftig på de 23 årene som er gått siden 1974. Derfor har jeg nok intuitivt knyttet de verste opplevelsene i offentlighetens søkelys til den siste halvdelen av hele denne perioden. Men når jeg tenker tilbake, vet jeg at det startet tidlig.

Jeg minnes hvor hjelpeløs jeg følte meg da angrepene mot min familie, min far og indirekte meg selv, satte inn. Det skjedde så tidlig som tre måneder etter at jeg ble statsråd, lenge før jeg ble valgt til et sentralt tillitsverv i Arbeiderpartiet. Norges Handels- og Sjøfartstidende og Aftenposten brakte stort oppslåtte artikler som mer enn insinuerte politisk dobbeltmoral. Min far hadde overført andeler i hytta i Onsøy til sine barn i form av et familiesameie. Anklagen bestod i at dette skulle være gjort for å komme den nye konsesjonsloven i forkjøpet, en lov Høyre var imot. Partiet ville bruke den mot Arbeiderpartiet i valgkampen i 1975.

Saken ble stadig brakt fram igjen i kommentarer i pressen, og etter hvert som annonse og valgmateriell fra Høyre. Påstandene om at man hadde forsøkt å unngå eller omgå et lovverk som Arbeiderpartiet var for, var hovedpoenget. Dette gikk på integritet, etikk og moral løs! Jeg ble såret, på pappas vegne, på egne vegne.

De råd jeg fikk fra andre i det politiske miljøet, var av typen «Ikke bry deg om det. Dette kan da ikke du noe for. Det er bare grisete av Høyre». Det var vondt å la være å ta til motmæle, for jeg så jo at ingen gjengav fakta i saken, som min far straks hadde opplyst om.

I selve valgkampen vet jeg at denne saken ble brukt rundt om på Høyre-møtene og på Høyre-stands. Jeg møtte den ikke direkte der jeg selv var, i møter og forsamlinger. Det ville ikke være klokt å la meg få gjendrive ryktene og påstandene. De hadde jo bare effekt når de fikk henge i luften, uimotsagt. Dette var noe jeg ikke forstod den gang, men som ny erfaring har lært meg.

I fjernsynet

Reiulf Steen og jeg skulle svare for Arbeiderpartiet i fjernsynets valgsending. Det var en stor begivenhet den gangen – langt større enn i dag. «Alle» så på.

Det var avgjørende minutter.

Mange var spent på den nye nestlederen. Ville hun greie dette?

Jeg forberedte meg godt på alle politiske områder. Vi diskuterte alle sentrale saker på partikontoret, også konsesjonsloven. Jeg pekte på det forsøket man stadig drev med, på å trekke min far og min familie inn i den politiske debatten. Vi var enige om at dette temaet ikke falt inn under de spørsmålene jeg i tilfelle skulle ta ansvar for. Vi mente at fjernsynet ikke *kunne* opptre så grovt at de valgte å kaste inn en slik «privat» sak i en politisk diskusjon. Jeg tvilte, men følte meg helt trygg på at pappa intet var å bebreide.

Under sendingen beveget Lars Jacob Krogh seg inn mot dette temaet. Jeg husker ikke ordvalget, men selve stemningen og situasjonen i studio. Sannelig – han insinuerte – og kastet noe hånlig inn en henvisning til familiens hytte. «Dette har jo du greie på, dette med konsesjonsloven, Gro Harlem Brundtland.»

Jeg følte meg misbrukt.

Jeg svarte rent saklig. Mange syntes visst denne delen av utspørringen var litt underlig. De skjønte ikke journalistens spørsmål og poeng. Men de politiske observatører og alle som hadde sett og hørt denne kampanjen, forstod det. Det var ikke hyggelig.

På slutten av valgkampen hadde vi en pressekonferanse i Folkets Hus. Iallfall en av journalistene stilte en rekke ubehagelige og insisterende spørsmål om denne saken. Jeg gjentok: Pappa tok opp denne saken om sameie flere år før konsesjonsloven var noe tema, med en advokat i Fredrikstad. Poenget mitt var at det var flere år før. Det var der moralen i saken lå. Journalisten antok at jeg eller faren min bløffet – og ville vite *navnet* på advokaten. Jeg husket det ikke, sånn uten videre. Jeg hadde aldri vært hos ham eller møtt ham. Så kom jeg på det. Het han ikke Wilberg? Da pressekonferansen var over sa jeg det, med forbehold, til journalisten, en eldre mann fra Norges Handels- og Sjøfartstidende. Han noterte – og jeg fortsatte i dagene fremover med valgkampen.

Noen få dager før valget opplevde jeg noe som virkelig er til journalistens honnør. Han skrev sannheten. Han kunne jo ha latt være. Han fortalte leserne hva hans undersøkelser hadde brakt fram. Slike ting skjer ikke ofte, dessverre. Leserne får slett ikke alltid hjelp når det gjelder å supplere, nyansere eller helt snu om på et falskt bilde som allerede er skapt.

For hva stod det? «Harlems eiendomstransaksjoner: Påbegynt allerede i 1969.» Journalisten har sjekket det hele med høyesterettsadvokat Erik Wilberg i Fredrikstad som opplyser dette.

«Og selv om familien Harlems interne eiendomsoverdragelser kan være kjærkomne momenter i en valgkamp fordi de har funnet sted i tidsrommet mellom konsesjonslovens vedtakelse og iverksettelse, bør man så i anstendighetens navn ha de fundamentale fakta på det rene.»

Kravene til saklighet i pressen når man går til åpne angrep på det vi kan kalle «offentlige personer», er ikke alltid til stede. Når man først er angrepet, står man ofte i den situasjonen at uansett hvordan man velger å håndtere saken, sitter man selv igjen med svarteper.

I dette tilfellet var det først to dager før valget og etter at stor skade var skjedd gjennom mange måneder, at det riktige bildet kom fram, om enn bare i én og mindre sentral avis.

Radikal og for EF og NATO

Jeg hadde som de fleste opplevd de sterke spenningene mellom personer og grupper i partiet som hadde utviklet seg gjennom debatten og striden om EF og foran folkeavstemningen i 1972. Her var det ja-side og nei-side, høyreside og venstreside, unge og eldre, folk med et mer eller mindre moderne syn på likestilling mellom kjønnene, folk med større eller mindre vilje til radikale endringer av tradisjonelle roller, former og arbeidsmetoder. Noen ganger krysset de politiske kampene og personstriden disse ulike dimensjonene, men altfor ofte ble folk satt i bås etter hva de mente og hvor de befant seg i den store striden om EF.

Jeg følte meg beslektet med begge sider. Mange av dem som delte mitt syn i andre politiske spørsmål, hadde sagt nei. Jeg hadde tvilt lenge, men ble i god tid våren 1972 overbevist om at ja var det riktige valget. Ja til samarbeid, ja til å være en del av Europa, ja til sikkerhet i fellesskap. Nei til ekstrem selvgodhet og nasjonalisme, nei til å se på nordmenn som «bedre» enn dem lenger sør i Europa.

Jeg glemmer aldri en hyggelig og interessant aften hjemme hos Lars Walløe, nå professor ved Universitetet i Oslo, og min venn fra gymnastiden og medstudent i medisinen. Det var i mars/april i EFåret 1972. Vi ble sittende rundt middagsbordet, 12-14 personer, de fleste ektepar og unge akademikere fra universitetsmiljøet. Ordet gikk til slutt rundt, *med* klokka. Vi var enige om at hver enkelt skulle presentere sitt syn og sine hovedargumenter for sitt standpunkt i den aller viktigste samfunnsdebatten på den tiden.

Jeg var heldig – jeg var en av de siste i den runden. Og jeg husker jeg lyttet intenst, konsentrerte meg om å søke etter min egen indre stemme samtidig. Hva skulle jeg svare, og hva skulle være mine viktigste momenter?

Plutselig stod pila stille – på ja. For hva hørte jeg en av gjestene si? Jeg husker i dag ikke hvem det var, for han var ikke av dem jeg kjente fra før. Men han kom med denne avsluttende bemerkningen for sitt rungende nei: «Og, så tenk dere da – å møte fullt av tyskere og italienere når du går fottur i Jotunheimen!»

Jeg ble fylt av vemmelse. Slik gikk det ikke an å tenke eller føle. *Det* laget var jeg ikke med på. Fra da av nølte jeg ikke. Jeg visste hva jeg ville stemme – og sa det.

Jeg hadde aldri vært i tvil om Norges plass i NATO. Så heller ikke dét nei-folket kunne jeg følge. Dem var det mange av, særlig i AUF, men også i deler av fagbevegelsen.

Likevel – jeg var ung. Jeg lyttet og lærte. Jeg var nysgjerrig. Hva stod de for, hva trodde de på, de som sa nei til den ene eller begge av disse sakene, EF og NATO? Jeg hadde ikke låst døren mot noen og var opptatt av debattenes reelle innhold.

Jeg merket på denne tiden at jeg på mange måter ble møtt med tillit og åpenhet ute i partiet fordi jeg ikke tilhørte noen fløy. Med et åpent sinn gikk jeg inn i den politiske debatten om de nye sakene og den nye tid, uten å bære de lodd mange gjorde, ved bevisst og ubevisst å dele partifeller inn i venner og fiender.

Ute i partiet var det mange som ikke visste om jeg hadde stemt ja eller nei til EF. I årene 1975–76 var det tross alt ikke det som stod sentralt i de debattene vi førte. Slik ble jeg på et vis symbolet på den nye tid, en politiker som bandt sammen og var brobygger. Det var ikke bevisst fra min side, det ble slik fordi jeg ikke var «eid» av noe eller noen, og fordi de sakene jeg brant for var kvinnesak, likestilling og miljø, reformer for familie og folks hverdag i en ny tid, med yrkesaktive kvinner og mødre.

Jeg var også skeptisk til en for rask videreutvikling nordover på norsk sokkel på grunn av fiskeressursene og farene for oljeforurensning. Jeg var kritisk til lobbyen som gikk inn for en sterkere satsing på kjernekraft også i Norge. Jeg delte generelt synspunkter med mange av dem som hadde vært på nei-siden i EF-saken. Jeg var radikal og stod på «venstresiden» i mange saker. Slik var det at jeg kom til å ha bred tillit og forankring i de ulike leire.

I tiden som fulgte etter landsmøtet i 1975, ble jeg meg enda mer bevisst hvor viktig det var for partiet å bygge videre på en slik profil og holdning. Jeg ønsket å bidra til et åpent parti med vilje til å trekke sammen, med vilje til å jobbe seg fram til en ny og mer samlende plattform. Jeg mente det var behov for og plass til nytenkning og kritiske synspunkter på mye av det gamle. Den plattformen måtte bygge på ja til NATO, som før, men med et kritisk og balansert syn som understreket Norges spesielle rolle.

Vi måtte lytte til de unge som ønsket å verne om våre selvpålagte restriksjoner og lavspenningen i Nord, og som senere var skeptiske til nye kjernevåpen og forhåndslagring av militært utstyr i Norge. Jeg var nestleder og ville arbeide for nyanserte og samlende holdninger. Og jeg så i mange i AUF gode og helt nødvendige samarbeidspartnere for å finne de beste løsningene både for partiet og for landet.

Jeg ble nok sett på som for «partitro» og for «ansvarlig» av de mest radikale og av de fremadstormende, unge AUF-ere. Men samtidig som altfor radikal og moderne, for lite tradisjonell og for mye av en miljø- og likestillingspolitiker av en del av de gamle gutta. Særlig av dem som dessuten mente at forpliktelsene i NATO betydde at alt måtte svelges uspurt. For dem var jeg nok for åpen for å delta i en dialog med de unge.

Et grønt parti

Ute i landet opplevde jeg et ønske og håp om å få starte opp igjen vanlig politisk og organisasjonsmessig arbeid, uten at alle måtte stemples i én av to leire – ja-folk og nei-folk.

I regjeringen var det vilje til samarbeid mellom dem som hadde arbeidet for et ja, og de nye som kom inn etter folkeavstemningen. Knut Frydenlund og hans statssekretær Thorvald Stoltenberg var typisk samlende i sin arbeidsstil. De visste at partiets styrke var å spille sammen med de unge, så langt det var mulig. Det gjorde også Per Kleppe og Inger Louise Valle.

Jens Evensen hadde nok en helt spesiell rolle for noen miljøer, i fagbevegelsen og i forhold til en del av våre stortingsrepresentanter som hadde stått sentralt på nei-siden. Det gjaldt helt klart for Einar Førde. Etter hvert ble jeg klar over at AUF-miljøet regnet noen av statsrådene mer enn andre som «sine».

Når saker som engasjerte de unge var oppe til forberedelse og behandling, kunne man lett merke hvilke av regjeringens medlemmer som var spesielt oppmerksomme og våre for de stemningene. Senere kom som nevnt Hallvard Bakke inn i kollegiet. Han ble sett på som AUFs mann. Og det var han i de aller fleste sakene. Som nestleder fikk jeg oftere og mer direkte kontakt med AUFs ledelse både i sentralstyremøtene og ellers. Ofte hadde vi sammenfallende syn, ikke minst på miljøsakene som ble enda sterkere aktualisert etter 1977, da Thorbjørn Jagland tok over som formann i AUF.

Kontakten til AUF og til kvinnebevegelsen var like selvfølgelig som den løpende kontakten med fagbevegelsen og de ulike fagforbundene i saker de var engasjert i. Jeg hadde ingen sans for at AUF så lenge holdt på sitt «Nei til NATO»-standpunkt, men det var jeg ikke alene om, og det var et spørsmål som AUF selv måtte finne løsningen på. Det skulle ta enda flere år, men debatten og atom- og sikkerhetspolitikken fra 1979 og utover bidro til en modning og en fornyet vurdering. Endringen skjedde i 80-årene da Jens Stoltenberg var blitt AUFs leder.

Folkeavstemningen om EF i 1972 og de turbulente årene som fulgte, var trolig noe av bakgrunnen for at jeg ble den første miljøvernminister som fikk en flerårig periode å arbeide ut fra. Jeg var den femte miljøvernministeren på bare to år da jeg tiltrådte i 1974. Jeg ble der i fem år, og advarte sterkt to ganger mot ideen om at jeg skulle gå videre til andre – noen mente viktigere – utfordringer.

Som Arbeiderpartiets nestleder fra 1975 kunne jeg delta i de helhetsvurderinger som skjer når nye regjeringsmedlemmer skal velges ut. Jeg hadde en klar holdning i disse årene: Nå måtte miljøvernet tas på alvor. Miljøverndepartementet måtte få status *minst* på linje med andre, viktige departementer. Det måtte samarbeide nært med Utenriks- og Finansdepartementet – og bli tverrsektorielt, som dem.

Derfor var det ingen god idé om Arbeiderpartiets nestleder skulle forlate det raskt – og bevege seg videre til nye oppgaver i politikken.

Jeg ville at partiet skulle være et grønt parti og at vi ikke skulle nøle med å ta de tunge takene. Det skulle ikke være noen grunn til å stemme SV eller Venstre fordi man var opptatt av miljøsaker.

I dag tror jeg at denne holdningen var noe mer enn bare litt «brysom» for enkelte. Dette var i de dager da kampen om Hardangervidda, lov om produktkontroll, planleggingslov og forurensningslov gikk for seg. Det var ikke alle som syntes det var like greit at nestformannen befant seg i førersetet for så viktige og kontroversielle saker.

Jeg tror likevel jeg kan si at jeg hadde viktig støtte. Mange i fagbevegelsen og i partiet – ikke minst de unge – var sterkt opptatt av en mykere profil. Vi ville ikke at Arbeiderpartiet skulle identifiseres ensidig med «kraftsosialisme». Vi var for økt sysselsetting, eksport og retten til arbeid for alle, men vi mente det ikke kunne skje på bekostning av de langsiktige virkningene på natur, menneske og miljø. Jeg sier menneske, fordi sammenhengen med natur og miljø er så åpenbar. Skadene på mennesket av tapt biologisk mangfold kan ingen bortforklare. Heller ikke de farlige virkningene av kjemiske forurensninger i luft, vann og jordsmonn.

Skjerpet miljøprofil

Energispørsmålene var helt sentrale. Prisene kunne ikke være for lave på slike nøkkelfaktorer i samfunnsutviklingen som olje og vannkraft. Det ble en strid der Miljøverndepartementet og Finansdepartementet stod sammen om et helhetlig perspektiv på de langsiktige virkningene av å bygge på en energiintensiv fremtid.

Industri- og energisiden, industriforbundene og store, tradisjonsrike næringer kjempet for sin fremtid. Det var nødvendig å se problemstillingene fra begge sider. Det dreide seg også om å ta vare på kompetanse og tradisjoner i norsk næringsliv, hvor vi hadde erfaringer å bygge videre på for en sterk fremtidig norsk industri.

Nye krav til stramme regler omkring utslipp og ressursøkonomi var viktige drivkrefter for å modernisere og skjerpe oppmerksomheten omkring de omstillinger som uansett måtte komme.

Jeg tror vi gjorde norsk næringsliv en viktig tjeneste ved å skjerpe miljøprofilen i disse viktige årene. Det gjorde mange bransjer bedre rustet til å møte kravene og konkurransen, etter hvert som knapphet på ressurser og energi slo inn også i andre land. Vi så det etter oljekrisen, hvordan innsatsen ble satt inn for å innføre ny og mer ressurssparende teknologi. Den viste seg igjen å være en økonomisk nyttig investering for de industribedrifter som ble nødt til å søke nye løsninger.

I 1979 var jeg invitert som foredragsholder til Europarådet. Jeg holdt et sterkt profilert innlegg om de krav den nye tid stilte til en helt annen innsats og prioritet til nye energikilder, energiøkonomisering og kamp mot forurensningen.

Det støkk i salen. Britiske konservative hadde aldri hørt noe så ille. Dette var radikalt. De levde på en øy. Kanskje var det ikke bare de britiske tradisjoner, som kolonimakt og øysamfunn som stod i veien for lyset?

Det var tungt i alle år å nå igjennom i forhold til Storbritannia. Vi kunne da utsette så stramme regler! Det ville koste for mye. Vi hadde da havet å dumpe i. Dette måtte hvert enkelt land selv få bestemme.

Det var ikke bare de konservative. Jeg glemmer aldri den store middagen på Akershus Slott noen uker etter blow-outen i Nordsjøen i 1977. Vi hadde invitert Nordsjølandene til en konferanse om oljesøl og oljevernberedskap. Min kollega fra Handels- og sjøfartsministeriet, statsråd Mabon i den britiske Labour-regjeringen, minnet mest om den berømte opptredenen til Khrustsjov i FN, selv om jeg faktisk tror at han unnlot å slå skoen i bordet den kvelden under middagen. Han lagde bråk og ablegøyer, opptrådte beruset, ubehøvlet og høyrøstet.

Det kan også hende de hadde rett, de som hevdet at den britiske ministeren var fornærmet over sin plassering ved middagen på Akershus. Protokollen hadde arbeidet alfabetisk og demokratisk etter vår anvisning.

En shit-bag

Mange vil huske hvordan miljøvernminister Thorbjørn Berntsen for et par år siden nærmest ble verdensberømt for å ha kalt den britiske miljøvernminister John Gummer for «en drittsekk». I verdenspressen den gang ble dette typisk norske uttrykket oversatt med «shit-bag». Uansett oversettelse, så vakte det stor oppmerksomhet.

Jeg var på valgkamptur og på besøk ved Hadelands Glassverk den formiddagen nyheten sprang, og ble inkvisitorisk spurt av norsk presse hva jeg mente om en slik forferdelig uttalelse fra min statsråd. Jeg valgte den offensive strategien. Jeg følte intuitivt at det klokeste ville være å ta det hele humoristisk. Grorud-gutten hadde jo et fargerikt, folkelig språk, minnet jeg om. Dessuten var det rent saklig slik at vi fra norsk side mente at britene tok forurensningsproblemene mindre alvorlig enn de burde. Så det var ikke bare Thorbjørn som ble ergerlig.

Thorbjørn Berntsen ble helt – både her hjemme og i de kretser i England som tillot seg å gå ut og støtte ham i hans noe friske språkbruk. Det kom til og med kommentarer fra enkelte om at en bedre karakteristikk enn denne kunne man ikke finne blant sine egne i Storbritannia. Det måtte en nordmann til!

Fordi Thorbjørn er Thorbjørn, og fordi Gummer ikke var spesielt populær i England, ble det i stedet faktisk et positivt poeng i valgkampen – og ikke noen belastning. Slik kan det også gå i politikken!

Rosenquist-krigen

Sterke personligheter og sterke følelser kan sette sitt preg på den offentlige debatten.

Ta nå den store «Rosenquist-krigen» som utviklet seg i året 1976/77. Kampen mot sur nedbør var topp prioritert av departementet. Men det var andre som brukte sine krefter på å trekke i tvil hele grunnlaget for vår innsats for å verne norsk natur. Det var ikke bare industriledere og politikere fra andre land, men også en norsk professor, Ivan Rosenquist.

Han var stadig ute med skarp kritikk av regjeringen og miljøvernmyndighetene, anklaget oss for usaklighet, for utvitenskapelig, politisk basert propaganda. Han var elsket i Storbritannia. Der ble han omfavnet, invitert og etterspurt som foreleser.

Hva sa han? Jo, noe som var vakker musikk i alles ører som ikke ville akseptere at vi hadde et internasjonalt problem. Han sa at det hele var noe stort tull. Sur nedbør ville bli nøytralisert av jordsmonnet. Hverken vann eller trær ville bli berørt.

Jeg tok dette alvorlig. Så jo hvor negativt det virket med en slik aktiv undergraving av norske interesser. Er vi *helt* sikre på at det ikke er noe i det han sier? Jeg innkalte en rekke professorer til møte. Vi samlet alt mulig materiale – og gradvis økte kunnskapen – på Rosenquists bekostning. Men det tok mye tid og krefter å skulle kjempe mot folk som fikk så mye plass i pressen – og i utenlandske miljøer.

Her hjemme ble det brukt mot meg at jeg blandet meg inn i forskningen. Saken er at regjeringens medlemmer må ta stilling til og bygge på forskningsresultater. Vi hadde tapt tid om jeg ikke hadde orket eller våget. Men tøft var det. Og jeg savnet mer enn en gang at andre forskere hadde brukt av sin tid for å sette professoren på plass.

Det norske samfunn brukte den gang betydelige forskningsmidler på å avklare årsaksforholdene omkring sur nedbør. Prosjektet sur nedbørs virkning på skog og fisk (SNSF) var et pionerprosjekt og involverte mange fagmiljøer. Det var et stort engasjement omkring fiskedød og sure vassdrag, ikke minst på Sørlandet. Norge hadde arbeidet for å få saken på dagsordenen i internasjonale forhandlinger.

Dette måtte stoppes ved kilden. Og forurenseren måtte betale. Det var vår holdning.

Sur nedbør er et talende eksempel på helt nye politiske utfordringer. Det viser jo at vi *ikke* bare har problemer som hvert land kan se på som sine. De spres over landegrensene – og stiller krav om et regelverk og et samarbeid som bare kan skapes av det internasjonale samfunn.

Tøffe tak, sterke motstandere

Arbeidet gikk tilbake til 1972. Et nordisk forslag utløste et samarbeidsprosjekt i OECD, der 11 vesteuropeiske land deltok. Olav Gjærevoll var miljøvernminister, men senere senterpartistatsråder fulgte opp, og Høyres Per Hysing-Dahl ble leder av styringsgruppa for det forskningsprosjektet som ble satt igang her hjemme. *Jeg* ble involvert straks jeg overtok etter Tor Halvorsen i september 1974. Det var en viktig sak for departementet.

Det var tøffe tak, sterke motstandere, både hjemme og ute. Hånlige kommentarer om alle de øde fjellvannene, der ingen bodde – bare fisk. Var det *dette* vi var så redde for? Et luksusproblem, slik forsøkte man å avfeie det hele.

Jeg reagerte på to måter: Mer forskning, enda større kunnskaper. Sjekke alle kritiske spørsmål, få de beste folk vi kunne til å lede prosjektene og ta diskusjonene med andre lands forskere. Dessuten: *Argumentasjonen måtte utvides.*

Jeg kjente jo til det man visste om London-smogen. Det måtte være slik at sur nedbør betydde skadelige virkninger også på mennesker. Hva med lungesykdommer, astma, bronkitt? Forskningen ga litt uklare svar. Likevel var det ingen tvil om at partikler hadde negative virkninger. Men – hva med SO_2? Vi gikk videre og samlet materiale. Vi brakte det snart inn i arbeidet i ECE (FNs økonomiske kommisjon for Europa).

Jeg begynte å ta opp dette mye sterkere i mine innlegg ute. Jeg var doktor. Jeg talte også med det som bakgrunn. Det begynte å virke. Folk spisset ørene. Det var ikke bare ferskvann i fjellet og fjerne skoger, ikke bare ørret og laks i den norske fjellheimen dette dreide seg om. Det gjaldt faktisk menneskers helse også. Og den forurensede luften brøt ned gamle kulturskatter og bygninger.

En dag kom Melina Mercouri til Norge. Hun var gresk kulturminister og sterkt opptatt av Akropolis. Uerstattelige kulturskatter ble angrepet av svovelen i den forurensede luften i Athen. Europas arkitekturarv var truet.

Vi regnet også på materielle skader. Dette betydde kostnader for næringslivet, ikke bare for helse, miljø og kultur.

Sommeren 1975 er en delegasjon fra Miljøverndepartementet deltakere under den store Konferansen for Sikkerhet og Samarbeid i Europa, KSSE, i Helsinki. Gjennom flere år har Norge arbeidet for å få til en slik sikkerhetskonferanse mellom øst og vest, og vi har lagt vekt på å få med miljøproblemene på dagsorden for dette møtet. Langtransport av luftforurensninger er et illustrerende eksempel på den gjensidige avhengigheten også mellom øst og vest.

I forberedelsene til Helsinki-konferansen inngår også arbeidet med de norske posisjonene. Senere oppstår det uenighet mellom Miljøverndepartementet og Utenriksdepartementet om hvor et fremtidig sekretariat for overvåkning av luftkvaliteten og undersøkelser av langtransport av luftforurensninger i Europa skal forankres. UD mener dette kan legges innenfor rammen av EF, mens jeg går inn for en klarere øst/vest dimensjon ved å forankre det i ECE.

Det blir slik vi ønsker – og jeg husker hvor overrasket Olav var da han opplevde at miljøvernministerens syn fikk gjennomslag i en så klart utenrikspolitisk sak.

Jeg tror nå jeg lyktes med dette fordi flere enn jeg syntes denne profilen var riktig og hensiktsmessig. Miljøproblemene var åpenbart egnet til å bygge bro over motsetninger. Vitenskapelig og kulturelt samarbeid var godt egnet for å bygge ned mistillit og se fremover.

Svindel?

Selve striden omkring professor Rosenquists kritikk av forskningen og av norsk miljøpolitikk toppet seg i kjølvannet av mitt ordvalg på en pressekonferanse: *Køpenickiade*!

Dette betydde jo svindel, sa professor Rosenquist. Og han var ingen svindler. Han var en seriøs forsker.

Den gangen ble striden om språket utkjempet på hjemmebane. Rosenquist var en stridbar person. Jeg var ikke det motsatte, jeg heller. Språket er et viktig våpen, både i politikken og i vitenskapen.

Det var flere som kom på banen. Temperaturen var høy. Dr. philos. Werner Christie, på vegne av Forskerforbundet, skrev i et avisinnlegg : «Kravet til sannhet blir i praktisk politikk prioritert lavt, mens det innen forskning står høyere enn noe annet.»

Det gjør meg opprørt. *Her ligger det et utrolig hovmod til grunn*, er min kommentar i et brev jeg skriver til Forskerforbundet. Jeg finner det skremmende med slike holdinger og slår fast: «Også mitt forhold til sannheten er et grunnleggende prinsipp, og er overhodet ikke endret fra det øyeblikk jeg gikk over i politikernes – fra forskernes! – rekker.»

Helge Fredriksen fra Norges Industriforbund kaster seg også inn i striden. Han bygger på Rosenquists overdrevne fremstillinger og mener dette må bety at våre strenge pålegg til eldre norsk industri må revurderes. Mange ting er vevet sammen.

Nå har virkningen av professor Rosenquists korstog også gjort seg gjeldende i form av nytt håp om færre politiske tiltak i Norge. Samtidig følger de med i andre land og gleder seg stort over disse selvskuddene.

En skjellsettende erfaring

Jeg opplevde dette halvårets intense dragkamp gjennom uker og måneder i 1976/77 som skjellsettende. Jeg så at jeg ikke kunne velge å forholde meg passivt tilbakelent uten å risikere en svekkelse av den miljøinnsats, både nasjonalt og internasjonalt, som det var satset så mye arbeid og krefter på å få igang. Det hadde naturen ikke råd til. Det ville føre til et uforsvarlig tempotap.

Jeg ville slåss for å unngå slike konsekvenser. Forskeren i meg ble mobilisert, og politikeren gikk høyt opp på banen. Jeg angret aldri, selv om det tok tid og krefter.

Her sloss ulike forskningsmiljøer også om oppmerksomhet og om offentlige midler. Her sloss professorer om prestisje. Jeg visste at det var mitt politiske ansvar å ta stilling til den fortsatte virksomheten i Sur nedbør-prosjektet, om noe måtte justeres eller tilføyes for å få maksimal kvalitet i forskningen. Den *var* offentlig finansiert, hadde direkte statlige budsjettmidler over mitt departements budsjett.

Jeg var heller ikke fra starten av trygg på i hvilken grad kritikken var uberettiget eller overdreven. Jeg brukte mye tid på å sette meg inn i grunnlaget for den forskningsmessige konflikten. Først da var jeg sikker på at vi kunne gå videre i vårt politiske arbeid for å få større tilslutning til å gjennomføre de tiltak som kunne bekjempe den sure nedbøren.

Vi var kommet til at det var behov for ny styreleder for sur nedbør-prosjektet, en som hadde stått utenfor striden mellom råd og forskningmiljøer. Det ble dosent Lars Walløe, som var blitt en høyt anerkjent forsker med stor evne til tverrfaglighet. Han var både realist og medisiner. Han hadde engasjert seg i forskerdebatten innad i NAVF og hadde vært med i departementet blant dem vi drøftet denne vanskelige saken med. Flere hadde merket hans kunnskaper og evne til presise observasjoner. Jeg hadde jo sett disse sidene hos Lars helt fra unge år. Han fikk dialogen inn i et konstruktivt spor etter hvert. Lett var det avgjort ikke, med de sterke personlige faktorer som hele tiden spilte inn i denne viktige saken.

Når jeg i dag tenker på hele denne prosessen, slår det meg at den var med på å styrke mine muligheter og min tilnærmingsmåte da ulykken rammet oss i Nordsjøen i slutten av april. Det viktige brevet jeg sendte som svar til Forskerforbundet, som kritiserte min uttalelse om Rosenquist, hadde jeg lagt mye arbeid og engasjement i. Det ble gjort ferdig i den uka da dramaet i Nordsjøen startet.

I Øst-Tyskland

På denne tiden arbeidet Miljøverndepartementet med internasjonale forurensningsspørsmål, ikke minst med å utbre erkjennelsen omkring sur nedbør og dens skadelige virkninger, som gikk langt utover det enkelte lands grenser. En invitasjon til Øst-Tyskland gav oss mulighet for å søke å påvirke et viktig land i østblokken. Året var 1975. Knut Frydenlund mente det var en god idé at jeg brukte tid på dette. Miljøvern var et naturlig grunnlag for å utvikle vårt politiske samarbeid med landene bak jernteppet.

Det var første gang jeg opplevde å komme til en flyplass langt hjemmefra – og befinne meg uten min bagasje. De fire mennene som var med i min delegasjon hadde alle sine kofferter. Hva skulle nå *de* med dem? De hadde dress og så likedan ut, uansett.

Vel, slik var det. Vertskapet forsikret om at kofferten sikkert ville komme til rette senere samme dag. Jeg ble for det meste oppholdt med tomt snakk i de neste fire dagene. Først på flyplassen avreisedagen så jeg min koffert igjen. Den hadde vært med flyet videre til Italia, sa de.

Men i gjestehuset der vi bodde tok de min hvite bomullsbluse og mitt undertøy hver kveld og vasket det. Så ren fra innerst til ytterst, det var jeg.

Blå og grønn skotskrutet ulldrakt. Det var antrekket også ved besøket i Dresden, der vi fikk se de tragiske virkningene av bombingene i 1945. Mye var urørt og så ut som den gangen. Dagen etter besøkte vi en virkelig svart by, Eisenhüttenstadt (jernsmelteri-byen). Det vil si, mye var brunt, ikke svart – ettervirkningene av bruken av brunkull. Enorme arealer med gammel tungrodd industri – og elendig arbeidsmiljø. Intet grønt noe sted.

Bildene vi fikk se etter jernteppets fall 15 år senere var bare mye, mye mer av slikt som dette. Ingen fornyelse, en foreldet, forurensende teknologi, helsebelastninger på arbeidere, barn og voksne som bodde i nærheten av slik tungindustri.

Et besøk i operaen inngikk i programmet i Berlin. Da passet det enda dårligere med min sporty ulldrakt. Ambassadøren mente vi kunne kjøre en tur over til Vest-Berlin og handle klær, men vertskapet ville nok ikke akkurat like det. Nei, tenkte jeg, det er da ikke nødvendig å såre dem. La oss høre om vi kan kjøpe noe lokalt. Det ble lagt inn et kort besøk i et kjellerlokale under det største varehuset i Øst-Berlin.

Der hadde de sanket sammen fra ulike avdelinger en ganske spesiell utstilling av plagg. Den bar preg av varemangelen og minnet ikke mye om motebildet i Vest-Europa på den tiden. Jeg endte opp med en flaskegrønn, stormønstret todelt kjole, ett nummer for stor. Det løste vi med et svart lakkbelte. Så kjøpte jeg svarte selskapssko, med platåsåle som jeg ikke hadde sett siden 50-årene. To nummer for store. Jeg stoppet tåen full av avispapir, og greide da å gå uten å virke altfor redd for å bli stående igjen på strømpelesten.

Vår kvinnelige tolk greide å hindre oss i å ta en tur ut av det låste gjestehuset, som lå i en låst hage, den siste kvelden. Hun prøvde seg med alle slags praktiske vanskeligheter og argumenter, som at hun måtte hun være med fordi det var hennes ansvar. Og at hun hadde nå tenkt å gå til sengs. Klokka var ennå ikke 21.30, så troverdigheten var ikke på topp.

Men hadde vi ikke allerede spist, da? Det var ingen steder å gå, mente hun. Jeg syntes synd på henne. Hun hadde åpenbart ansvar for å passe på oss, og turer utenfor gjerdet hørte ikke med i programmet. Vi var ikke i et fritt land. Hun var ikke fri. Jeg ville ikke gjøre hennes liv enda vanskeligere.

Formiddagen etter gav jeg henne de svarte skoene. Lykken skinte av øynene. Hun greide ikke å skjule sin store glede.

Diskusjonen med den østtyske miljøvernministeren viste at de selv mente de ikke hadde eller ville innrømme å ha noen problemer med forsuring av vassdrag og jordsmonn. Han mente også at det ikke var vitenskapelig bevist at svolvelutslipp i DDR påvirket forurensningssituasjonen i Norge i nevneverdig grad. De ville nå likevel sende eksperter og samarbeide om det norske forslaget om en europeisk konvensjon.

I likhet med Margaret Thatcher måtte etter hvert øst-tyske myndigheter likevel erkjenne at det skjer en betydelig langtransport av luftforurensninger. Samtidig er det klart at myndighetene allerede den gang i 1975 måtte innse at de hadde betydelige lokale forurensningsproblemer. De opplyste da også at brunkull var den viktigste energikilden, og at den situasjonen ville holde seg fram til år 2000.

Er det noe dere trenger?

I 1978 inngikk også et besøk i Sovjetunionen i mine reiseplaner. I Moskva gir jeg uttrykk for våre holdninger til de spørsmål vi er engasjert i, og snakker om skadene på norsk natur som vi har registrert fra tidlig i 70-årene. USA og Canada har også opplevd et økende problem. Dessverre kunne sovjetrusserne i 1978 vise til andre vestlige land, som Belgia ogVest-Tyskland. Også de var imot et så konkret opplegg som det Norden gikk inn for, fordi tiltakene ville bli svært kostbare på grunn av kullproduksjonen. Vi strir med det samme problemet i dag.

Olav er med på reisen. Det er et rent unntak. Én måtte jo være hjemme hos barna. Dessuten var det flere arbeidsbesøk og færre offisielle besøk i disse statsrådsårene.

Vi sitter og venter på Aeroflots avgang fra Helsingfors denne tidlige morgenen, 21. september. Konsulent Jan Thompson fra departementet kan russisk. Han kjenner dessuten landet, og nå spør han Olav og meg forsiktig: «Er det noe dere trenger, f.eks. av toalettsaker, så pass på mens vi er her. Der borte er det utrolig hvor vanskelig det er å få tak i selv enkle ting.» Toalettsaker? Det har vi da tatt med. Vi skal ikke være borte mer enn noen dager. Vi leser aviser, prater og venter.

Det skal jeg få angre på. Det er to problemer som står sterkt i minnet fra dagene i Leningrad og deretter i Kiev.

Vi frøs gudsjammerlig. I det dystre, mørke hotellet var det beinkaldt. Vi forsøkte å skru opp varmen. Det var fåfengt. Den første kvelden sa vi ikke noe, lå med fulle klær, tepper og sengeovertrekk pluss kåpe og frakk. Du sover dårlig på den måten. Jeg har opplevd det samme senere, så sent som i 1996. I Litauen var det 13 grader i soverommet i gjestehuset på senvinteren. I Leningrad var det bare åtte. Det verste er at den luften du puster er så kald. Klær og tepper hjelper ikke.

Neste morgen skal vi ut i møter. Vi tas vennlig imot, blir vist til garderoben for å henge av oss. Jeg tar meg kraftig sammen: Jeg *må* tørre å si at jeg helst beholder kåpen på. Jeg har valgt en mørk blå ullkjole med messingknapper, to underskjørt og en ekstra bluse under kjolen. Jakken til en drakt av ull kommer på toppen. Likevel hakker jeg nesten tenner. Og jeg nekter å ta av meg kåpen.

Det er like iskaldt alle steder, ikke bare på hotellet. Det viser seg umulig å gjøre noe med det. Datoen er 22. september. Fyringssesongen starter 1. oktober etter de direktiver som gjelder. Slik er det, og slik blir det. Det har vært en sterk kuldebølge over Nord-Europa i denne perioden, uvanlig for årstiden. Jeg minnes svakt min barndoms bilder av frysende barn og voksne under krigen. I CC2 var det bare 10-11 grader under rasjoneringen av brensel i krigsvintrene.

Vertskapet ser litt undrende på meg. Jeg velger å si det som det er, og med et smil. Du skjønner, jeg er litt frossen av meg. De frøs nok de også, men det var det umulig å innrømme i Sovjetunionen.

På ettermiddagen oppstår et nytt problem. Det er noe jeg trenger som jeg ikke har med i mine toalettsaker. Ennå er jeg ikke klar over *hvor* sant det var, det som unge Thompson hadde forsøkt å fortelle oss på flyplassen i Helsingfors.

Jeg henvender meg først til den kvinnelige ledsager i sovjetisk UDs «protokoll»: Jeg trenger å gå ut og kjøpe bind. Hun skjønner det ikke først, men det er jo ikke så vanskelig å gjøre seg forstått om hva det gjelder. Tilsynelatende er det i orden, hun vil at jeg skal bli med ned på et apotek.

Nede i hovedgatens utsalg snakker hun russisk med betjeningen. Det ristes på hodet. Vi får med oss noen små firkantede pakker tilbake. Det er små gasbind, kompresser kaller vi det, 3 x 3 cm i kvadrat. Ingen membran, liten sugeevne. Dette blir ikke enkelt! Nå blir flere mobilisert. Intet resultat. Oppgaven lar seg ikke løse ved hjelp av vertskap, UD eller protokoll.

Hva gjør russerne selv? Jeg ser det for meg. *Vi* vasket bleier den første sommeren da Knut var født. Det var gammel tradisjon. Det var helt sikkert det enkle svaret.

Vin, vodka og sang

I Kiev var temperaturen noen grader høyere. Det var også tydelig at tradisjonene her i Ukraina var litt annerledes. De markerte på ulike vis at vi var i et annet land. Det ble en lunsj utenfor byen etter besøk på museum. Både vin og vodka til maten. Skåltaler og glad stemning. Jeg takket for gjestfriheten og skålte for samarbeidet mellom våre to land. Olav dristet seg til å skåle for Sjevtsjenko – Ukrainas frihetshelt, og viste til den sovjetiske Oslo-ambassadøren, Kiritsjenko, som hadde vært glad for at vi skulle besøke hans hjemland Ukraina.

Det ble en viss uro rundt bordet. Kiritsjenkos far hadde vært partisjef i Ukraina fram til 1960 og var blitt avsatt av Khrustsjov. Navnet var ikke-tema, alle tegn på ukrainsk nasjonalisme likeså. En representant for den sovjetiske protokollen fant det tydeligvis nødvendig å minne om at ambassadøren i Norge var ambassadør for Sovjetunionen, ikke for Ukraina. Ingen hadde sagt noe annet, men en ambassadør, og iallfall en med navnet Kiritsjenko, måtte nok ta seg i vare for å uttrykke så varme følelser for sitt egentlige hjemland.

På veien tilbake til Kiev så vi kilometer på kilometer med flate kornmarker – mens vi sang. Det viste seg at min kvinnelige kollega, «miljøvernministeren» i Ukraina, var glad i å synge, som jeg. De felles europeiske røtter kommer til uttrykk i arbeiderbevegelsens kampsanger fra det forrige og dette århundre. Vi sang for hverandre, sanger fra vår egen tradisjon.

Jeg sang «Når jeg ser et rødt flagg smelle, på en blank og vårfrisk dag» – og hun fulgte opp så vi gjennomførte hele verset sammen. Hun kunne melodien, kunne gå inn og synge med, på sitt eget språk.

Vi hadde ingen tolk i bilen, bare våre to menn, så jeg vet ikke om teksten også kunne være lik.

Jeg har møtt min kollega en rekke ganger, både før og senere. Hun var fortsatt med i sovjetiske delegasjoner ved internasjonale konferanser, helt til slutten av 80-årene. Jeg vet ikke hvordan det er gått henne etter oppløsningen av Sovjetunionen og i den nye tid.

Kapittel VIII

Drama i Nordsjøen

Det er fredag aften, 22. april 1977. Bryllupsmiddagen hos Olav Stokke og Nina Granitzka holdes i en varm, gledesfylt atmosfære på denne tidlige våraftenen. En av gjestene avbryter feststemningen: Det er telefon til Gro, fra Miljøverndepartementet. Klokka er 23.55. To tanker i mitt hode. Nå er noe alvorlig skjedd. Det er vel ikke noe som angår barna eller familien!

Det *var* det jeg lenge hadde visst kunne skje. Det strømmer ut olje fra en boreplattform på Ekofisk-feltet. Er det blow-out? Er det en ukontrollert utblåsning? Alt tyder på det, men vi kjenner foreløpig hverken de nærmere omstendigheter eller ulykkens omfang. Ekspedisjonssjef Grønbech kan fortelle at Redningssentralen er alarmert og at Hans Christian Bugge, vår nye direktør i Statens forurensningstilsyn, er på vei til Sola.

Er det beslutninger som må tas umiddelbart? Nei, ulykkesberedskapen er igangsatt. Bugge og politimester Wergeland-Franck i Stavanger vil rapportere til meg så snart det er mulig.

Jeg reiser direkte hjem, iallfall trygg på at saken er i de beste hender med den dyktige embetsmann som nå er på vei sør-vestover. Konsentrasjonen er intens: Jeg merker ikke lenger varmen fra bryllupsrødvinen. Hodet er kaldt. Det arbeider slik jeg også har opplevd det som lege, revet ut av søvnen når jeg fikk melding om en alvorlig ulykke eller om en pasient som plutselig var i en kritisk situasjon.

Tankene er konsentrert. Hvem bør varsles – og i hvilken rekkefølge? Er statsministeren varslet? Jeg vet det ikke, men vet at industriministeren er det. Jeg vil vente til jeg selv har noe mer oversikt og kan ha en bedre vurdering av omfanget av katastrofen.

Hjemme er Knut stått opp, opptatt av hva som er i ferd med å utvikle seg. Det var han som fikk rollen å motta meldingen om at Miljøverndepartementet måtte ha tak i mamma, midt på natten.

Jeg har dratt alene hjem fra selskapet – Olav Stokke er først og fremst Olavs venn – og er glad for at 15-åringen er våken. Jeg forteller Knut det lille jeg vet så langt, og minner om diskusjonene vi har hatt rundt bordet her hjemme og på hytta om faremomenter og beredskap ved at Norge er blitt en oljenasjon.

Vi får gå til køys, Knut – her blir det snart nye telefoner og forstyrrelser. Det er ikke til å unngå at jeg lar en del tanker passere revy før jeg sovner.

Det jeg fryktet aller mest

Jeg er glad for det grundige arbeidet vi har vært gjennom i de to siste årene for å analysere risiko og fare for større oljesøl fra kontinentalsokkelen. Den kommunale og statlige oljevernberedskapen er planlagt og i ferd med å bli bygget ut. Diskusjonen i regjeringen om ansvarsfordelingen er gjennomført.

Sikkerheten er først og fremst selskapenes ansvar. Vi har en streng lovgivning som gir grunnlag for pålegg, kontroll og oppfølging. Industridepartementet og Miljøverndepartementet har hver sin rolle å spille overfor selskapene.

Ansvaret for å utforme kravene til selve oljevernberedskapen er overført fra Fiskeridepartementet til Miljøverndepartementet fra 1. januar 1975. Nye pålegg og krav er gitt selskapene. Den fastsatte frist ligger foran oss i tid. Jeg tenker på året som ligger bak oss, dramatikken sist påske da regjeringen behandlet spørsmålet om å åpne opp for oljeboring nord for den 62. breddegrad. Det hadde vært en vanskelig sak for meg som miljøvernminister og nestleder. Våre analyser i Miljøverndepartementet konkluderte med at oljevernberedskapen ikke kunne holde noen rimelig standard, med det utstyret som kunne være tilgjengelig i 1977.

Det var et sterkt ønske i oljeindustrien og i brede kretser innenfor det politiske miljø, at vi kunne starte tidligst mulig med å bringe virksomheten videre nordover. Slik var det også blant hovedtyngden av de tillitsvalgte i fagbevegelsen. Og slik var det i Nord-Norge. Industridepartementet og Bjartmar Gjerde arbeidet hardt for å kunne bringe saken fram til politisk beslutning. Det ville også være en positiv sak for Nord-Norge foran valget i 1977, slik han og mange andre så det. Jeg var sterkt tvilende, for å si det mildt.

Det var vanskelig for andre å møte mine argumenter på det faglige og faktiske plan. Nytt utstyr måtte først utvikles for de værharde forholdene i nord. Dessuten var det eksisterende og tilgjengelige utstyret altfor dårlig – også for Nordsjøen. Det fantes ikke utstyr egnet for åpne havforhold.

Min konklusjon var klar, som tilråding til regjeringen: Det var ikke forsvarlig å gå inn for oljeboring i nord i 1977. Heldigvis gikk det slik til slutt, selv om motstanden hadde vært stor, både i regjering og stortingsgruppe. Det ble mitt ansvar å gi klarsignal om at risiko og beredskap var rimelig ivaretatt. Det klarsignalet kunne jeg ikke gi – og jeg sa fra om det i gruppemøte like før påske 1976. Dermed ble det til, med støtte også av partiformannen i et intervju i påskeuka, at saken ble utsatt.

Med gru tenkte jeg på hvor vi nå hadde stått, om min holdning ikke hadde fått gjennomslag sist vår. Motargumentene hadde først og fremst vært hvilken minimal risiko vi stod overfor. Blow-out var uhyre lite sannsynlig – og kunne ikke danne grunnlag for beregningene av hvilken beredskap vi måtte ha etablert for et eventuelt oljesøl.

Nå var vi der. *Så* stor var iallfall risikoen! Fordi jeg lenge hadde visst at faren var reell med den virksomheten vi forlengst hadde i Nordsjøen, var den hendelse jeg aller mest hadde fryktet, inntruffet. Jeg hadde flere ganger hatt dramatiske drømmer om den situasjonen vi nå stod oppe i.

En begivenhetsrik natt

Klokka 02.00 – Bugge ringer og gir rapport om situasjonen. Det foreligger en ukontrollert utblåsning. Alle om bord, 112 mann er evakuert.

Brannslokningsfartøyet «Seaway Falcon» er brakt til plattformen og pøser vann på for å redusere brannfaren. Vi drøfter håndteringen og ansvarsforholdene for den aksjonsledelsen som nå skal opprettes. Vi mener begge det er riktig å legge loven om oljevern til grunn – og at aksjonsledelsen forankres med hjemmel i den.

Dette er best i samsvar med den planlegging som er gjort, og de prinsipper vi har lagt til grunn om en styrket rolle for miljøvernmyndighetene, i tillegg til de ordinære konsesjonsmyndighetene, Oljedirektoratet og Industridepartementet. Men forskrifter etter loven foreligger foreløpig ikke, selv om de har vært under forberedelse som ledd i hele styrkingen og gjennomgangen av sikkerhet og beredskap i oljevirksomheten.

Jeg har hele forhistorien i bakhodet. Det kunne nok være en enklere vei å la de myndighetene som i utgangspunktet har stått faglig ansvarlig, oljemyndighetene – ta hovedansvaret når nå ulykken var et faktum. Det var på ingen måte noen selvfølge at ledelsen skulle legges i miljøvernmyndighetenes hender.

Det var flere grunner til at jeg følte at det likevel var det riktige valget. Det ville gi dobbel tyngde i håndteringen fra myndighetenes side. De tradisjonelle oljemyndigheter ville være med, uansett. Nå kunne vi også sikre oss en ung, effektiv og vel forberedt «forurensningssjef» som leder for aksjonen. Dermed ville bredden i norske myndigheters engasjement og ansvar komme tydelig fram, også overfor det selskap, Philips, som var rettighetshaver og ansvarlig for virksomheten på Ekofisk.

Bugge mente hjemlene i tilfelle var klare, men at regjeringen hadde et valg. Jeg gav uttrykk for min preferanse – at vi selv burde stille oss i spissen – og bad ham først også drøfte denne løsningen med de andre sentralt involverte representatene for norske myndigheter. I disse timene ble det tydelig for meg hvor nyttig det var at vi hadde en fagmann som også var jurist. Det gjorde det lettere å få denne formelle og viktige prosessen på plass allerede tidlig den natten.

I Stortinget fire dager senere kunne jeg derfor uttrykke meg slik: «Etter at Hovedredningssentralen hadde varslet de berørte myndigheter, var i løpet av noen få timer representanter for Oljedirektoratet, Statens forurensningstilsyn, forsvaret og havnemyndighetene samlet på Redningssentralen slik som forutsatt i det opplegg regjeringen har utarbeidet. I samråd med meg ble det ca. klokka 04.00 lørdag morgen etablert en aksjonsledelse bestående av direktør Hans Christian Bugge fra Statens forurensningstilsyn som formann, politimester Oscar Wergeland-Franck, seksjonssjef Harald Ynnesdal fra Oljedirektoratet og kommandørkaptein Willy Andersen fra Sjøforsvaret.»

Jeg trodde også det var riktig at miljøvernmyndighetene stod fram for befolkningen som rette vedkommende for å begrense skadevirkninger på naturen, på livet i havet og ved kysten. Likevel, det var ingen selvfølge at mine midlertidige fullmakter til aksjonsledelsen skulle bli grunnlaget også for det videre forløpet.

Klokka 04.00 har jeg neste samtale med Bugge. Det har vært møte i aksjonsledelsen. De har også utarbeidet utkast til pressemelding, ut fra de opplysninger man til da hadde mottatt fra Ekofisk.

Ja – da tar du ledelsen!

Dermed har jeg gitt den formelle fullmakt til aksjonsledelsen og til Bugge som leder. Det skulle bli et visst spenningsmoment i døgnet som fulgte, men jeg visste hvor viktig det nå var å unngå enhver usikkerhet. Kommandoforholdene kunne ikke være uklare i en slik situasjon.

Klokka 05.00 – jeg velger å ringe statsministeren. Gir ham hovedbildet av ulykken og dens omfang. Det *er* blow-out, hvor stor er usikkert. Eksperter fra USA er tilkalt. Vi vet ikke hvor lenge dette kan vare – om man raskt kan lykkes med å stenge. Alternativt *kan* miljøskadene bli betydelige.

Klokka 05.30 – jeg ringer Bjartmar Gjerde. *Han* har de samme informasjoner som jeg, og peker på feil oppstått under vedlikeholdsarbeid på brønnen. Detaljer fortsatt uklare. Deretter Redningssentralen på Sola. Foreløpig lite nytt. De venter rapport fra Ekofisk ved halv åtte-tiden.

Rapport klokka 07.30: Helikopteret fra Oljedirektoratet har returnert med nye observasjoner og vurderinger. Det foreløpige anslaget om størrelsen på utslippet bekreftes. 4000 tonn olje per døgn. Svart, ukontrollert, men heldigvis er det mil inn til kysten. Sjansen er der for at katastrofen kan unngås. – Det er blitt mindre enn to timers søvn denne natta.

Lørdag 23. april

Det er morgen for barna – unntatt for Knut, som har fått med seg en del av nattens begivenheter – og nå sover tungt. Kaja, Ivar og Jørgen hører nyhetene klokka åtte sammen med meg. Olav sover. Jeg forteller litt mer om hva blow-out er, og om hvordan den kan stanses, hvis vi har litt flaks. Kaja tenker mest på sjøfuglene og på fisken i havet. Miljøbevisstheten er stor blant barn og unge, ikke bare hos miljøvernministerens egne barn.

Jeg lukker døra til kjellerstuen der biapparatet står. Barnestemmene forsvinner. Telefon fra departementsråden i Forsvarsdepartementet. Han bekrefter at «KNM Stavanger» er beordret ut til området, i tillegg til de to oppsynsfartøyene fra Sjøforsvaret som allerede er på vei. Statssekretær Kjell Kristensen informeres om de beslutninger som er fattet. Vi legger opp til et møte på Statsministerens kontor senere på dagen.

Ekspedisjonssjef Grønbech ringer og orienterer. Lite nytt. Vi har de samme kilder. Mange spørsmål må drøftes og utredes. Vi avtaler møte med sentrale embetsmenn klokka 10.30.

Utenriksministeren er på tråden. Generelt om situasjonen, om håndtering av informasjon til andre, mest berørte land. UD er igang.

På vei innover til Myntgata stopper jeg utenfor UD og henter et notat utarbeidet i UD tidlig på morgenen. Redningsorganisasjonene i Sverige, Danmark og Storbritannia er allerede varslet i nattetimene. Nå varsles også alle nordsjøstatene om ulykken, slik reglene er etter Bonn-avtalen om beredskapssamarbeid.

I departementet er atmosfæren spent. Alle er innstilt på at vi skal gjøre en jobb for å begrense skadene. Departementsråd Sætersdal er i Sverige. Jeg vet at hans ro og oversikt vil være viktig. Han må returnere snarest. Inntrykket i møtet er at Statens forurensningstilsyn har reagert raskt og effektivt. Det arbeides med forskrifter etter oljevernloven, de må fastlegges snarest mulig. Christian Hambro har det direkte ansvaret – en ung, dyktig jurist.

Møtet er på mitt kontor. Forsvarsministerens telefon settes inn.

I møtet hos statsministeren klokka 12.30 er fem regjeringsmedlemmer og to statssekretærer samlet. Jeg gir rapport om nattens beslutninger og om aksjonsledelsen, som klokka 9 hadde sitt første fulltallige møte, med ledelsen i Philips og operasjonsstaben til stede. Nå er retningslinjene for aksjonen trukket nærmere opp. Utenriksministeren får ansvaret for en sentral ved Forsvarets Overkommando, som skal forholde seg til andre land.

Statsministeren unnlater så langt å ta klart stilling til de foreløpige fullmakter, men gjør heller ingen innvendinger mot den rolle jeg har gitt Statens forurensningstilsyn. Oljedirektoratet er eventuelt det andre valget.

En kineser født

Vi snakket ikke om det da, men flere av oss husket nok striden mellom departementene om oljeboring i nord, ett år tidligere. Det var ikke for ingenting at Dagbladet senere denne uka brakte en fødselsannonse: «En kineser født – Nina og Bjartmar Gjerde.»

Bare noen uker før det blåste ut på Ekofisk, hadde Bjartmar Gjerde valgt en svært så høy profil i sitt svar til SV-representanten Berit Ås, som var uroet over en britisk undersøkelse omkring risiko for blowout: «Jeg har vanskelig for å godta en beregning som den representaten Ås her viser til, uansett hennes forskrekkelse. Den minner meg for mye om historien om den kvinnen som hadde hørt at hvert femte barn som fødes er kineser. Hun hadde fire barn fra før, ventet det femte, og gikk ut fra at resultatet ble en kineser.»

Rolf Hellem, Arbeiderpartiets oljepolitiske talsmann, hadde heller ingen stor tro på ulykkesfarene. Han sa: «Jeg tror imidlertid statistikk er lite tjenlig, bortsett fra for visse politiske spåkoner.»

Det var en av de dagene i stortingssalen da jeg gikk bort i embetsmannslosjen, urolig over de utsagn som ble fremført fra talerstolen. Jeg snakket ikke bare med mine egne eksperter og embetsmenn, men gav uttrykk for min skarpe reaksjon til blant andre ekspedisjonssjef Manshaus i Industridepartementet, over at man ikke tok risikoen alvorlig nok. Med min bakgrunn i forskning var det på ingen måte naturlig å feie til side beregninger og statistikk på den måten. Vi måtte være saklige. Og saklig sett kunne vi ikke bare avfeie risiko. Bjartmars bilde med kineseren kunne nok vekke latter i øyeblikket. Men logikken manglet jo helt. Det sa i virkeligheten noe helt absurd: At risikoen var lik null.

Heldigvis ble jeg ikke direkte utfordret i den debatten. Jeg nøyde meg med å fortelle Bjartmar at uansett debatt om hvor stor risikoen var, så *var* risikoen reell. Han syntes nok jeg var en streng, alvorstung gledesdreper.

En avgjørende trygghet

Lørdag klokka 14 – Odvar Nordli, Bjartmar Gjerde og jeg flyr til Stavanger. Den endelige avgjørelsen om lederskapet ble fattet lørdag ettermiddag, etter at statsministeren, industriministeren og jeg var blitt orientert av en samlet aksjonsledelse på Sola. Vi var alle imponert over det som var utført. Jeg tror mine to regjeringskolleger fant liten saklig grunn til å foreslå noen endringer i det opplegget jeg hadde lagt natten før. «Gro, det ser jo ut til at dette er i gode hender,» sa Odvar.

Derfor kunne jeg også si dette i min redegjørelse til Stortinget: «På ettermiddagen reiste statsministeren, industriministeren og jeg selv til Sola for å bli orientert av aksjonsledelsen om ulykken og om de foretatte og planlagte aksjoner. Både statsministeren og industriministeren gav sin tilslutning til at aksjonsledelsen kunne fortsette arbeidet *etter de retningslinjer og fullmakter de hadde fått av meg tidligere på natten.*»

Vi hadde heldigvis sikret oss et lov- og regelverk som hadde tilstrekkelig styrke overfor private operatører i en slik situasjon. Jeg husker det gjorde inntrykk på mange i internasjonal presse at norske myndigheter stod så sterkt som vi gjorde – dersom det skulle bli nødvendig med omfattende og kostbare pålegg overfor operatøren.

I min redegjørelse i Stortinget sa jeg om retningslinjene: «Aksjonsledelsen skal ha ansvaret for å følge med i ulykkesforløpet og påse at operatøren gjør det som er nødvendig for å bekjempe ulykken. Dersom det er påkrevd, kan aksjonsledelsen helt eller delvis overta kommandomyndigheten i arbeidet med å bekjempe ulykken. Den skal dessuten sørge for at de ulike offentlige myndigheters virksomhet blir samordnet. Aksjonsledelsen kan med hjemmel i oljevernloven gi de nødvendige pålegg til operatøren ... Regjeringen har i statsråd i dag formalisert de nødvendige retningslinjer.»

Jeg forteller såvidt inngående om disse formelle avgjørelsene fordi de i seg selv er viktige, og fordi de gav en avgjørende trygghet i håndteringen da dette rammet Norge. De illustrerer hvor viktig det er å avklare slikt tidligst mulig og klarest mulig, så man kan unngå kompetansestrid mellom ulike deler av fagmiljøene.

Jeg husker også hvor nøye jeg arbeidet med hver enkelt av disse setningene i redegjørelsen etter at jeg hadde oppnådd den støtte jeg trengte i regjeringen for denne profilen. Det var viktig at dette ble gjort kjent, klart og tydelig også utad, slik at heller ingen innad kunne trekke noe av dette i tvil. Hendelsesforløpet i denne saken var et viktig bidrag til den sterkere rolle som miljøvernmyndighetene skritt for skritt vant fram med.

Det var også en annen viktig grunn til å være pinlig nøyaktig. Massiv kritikk fra andre politiske partier i Stortinget kom raskt. Og i håndteringen av slike dramatiske begivenheter vil det alltid være et sterkt kritisk flomlys fra presse og opposisjon rettet mot de regjeringsmedlemmer som har det største ansvaret og samtidig den tyngste jobben med å takle den akutte situasjonen.

Venstre hadde landsmøte den helgen. Lederen Hans Hammond Rossbach gikk straks ut med en tordentale og varslet at dette kunne få konsekvenser for regjeringen, uten at det var lett å forstå hvilken innsikt han måtte besitte som kunne velge så sterke ord. Andre fulgte opp utover dagen.

Kristelig Folkepartis formann Kåre Kristiansen sa det slik: «At en ukontrollert utblåsning av slike dimensjoner i det hele tatt kunne skje, kommer som et sjokk på meg. Jeg har fra eksperthold fått inntrykk av at man hadde så gode tekniske muligheter for å stoppe en lekkasje eller utblåsning nærmest umiddelbart, at slikt som dette ikke kunne skje.» Han slo til med kraftig refs til regjeringen fordi vi måtte tilkalle amerikanske eksperter – og ikke selv hadde slike umiddelbart tilgjengelige.

Dagen etter var tonen en noe annen og overskriften i Arbeiderbladet 26. april slår fast: «Kåre Kristiansen firer på kritikken». Han innrømmer faktisk at han «ikke hadde alle detaljene klart for meg» – og at «regjeringen ikke kan kritiseres for at man ikke har slike eksperter i Norge».

«SV krever stopp i Nordsjøen» er en annen overskrift samme dag. I Dagbladets omtale 25. april finner man to overskrifter: «Bunnen falt ut av norsk oljepolitikk», og «Politikerne fikk oljesjokk». Den siste var nok mer dekkende enn den første. Dagbladet tar utgangspunkt i Kings Bay-saken og de politiske konsekvenser en arbeidsulykke fikk i 1963, fordi «Stortinget mente regjeringen ikke hadde gitt tilstrekkelige opplysninger om sikkerhetstiltakene. Det er idag for tidlig å spå om Ekofisk-katastrofen vil få liknende konsekvenser.»

SVs parlamentariske fører Reidar Larsen, som er medlem av industrikomiteen, sier at «både regjeringen og Stortinget har vært klar over at man ikke hadde tilstrekkelig oljevernutstyr på plass». «Man har visst at man har operert med denne risikoen. Derfor må storting og regjering ta det fulle ansvar for konsekvensene.» Han krevde også at all tildeling av nye blokker må utsettes, og at alle leteoperasjoner må innstilles til man har fått klarlagt hva som har skjedd.

Gunnar Stålsett, Senterpartiets formann, mener at «regjeringen må gi en forklaring på hvordan det har vært mulig å gå god for sikkerheten ved oljeutvinningen når man verken har ekspertise eller teknisk utstyr til å møte en situasjon mange eksperter har ment måtte komme».

Vi var truet

Dette var det politiske bildet mens vi mandag og tirsdag arbeidet på spreng med de redegjørelser Bjartmar Gjerde og jeg skulle gi Stortinget den 26. april.

Den skarpeste profilen hadde SV. Partiet peker på at storting og regjering har visst at oljevernutstyr på sokkelen var mangelfullt og at man har operert med den risikoen. Det er korrekt. Alle de andre partiene hadde stått ved hovedlinjene i oljepolitikken gjennom mange år, selv om det var nyanser når det gjaldt tempoet.

De andre kritikerne forsøkte å rette skarp kritikk mot regjeringen for antatte forsømmelser.

I en slik situasjon er det viktig å få fram de faktiske forhold snarest mulig, slik at debatten kan få en mer edruelig retning. Det fikk den også ettersom stortingsdokumenter og tidligere saksbehandling i spørsmålene viste at Stortinget hadde vært fullt informert og hadde sluttet seg til de planer og opplegg som regjeringen hadde lagt.

I hele denne debatten var det mange dimensjoner. Ulike syn på utviklingen av norsk oljevirksomhet, ulike syn på hvor stor vekt man generelt bør legge på miljøvern og sikkerhet. Ulike syn på betydningen av en fornyelse av næringsstrukturen i Nord-Norge. En dimensjon i det hele var jo striden omkring oljeboring i nord, satt opp mot frykten for fiskeressursene og miljøvirkningene, synet på vekst og vern, på forandring og tradisjon.

Ulykken på Ekofisk mobiliserte sterke følelser, også ute i befolkningen. At Norge opplevde en slik ulykke, utløste solidaritet og fellesskap. Vi var truet – og verden omkring oss fulgte oss med kritiske øyne. Det var ikke hverdagskost. Ulykken mobiliserte også partipolitiske markeringsbehov og lyst på regjeringsjakt, i et stortingsvalgår.

Mine to regjeringskolleger returnerer til Oslo denne lørdag ettermiddagen. Jeg deltar i vurderinger og beslutninger utover kvelden. Philips har stor tro på såkalt «kapping», at det skal lykkes å lukke åpningen mekanisk. Jeg støtter forurensningstilsynets krav om at det i tillegg, og parallelt i tid, må bringes fram borerigger for å kunne bore avlastningshull. Dette vil trengs dersom kappingoperasjonen ikke skulle lykkes. Dette koster penger – og selskapet nøler.

Til hotellet like etter midnatt, uten å ha spist middag – og uten nattøy eller skift til neste dag.

I helikopter til Bravo

Søndag er full arbeidsdag. Tema for dagen er ikke minst bruk av kjemikalier for å bryte ned oljen. Det er den metoden som har vært i bruk ved oljesøl andre steder. Vi er sterkt skeptiske, ut fra miljøvirkningene av de stoffene som da blir tilført. Aksjonsledelsen får støtte for et restriktivt syn.

Senere på dagen får jeg melding fra Miljøverndepartementet, som arbeider på spreng med å mobilisere den kommunale beredskapen, om at den danske miljøvernminister har meldt sin bekymring når det gjelder bruk av kjemiske midler. Vi kan berolige. Vi har det samme syn. Det vi har av mekaniske oppsamlingsmidler mobiliseres.

Dagens spesielle opplevelse er helikopterturen ut til selve området sammen med representanter for Oljedirektoratet. Et TV-team får plass ombord, så også andre kan få et direkte bilde fra selve plattformen og området omkring.

Hva forestilte jeg meg egentlig? Situasjonen var fylt av dramatikk. Hvordan ville dette gå? Jeg hadde diskusjonene om boring av avlastningsbrønn i bakhodet. Det *kunne* gå flere måneder, i verste fall. Det var grått, vind, litt dårlig sikt.

TV-folkene prøvde seg – hva tenker du? Hva føler du? Midt i støyende helikopterdur. Vent – la oss *se* først!

Vi skimter Ekofisk i synsranden. Tenk om det var blitt brann? Nå ser det normalt ut, på avstand. Vi svinger nærmere, ser oljesøylen stå rett til værs, nesten svart. På havflaten omkring ser den brunaktig ut – glinsende i bølgene. Det skal ikke bli lett å få lensene til å virke effektivt i såpass høye bølger. Men aksjonen er igang. Vi *skal* gjøre det som er mulig. Det vil dessuten gi verdifull erfaring for fremtiden.

Jeg beskriver hva jeg ser – for kamera. De spør om beredskapen. Jeg forteller om de planer som er lagt, om nye lenser som er under utvikling. Jeg sier at vi vil gjøre hva vi kan for å unngå bruk av kjemiske midler.

På land står det en skog av pressefolk fra inn- og utland. De ville alle ha ønsket å få være med.

Jeg gir intervjuer og kommentarer, bruker tid på å øke kunnskapsnivået og rette opp misforståelser, både overfor norske og utenlandske journalister. Det dreier seg om Norges ansikt. Jeg blir klar over hvilken viktig jobb det er – av mange grunner – å få satt denne saken i sitt rette perspektiv.

Vi har stilt de strengeste krav i verden, også om å utvikle helt nye løsninger.

Jeg vet litt om hvor langt foran vi ligger, for eksempel i forhold til Storbritannia. Det hjelper. Jeg legger vekt på saklige motstøt til pågående spørsmål av typen: «Hvordan kan du forsvare at noe slikt kan skje?» Norske myndigheter har valgt å satse på investeringer på sokkelen. Nå styrker vi ikke bare sikkerheten mot ulykker, men også vernet om naturen dersom ulykken skulle være ute.

Siste pressekonferanse klokka 23.00. Deretter siste møte og retur til hotellet.

Jeg vasker undertøy og strømper, ruller det i håndklær og plasserer det foran en panelovn på en stol. Det går når man må. Jeg kjenner jeg er sulten idet jeg sovner. *Hva* har jeg egentlig rukket å spise denne dagen?

Tidligste fly fra Sola neste morgen. Det strømmer til med pressefolk. Dessuten er en stor energikonferanse startet i Stavanger denne mandagen. Hotellene er sprengt. UDs presseavdeling også. To mann ekstra sendes over, bl.a. Chris Prebensen, som gjør en utmerket jobb, sammen med Egil Helle.

I Oslo er det regjeringskonferanse til vanlig tid klokka 12, deretter orientering av industri- og kommunal- og miljøkomiteen i Stortinget. Sentralstyremøtet den ettermiddagen forbereder landsmøtet om en ukes tid.

I departementet er det hektisk virksomhet, med notater, utredninger og forberedelser av saker. Jeg må dit på kvelden for å ta stilling til sakene, og arbeide med det første utkast til redegjørelse i Stortinget. Hjemme rett før midnatt. Vekkerklokka stilles på seks. Jeg må tidlig inn på kontoret. Nyvåkne barneansikter spør forundret, er mamma *her* da? før jeg forsvinner ut av døra før frokost.

På Stortingets talerstol

Arbeidet med innlegget er hovedsak denne tirsdag morgen. Hans Christian Bugge er kommet inn fra Stavanger for å gi de siste bemerkninger til utkastet – og for å ha møte med sine i Statens forurensningstilsyn.

Det er gruppestyremøte i Arbeiderpartiet klokka 09, og deretter ekstraordinært statsråd der de formelle forskriftene for aksjonsledelsen fastlegges. Tilbake til departementet for en siste finpuss før Stortinget. Jeg løper inn og opp trappen. Bjartmar Gjerde er først. Han er allerede på talerstolen.

Jeg føler at jeg er på trygg grunn. Jeg gir en grundig redegjørelse. Jeg kan så konkludere – og er svært glad for at det er grunnlag for det, selv om det ikke fremgår av teksten. *Den* er nøktern: «De beregninger som hittil har vært foretatt, viser at det er meget liten sannsynlighet for at noe av den olje som hittil er kommet ut, vil nå kysten.»

Jeg vet at jeg må gi en punktvis gjennomgang av myndighetenes aktiviteter og Stortingets fullmakter gjennom de foregående år. Lysten til å kaste seg ut i kritiske kommentarer har vært stor. Nå kommer ingen utenom den faktiske bakgrunnen og Miljøverndepartementets aktive linje gjennom flere år. Jeg kunne derfor avslutte denne delen av innlegget slik: «Konklusjonen må være at oppbyggingen av den samlede oljevernberedskap går etter det program regjeringen har fremmet og Stortinget gitt sin tilslutning til. Programmet har som klar forutsetning at beredskapen ikke har vært tilfredsstillende, og at en oljekatastrofe kan inntreffe.»

Resten av kvelden i intervjuer, intervjuer, intervjuer. Det å forsvare Norges ære er fortsatt aller fremst i hodet. Jeg rekker å få vasket håret før svensk TVs «Kveldsöppet». Hva *det* betyr, når man har sovet lite gjennom mange døgn!

Hvordan bekjempe oljen?

Onsdag morgen. Alle avdelinger i departementet er igang. «Sjefsmøte» klokka 08.30. Naturvernavdelingen gjennomgår sine registreringer av spesielt verneverdige områder langs kysten. Vi må vite hvor eventuell innsats må prioriteres. Koordineringen mellom avdelinger, etater og aksjonsledelse er en nøkkel til samlet effektivitet.

Klokka 13 – telefon fra Bugge, som informerer om de planer Philips har fremlagt om metodene for bekjempelse av oljesølet. De foreslår kombinert bruk av kjemikalier og mekaniske midler.

Nå står vi foran svært vanskelige avveininger. Det er ikke nok å si nei til kjemikalier. Vi får også et ansvar dersom et slikt nei skulle føre til større skader i kystnære områder.

Vi bestemmer oss for å innkalle det som finnes av ekspertise. Jeg vil delta i de møtene i departementet for å føle maksimal trygghet i avgjørelsene. Det kommer også eksperter fra Sverige til et møte klokka 20. Vi holder på med ulike sider av spørsmålet helt fram til klokka 00.15. Bugge er kommet fra Sola for å delta i hele drøftingen. De siste tre kvarterene fram til klokka 01 er det departementets ledelse og aksjonsledelsen som oppsummerer og konkluderer: Vi vil fortsatt satse på å intensivere operasjonene med den mekaniske oppsamlingen for å kunne unngå bruk av kjemikalier. Deretter kommentarer til pressen.

Lite søvn enda et døgn, for Dagsnytt ringer mellom seks og sju torsdag morgen. Manglende suksess med oppsamlingen er nå tema. Jeg understreker at det er første gang noen opererer slikt ustyr på det åpne hav. Philips er ansvarlig for operasjonen, men med deltakelse, råd og observasjoner fra Statens forurensningstilsyn.

Senere på dagen er temaet et annet. Urovarsling fra Sola. Pressen er kritisk overfor informasjonene de får fra Philips. Særlig gjelder det den utenlandske pressen. Jeg sier meg villig til å stille opp i Stavanger om ettermiddagen, etter regjeringskonferansen.

Klokka 17.30 – mer enn 100 journalister venter. Det foregår på engelsk. De norske finner seg i det – og jeg takker atter engang skjebnen for mine to år i USA og mine to somre i England.

Spørsmålene går i mange retninger. Ikke bare oljevern, sikkerhet, lenser, bølgehøyder og kjemikalier, men også norsk politikk, og statens rolle.

Det kan ikke ha gått så verst. Journalistene Steinar Hansson og Ingolf Håkon Teigene velger i sin bok *Maktkamp og Mannefall* bl.a. å gjengi fra en rosende artikkel av Michael Grundt Spang i VG, en pressemann som ikke akkurat fremhevet seg med de mest positive omtaler av arbeiderpartipolitikere. Se hva den modne medarbeideren fikk seg til å skrive, innleder de sitatet med. Jeg vil nøye meg med halvparten, for det alene er på kanten av hva jeg selv våger å gjengi: «Men se om hun ikke tar plass foran kamera i fullkommen ro og avslappethet, nydelig som en diamant, med full kontroll over nerver og hjerneceller, og gir sine konsise og fokuserte kommentarer, alvorlig, men usentimentalt og samtidig med en tøff optimisme som mange av hennes mannlige politiker-kolleger kunne misunne henne, der de for opp i en blanding av hysteri og opportunistisk skadefryd.»

Når jeg ser på noen sentrale poenger i det Grundt Spang der skrev, kan jeg iallfall bekrefte at min egen holdning til oppgaven var slik han opplevde og formidlet den. Jeg var alvorlig, forsøkte å sikre meg full kontroll, jeg var usentimental og bevarte en tøff optimisme. Intuisjonen om å dempe ned tendenser til føleri og sentimentalitet har jeg hatt med meg fra første stund, også i politikken. Jeg reagerer imot å spille bevisst på slike følelser – slik det ofte gjøres av politikere fra partier som ikke sitter med noe utøvende og samlet ansvar her i landet. Lykkes man i å punktere slike forsøk, har man vunnet.

Jeg deltar i møter på Sola utover kvelden – og blir med på kveldens pressekonferanse klokka 22. Der får den norske Philips-sjefen gjennomgå. Det somles med leie av rigg for avlastningsboring. Aksjonsledelsen har forsterket sitt pålegg og satt tidsfrist. Den fatale ventilen er også tema. Den var plassert opp ned. Hvordan *kunne* dette skje?

Brønndreperne kommer

Fredag – til Redningssentralen klokka 08.00. Pressetjenesten har forberedt en serie intervjuer med utenlandske kanaler. Deretter aksjonsledelsen. På pressekonferansen redegjør Oljedirektoratet for en feil ved en ventil som har gjort det vanskelig å få til kappingoperasjonen (lukningen). Alle venter på fly fra Houston, med de to «brønndreperne» «Red» Adair og Boots Hansen. Oppmerksomheten rettes mot flyplassen og to menn som nettopp er landet.

Jeg vet at norsk presse er svært opptatt av om jeg skal møte de to sagnomsuste gutta. Jeg føler det vil bli mer skuespill enn praktisk nytte, selv om også jeg er nysgjerrig på disse personene. Trekker meg raskt i bakgrunnen, mens alle styrter fram mot vinduet. Jeg får et glimt av en tett, liten og kraftig utseende mann – og ser på TV-overføringen der han gir uttrykk for stor optimisme. – Dette skal vi greie, skjønner dere.

Jeg håper han har rett.

Olav forteller sent den kvelden om en bemerkning i lunsjpausen på NUPI. Direktør John Sanness lurte på om ikke en sannsynlig replikk fra «Red» Adair til den norske miljøvernminister kunne lyde slik: «Don't worry, baby. I'll fix it.» Jo, tenkte jeg, noe sånt ja! Det var gode grunner til å la ham gjøre jobben, slik han var betalt for. Det presseoppslaget kunne jeg godt være foruten!

Sen lunsj på «Hummeren» – med Johnny Apple, New York Times' London-korrespondent. Det er en sjeldenhet at slike stjernereportere interesserer seg for regjeringsmedlemmer fra et lite land. Vi snakket om det meste – ikke bare om sikkerhet og oljevern. Jeg spiste mitt første skikkelige måltid på en hel uke, med unntak av to frokoster hjemme. Ja, faktisk siden bryllupsmiddagen!

Flyr hjem sent på ettermiddagen. Aftenposten venter på Fornebu. Flere intervjuer. En liste med telefoner gjenstår. Jeg er hjemme hos familien utpå kvelden – og begynner å tenke: Hva med 1. mai? Det blir et underlig oppdrag, og en vanskelig tale hvis situasjonen er som nå.

Utblåsningen stanset!

Lørdag formiddag møter vi på Statsministerens kontor. Det er to temaer: 1. Utviklingen på Ekofisk. 2. Hva med 1. mai?

Vi blir avbrutt. Telefon fra Sola. Brønndreperne har lykkes. De har greid å stenge oljestrømmen mekanisk. Utblåsningen er stanset. Dramaet er over.

Du tror det nesten ikke. Spenningen har hatt taket i deg, i over en uke. Det føles rart. En slags tomhet følger lettelsen.

Så er det å sette igang med å skrive tale. Det glir lett, lettere enn noen gang til tross for at du nå kjenner hvor lite søvn det har vært. Den morgenen har jeg vært på vekten. 56 kg. Det er minus tre på disse dagene. Først da blir jeg virkelig klar over at jeg nesten ikke har spist, at jeg nesten ikke har følt sult. Tenk om det var *så* enkelt, sånn til vanlig! Jeg hadde hverken hatt tid eller tanke for noe så prosaisk som mat.

Søndag var det 1. mai, denne gang i Bergen. Tenk hvilken dag det ville blitt hvis oljen fortsatt hadde strømmet ut! Jeg var optimistisk og lettet, gledet meg til arrangementene.

Nå hadde vi ikke bare reddet nasjonens ære, men paradoksalt nok var nederlag snudd til seier. Journalistene som hadde strømmet til Stavanger og været katastrofe, hadde fått demonstrert et avansert land og en totalt sett vellykket håndtering av en nasjonal krise.

Det var blitt Norges-reklame. Det nye oljelandet Norge hadde greid utfordringen.

Sol over Bergen. Skyfri himmel. Det var som om dagen svarte: Ja. Nå kan vi feire og glede oss! Slik var også stemningen.

Jeg er ofte blitt møtt med stor varme, både i Bergen og andre steder, hjemme og ute. Denne dagen står likevel i en særstilling. Blå drakt, litt løs og behagelig etter vekttapet den siste uka. Norske flagg. Glade partifeller. Glade bergensere.

De *klapper* langsmed ruta. Dette hadde jeg ikke opplevd før i et 1. mai tog. Stappfullt på plassen. Lydhør forsamling. Jeg snakker om livskvalitet. Om miljøet vårt og om barna våre. Om Hardangervidda. Stor applaus. Det er mer enn oljevern det står om.

Mens vi ventet på at hele toget skulle komme inn på plassen, hørte jeg korte, taktfaste rop noen kvartaler bortenfor. Hva var det? Jeg skjerpet årvåkenheten. Var det virkelig det jeg hørte? Monotont, igjen og igjen: «*Ned med alt*» – Ned med alt. Faglig 1. mai front, sa partifellene som stod rundt meg.

Det virket sterkt. Jeg ville bygge noe – skape noe – få til noe. Jeg trodde på menneskenes evne og vilje til å styre utviklingen, og ta de hensyn til oss selv og hverandre som et aktivt demokrati gjorde mulig. Hva var det som gjorde at noen valgte et slikt politisk budskap? Ropene dannet en skarp kontrast til den gleden og det samholdet alle vi andre følte.

Kapittel IX

Kampen om Hardangervidda

Fylt av lettelse, optimisme og pågangsmot så jeg fram til det kommende landsmøtet i 1977. Jeg visste at kampen for å takle en krise nå ville gå over i en politisk kamp. En kamp for vern av umistelige naturverdier, noe som hadde opptatt meg sterkt hele dette året.

Hardangervidda med vassdragene Dagali og Veig ville bli den store saken på Arbeiderpartiets landsmøte i 1977, som skulle åpne en ukes tid etter 1. mai.

Det ble dramatikk fra første stund. Det hadde oppstått en uholdbar situasjon da partiformannen, Reiulf Steen i et intervju kort før landsmøtet uttalte seg sterkt kritisk til det forslaget til partiprogram som han selv hadde stått i spissen for. Det ble ikke bedre av at uttalelsene var gitt til SV-avisen Ny Tid. Der beklaget han at partiets program ville bety en «reformpause».

Det kom sterke reaksjoner. I stortingsgruppa ble saken straks tatt opp og partiformannens forklaring etterlyst. På landsstyremøtet dagen før åpningen ble dette fulgt opp av stortingsrepresentant fra Østfold Ingvar Bakken, som også var medlem av sentralstyret. Han mente det nå var behov for en avklaring. Trygve Bratteli foreslo at vi avbrøt møtet og lot et engere utvalg se på saken. Her møttes blant andre lederen av kvinnebevegelsen Aud Blegen Svindland, Tor Aspengren og Trygve Bratteli. Jeg ble bedt om å lede møtet. Saken dreide seg jo om noe som angikk partilederen, ble det sagt. Dette var delikat.

Det ble et underlig møte. Reiulf sa lite, men antydet at Ny Tid-journalisten hadde misforstått. Det var mange som hadde hørt ryktene om at han ikke hadde uttalt seg i edru tilstand, men jeg visste ikke da noe om at han hadde vært helt ute av slag og fått hjelp hjemme hos Eli Engen på Bygdøy, svigerinnen til den senere så berømte mølbelhandleren fra Jessheim.

Aud Blegen Svindland mente at helseproblemer måtte behandles som det, og at dette derfor ikke var noen sak som egnet seg i et slikt møte. *Det* hadde hun rett i, men problemet var den virkning uttalelsene hadde fått rent politisk for partiet. Ingen tok tak i dette direkte – og landsstyret fortsatte sitt møte. Hverken Tor Aspengren eller Trygve Bratteli, som var de eldre og erfarne, gikk egentlig inn i saken, selv om Tor var tydelig irritert over det inntrufne.

Det gjaldt å stå sammen

Stemningen på selve landsmøtet var fylt av angst og uro. Vi satt alle i åndeløs spenning da formannen skulle ta ordet under åpningen.

Jeg satte meg nær talerstolen parat til å løpe fram. Han var blek, han svettet. Han skalv. Talerstolen ristet. Han begynte nølende. Så var det noen som utløste applaus. Det hjalp. Han kom igang, men han holdt hendene hardt fast i talerstolen.

I boka *Maktkamp* fra 1989 skriver Reiulf selv om den livskrise han var kommet inn i og hvordan han dempet virkningen av den på den dårligst mulige måten – med alkohol. Han forteller at situasjonen var blitt så ille at han få dager før landsmøtet nærmest sloknet, sluttet å spise og var fullstendig apatisk. Vi kunne den gangen se at noe var grunnleggende galt, men visste jo ingenting om det som over tid utviklet seg. På landsmøtet var den store spenningen utløst. Alle var fra da av preget av at vi måtte slå ring om partiet – og formannen. Nå gjaldt det å stå sammen så vi likevel kunne gjøre et godt valg. Denne situasjonen bidro sterkt til kompromissvilje i den store dragkampen omkring Hardangervidda.

Den endelige avgjørelse ble skjøvet ut i tid. Ingen kunne føle seg sikker på hvilken vei en votering ville ha gått. I den underlige situasjonen vi var kommet opp i, kunne det lett ha blitt en blanding av ulike motiver og stemninger.

Kjernepunktet i vedtaket var at det skulle opprettes en nasjonalpark på Hardangervidda, og at Dagali og Veig var særlig verneverdige i den forbindelse. Altså ikke helt presist, men det pekte klart i riktig retning, samtidig som det ikke førte til at noen måtte lide noe prestisjenederlag, der og da. Striden om vassdragenes endelige skjebne måtte utstå.

Vekst og vern – i praksis?

Vi var inne i et politisk taktskifte. Nye hensyn presset fram en ny profil. Arbeiderpartiet hadde tidligere lansert slagordet «Vekst og vern» for å markere de myke verdiers plass. Olav Gjærevoll, professoren og botanikeren, skulle komme til å symbolisere en sterkere gjennomslagskraft for natur og miljø. Det var en viktig symbolsak i seg selv å opprette et eget miljøverndepartement, slik regjeringen Bratteli slo fast i regjeringserklæringen i 1971. Men mange interesser følte seg truet.

Utbyggingssaker kunne ikke lenger være noen selvfølge, og både naturvern, jordvern og vern mot forurensning skulle få en sterkere stilling.

Da jeg ble kalt til regjeringens bord etter sosialminister Sonja Ludvigsens død, var det likevel LO-sekretær Tor Halvorsen jeg etterfulgte i Miljøverndepartementet, ikke Olav Gjærevoll. Hvorfor ble han ikke utnevnt påny i Brattelis annen regjering, som kom etter Korvald-regjeringen i 1973? Det var nok sterke krefter som følte at han hadde vært *for* dyktig, *for* profilert – og at det var behov for å helle litt olje på vannet.

Tor Halvorsen markerte industriens sentrale plass. Han gjorde en god jobb som miljøvernminister, men det ble jeg som skulle ta arven opp etter Gjærevoll og gå inn i de virkelig store stridene. Hva skulle «vekst og vern» bety i praksis? Store, uerstattelige naturverdier skulle opp til vurdering. Nå ble det alvor.

Hardangervidda-utvalgets rapport i 1974 var en av flere store utredninger. Saken gikk helt tilbake til første halvdel av 60-årene, da Statens Naturvernråd fremmet forslag om vern av vårt største sammenhengende høyfjellsområde, Hardangervidda. Utredningen om saken ble satt igang av Olav Gjærevoll i 1971.

Det var den sterke økonomiske interessen for kraftutbygging i dette området som skulle bli den aller viktigste anstøtsstenen. De lokale interessene for investeringer, sysselsetting og penger i kommunekassene hadde slått gjennom. Til da hadde alle store konflikter omkring utbygging eller vern av vassdrag endt med at vernehensynene måtte vike.

Selv om denne dragkampen om utbygging eller vern av vassdrag helt dominerte det politiske bildet i årene 1977 og -78, var det også andre, sterke økonomiske interesser som spilte inn i kampen om Hardangervidda. Bondelaget, mange grunneierlag rundt vidda og talsmenn for lokalsamfunn i flere av kommunene opp mot vidda, farget i høy grad debattene. Så her var det også en høyre-venstre-dimensjon inne i bildet. De borgerlige partiene hadde store vanskeligheter med å akseptere prinsippet om varig vern av natur når det ikke var på statens grunn.

Strid i regjeringen

I regjeringen var det ulike interesser som stod steilt mot hverandre. Olje- og energiminister Bjartmar Gjerde ble den sentrale motpol. De myke verdier hadde støtte fra andre, som Inger Louise Valle, Per Kleppe, Hallvard Bakke og Knut Frydenlund. Odvar Nordli selv lå lavt. Han visste at saken ville være vanskelig uansett.

Vi startet nok opp med et knapt flertall for vern, og denne holdningen samlet gradvis sterkere støtte og fikk etter hvert stor gjennomslagskraft blant de unge, blant kvinnene og ute i mange av våre fylkeslag.

Foran landsmøtet kjempet jeg for at vernelinjen skulle vinne fram og hadde støtte av partiformannen, partisekretæren, AUF og kvinnebevegelsen. Det var en sak som skapte entusiasme og engasjement, også i valgkampen den høsten, men som skulle vise seg å bli politisk svært krevende etter hvert som motkreftene ble mobilisert.

I løpet av året 1976 hadde vi i Miljøverndepartementet drøftet mange konfliktfylte saker som vi visste ville komme. Det gjaldt Hardangervidda med Dagali og Veig. Det gjaldt Alta, som fortsatt var under utredning og behandling i regi av NVE (Norges Vassdrags- og Elektrisitetsvesen). Vi engasjerte oss samtidig sterkt i debatten om grunnlaget for kraftprognosene og om energiøkonomisering. Det var klart at vi kunne verne mer av umistelig natur hvis behovet for elektrisk kraft ble noe mindre påtrengende.

I denne analysen hadde jeg god støtte av finansminister Per Kleppe, ikke bare fordi han var positivt innstilt overfor naturvernet og miljøtanken, men også fordi han mente det var mer økonomisk forsvarlig å investere mindre i kraftanlegg. Prisene på kraft til industrien avspeiler langt klarere industriens ønsker om og behov for lave kostnader på viktige innsatsfaktorer i produksjonen, enn de virkelige samfunnskostnader ved investering og drift i elektrisitetsforsyningen.

Den første gangen jeg finner en sak i regjeringsprotokollen som er direkte koblet til den opphetede debatten vi etter hvert skal komme inn i, er 28. oktober 1976. Industridepartementet har lagt fram et regjeringsnotat om fremdrift og tidsplan for flere viktige kraftutbyggingssaker. Jeg har forberedt meg godt før denne regjeringskonferansen.

Det er ennå ikke blitt sikker rutine at slike saker *på forhånd* skal forelegges til uttalelse for Miljøverndepartementet slik at våre merknader kan komme med i selve regjeringsnotatet.

Vi har bare to dager på oss etter at notatet er sendt ut til alle departementer.

Den dagen tar jeg ordet i regjeringskonferansen og drøfter hele spørsmålet om balanse, utbygging og vern. Jeg nevner spesielt hvor verdifullt vern av vassdragene Dagali og Veig vil være. Dermed har jeg vist mine kort og varslet at det vil bli kamp om de to vassdragene. Kollega Bjartmar Gjerde velger å satse på sin styrke. Det er lang og sikker tradisjon for at slike saker blir behandlet etter den lovgivning som er forankret i Industridepartementet: «Vi bør følge normal prosedyre,» sier han. Med det mener han at dette skal behandles etter konsesjonslovgivningen for utbygging av vassdrag. Min strategi er nå å la sakens behandling først og fremst få en miljøvernvinkling og knyttes direkte opp til et forslag om nasjonalpark.

Mitt forslag er derfor at det blir laget et eget notat om de eventuelle vassdragsreguleringene på Hardangervidda. Statsministeren kommenterer ikke dette direkte, men sier ikke imot. Arbeidet i Miljøverndepartementet med å forberede stortingsmeldingen om opprettelse av Hardangervidda Nasjonalpark kan fortsette, og vi satser på at vi skal kunne vinne kampen om vern av de to viktige og sentrale vassdragene.

Miljøvernministeren toner flagg

Som nestleder arbeider jeg allerede for at programkomiteen skal velge et klarest mulig standpunkt i det programforslaget som skal behandles av landsmøtet i mai 1977. Flertallet går da også inn for en helt klar formulering om at Dagali og Veig skal vernes. Mindretallet hadde en formulering som ikke var forpliktende, men som generelt fokuserte på vern av Hardangervidda som nasjonalpark. Med en delt innstilling blir det debatt når programforslaget går ut til partiorganisasjonen.

Jeg var på Rjukan den 29. mars, noen få uker før landsmøtet. I et foredrag i Rjukan faglige samorganisasjon om Hardangervidda sa jeg helt klart fra om mitt syn og begrunnet flertallsforslaget.

I NTB-meldingen fra møtet gjengis noen avsnitt i mitt foredrag som får stor pressedekning: «Jeg er ikke i tvil om at vi knapt har noe annet område i Sør-Norge som det er så ønskelig å verne som Hardangervidda. Hvis naturverninteressene noen gang skal gå foran utbyggingsønskene i våre fjellområder, så bør dette være tilfelle på Hardangervidda.» NTB slår fast: «Dermed har miljøvernministeren tonet et meget klart flagg om sin mening om de meget omstridte spørsmål på vidda.»

Det ble noen turbulente uker. Oslo-partiet, Kvinnebevegelsen og AUF kjempet for vern. I en del andre fylkespartier var striden hard, med sterkt delte meninger.

To uker senere går Reiulf Steen kraftig ut i et foredrag i Haugesund. Vi har snakket grundig om saken og er begge opptatt av å nå fram med flertallets syn. Partiformannen sier at dette vil bli «en av de store prøvesteinene i norsk politikk hvor man får anledning til å vise at det man sier i programmer og taler om naturvern, er noe mer enn tomme ord».

Arbeiderbladet skriver: «Arbeiderpartiets nestformann og miljøvernminister Gro Harlem Brundtland har ikke på noen måte lagt skjul på hvor hun står i denne saken. Hun kjemper som en løvinne for vern av Dagali og Veig, selv om hun nok er fullt klar over at det ikke nødvendigvis blir et flertall for dette på landsmøtet.»

Etter landsmøtekompromisset var jeg raskt ute. Et regjeringsnotat fra meg er datert 13. mai, dagen etter landsmøtet, og behandles i regjeringskonferanse 16. mai. Der tar jeg opp de to mulige behandlingsformene i spørsmålet om vern av vidda. Som en vernesak etter naturvernloven, slik jeg foretrekker, eller som en konsesjonssak.

Bjartmar Gjerde mener stadig den må behandles etter konsesjonsloven, og han får nå overraskende støtte i dette fra Hallvard Bakke. Hallvard sier han er for vern, men han støtter likevel det alternativet industriministeren ønsker når det gjelder selve saksbehandlingen. Standpunkt bør ikke tas før valget, legger han til.

Han er fra Hordaland. Det er i det fylket Veig ligger. Det hele illustrerer den fine balansegangen mange må finne, i en sak som er så fylt av engasjement, prestisje og sterke følelser. Konklusjonen blir at den parallelle saksbehandlingen, både etter meldingen om vern og etter vassdragsloven, fortsetter.

Vidda og valget

Den 12. august skriver VG om den «usikkerhet, redsel, frykt, misforståelser og sterke følelser som kjennetegner debatten om Hardangervidda og utbygging av vassdragene Dagali og Veig. Ikke minst har skytset mot miljøvernminister Gro Harlem Brundtland vært formidabelt.» Journalist Morten Malmø peker på at kompromissforslaget man kom fram til på landsmøtet, kan tolkes i flere retninger. Han spør: «Hvorledes skal Arbeiderpartiets programformulering forstås?»

Jeg svarer kontant: «Teksten slår utvetydig fast et ja til vern og til nasjonalpark på Hardangervidda, og at vassdragene Veig og Dagali i denne forbindelse er særlig verneverdige. At Arbeiderpartiet har vedtatt en slik programformulering, har nok vært til belastning for de partier som snakker miljøvern, men som samtidig ikke sier noe konkret.»

Denne våren har de borgerlige partiene erklært at de vil stå sammen om en eventuell ny regjering. Arbeiderpartiets valgkamp er fokusert på vilje til styring og ressursforvaltning, og er rettet mot et borgerlig alternativ dominert av Høyre.

Kort før stortingsvalget i september har Dagbladet lederartikkelen «Vidda og valget». De peker på kompromissets svakheter. Partiets formann og nestformann fikk ikke den flaggsak for partiets nye miljø- og ressurspolitikk som de begge ønsket. «Selv om vedtaket gikk betydelig lenger enn det 'sondør-partiene' kom fram til, var det likevel ikke tilstrekkelig til å brukes som partiets store miljøfane.»

Dagbladet har rett, men profileringen av partiet i miljøsaker var likevel uten tvil blitt styrket og knyttet til partiets ledelse. Det fikk betydning for mange, særlig for unge velgere i den valgkampen. Vi «vant» det valget. Etter at noen titalls «glemte» stemmer i Nordland kom til rette og Hanna Kvanmo fortsatte, gav mandatfordelingen sosialistisk flertall også i perioden 1977–81. Dermed fortsatte kampen også om Hardangervidda, og for å få Dagali og Veig fredet.

Men det ble en seig og langvarig kamp.

«Vær forsiktig,» sa Bratteli

I Arbeiderpartiets stortingsgruppe ble det virkelig strid. Ingen visste riktig hvor flertallet lå. En del av distriktsrepresentantene fra typiske kraftfylker var imot disse nye strømningene. Dette gikk stikk imot hva de hadde slåss for. Kraftutbygging var en hjertesak for en rekke arbeiderpartipolitikere over hele landet.

Mange sa: Vekst og vern – betyr ikke det at vi kan bygge ut iallfall ett av de to vassdragene? Det blir jo mye igjen å verne likevel.

Det kunne nok høres fornuftig ut, men motspørsmålet var jo: *Måtte* vi gripe inn i ett eller begge de to vassdragene som var så intimt økologisk knyttet sammen med de store verneverdiene vi var ute etter å båndlegge for fremtiden? *Skulle* kraftutbygging også i dette tilfelle gå foran et høyt prioritert vernehensyn?

I en samtale vi hadde på partikontoret allerede før regjeringen fremmet saken, var representanter for Arbeiderpartiet i Buskerud tilstede. De hadde bedt om et møte i håp om å få sitt synspunkt igjennom. Vi burde kunne verne Veig, og bygge ut Dagali, mente de. Etter min gjennomgang av argumentene for vern spurte Reiulf meg: Betyr det at det ville bli som å skjære av nesa i et ansikt? Jeg bekreftet det.

Før saken skulle opp i stortingsgruppa, trodde nok de fleste at det ville være et flertall for regjeringens syn. Men mobiliseringen imot hadde vært kraftig. Det var en av mange saker der trønderen Rolf Fjeldvær var «hærfører». Han hadde en sterk posisjon i deler av gruppa og var en effektiv kampanjeleder når det gjaldt. Regjeringen og partiet var de miljøene jeg var mest på innsiden av. Stortingsgruppa ble jeg fullt ut helt fortrolig med da jeg selv ble en del av den i 1979.

Det ble en opphetet debatt. Jeg husker Trygve Bratteli tok meg på høyre skulder noen dager før det avgjørende gruppemøtet, idet vi skulle gå inn gjennom døra til Stortingskafeen. Han så på meg og sa:

«Vær forsiktig. Saken om Hardangervidda er ingen enkel sak her i gruppa.»

Han var gått av som statsminister og var parlamentarisk leder, og så jo hvilke følelser som allerede var i sving. Den dag i dag vet jeg ikke om det han ønsket var å gi meg et signal om å finne fram til et levelig kompromiss, så vi kunne unngå en gruppe delt på midten. Jeg fornemmet intuitivt at dette var hans måte å advare meg på. Han var jo en mann av få ord. Jeg så på ham og svarte: «Jeg har ikke noe valg. Saken er for viktig. Jeg kan ikke forsvare å gjøre noe annet enn å stå dette løpet ut, for partiets skyld.»

Det var tydelige generasjonsskiller i saken – de unge mot de gamle, kvinnene mot mennene. Men både Gunnar Berge og Einar Førde, som ble de to kandidatene til vervet som nestleder to-tre år etter, sa ja til vern. Trygve Bratteli selv hadde forholdt seg nøytral og i bakgrunnen. Nestlederen hadde gått i spissen for opprøret mot regjeringens flertall. Men det er klart at Rolf Fjeldvær trodde han visste hvor hjertet lå – ikke bare hos Bjartmar og en del andre – men kanskje også hos Odvar Nordli?

Begrenset utbygging?

Presset fra lokalt hold, fra krefter i LO og i stortingsgruppa og fra de berørte fylkespartier, var følbart. Det foregikk et aktivt arbeid for å vinne fram med iallfall en delvis utbygging av ett eller begge vassdrag. Det er flere som observerer at partiformannen ikke lenger holder noen høy profil i saken. Den er nå blitt konfliktfylt og vanskelig. Han blir utsatt for betydelig press. Det er nok på dette tidspunkt klart for alle at det er lettere å øve press mot ham enn mot meg, som åpenbart har tatt mitt standpunkt i saken og arbeider for å føre landsmøtets formulering fram til realisering.

Hva var det som skjedde? Hvordan gikk det med den politiske avklaring? Et regjeringsnotat fra Bjartmar Gjerde behandles i regjeringskonferansen mandag 27. november 1978. Der foreslår han en begrenset utbygging av begge vassdragene. Men idet han skal presentere notatet, sier olje- og energiministeren det motsatte! Han begrunner dette slik: «Problemet er at begge saker er blitt gjort til symbol for vern eller ikke vern i langt større grad enn det er saklig grunn til.» Han konkluderer derfor med at han «etter en samlet vurdering ikke ville ta opp forslag til utbygging hverken av Veig eller Dagali».

Jeg misliker sterkt Bjartmars måte å omtale det hele på. Han velger åpent å demonstrere sin sårhet og tilsynelatende avmakt. For ham er kampen likevel ikke avsluttet. Han, men ikke jeg, vet hva som kommer.

Jeg velger å være kort og sier først at skadevirkningene av en eventuell utbygging ikke vil være så små som både notatet og hans kommentar gir uttrykk for. Derfor tar jeg til etterretning hans konklusjon om ikke å foreslå utbygging.

Jeg tror Bjartmar på dette tidspunktet *vet* hva partiets prosess vil føre til. Han vet at det vil være et klart flertall i Sentralstyret for vern av begge vassdragene. Men han vet også at det kan være et visst håp om å nå fram med et annet syn ved hjelp av sterk innsats fra LO – og fra utbyggingstilhengerne i stortingsgruppa.

Regjeringens foreløpige konklusjon skal i dagene som følger, legges fram for partiets organer.

Én stemmes overvekt

Fredag kommer det et overraskende utspill fra LO-sekretariatet. De går inn for et «nytt» kompromiss, utbygging av Veig og vern av Dagali. Sentralstyret kommer sammen lørdag 2. september og vedtar denne formuleringen: «Sentralstyret har lagt vekt på å foreta en helhetlig vurdering av hensynene til vern på den ene siden og energiforsyningen på den annen. Sett på bakgrunn av de utbyggingsprosjektene som har vært og vil komme til behandling, vil et flertall i Sentralstyret rå til at regjeringen og stortingsgruppa går inn for vern av Veig og Dagali.»

Vi må ta viktige hensyn. Flere vassdrag er allerede vedtatt utbygget. Det gjelder Alta og Orkla. Nå mener de fleste at det må bli vern av Dagali og Veig. LO ser sitt forslag som et fornuftig kompromiss.

Mandag skriver Arbeiderbladet: «Samling om vern av Vidda.» «Med sentralstyrevedtaket er i realiteten denne saken avgjort til fordel for dem som har ønsket vern av Dagali og Veig. Nå gjenstår spørsmålet om hvor smertefritt den resterende del av beslutningsprosessen vil forløpe.»

Dette er en riktig analyse, men den er samtidig svært provoserende for enkelte. Avisen bygger på prinsippet om sentralstyrets ledende rolle i programsaker. Det er ikke alle i stortingsgruppa som med glede godtar det. Jeg er ikke i tvil om at kampånden bare økte hos dem det gjaldt, da de så dette oppslaget. Det som fulgte ble enda mer smertefullt.

LO-vedtaket ble samlingssymbol for en rekke av våre representanter, ledet an av Rolf Fjeldvær. Ikke alle likte dette. Den høsten var det helt uvanlige skjedd at det ble stilt motkandidat til Fjeldvær. Arvid Johanson vant voteringen og ble ny nestleder. Det var vondt blod av flere grunner i denne tida.

Gruppemøtet varte i nesten fire timer. Mer enn 30 talere hadde ordet. Her hadde det vært en uvanlig mobilisering, og det ble fremmet et alternativt forslag til det som gruppeformannen Trygve Bratteli la fram. Han foreslo for gruppa at den skulle ta til etterretning regjeringens standpunkt om ikke å foreslå utbygging av Dagali og Veig. Men først ble det votert over et annet forslag. Det kom fra Olaf Øen, stortingsrepresentant fra Buskerud, som fremmet LO-sekretariatets syn! Vern av Dagali. Utbygging av Veig.

Ingen visste utfallet, men jeg trodde det ville holde. Debatten var ladet med følelser. Den var nesten fundamentalistisk i sin karakter. Guttorm Hansen var sterk. Med stor effekt slo han fast at selv med vedtak om en redusert utbygging av Veig, ville det være umulig for Arbeiderpartiet etterpå å snakke om vern med krav om troverdighet. Stemningen var fortettet.

Voteringen ble 30 mot 31 – én stemmes overvekt mot Øens forslag! Dette var nære på. Jeg kan ikke huske et mer intenst gruppemøte.

Regjeringen hadde ennå ikke fattet noe endelig vedtak. Gruppa skulle høres først. Saken ble pany tatt opp i et ekstraordinært møte samme kveld. Bjartmar Gjerde innledet med å konstatere at regjeringens foreløpige konklusjon om ikke å bygge ut de to vassdrag «bør antagelig opprettholdes».

Statsministeren sier at det er gitt råd til regjeringen. LO og de lokale organer er for utbygging, sentralstyret mot og stortingsgruppa delt. «Det endelige vedtak i gruppa var imidlertid å ta regjeringens standpunkt til etterretning, noe som skjedde med et noe større flertall,» avslutter han.

Mange var senere opptatt av å spekulere i *min* fremtid, min rolle og mine reaksjoner om denne voteringen hadde gått den andre veien. Saken var i virkeligheten en annen – og langt alvorligere. Hvordan skulle partiet, regjeringen og stortingsgruppa ha håndtert en slik situasjon?

Det var et stort flertall i sentralstyret for vern. Regjeringen var for vern, og sentralstyrets råd betydde at vern ble til et felles standpunkt. Hva hvis halvparten av de tilstedeværende i stortingsgruppa hadde kullkastet sentralstyrets vedtak? Vi måtte jo ha innkalt til landsstyremøte og behandlet saken der. Kravet om det ville nok ha kommet umiddelbart – og ikke bare fra AUF!

Dagbladet skrev neste dag: «Miljøvernminister Gro Harlem Brundtland vant det viktige slaget om Hardangervidda. Men det kan bli en Pyrrhos-seier. For samtidig slo den relative enheten i Arbeiderpartiet sprekker på en måte som sjelden før. Denne gangen var det høyrefløyen, ikke venstrefløyen, som gikk ut mot hele 'the establishment'.» Ja, slik var det.

Dagbladet fortsetter: «Gruppas harde og tildels konservative kjerne lot seg ikke skremme. Den stemte mot regjering og sentralstyre, den samme kjerne som så mange ganger har tatt AUF-fløyen i skole for ikke å ta regjeringens forslag til etterretning. Den samme kjerne som har skjelt ut venstrefløyen for å drive fraksjonsvirksomhet.»

VG skriver: «Veig og Dagali fredes, men: Beinhardt i AP's gruppe.» Og med følgende ingress: «Nei, det vil jeg overhode ikke, var det avvisende svaret statsminister Odvar Nordli gav en fotograf som ønsket å få et bilde av statsministeren sammen med miljøvernminister Gro Harlem Brundtland etter gårsdagens regjeringsmøte om Hardangervidda-utbyggingen.» Det illustrerer stemningen og situasjonen, skriver avisen.

Avisene overdrev ikke. Men *jeg* forstår Odvar Nordli. Ingen av oss ville så splittelse eller krone vinner og erklære taper. Som partileder eller statsminister ville jeg ha gjort akkurat det samme.

I Arbeiderbladet neste dag blir jeg spurt: «Oppfatter du dette som en personlig seier?» «Nei, men jeg tror konklusjonen er riktig.» For meg var dette ikke personlig, men en viktig politisk sak for landet og partiet. Det var ikke min, men alles sak.

I en artikkel i VG neste dag gjengir også Per Norvik mitt svar på det spørsmål jeg fikk fra flere den kvelden: «Hvordan ville du ha reagert hvis flertallet hadde gått inn for utbygging?» «Det er et spørsmål jeg heldigvis slipper å svare på,» sa miljøvernministeren. Hans kommentar til dette lyder slik: «Svaret kan vanskelig tolkes annerledes enn at hun neppe kunne blitt sittende dersom utbygging var blitt vedtatt.»

Sittende hvor? Sittende i regjeringen? Sittende som landsmøtevalgt nestleder? Regjeringen gikk inn for vern. Sentralstyret gikk inn for vern. Formann, nestformann og partisekretær stod bak den linjen. En krise i partiet på denne saken ville vært noe langt mer grunnleggende enn det som kan knyttes til én person. Derfor var det ikke aktuelt for meg å vurdere å «sette min stilling inn» eller komme med noe ultimatum.

Det var partiets sak og regjeringens sak. Det var partiets forhold til vern det stod om.

Når jeg nå tenker tilbake på all denne spenningen og dramatikken, er et naturlig spørsmål hvorfor Bjartmar Gjerde stod på i saken så lenge som han valgte å gjøre. Det var minst tre grunner, tror jeg. Han var en «sterk» statsråd, en som stod for sitt fagfelt – og som hadde stor tillit hos statsministeren. Nordli bad ham ikke om å bremse. Bjartmar følte at han ikke stod alene i sin kamp. Han hadde stor støtte i sitt eget miljø, i departementet og fagetaten – og han hadde støtte i LO og i viktige deler av stortingsgruppa.

Varm potet for Høyre

Kampen i partiet og regjeringen var avsluttet. Nå kom kampen med og i de andre partiene, som hittil hadde ligget mest stille i ly av Arbeiderpartiets egen debatt. Høyre trenerte etterhvert arbeidet i kommunalkomiteen på en måte som vakte oppsikt. Høyres Inger Lise Skarstein var sterkt for vern, men en like sterk motstander, Torstein Tynning, satt i samme komité. 1. juni 1979 skriver Bergens Tidende om hvordan vidda er blitt en varm potet for Høyre, som stadig har svære problemer i saken. For at den indre uenighet i partiet ikke skal bli for synbar i valginnspurten, har partiet valgt å kjøre hardt på for å få saken utsatt enda en gang.

Splittelsen i Høyre var ikke ny. Under partiets landsmøte i Bergen i mars, kom det til et skikkelig oppgjør, ledet av Unge Høyre. Ungdommen mente at partiets landsmøte skulle ha en holdning i saken. Willoch satte seg kraftig imot, og de måtte ifølge Bergens Tidende «tåle sviende slag fra Kåre Willochs partipisk». Til avisen sier Unge Høyres nestleder, Terje Svabø, at «det er uverdig for partiet at det nå faktisk er satt igang en hekseprosess for å få henne (Inger Lise Skarstein) til å falle inn i folden».

Vi greide å få avgitt innstilling i saken, men Høyre lyktes i å få selve behandlingen utsatt til høsten. Kåre Willoch reiste kritikk i salen mot flertallets beslutning om at innstilling skulle avgis, og fikk svar på tiltale fra både Arbeiderpartiet, Venstre og SV. Odd Einar Dørum fra Venstre sa like ut at han mente ønsket om å få Inger Lise Skarstein til å slutte seg til de andre Høyre-representantene lå bak hele manøvren.

Det *ble* stor nasjonalpark på Hardangervidda, med støtte til selve innstillingen fra Høyres Inger Lise Skarstein. Willoch vant ikke fram.

Jeg satt på regjeringsbenken denne juniettermiddagen, og var under et spesielt krysspress. Debatten trakk ut, jeg følte at jeg ikke kunne forlate salen selv om det stod en bil og ventet på Løvebakken. Jeg skulle til Drangedal. Der var det store forventninger til mitt besøk og glede over vernet av Hardangervidda. To og en halv time for sent, klokka 21.30, var jeg på plass. Stappfullt lokale, stor stemning. Varm velkomst. Sånt gjør inntrykk. Lokale partifeller greide utfordringen.

Drangedølene hadde tid til å vente.

Et gjensyn, i selskap med Johan Brun

Det betydde noe helt spesielt for meg å få være med på å få til varig vern av Hardangervidda. Jeg hadde vært der sammen med pappa som ung jente. Senere ble det flere turer der også mamma, Lars og Erik var med.

Vidda hadde slik stått i et eget lys helt siden turen med pappa i 1953, da vi gikk gjennom noen av de vakreste områdene. Jeg skulle komme tilbake dit, på sommertid, i 1979 sammen med Olav, Ivar og Jørgen – og Dagbladets berømte fotograf Johan Brun. Da var Hardangervidda reddet. Flertallet var sikret.

Vi søkte alltid å unngå presse og fotografer i våre ferier. Jeg gjorde et unntak for Johan Brun. Lenge hadde vi tenkt å få til en fjelltur på Hardangervidda i disse årene da kampen om dens fremtid stod. Jeg hadde vært på befaring og gjenopplevd naturen. Å bruke den, gå i den, leve i den, sammen med Johan Brun var noe annet. Johan Brun var lommekjent. Det visste jeg, for han hadde gitt meg sitt praktverk med bilder fra Hardangervidda. Slik kom vi i prat om vår tur. Slik meldte han seg, diskret og fint. Kunne han få være med på en del av turen?

Vi startet i Telemark, ved Kvenna, gikk en times tid innover den første kvelden. Sekken var nøye pakket. Alt var veiet, klær og utstyr, mat og telt. Min sekk var på sju kg, Olavs på 11. Ivar og Jørgen hadde fire kg hver. De var 13 og 12, ivrige, glade og spente.

Johan Brun hadde plass til alt. Da min tildelte porsjon med havrevelling var fortært, kom han fram med slirekniven og spikket en bit til hver av fenalår. Det smakte! Og så en liten dram til hver av lommelerke. Olav og min planlegging hadde ikke tatt høyde for slike store, små gleder.

Johan Brun pekte og fortalte. Guttene lyttet ordentlig og beundrende. Hårteigen kan du se fra alle sider på vidda, se den typiske profilen på fjellet. Dyr og planter, kultur og historie. Alt fikk vi med oss. Nansen-peisen inne mot Rauhellern var et høydepunkt. Her slo vi leir, med historiens sus omkring oss. Her hadde *han* overnattet – Fridtjof Nansen.

Da vi kom innover mot Bjoreidalshytta, oppdaget vi at Jørgens liggeunderlag manglet. Han måtte ha glemt det, kanskje der vi rastet, langt inne på fjellet. Det må ha vært 7–8 km dit bort. Johan Brun forsvant. «Jeg ser litt etter, jeg.» Da vi satt ved middagen, var han på plass – *med liggeunderlaget* triumferende i armene. Jeg kunne ikke tro det. Vi hadde jo ikke fulgt noen merket sti en gang! Hvordan *kunne* han finne en nål i en høystakk? «Jeg tenkte Jørgen hadde lagt den fra seg nede i dyregraven. Og der var den.»

KAPITTEL X

Vanskelige år

Året 1979 viste seg å bli et år med motgang for Arbeiderpartiet. Det skulle fortsette, både i 1980 og inn i 1981.

Tiden fra sommeren 1979 og fram til landsmøtet 1981 var uvanlig krevende og vanskelig.

Mange har spurt meg: Hvordan *var* det? Jeg har pålagt meg selvdisiplin, både den gangen og i årene senere, for å bidra til minst mulig skade for partiet.

Jeg må beskrive denne tiden fra flere vinkler.

Arbeidet som miljøvernminister var interessant, arbeidskrevende og inspirerende. Det var nok å gjøre – og jeg hadde tatt mange initiativ i årene forut for å bringe nye saker opp på dagsordenen og få noe gjort. Jeg var varm i trøya, erfaringene gav meg enda større muligheter for politisk gjennomslag. Det var meningsfylt og gikk som det skulle, nasjonalt og internasjonalt.

Som nestleder var jeg med i programarbeidet. Vi hadde tidligere oppnevnt et partiutvalg som jeg ledet, for å se på nærmiljøet og lokaldemokratiet. En av deltakerne der var Gunnar Berge som jeg ble kjent med gjennom den jobben. En kjernekar, tillitvekkende og selvstendig. Jeg var også med på å utarbeide et nytt prinsipprogram for partiet, et arbeid vi hadde bedt Einar Førde lede. Gudmund Hernes og Per Kleppe var viktige medspillere. De spilte også godt på lag med Einar. Gudmund var statssekretær hos Per og hadde både engasjement og en god penn. En del av de gamle tekstene bar for mye preg av at de var overliggere fra tidligere tider. Vi måtte skrive i lys av en ny tid.

Vi gikk ikke inn for statlig overtakelse av produksjonsmidlene. Blandingsøkonomi var hva vi hadde – og hva vi ville. Da måtte vi si det og begrunne det. Vi sa klart fra om at vi aktivt ville bruke markedskreftene der de kunne være det riktige virkemidlet.

Vi brukte uttrykket *demokratisk sosialisme*. Vi ville vise at våre ideer gir det beste ståsted for et samfunnssyn – også hvis man velger å resonnere seg fram til det ut fra egeninteresse. Mange vil nok huske Einar Førdes bilde fra Bislett: Reiser én seg for å se bedre, reiser også andre seg. Når alle står for å se bedre, hva har man da vunnet?

Det var nødvendig med debatt og fornyelse ute i partiet. Vi la til rette for det, men samtidig økte de politiske problemene da regjeringen måtte bremse veksten i de offentlige utgiftene. Det ble nødvendig som følge av internasjonalisering og svekket konkurranseevne. Motkonjunkturpolitikken, som var Per Kleppes barn, kunne ikke fortsette. Det var nødvendig med innstramninger for å styrke økonomien. Det var også et tydelig stemningsskifte på gang, høyrebølgen var i anmarsj.

Den gjorde det ikke enklere å takle en svært vanskelig sak som kom på bordet sent høsten 1979, spørsmålet om modernisering av NATOs mellomdistanseraketter i Europa. Den var vanskelig innad i partiet, og mange i fagbevegelsen og AUF gikk til kraftig motoffensiv. Frykten for opprustning med atomvåpen og nye omdreininger på rustningsspiralen ble raskt mobilisert. Mot dette stod ansvaret for sikkerhet og balanse i forhold til det våpenprogrammet som Sovjetunionen var i full gang med å gjennomføre med de såkalte SS 20-rakettene.

Alliansens politikk og strategi kom på dagsordenen. Hvordan kunne vi motvirke atomopprustning og samtidig ivareta vår sikkerhet? Der lå det virkelige dilemmaet. Den debatten gikk høyt innad hos oss, mens Willoch og Høyre gikk på offensiven med sitt velkjente grep: Arbeiderpartiet som en fare for soliditeten og allianselojaliteten i norsk forsvars- og sikkerhetspolitikk. Dette skulle bli et av gjennomgangstemaene i Høyres politiske angrep helt fram til valget i 1985.

En spesiell dag: Doktor Brundtland blir statsråd Brundtland, 31. august 1974. Jørgen har mistet sin første tann. Kaja utbryter: «Nå er Snoopy (marsvinet) blitt kjendis!» (Arbeiderbladet)

Intense døgn og dyktige medarbeidere. Vi lander på Sola, Hans Christian Bugge, Olav Carlsen og jeg. (Scanfoto)

(Inge Grødum/ Nationen)

Snill Bravo-rapport

Avblåsning

– Men så har vi hatt noen måneder å tette'n igjen på, også!!!

Togtur til besvær

Uke etter uke av sommermånedene 1979 gikk uten at det ble innkalt til noe møte i partiledelsen, til tross for at det jo var valgår. Ivar visste lite, han også, om hvor Reiulf befant seg. Han var en del ute på Hurum, forstod vi, hos sin mor.

Ivar og jeg var begge urolige. Det virket som om Reiulf igjen hadde problemer – og at alkohol var inne i bildet på ny. Vi merket at han holdt avstand, og at han ikke var som ellers de gangene sentralstyremøtene ble holdt. I ett av disse møtene virket han nærmest likeglad, vedtak vi trengte å gjøre, ble oversett. Jeg husker han sa, henvendt til Ivar og meg: «Det går så bra så.»

Kommunevalgkampen betydde mange reiser og engasjementer rundt om i landet. Det hadde startet dårlig denne gangen, med en togtur gjennom Gudbrandsdalen til Trondheim. Jeg satt ved siden av Per Kleppe da Jens Solli, radioreporteren, kom og ville intervjue finansministeren om noen uttalelser om skattepolitikken som partiformannen var kommet med dagen før. Jeg gav ham min plass.

Jeg ble engstelig, fordi jeg selv hadde stusset over Reiulfs uttalelse da vi fortsatt drøftet innholdet i den melding om skattereformer som regjeringen og partiet arbeidet med. Stridens tema var rentetak.

Svarene Per Kleppe gav, ble slått stort opp i første dagsnyttsending, og temaet om intern strid i partiet om skattepolitikken var nå ettertrykkelig satt på dagsorden. Slik sporet valgkampen av helt fra starten av. Kommunevalgkampen startet med misforståelser, dementier – og en god sak for Høyre. Slik er det alltid når skatt, fradrag og boligkostnader blir tema.

Neste dag under pressekonferansen i Trondheim var flere enn én i dårlig form. Lite søvn, flere drammer enn godt var til spekeskinke og flatbrød, satte sine spor, både på partiets og regjeringens ledelse. Det var dessverre helt sant det Eva Bratholm skrev i Dagbladet. Det ble «en kort og matt forestilling. I stedet for utspill ble det et spill for å trekke seg inn igjen.» I slike situasjoner er det lite du kan gjøre som nestleder eller partisekretær. De to som svarer, kan du ikke hjelpe mens det står på.

Jeg var kommet meg i seng i rimelig tid, men hadde fått hjelp av konduktøren for å være i fred for pågående mannfolk i togkorridorene den natta.

Mangel på ledelse

Når jeg ser på avisoppslagene, ikke minst i måneden etter valget, er det ikke rart at partimedlemmene fra da av ble preget av avmakt og pessimisme.

Det var ikke pressen som skapte problemene. De var der. Vi så nå tydelig de store svakhetene ved det delte lederskapet. Situasjonen tilsa upopulære tiltak i økonomien. Mens samspillet i partiet, LO og regjeringen led under mangelen på samordnet, helhetlig politisk ledelse.

Under vignetten «I kulissene» har Aftenposten denne beskrivelsen den 25. august: «Det ble adskillig oppstyr i Arbeiderparti-toget på vei opp til Trondheim da man fikk høre rykter om at finansminister Per Kleppe i et radiointervju skulle ha lovet både skattelettelser og økning av momsen.

'Dette har je itte hørt noe om,' var statsminister Odvar Nordlis lakoniske svar, da han ble spurt om regjeringen var enig i dette. 'Det er ikke jeg, men Jens Solli som har lovet skattelettelser,' sa finansminister Per Kleppe, som ved midnattstider kom fra et valgmøte på Otta hvor toget hadde gjort et opphold. Kleppe forlangte at Solli, hans tidligere medarbeider, øyeblikkelig tok et nytt intervju hvor han kunne få dementere ryktene.»

Avisene var fulle av skattesaken fra toget. Aftenposten skrev: «Skattereform presenteres etter valget. Kleppe vil ikke lekke mer.» I selve artikkelen står det som sant er at finansministeren egentlig ikke har sagt mer enn det som er kjent fra stortingsmeldingen om inntektsfordeling, som Stortinget allerede har behandlet. Han dementerer kategorisk at momsen skal økes. Uansett dementi, skaden var skjedd. Slik er det ofte i politikken. En litt uheldig presentasjon av et resonnement kan være nok til den store turbulens.

Høyres parlamentariske leder Kåre Willoch møtte Odvar Nordli i radioens «Ekko» samme kveld. «Vi må kunne forlange å få vite hvilke nye byrder finansminister Per Kleppe planlegger når progresjonslempning bebudes. Jeg er redd disse byrder ikke er små.» Slik formulerte Willoch seg. Han gikk også til angrep på en felles uttalelse fra LO og Arbeiderpartiet om en femte ferieuke, som var blitt lansert ved denne valgkampåpningen, og mente det var «langt viktigere oppgaver som nå må løses, bl.a. for eldre og syke, enn å prioritere ytterligere kostbare fremstøt for den friske og arbeidsføre befolkning».

Det kom også fram i Aftenpostens omtale at statsminister Nordli ved presentasjonen av femukerskravet hadde sagt at dette ikke var drøftet i regjeringen, og at det måtte tas opp under forhandlingene mellom LO og NAF. Derfor kunne ikke regjeringen binde seg til noen bestemt løsning, endog før kravet formelt var reist. Den politiske uttalelsen før valget var laget av partiet og LO, av partileder og LO-leder.

Igjen ser vi sprik og manglende politisk samordning.

I ukene som fulgte ble både sprikende politikk og sprikende ledelse et gjennomgangstema. Dagbladets Ragnar Kvam jr. har et stort oppslag fredag 7. september, en ukes tid før valget. «Har valgkampen vist at det kollektive lederskap i AP svikter?» Trygve Bratteli uttaler: «Norge kan bare ha *en* regjering og *en* statsminister.» Han sier videre: «Arbeiderpartiets organisasjon i Norge har en avgjørende politisk innflytelse ved at den utformer partiets programmer. Når et landsmøte så har vedtatt programmet, er det regjeringen som utformer den sentrale, praktiske politikk. Partiledelsen kan ikke lede regjeringens arbeid.» Det var sterke ord. Dette var en kraftig korreks til å komme fra Trygve, og den var rettet mot partiformannen.

Dette intervjuet illustrerer hvordan store deler av pressen nå forfølger temaet om sprik og manglende ledelse. Vi følte det alle sammen, ikke bare vi som sentralt satt i regjering, stortingsgruppe og sentralstyre. De var ulykkelige, partifellene rundt om i landet. Reiulf og Odvar tok ikke de tunge takene som krevde et nært samspill. De to – og LO-lederen Tor Halvorsen – måtte ha gjort det for å takle de problemene både partiet og landet møtte.

«Steen og Nordli på vei ut»

Det kom likevel noen få lyspunkter. I Dagbladet karakteriseres partilederdebatten i TV rett før valget som «Nordlis kveld». Arne Finborud skriver om Odvar Nordli at «hans forsvar for regjeringens motkonjunkturpolitikk og den fulle sysselsetting var klart og forståelig, og Nordli kom etter hvert over på offensiven i sin holmgang med Willoch. Nordli hadde lært sin lekse, og framførte den slik at seerne kunne forstå den. Det var Nordlis beste opptreden i årets valgkamp.»

Om hovedmotstanderen heter det: «Det må sies at Kåre Willoch er den partileder som nå må være mest glad for at valgkampen er slutt. Hans tale er nå kjørt i reprise så mange ganger og hans temaer er så uttværet, at de neppe tåler lengre levetid. Willoch sto i fare for å bli utnevnt til valgkampens grammofonkonge, men ble reddet av gongongen klokka ti i går kveld.»

På Dagbladets førsteside lørdagen før valget står det: «Steen og Nordli er på vei ut.» «Både Odvar Nordli og Reiulf Steen er i faresonen, og kritikken er sterk fra lokale tillitsmenn mot den måten partiledelsen har ført valgkampen på. Gro Harlem Brundtland, Bjartmar Gjerde og Rolf Hansen er hete navn i det maktpolitiske spillet som kan utløses av et dårlig kommunevalg for Arbeiderpartiet.»

Arne Finborud skriver: «Blant lokale tillitsmenn hersker det stor fortvilelse over den manglende fasthet partiledelsen har vist i det politiske opplegget i denne valgkampen.»

«Harlem Brundtland og Gjerde er jo regnet for å tilhøre forskjellige fløyer i partiet når det gjelder miljø- og vekstspørsmål og kan komme til å spille hverandre over sidelinja i et kommende oppgjør om lederskapet. Derfor mener mange at forsvarsminister Rolf Hansen vil dukke opp som 'dark horse'.»

Debatten om en vanskelig situasjon og om konsekvensene av den var i full gang allerede før valget var holdt.

Hvor var Reiulf?

Valgdagen dro jeg som vanlig til partikontoret på Youngstorget for å møte den øvrige partiledelse og delta i samlingen der vi avventer valgresultatene. Det var ingen god følelse jeg gikk til valgvake med denne gangen.

Reiulf var ikke kommet, heller ikke da journalistene skulle ha sine første intervjuer. Hvor var han? Han var litt sent tilbake fra Sverige etter valgnatten der, fikk jeg høre, men han kommer snart. Det varte og rakk. Helge Røed, informasjonssekretæren, og Bjørn Tore Godal, utredningssekretæren, stakk hodene sammen. Ivar Leveraas tok første intervjurunde. Så økte presset. Nå måtte ledelsen uttale seg. Valgresultatene var ikke gode, 7 prosent lavere enn stortingsvalget to år tidligere. Det gjorde det ikke enklere.

Utålmodigheten var sterk. Ivar og jeg måtte avgjøre saken: Jeg fikk uttale meg i Reiulfs fravær. Nå hadde også jeg fått vite at han var på et hotellrom ute ved Fornebu, i svært dårlig form etter reisen – og dessuten skulle han ha ryggsmerter.

Natten ble tøff. Jeg trådte inn og stod fram på vegne av partiet i nederlagets time. Vi la til grunn at Reiulf dessverre var blitt syk, mer var det ikke å si om den saken. Det var likevel ingen tvil. Det gikk rykter. Reiulf var blitt sett på flyet – og pressen visste beskjed. De var klar over at det var noe mer enn isjias som var problemet. Hverken Ivar eller jeg lot oss merke med noe annet enn at han ganske enkelt var syk.

VGs Per Norvik oppsøkte meg på mitt kontor i Myntgata i dagene etter denne ulykkelige valgkvelden. Han spurte meg om et råd. Avisen hadde fått en rekke rapporter om hva som egentlig hadde skjedd den dagen og kvelden. Flypassasjerer og andre hadde observert at partiformannen var sterkt påvirket av alkohol – og de hadde en rekke detaljer om hendelsesforløpet. Jeg kommenterte det ikke, men det han sa, var mer enn hva jeg hadde hørt tidligere.

Norvik spurte meg om hva jeg mente. Kunne det ikke være etisk uforsvarlig å bringe fram slike opplysninger, siden partiformannen åpenbart hadde et alvorlig helseproblem? Jeg var enig. Det ville være uetisk og uriktig å skrive om dette som avisen hadde fått informasjon om. Jeg følte, som nestleder, som menneske og som lege at min plikt var å beskytte et medmenneske og partiets leder mot en slik eksponering.

Samtidig lå det jo i hele situasjonen at journalisten gjennom en slik samtale kunne danne seg et inntrykk av hva jeg visste og mente. Hele samtalen var merkelig.

I den uka som fulgte, var Reiulf borte, også under sentralstyremøtet etter valget. Jeg ledet møtet, som naturlig var. Pressen omtalte meg som «fungerende formann». Det skulle senere bli brukt mot meg, som om det var jeg som hadde ansvaret for situasjonen! Jeg gjorde hva jeg kunne. Pressen skrev hva den ville. En nestleder kan ikke unnlate å fungere når lederen ikke er der.

Bildet som ble tegnet i dagene og ukene som fulgte var ikke lystig. «Toppkrise i AP» er VGs førstesideoppslag.

Dagbladet slår opp at dette er «AP's verste kommunevalg på over 40 år». Sent på valgnatten sier jeg til avisen: «Vi har ikke noe annet å gjøre nå enn å kaste jakka og sette i gang arbeidet med tanke på stortingsvalget i 1981. Det er ingen tvil om at vi med dette valgresultatet står overfor en meget vanskelig oppgave. Vi må erkjenne at starten på partiets valgkamp kom skjevt ut med bl.a. et skatteutspill som senere ble trukket tilbake. Dessuten har de borgerlige partiene storparten av pressen i ryggen i mange av de større byene. Dette, sammen med at folk ikke lenger stemmer på grunn av sosial tilhørighet, har nok vært viktige årsaker.»

«Er du forberedt på å ta på deg større oppgaver for partiet enn å være nestformann og miljøvernminister,» spør journalist Arne Sellæg. «Det spørmålet anser jeg som ikke stilt,» svarer jeg. Det var utrolig vanskelig å velge sine ord når man måtte opptre i partiformannens sted. Jeg måtte uttale meg rimelig nøkternt og fornuftig om et dårlig valgresultat og vise optimisme og en offensiv tro på vår evne til å lykkes bedre fremover. Samtidig var jeg tilgjengelig for pressen i den rollen – og alle slags ubehagelige problemstillinger, også slike som gikk på person, kunne bli stilt.

Sammen med sin kollega Eva Bratholm har Arne Sellæg en kommentarartikkel dagen etter valget som presenteres slik: «Øynene vender seg mot Youngstorget.» «Fotfolket irriterer seg over AP-ledelsen.» De har snakket med mange tillitsvalgte rundt om i landet og oppsummerer kommentarene: «Større politiske spørsmål ble kastet ut i valgkampen før de var drøftet og avklart innad i partiet.» «Total mangel på koordinering mellom regjering og parti i valgkampen.» Dette var bildet, og evnen til å takle det innad var altså ytterligere vanskeliggjort, i partiformannens fravær. Våre folk ute i landet blir også konfrontert med kinkige spørsmål.

«Vi som har vært valgarbeidere har hatt store vanskeligheter med å forklare hva partiet mener om f.eks. rentetak, femte ferieuke osv.,» sier Tom Veierød, vår ordførerkandidat i Harstad. Flere sier at også personspørsmål må diskuteres på det kommende landsstyremøtet. Bengt Martin Olsen fra Bergen «ser det som naturlig at regjeringens sammensetning nå blir drøftet i forbindelse med den selvransakelse som nå må skje i partiet». Han mener «det ikke er unaturlig med kvinnelig statsminister, og har da tydeligvis Gro Harlem Brundtland i tankene».

Sentralstyremøtet 19. september var det første etter valget. Ivar Leveraas innledet om valgresultatene. Partisekretæren nevnte at ideen eller kravet om å innkalle et møte med alle fylkespartiformennene sammen med partiledelsen, var kommet opp. Hans kommentar er at det *kan* bli utlagt som en ytterligere bekreftelse på store problemer for partiet.

En rekke av sentralstyrets medlemmer deltok i debatten, først Odvar Nordli. Nordli mener den sentrale valgkamp ikke har vært god. Det har manglet samordning og planlegging. Skatt og bolig treffer folk hjemme. Det rår usikkerhet. Det trengs en fordomsfri gjennomdrøfting der alle spørsmål må opp, også personer. Dette skal gjøres raskt. Vi bør høste fordelen av å snakke ut om problemene i et engere møte, for å få signaler. Han ber om et fylkesledermøte, fordi vi står i en vanskelig politisk situasjon.

Trygve Bratteli trekker de lange linjer og peker på behovet for kollektivt ansvar. Han understreker: Nå gjelder det å holde kjeft. Vi må legge hovedvekten på partiets landsstyre og på stortingsgruppa som de formelt styrende organer. I dette lå det en indirekte advarsel mot tanken om å innkalle fylkespartilederne.

Egil Ranheim fra Buskerud sier klart fra om at vi må drøfte personer. Hekseskudd er ok, men ikke noe annet. Alkohol *kan* ikke tåles. Han er for et fylkesformannsmøte, *bare* med partiledelsen.

Tor Halvorsen setter spørsmålstegn ved tanken om et møte av fylkesformennene.

Thorbjørn Jagland peker på at all kritikk nå rettes mot regjering og partiledelse. Det mangler politisk diskusjon ute i partiet.

Jeg oppsummerer med at vi må gjøre et mer omfattende arbeid med å analysere valgresultatene, og samtidig rette blikket fremover mot 1981 både når det gjelder politikk, arbeidsopplegg og mannskap. Det er viktig at vi konsentrerer oss om programarbeidet og den politiske debatten, og om en organisasjonsoffensiv. Jeg ber om fullmakt til at partiledelsen kan avgjøre formene for kontakt med fylkespartiformennene.

Verdens Gang har en kommentar til valget ved Per Norvik: «Katastrofen ryster AP.» «Med en tilbakegang på ca. syv prosent fra valget for to år siden, og en tilbakegang på ca. to prosent fra det veldige nederlaget ved kommunevalget for fire år siden, er det klart at all politisk interesse vil bli samlet om situasjonen i regjeringspartiet i de nærmeste ukene.»

«Tar du over nå, Gro?» er én overskrift.

På en annen helside: «Sliten Nordli.» «Det er klart at jeg i tider hvor jeg har vært sliten og nedkjørt, av og til har vært inne på tanken om å komme over i en mer rolig tilværelse. Det er vel ikke mer enn naturlig,» sier statsminister Odvar Nordli til VG.

Slikt bør man være varsom med, som statsminister eller partileder. Det slo meg allerede den gangen. Du bør tenke deg svært nøye om før du gir noen lillefingeren på denne måten. Han sier han har vært plaget av hodesmerter og har fått akupunktur, som har hjulpet. Han snakker om arbeidspress, rampelys og at man blir «brukt opp».

To dager senere har VG en ny artikkel av Per Norvik: «Valgnederlaget, partiformann Reiulf Steens svekkede posisjon i Arbeiderpartiet og behovet for nytt mannskap i både regjering og ledelse for stortingsgruppen har styrket statsminister Odvar Nordlis posisjon i Arbeiderpartiet.»

I artikkelen står også dette, som jeg er sikker på var som en rød klut iallfall for den sengeliggende Reiulf Steen: «Etter det VG erfarer, ble det på gårsdagens sentralstyremøte i Arbeiderpartiet besluttet at det er partiets nestformann, Gro Harlem Brundtland som skal stå fram som talsmann for partiledelsen fram til landsstyremøtet 4. og 5. oktober.»

Noe slikt vedtak ble ikke fattet. Hvem har gitt avisen denne feilaktige fremstillingen? Det virket som en provokasjon. Ingen visste hvor langt sykefravær formannen ville ha. Det var utelukkende en organisasjonsmessig selvfølgelighet at nestformannen tok over så lenge formannen ikke var tilstede.

«En rekke krav om at partiformann Reiulf Steen må trekke seg, er registrert på partihold,» skriver Per Norvik. «På den annen side er Steen selv neppe innstilt på å overlate formannsstolen til andre midt i en landsmøteperiode, og det er her derfor duket for en meget delikat situasjon som vil sette sitt preg på tiden fram til landsstyremøtet i oktober.»

Det siste stemte godt.

Klimaet innad var ikke bra. Folk var usikre og urolige. Det var mistenksomhet i lufta. Presseoppslagene forsterket dette.

Stortingsgruppa var ennå ikke samlet. Landsstyremøtet i begynnelsen av oktober var det alle tenkte fremover mot. Der måtte debatten tas.

Det spekuleres også i statsrådsskifter og statsrådsemner i dagene som følger. Navn kastes fram. «Samvirke ledig for Kleppe,» skriver Arne Finborud i Dagbladet. «Mye av spenningen omkring de ventede statsrådsutskiftningene knytter seg til Per Kleppes skjebne. Politiske hensyn taler for at Odvar Nordli nå bør skifte finansminister. Det er det enighet om langt inn i Arbeiderpartiet. Ikke minst taler hensynet til LO for at Kleppe nå bør gå. Han har nå satt Norgesrekord i å være finansminister, og det er åpenbart behov for nytt blod i Finansdepartementet, blir det hevdet.»

Andreas Homplands kommentarartikkel «Nordlis offerlam», konkluderer med at Per Kleppe vil være et takknemlig offer å kaste til ulvene, sånn for syns skyld. Han kan gis ansvaret for det som er et utslag av partiets og regjeringens kollektive mangel på ledelse og samordning. «Og ingen vil savne ham eller stå opp og kjempe for ham lenger.»

Både jeg og andre som leste slike oppslag, var klar over at noen hadde gitt uttrykk for disse tankene til pressen, selv om slike diskusjoner ikke fant sted blant oss som var tillitsvalgte.

Opp fra sofaen

Allerede den 19. september, da sentralsstyremøtet ble holdt, hadde VG et intervju med Reiulf Steen, som beskriver sine ryggproblemer og forteller at han nå behandles av kiropraktor. Journalist Tore Johannessen spør: «Da det i TV ble sagt at din uteblivelse fra partilederdebatten skyldtes hekseskudd, ble VG oppringt av både flypassasjerer og tilstedeværende på Fornebu som hevdet at du var beruset ved ankomsten. Har du noen forklaring på dette?»

«Jeg vil ikke synes det er underlig om folk som så meg trodde jeg var beruset. Jeg hadde meget store smerter, og for å dempe disse tok jeg smertestillende midler før jeg, etter beste evne, krøket meg ned på Fornebu.»

Mens Steen i sin bok *Maktkamp* fra 1989 skrev: «Pillene i kombinasjon med alkohol må ha vært rene dynamitten.»

En uke etter valget kommer en rekke intervjuer med partiformannen. VG: «Klar til kamp for makt og posisjon.» «Reiulf retter ryggen.» «Urimelig. Det er Reiulf Steens kommentar til den persondebatt som har vokst med full styrke innad i AP, etter det solide valgnederlaget for drøyt en uke siden.» Stein Kåre Kristiansen har skrevet en kommentar. Overskriften er: «Reiulf opp fra sofaen.» Reiulf Steen har uttalt seg til fjernsynet lørdagskvelden og slått fast at han har sin «fullmakt fra landsmøtet, og regner med å fortsette på dette grunnlag».

Arbeiderbladet har samme dag et intervju der avisen spør om han mener han har helse til å fortsette. Steen svarer: «Ifølge min lege har jeg generelt en jernhelse. Jeg kjørte nok imidlertid for hardt i valgkampen. Det førte til at jeg fikk akutt skiveforskyvning i ryggen og til et kollaps selve valgdagen, men det har ikke noe å gjøre med min generelle helsetilstand.» «Så det er ingen slagen mann vi har med å gjøre, til tross for det svake valgresultat?» «Det er langt fra, hverken mentalt eller på andre måter,» svarer Reiulf Steen.

Det kom så et førstesideoppslag i Dagbladet: «Sterke LO-krav. Rolf Hansen som statsminister.»

«På LO-hold karakteriseres Rolf Hansen som en sterk og uredd politiker som kan treffe hurtige avgjørelser. Det er saft i ham,» heter det uformelt i LO-kretser. Det de savner hos Odvar Nordli «er nettopp en myndig hånd».

Dagbladet omtaler ham på denne måten: «Rolf Hansen hører til den gamle skole i Arbeiderpartiet, han ble flasket opp i en tid der Einar Gerhardsen, Haakon Lie og Rolf Gerhardsen regjerte. På enkelte vil han derfor virke som en rød klut, men noen fløymann er vel Hansen strengt tatt ikke, selv om han nok har litt islett av blått i sine årer.»

LOs leder, Tor Halvorsen, hadde bedt om et møte dagen etter valget. Det var bare Ivar, Tor og jeg. Han sa klart og tydelig fra: «Dette går ikke lenger. Nå må andre overta ledelsen. Vi må sørge for en avklaring. Odvar og Reiulf takler ikke dette.»

Ivar og jeg hadde en vanskelig oppgave. Hva kunne vi si? Vi hadde jo sett hvor galt det hadde utviklet seg. Vi registrerte hans synspunkter. Han ville gå videre med dem, sa han, og komme tilbake til hele saken også i sentralstyret. Han virket fast bestemt.

Senere hørte jeg ikke mer om den saken. Reiulf kom tilbake på kontoret. Fra da av møtte han meg med avvisende kulde, møtte aldri mitt blikk, overså meg så godt han kunne.

Samtidig stod det i avisene om den fremfusende nestlederen som hadde forsøkt å utnytte formannens sykdom og skyve ham ut. Den som hadde sagt og gjort noe helt annet, var Tor Halvorsen. Men hverken Ivar eller jeg sa noe om det til andre.

Jeg tror i dag at Reiulf tok kontakt med Tor og med Odvar, og at de tre – kanskje også Ivar – snakket om hele situasjonen. Så ble det lagt planer for fremtiden, uten at jeg ble invitert med på de møtene. For det var slik det utviklet seg utover denne høsten.

Ikke bare fikk jeg beskjed av Odvar Nordli om at jeg nå skulle ut av regjeringen og gå inn i Stortinget, hvor jeg burde samle erfaring som nestleder, med tanke på nye oppgaver i fremtiden. Det var jo helt åpenbart at jeg etter hvert måtte forberede meg på å bli partiets kommende leder og statsminister, mente Odvar.

Jeg undret meg. Var dette en fortrolig, oppriktig vurdering – eller var det et forsøk på å sukre pillen? Odvar måtte føle at det var ubehagelig, for jeg hadde ikke vært med i noe møte om situasjonen og regjeringens nye sammensetning slik den faste tradisjonen var. Den fikk jeg meddelt sammen med de øvrige medlemmene av sentralstyret.

Det ble fra da av slik at Reiulf stadig innkalte Ivar til møter, uten at jeg som nestleder var invitert. Jeg tok dette opp en gang med Ivar, som jeg følte burde ha påpekt det formelt ukorrekte i en slik fremgangsmåte.

Jeg tror han følte at det hele var ubehagelig, men han forsvarte hendelsesforløpet med at han som partisekretær ikke kunne unnlate å møte opp når partilederen innkalte ham. Ivar kjente seg nok ille til mote – mellom barken og veden. Vi hadde alltid et godt samarbeidsforhold og et godt vennskap.

På 40-årsdagen

Reiulf hadde et alkoholproblem. *Hvor* alvorlig det kunne være, visste heller ikke jeg, før valgnatten 1979. Jeg visste riktignok, som en rekke andre, at han hadde hatt et slikt problem våren 1977 i ukene før landsmøtet. Dette har han senere selv skrevet om i sine bøker.

Jeg ante ikke hvem Arvid Engen var, men Eli, hans svigerinne, bodde på Bygdøy – og Reiulf flyttet etterhvert inn hos henne. Hun hadde også barn som var venner av mine barn, og gikk på samme skole.

Våren 1979 var samarbeidet i partiledelsen og med regjeringsledelsen i fin gjenge. Da jeg fylte 40 den 20. april, var både Trygve Bratteli, Reiulf Steen og Eli, Knut og Grete Frydenlund, Inger Louise Valle og hennes mann der. På denne tiden trodde jeg at Reiulf hadde fått kontroll med sitt problem, bl.a. ved hjelp av Eli, som han nå bodde sammen med.

Den kvelden ble det holdt flere taler. Inger Louise stod for en av dem. Noe av det hun sa, kom som en total overraskelse på meg. Hun sa at hun mente jeg ville være den naturlige, neste statsminister i Norge. Jeg ble urolig og betenkt. Tenk om noen trodde at slike tanker på noen måte kunne være inspirert av meg! Det var de overhodet ikke. Vi hadde aldri vært i nærheten av et slikt tema. Jeg plasserte det på kontoen kvinnelig likestillingsentusiasme. Inger Louise var bevisst på kvinnesak. Hun hadde vært leder av Kvinneåret.

Det var lite å gjøre med det som var skjedd. Femti mennesker hadde hørt det. Minst fem må ha fått den tanken at dette skal jeg være med og forhindre.

Olav forteller at jeg den kvelden var urolig for hvordan Reiulf ville reagere på Inger Louises uventede initiativ og engasjement. Det måtte jo virke underlig, ikke minst på ham.

En samtale med Thorbjørn Jagland

Våren 1979 hadde vi en middag for en delegasjon fra Jugoslavia, ute på Najaden. På kvelden kjørte Thorbjørn Jagland, AUFs leder, meg hjem. Vi snakket i bilen om den politiske situasjonen som bekymret oss begge. Jeg følte vi var på bølgelengde i vår uro for utviklingen – og i opplevelsen av mangel på samling og felles ståsted foran de mange viktige oppgavene som bare ventet på at vi fikk til en avklaring for en fremsynt politikk.

Flere ganger var Thorbjørn som AUFs leder på mitt kontor i Miljøverndepartementet for å snakke om ulike politiske saker AUF arbeidet med. En av disse gangene sa han: Slik det ser ut i partiet nå, blir du nødt til å ta over som leder – før stortingsvalget.

Jeg sa ikke stort som reaksjon på denne noe overraskende åpenheten, følte – og sa – at jeg som nestleder først og fremst måtte gjøre hva jeg kunne for å få til en offensiv og samlende politikk. Thorbjørn gav nok uttrykk for hvordan han da – i 1979 – så på utviklingen fremover.

Det nye laget

I oktober, like før Stortingets åpning, fikk landsstyret presentert endringer i regjeringen, etter en orientering av Odvar Nordli. Partilederen og statsministeren hadde nå gått sammen for å definere personvalget og kursen fremover.

Jeg var overhodet ikke tatt med på råd, men jeg tror at partisekretæren var det. Tor Halvorsen var det helt opplagt.

Det ble store endringer. Reiulf Steen gikk inn som handelsminister. Nå skulle de to markere sitt felles ansvar. Jeg skulle gå over i Stortinget, og forsvarsministeren, Rolf Hansen, skulle bli min etterfølger i Miljøverndepartementet. At jeg gikk ut av regjeringen ble utad presentert som en naturlig konsekvens av at partilederen gikk inn i den. Dermed, ble det sagt, var det naturlig at vi skiftet plass, han ut av stortingsgruppa, jeg inn i den.

Einar Førde og Sissel Rønbeck fulgte Reiulf inn i regjeringen. Dermed var det «to innette NATO-motstandere med i regjeringen», skriver Haakon Lie. «Hvorfor? Ingen kunne gi noen annen forklaring enn at nå ville han (Odvar Norli) ha fred, ikke bare i stortingsgruppen.»

Jeg tror hovedtanken bak de nye grepene var slik både statsminister og partileder sa. Nå trengte de å stå sammen. De hadde begge følt seg sterkt presset av et dårlig valgresultat og en dårlig valgkamp. Ingen av dem følte seg sterk nok alene. De valgte nå å markere at de ville samle partiet til mer kraftfull innsats – de gjorde det til et poeng at de ville gi plass for hele bredden i hva partiet og ulike generasjoner stod for. Reiulf fikk inn «sine», som Einar og Sissel, Odvar fikk inn andre.

Andreas Cappelen, Ronald Bye og Lars Skytøen ble også med i det nye laget.

En bemerkelsesverdig dag

Landsstyremøtet den 4. oktober glemmer ingen av dem som var med. Odvar innleder om den politiske situasjonen. Reiulf må ha ønsket det slik.

Landsstyrerepresentantene hadde heller ikke noen enkel oppgave. Uroen omkring personspørsmålene *er* der. Men de er vanskelige å snakke om. Jeg noterte meg hovedpoengene i en rekke innlegg i min grønne bok. Inger Pedersen fra Nordland: «Noe er galt i Arbeiderpartiet.» Hun spør også om vi styrker partiet ved å la formannen få mer å gjøre *utenfor* partikontoret? Hun er kritisk mot parti og regjering. Skattereformen burde vært presentert på forhånd. Kriminalmeldingen og karakterfri skole har skadet oss. Inntrykket av «slipp fangene fri» har slått an hos motstanderne.

Kjell Opseth, Sogn og Fjordane, spør: Hva sier de som satt hjemme?

Han gir selv svaret: 1) Partiet er gått for langt i å sy puter under armene på folk. 2) Til tross for større råderett, minker sjølråderetten. Eksempel her er arbeidsmiljøloven. Folk opplever det slik at den setter grenser på deres egne vegne. Han sier det er til skade for partiet at partimedlemmer går ut med kritikk i massemedia.

Dette er meget alvorlig. Så fortsetter han – og det er sjelden at slikt kommer direkte fra talerstolen: «Blant medlemmer og velgere blir tilliten til to av våre tillitsvalgte mindre og mindre. Det er vår egen partiformann og justisministeren. Hva er så grunnen? De svarer at de har ingen grunn. Jeg liker dem ikke. Måten en snakker på og ter seg på er vel så viktig som det lederskap som bæres fram. Folk vil ikke forstå at Reiulf skal inn og Gro ut.»

Det *var* svært mange som undret seg rundt om i landet. Jeg valgte likevel å være rolig, saklig smilende for ikke å underbygge et altfor negativt inntrykk av det merkelige grepet som her ble tatt.

Det Odvar hadde presentert for meg i et kort møte i statsrådssalen i Stortinget samme dag som landsstyremøtet skulle holdes, sa jeg ikke noe om til andre. Jeg foretrakk at det var ukjent hvordan jeg var blitt informert.

Mange har senere spurt meg hva jeg følte og hvordan jeg tolket det som skjedde. Jeg følte meg på urimelig vis satt til side, og holdt utenfor. Jeg visste at det som skjedde ikke var rett og riktig. Som nestleder skulle jeg selvfølgelig vært med i diskusjonen om regjeringen og om den beste bruken av partiets fremste tillitsvalgte. Når andre spurte, forsøkte jeg å tone det hele ned. Nære venner og kolleger, som Gunnar Berge, var det likevel ikke lett å overbevise om at det meste var helt greit.

Det som var vanskelig for meg å tolke, var hvor mye av det som skjedde som var Reiulfs – og hvor mye som var Odvars, eventuelt Bjartmars initiativ. Jeg var ikke i tvil om at Reiulf nå så på meg som en alvorlig konkurrent, og at han var mer enn glad for at jeg kunne plasseres mer i periferien enn før. Det var ikke like lett å vite hva Odvar tenkte. Vi hadde hatt et godt samarbeid, slik jeg også tidligere hadde hatt med Reiulf. Jeg har jo i ettertid kunnet registrere at Odvar opplevde den politiske striden omkring vekst og vern som en belastning. Og Bjartmar stod Odvar nær. De syntes begge jeg var vel tøff og at jeg kunne leksene mine for godt. Jeg ble en tung «motstander».

Uansett, jeg forstod straks at Reiulf og Odvar hadde lagt denne kabalen *sammen*. Det ville lite nytte, og var iallfall ikke særlig klokt, å gå til angrep på det. Nå fikk jeg bare ta dette med løftet hode, smile og forklare andre hvor logisk det egentlig var at jeg fikk parlamentarisk erfaring, som partiets nestleder.

De som fikk høre mest om hva jeg egentlig tenkte, var familien, først og fremst Olav. Men mamma og pappa – og de barna som var med på Mylla i helgen – fikk også med seg hva jeg hadde på hjertet. Aktørene hadde ingen rett til å holde partiets nestformann utenfor når viktige beslutninger for partiet skulle fattes. Situasjonen bar ikke preg av rettlinjethet.

Observatørene hadde svært ulike tolkninger. Fra «Gro på statsministerskole» til «Gro satt i skyggen». Fremtiden fikk vise. Jeg bestemte meg for å gjøre mitt beste der jeg var.

Tor med hammer'n

Dette landsstyremøtet bekreftet bildet av et forvirret og splittet parti. Diskusjonen går, både om personer og politikk. Det er dyp splittelse i holdningen til mange store saker. For og imot skattereformen, for og imot kriminalmeldingen, for og imot karakterfri skole, for og imot et profilert miljøvern. Det er en brytningstid, mellom ulike tradisjoner, mellom eldre og yngre. Vi har mye å streve med. Alt krever grundig arbeid og samarbeid.

Det *er* ideologisk og politisk avklaring som trenges. Det skal ta år før vi virkelig greier det. Og *etter* dette landsstyremøtet kommer hele striden om atomvåpen og sikkerhet – på toppen av alt vi allerede strir med.

Det skjedde noe mer på dette landsstyremøtet etter valget. Tor Aspengren hadde ordet i debatten om den politiske situasjonen. Han var sterkt kritisk og talte med stort alvor om et kommunevalg som var det sørgeligste kapittel i vårt partis etterkrigshistorie. Han gikk direkte inn i resonnementer som ingen var i tvil om var rettet mot våre «øverste tillitsvalgte»:

«Det er lettere å gjøre feil når man er opp i årene. Næringslivet lar folk tre tilbake ved 55 år. Konsultativ tjeneste er noe annet. Vi har arbeidet for lav pensjonsalder. Det bør vi ta konsekvensene av også for våre egne tillitsvalgte. Stress fører til at flere og flere tyr til kunstige stimulanser, f.eks. alkohol. Dette er en folkesykdom. Alle samfunnsgrupper er berørt. Også i vår bevegelse sniker dette seg inn på nytt. Daglige små doser er som djevler som angriper kropp og sjel. Den som er angrepet forstår det ikke. Det er de politiske oppgavene som skulle være stimulansene, ikke kunstige midler.»

Han avsluttet sitt innlegg slik: «Vi vil aldri kunne vinne et valg, hvis ikke våre fremste tillitsmenn er sannferdige, troverdige, tillitvekkende og fremfor alt edruelige.»

Det var dødsstille i salen. Vi satt som lammet. Dette var sterk kost, et innlegg med et innhold og en form som ingen av oss hadde hørt før. Det var ingen andre som tok tråden direkte opp.

Jeg måtte tenkte på noen mer uklare ord som Tor Aspengren hadde latt falle da vi alle satt rundt bordet i det spesielle utvalget som ble oppnevnt av landsstyret før Landsmøtet i 1977 for å drøfte Reiulf Steens Ny Tid-intervju. Også da dreiet det seg om partiformannen. Nå følte jeg at det hadde dobbel adresse, etter togturen over Dovre. For Tor Aspengren var bruk av alkohol helt uakseptabelt for en tillitsvalgt, uansett hvem det måtte være. Han representerer en lang tradisjon i arbeiderbevegelsen. Denne holdningen er det ikke bare pionerer som Martin Tranmæl som har stått for.

Tor Aspengren og Tor Halvorsen hadde nær kontakt seg imellom. Det visste vi. Dette var utbruddet fra den eldste av dem, i tråd med det Tor Halvorsen hadde sagt i møte med Ivar og meg få dager etter valgnatten. Likevel var det åpenbart at Tor Halvorsen hadde snudd igjen – og vært med på det opplegget som landsstyret nå fikk presentert.

Det var ikke siste gang vi hørte fra Tor Aspengren i saken. En offentlig utblåsning kom få måneder senere. Da hadde Odvar Nordli utnevnt Per Vassbotn til statssekretær for presse og informasjon ved sitt kontor. Han hadde orientert Reiulf, og de var enige om det før han gikk videre og orienterte andre. I ettertid er Odvar alene blitt sittende med ansvaret for å bryte slik med all tradisjon i parti og fagbevegelse. Ikke var Vassbotn medlem i partiet, heller ikke i LO. Tor Aspengren skrev et brev til Sentralstyret der han bad seg fritatt for å møte etter det som var skjedd.

I Dagsrevyen 25. januar 1980 sa han dette: «Med det som har skjedd, så greier ikke jeg å sitte ansikt til ansikt med mennesker som etter min oppfatning hverken har politisk gangsyn eller politisk holdning.»

Til Stortinget

De første månedene i Stortinget er en aktiv og produktiv tid. Jeg er nestleder like mye som nytt medlem av finanskomiteen og kaster meg inn i de mange oppgavene med glød og energi. Det er positivt å få nye venner og bli godt kjent med stortingsmiljøet, både i egen gruppe og i andre partier. Gunnar Berge er en god fraksjonsleder for oss i finanskomiteen. Der er også Bjarne Mørk Eidem, senere fiskeriminister på åttitallet.

Jeg fikk mange brev disse dagene. Ett av dem lød slik:
«Kjære Gro Harlem Brundtland.
Selv om jeg leser i avisen at du både er forvist og bortgjemt, vil jeg personlig få gi uttrykk for at det er med fortrøstning jeg ser at du skal få med landets finanser å gjøre. Det er dessuten ganske lærerikt.»

Dette brevet, datert 13. oktober 1979, var undertegnet Hermod Skånland. Jeg visste hvem han var, men kjente ham ikke, nestsjefen i Norges Bank.

Jeg følte meg raskt hjemme i finanskomiteen og i stortingssalen, nå som representant. I Stortinget utvikles det kameratskap, både innad i partigruppene og mellom dem. Du kommer også nært inn på sentrale folk i de andre partiene når du går inn i finanskomiteen. Du blir kjent med andre partiers talsmenn som mennesker, med deres måte å tenke på og profilere seg på. De to tingene er ikke alltid helt det samme. Det er det nyttig å se, helt på kloss hold.

I mitt innlegg i finansdebatten tre uker etter skiftet opptrer jeg som regjeringens offensive forsvarer og peker på at den har fått betydelig tilslutning. De alternative forslag som er fremmet går i helt forskjellige retninger. Jeg understreker de mål som er lagt i langtidsprogrammet om et kvalitativt bedre samfunn med vekt på myke verdier. Oppgaver som gjelder familier, arbeidsplasser og lokalsamfunnet, har en sentral plass i Arbeiderpartiets politikk. Jeg føler et sterkt behov for å markere vår holdning på akkurat disse områder, med den valgkampen vi har bak oss.

Det er dessuten allerede tydelig hvordan Høyre forskrever seg. I sum vil Høyres opplegg være *mer ekspansivt* enn hva regjeringen har foreslått, samtidig som partiet hevder at det aller viktigste vil være å få et *mindre ekspansivt* opplegg! Jeg påpeker dette og sier at «Høyres sterke tro på at reduserte skatter ikke vil slå ut i økt totalt forbruk deles neppe av de fleste fagøkonomer».

Når vi ser på hva som utviklet seg i årene etter at Willoch overtok regjeringsansvaret høsten 1981, vet vi at økt forbruksvekst og svekket konkurranseevne ble resultatet. I disse viktige månedene, ja året fram til jeg gikk over i utenrikskomiteen høsten 1980, ble min analyse av og holdning til landets økonomiske problemer ytterligere utformet og befestet. Jeg gikk i en god skole, etter de fem årene i regjeringen.

Arbeidet i finanskomiteen gav også ny internasjonal erfaring. Komiteen reiste i 1980 til Hong Kong, Tokyo og Kina. Peking, men særlig Shanghai, var noe helt annet den gangen. Du merket sentraldirigeringen av hele samfunnet. Den manglende spontaniteten i alt samvær. Den gangen var det sykler overalt, også i Shanghai. I dag er det biler og broer, dis og forurensning. I dag ser Shanghai ut som det rene Manhattan.

En underlig opplevelse var protokollen, som det heter. Det var helt umulig for den norske ambassaden å få aksept for at jeg var vanlig medlem av komiteen, og at Gunnar Berge, min senere finansminister, var komiteens leder og måtte behandles deretter. De insisterte på at jeg var Arbeiderpartiets nestleder. *Det* måtte telle mer, mente de. Vi greide å holde på våre former, med et nødskrik.

Jeg måtte selv passe på som en smed i møter og ved lunsjer hvordan vi ble plassert. Når nøklene til rommene ble utdelt, og for hvert eneste nytt sted vi kom til, løp jeg i beina på Gunnar og insisterte på å få se hans rom, før jeg ville flytte inn i mitt eget. Han brydde seg ikke det minste om hans rom var det største eller fineste, men det gjorde jeg. Flere enn én gang byttet vi nøkler under den ti dager lange turen.

Vi vandret på den kinesiske mur, under brennende sol. Kjell Magne Bondevik og jeg var begge spøkefullt blitt overrakt MAO-luer, blå skyggeluer med rød stjerne midt foran. De skulle vi ha, for vi var jo begge nestledere, på vei til å bli ledere, mente våre kolleger og vårt vertskap.

En kveld i Tokyo prøvde vi begge et japansk nesten alkoholfritt lettøl, mens vi pratet og lo om turen, opplevelsene og om norsk politikk. Etter det andre glasset var jeg varm i kinnene, og jeg forstod at ølet ikke var fullt så lett som vi var blitt fortalt. Da jeg delte min observasjon med Kjell Magne, som jeg hadde bidratt til å føre på «syndens vei», avsluttet han prompte. Det er nok den eneste gangen han har tatt inn noe med alkoholprosent over én!

Foran NATOs dobbeltvedtak

Regjeringen fikk fort nye vanskelige saker å takle. Utenriksminister Frydenlund orienterte Arbeiderpartiets stortingsgruppe den 31. oktober om bakgrunnen for en politisk viktig del av sin utenriksredegjørelse denne høsten. Det var opptakten til det såkalte «dobbeltvedtaket» i NATO i desember 1979. Det skulle utplasseres flere hundre nye mellomdistanseraketter – og samtidig ville man invitere Sovjetunionen til å inngå avtale om reduksjoner på begge sider av «jernteppet».

Knut Frydenlund beskriver den utredningen som er gjort i NATO – om behovet for å gjenopprette balansen når det gjelder mellomdistanseraketter i Europa etter den sterke sovjetiske opprustningen. Den nye planen betyr at det nå vil bli flere atomvåpen som har en rekkevidde inn i Sovjetunionen. «Uansett hvordan en teller opp, så er det ingen tvil om at det i Sovjetunionen er foretatt en vesentlig militær oppbygging.» Problemet var først blitt reist fra europeisk side av Helmut Schmidt: Vesten måtte reagere mot den sovjetiske politikken. Knut forteller om den debatt de har hatt blant sosialdemokratene i Vest-Tyskland, avspenningens hovedarkitekter. De føler aller sterkest behovet både for styrket sikkerhet *og* for fortsatt avspenning. Vest-Tyskland, Nederland, Belgia og Italia vil be om vår støtte til det forestående NATO-vedtaket, sier Knut. «Jeg ser det som uhyre vanskelig at vi unnslår oss en slik støtte. *De* har også en indre opinion å stri med.»

Det skulle *bli* uhyre vanskelig å kunne gi slik støtte! Mange reagerte med å stille spørsmålet: Hvorfor ruste opp for å ruste ned? Knut sa selv at han godt visste at mange tenkte slik. Og han svarte: «Vår rolle må være å støtte dem som vil oppnå et mest mulig reelt forhandlingstilbud.» Derfor hadde han lagt inn i sin redegjørelse en direkte henvisning til den talen Bresjnev nylig hadde holdt, der han tilbyr forhandlinger.

Det skulle vise seg ikke å være nok for mange i gruppa og partiet.

Anne Lise Bakken, nestleder i AUF, går sterkt ut i debatten. Dette vil føre til *økt* opprustning. *Norge må si nei*. Tør AP å si nei? Kjære Knut: Det kreves av oss at vi sier nei!

Guttorm Hansen trår til. Bakgrunnen er ikke et ønske om opprustning. Men Sovjet har benyttet avspenningen til å ruste opp. Skulle *Norge* så bruke et politisk veto? I *den* stilling *vi* står i? Mange føler utrygghet. Se på den store NATO-oppslutningen. Vi må betenke oss på å skape tvil om APs holdning i sikkerhetspolitikken.

Liv Aasen, medlem av utenrikskomiteen, mener at for eller imot NATO er en foreldet problemstilling. Vi må ha likevekt på *lavest mulig nivå*!

Kjell Magne Fredheim fra Hedmark er enda mer kritisk. Hva *menes* med modernisering? Det er litt av en tilsnikelse. Vi har hatt taktiske atomvåpen. Nå skal vi innføre strategiske. Det betyr en senkning av atomterskelen i Europa. Det kan jeg vanskelig gi min tilslutning til.

Arvid Johanson, som fortsatt er utenrikskomiteens leder, starter med å si at ingen av oss liker dette, og avslutter med å slå fast at det ikke må kunne trekkes den konklusjon at det er et flertall i vår gruppe mot vår egen utenriksminister. Vi må unngå polarisering.

Så langt var jeg enig. Likevel stusset jeg da han sa følgende: «Vi må prøve å komme igang på forhandlingssiden. Hvis ikke det lykkes, må vi ta de konsekvensene som er nødvendige.» Her prøvde han å snu om på den linjen som utenriksministeren hadde redegjort for var NATO-landenes forslag til opplegg. Jeg har skrevet et spørsmålstegn i margen på min notatbok. Hva mente han egentlig å signalisere? Tok han nå et initiativ som Knut ikke visste om?

Per A. Utsi fra Finnmark var vår leder i forsvarskomiteen. Han gav uttrykk for at det finnes en rekke eksempler på at metoden med sterk forhandlingsposisjon har lykkes.

Forsvarsminister Thorvald Stoltenberg holdt deretter et sterkt innlegg. Han tok klar avstand fra at det skulle være noe lureri å kalle dette modernisering. Sovjet er igang med utplassering og vil trekke ut forhandlinger så lenge som mulig.

Rolf Fjeldvær, Helen Bøsterud og Rolf Hansen gir støtte til utenriksministeren og legger vekt på APs troverdighet i sikkerhets- og forsvarspolitikken. Rolf Hansen sier det slik: «Det er ikke på noe punkt vi ødelegger mer enn i forsvars- og sikkerhetspolitikken hvis vi ikke makter å stå rimelig samlet.» Han har helt rett.

Sigbjørn Johnsen, Inger Lise Gjørv og Bjarne Mørk Eidem, som uttalte seg i det samme gruppemøte, var alle svært skeptiske.

Gruppa er delt i saken, ingen tvil om det. Trygve Bratteli ber om at vi gjør vårt land den tjeneste at vi viser sindighet i debatten dagen etter og ikke låser for mye, og at regjeringen bør være enda bedre beredt når den påny forelegger saken. Dette må skje i et senere møte.

Det er betydelig irritasjon over hele linjen over at parti og gruppe ikke har fått høre om denne vanskelige saken tidligere. For meg var den helt ny. Men dette var i den tiden da mye skjedde direkte mellom formannen og andre sentrale personer. Det er grunn til å tro at Rolf Hansen hadde tatt initiativ for å få legge fram problemstillingene, men at også dette var en sak der partiets og regjeringens ledelse valgte å skyve potensielle problemer foran seg.

Knut Frydenlund avslutter med å beskrive for oss hvordan motstand i Arbeiderpartiet vil bli utnyttet av Kåre Willoch. Han skulle få rett. Men, fremfor alt: Vi hadde selv et problem. Og det skulle bli verre utover høsten.

Saken skal opp på landsstyremøte den 27. november. Dagen før er det sentralstyremøte. Odvar Nordli synes saken «er ulidelig vanskelig både utenrikspolitisk og innenrikspolitisk». I dette møtet kan Knut fortelle hva som skjedde i Danmark like før. Det var et flertall i Folketingsgruppen mot regjeringens linje – og dermed ble tanken om en 6 måneders «utsettelse» lansert. Arvid Johanson sier at han heller i retning av den danske løsning – at vi på et eller annet vis må forme et standpunkt som gir oss en respitt. Da husker jeg at han valgte å snu om på rekkefølgen i gruppemøtet 4 uker før.

Stikkordene for mitt innlegg er i mine notater. Vi må analysere mulige *nye overraskelser*. Hvordan blir det med Danmark? Og hva med Nederland? Enda viktigere: Hvordan blir det med de tyske sosialdemokratene? Vi risikerer en ny overraskelse den 7. desember, da SPD har sin kongress. Jeg foreslår at behandlingen i gruppa må komme *etter* at dette møtet er avviklet. Og det blir til at Thorvald og jeg reiser til Berlin for å følge debatten i SPD.

Einar Førde sier: Alle ber om mer tid. Vi må ha en mykere profil, men hvis Sovjet fortsetter med utplassering, er vi alle nødt til å ta konsekvensen. Trygve Bratteli sier at *formen* nå blir viktig. Statsministeren bør formulere et forslag. Dette kan så landsstyret slutte seg til.

Landsstyret var delt på midten i saken. Det kunne vi registrere i samtaler og gjennom innlegg. Strategien Trygve Bratteli foreslo viste seg i denne situasjon ikke å være brukbar. For å unngå en dramatisk votering, ble det ikke fremmet noe forslag. Regjeringens erklæring som var fremlagt for landsstyremøtet ble det eneste skriftlige grunnlaget, fordi landsstyret unnlot å ta direkte stilling. Det var en vanskelig situasjon for regjeringen. Landsstyret hadde ikke bare unnlatt å gi aktiv støtte, men heller ikke tatt standpunkt til regjeringens linje.

Reiulf Steen reiste til Moskva og Odvar Nordli til Washington for å understreke våre holdninger og vårt sterke krav om løsning gjennom forhandlinger. Jeg kommenterte inntrykkene fra reisen til Berlin, som Thorvald og jeg kom direkte fra, i vårt gruppemøte 7. desember. Jeg kan slå fast at både Knut Frydenlund i vårt landsstyremøte *og* Willy Brandt i Berlin ikke uttrykker noen begeistring. Våre NATO-partnere forventer ikke noen entusiasme, men de venter at vi ikke vil gå imot. Vi har hatt møter med Helmut Schmidt, Willy Brandt og forsvarsminister Hans Apel. Mitt forslag er at vi går inn for et oppfølgningsmøte i NATO et par år fram i tid, som kan ta stilling til resultatet av forhandlingene.

«Dermed kan vi politisk ta endelig standpunkt til om og eventuelt i hvilket omfang utplassering blir aktuelt. Det vil bidra til en større sikkerhet for konkrete resultater og være et tidspress som kan vise seg nødvendig.»

Det var umulig å tenke seg at Arbeiderpartiet samlet ville la seg binde opp i et forhåndsstandpunkt til fremtidig utplassering av atomraketter. Retten til politisk helhetsvurdering måtte vi holde i hevd.

NATO gjorde sitt «dobbeltvedtak» to dager etter. Flere land, blant dem Norge, arbeidet for å styrke «forhandlingsdelen» av vedtaket. Det skulle ikke være noen ren automatikk når det gjaldt utplassering, men en aktiv vilje til forhandlinger med motparten.

KAPITTEL XI

Krig bak kulissene

Det politiske arbeidet tok all disponibel tid. Vi måtte forsøke å holde motet oppe ute i lagene, så jeg holdt mange foredrag i tillegg til alt jeg var med på i Stortinget og i partiet sentralt. Da var det underlig å merke at en krig pågikk, en du ikke selv deltok i.

Det avisoppslaget som gjorde aller sterkest inntrykk på meg i denne vanskelige tiden for Arbeiderpartiet, var to artikler i VG den 15. februar 1980, begge signert Stein Kåre Kristiansen og Per Norvik.

«Ikke bare Nordli som vakler i arbeiderbevegelsen. Omfattende lederkrise» er hovedoverskriften – fulgt av et bilde av Tor Halvorsen, Reiulf Steen og meg selv.

Poengene i selve artikkelen er disse:

Arbeiderbevegelsen står midt oppe i en lederkrise som ser ut til å kunne ramme langt flere enn Odvar Nordli. Aktivt «moldvarparbeid» i parti og fagbevegelse er nå i ferd med å undergrave posisjonene til både Nordli, AP-nestformann Gro Harlem Brundtland og LO-sjef Tor Halvorsen. Den eneste i lederskiktet i arbeiderbevegelsen som sakte men sikkert ser ut til å styrke sin stilling igjen, er nesten utrolig nok partiformann Reiulf Steen.

Verre blir det når nederste delen av siden har denne overskriften: «Rønbeck mot Brundtland.» «Sterke krefter innen AP og fagbevegelsen arbeider nå for å kjøre fram statsråd Sissel Rønbeck som motkandidat til Gro Harlem Brundtland når posisjonene skal fordeles på AP's neste landsmøte våren 1981.»

Etter valget var det nok å stri med av politiske og personlige problemer innad i parti- og regjeringsledelsen fra før. Både jeg som nestformann og andre av de sentrale tillitsvalgte i sentralstyre, stortingsgruppe og regjering følte hele situasjonen som svært vanskelig.

De fleste opplevde at de politiske konfliktene knyttet til delingen av formanns- og statsministerverv – sammen med slitasjen ved regjeringsansvaret i tunge økonomiske tider – satte partiet i en uhyre vanskelig stilling foran det kommende stortingsvalget. Det gjaldt å jobbe oss sammen for å få til en offensiv i god tid før valget. Nå fortsatte det likevel med presseoppslag som gav et svært negativt inntrykk.

Det finnes lydbånd

Jeg følte også et rent personlig ubehag. Nå ble personkampen knyttet til mitt navn – jeg som var en av de to nye og yngste som ble valgt på landsmøtet i 1975.

Det hadde vært en serie med «lekkasjepregede» artikler gjennom flere år, både i VG og Dagbladet, der referater fra sentralstyremøter eller fra en mye engere krets var kommet nesten ordrett, men selektivt vinklet, ut i avisene. Mange av oss opplevde at her var noen dypt illojale, og vi så jo hvem det aldri rammet. Så følelsen av at partiformannen eller noen som var hans nære fortrolige, måtte være kilde for mye av dette, den var der. Vi kunne likevel ikke skjønne hvordan partiformannen kunne gjøre noe slikt. Da ville jo en rekke pressefolk også vite hvem som var den virkelige kilden.

Det måtte være en annen forklaring. Reiulf selv opptrådte som uskyldigheten selv når vi i stort alvor drøftet hva som kunne ha skjedd. Vi gikk videre, håpet at god vilje ville være den beste og mest farbare veien.

Det var rundt årsskiftet 1979/80 oppe i LO-sekretariatets møtesal at Odvar Nordli fortalte Tor Halvorsen, Ivar Leveraas og meg at han kjente til at det fantes lydbånd med partiformannens stemme, der han uttaler seg i svært negative og åpenhjertige ordelag bl.a. om statsministeren. Disse båndene satt pressen på, han var blitt orientert om dem av Per Vassbotn, som nå var blitt statssekretær hos Nordli, men som tidligere var journalist i Dagbladet.

«Jeg har dem her,» sa statsministeren, «og jeg vet hva de inneholder, men jeg har nektet å høre på dem. Jeg orker ikke, dette er bare helt ubegripelig og uakseptabelt.»

Jeg tror faktisk at navnet Arvid Engen ble nevnt. Jeg hadde aldri hørt dette navnet før. Det skulle være i telefonsamtaler med denne mannen, som ingen av oss kjente, at disse uttalelsene var falt. Og – det skulle senere vise seg at det var mange slike bånd.

Det var ingen annen umiddelbar konklusjon på denne samtalen enn at vi måtte komme tilbake til det. Selv følte jeg at statsministeren og partisekretæren stod nærmest til å vurdere hvordan dette best skulle håndteres. For meg ble orienteringen både en sjokkartet opplevelse og en trist bekreftelse på mine bange anelser. Her ble det altså benyttet metoder jeg aldri hadde trodd var mulig. Her var partiformannen selv involvert. Hvis han selv var årsak til alle lekkasjene, kom han jo i et avhengighetsforhold til deler av pressen? *Det* kunne han da umulig leve med!

Hvorfor orker du alt dette?

Det skulle gå ti år før det ble offentlig kjent hvordan det var fatt. Derfor var det sikkert vanskelig for mange, både partifeller og andre, å riktig forstå hvorfor samarbeidsforholdene i partiets ledelse var så vanskelige som de var i disse turbulente årene. Ingen kunne jo tro at partiformannen sørget for passende presseoppslag for seg, anonymt, ved å lekke via telefonsamtaler opptatt på lydbånd, lydbånd han visste ville bli spredt til passende mottakere i pressen.

Skyggene fra denne virksomheten falt langt inn i 80-årene. Gjentatte ganger ble samme metode brukt, helt fram til avsløringen i 1989. Jeg for min del drømte ikke om at noe slikt kunne foregå i år etter år – også *etter* landsmøtet i 1981.

Artikkelen i VG i februar 1980 overrumplet meg. Den var usaklig, og den var ondsinnet. «Sterke krefter» var i hvert fall ikke brede kretser. Så mye visste jeg. Det var lett å se at artikkelen ikke var preget av noen rimelig analyse av den stilling og tillit jeg hadde i partiets arbeid. Nettopp det gjorde den så skremmende. Den utgav seg for å være en politisk analyse, men må ha vært spunnet av kilder som stammet fra et relativt avgrenset miljø.

Det var sterke reaksjoner den dagen i Stortinget. Folk var sjokkert. Hvor kan dette komme fra? Dette skjønner jeg ingenting av. Dette mener da ingen! Hva har du tenkt å gjøre, Gro?

Til det siste hadde jeg et klart svar: Ingenting! Hva kunne man gjøre, stilt overfor et anonymt personangrep? Jeg kunne jo ikke hevde at VG ikke hadde snakket med noen som hadde sagt det de skrev. Partiet og fagbevegelsen hadde til sammen innpå 1 million medlemmer!

Hva var det avisen skrev? «Overfor VG blir det hevdet at den tidligere miljøvernminister Gro Harlem Brundtlands stilling innad i partiet og LO er betydelig svekket. Det alvorligste ankepunkt mot stortingsrepresentant Gro Harlem Brundtland er at hennes voldsomme ambisjoner ikke står i noe som helst slags rimelig forhold til hennes politiske forutsetninger. Det blir sagt at hun i dag har minimal innflytelse i både stortingsgruppen og andre sentrale posisjoner, men alle erkjenner at hun har en sterk posisjon utad.» «Etter at Odvar Nordli tok henne ut av Regjeringen har hun imidlertid hatt større problemer med å markere seg enn i den tiden hun var statsråd.»

Det var gått fire-fem måneder siden Nordli og Steen la den nye regjeringskabalen med Steen innenfor og meg utenfor regjeringen. Her uttrykkes nok de drømmer iallfall én av dem hadde om det ønskelige forløp.

Ambisjoner har jeg alltid hatt – drivkraften til å gjøre en jobb og gjøre mitt beste – i alt arbeid jeg var satt til. Nå skulle jeg lære finanspolitikk og ha Stortinget som arbeidsplass. På denne tiden var jeg også leder av partiets nedrustningsutvalg og medlem av prinsippprogramkomiteen. Jeg var aktivt med i de store debattene i Stortinget, og var på ingen måte preget av at jeg så tilbake eller lengtet etter regjeringskontorene. Jeg følte at jeg lærte mye nytt.

Sårende var det likevel å bli forsøkt valset til side gjennom anonyme karakteristikker i landets største avis. Jeg bet det i meg, mens min mor sa: «Hvorfor orker du alt dette, Gro? Du trenger da ikke å finne deg i dette grovt urimelige!»

Nei, hvis du var av den typen som lett bøyer nakken i motgang, hadde hun rett. Jeg hadde også da den holdningen at du ikke skal gjøre deg økonomisk eller menneskelig helt avhengig av politiske tillitsverv. Det blir galt, fordi et tillitsverv er tidsavgrenset. Du må hele tiden være forberedt på at andre skal overta stafettpinnen etter deg. I politikken er det ingen jobbtrygghet.

Men dette var noe annet. Dette var bakvaskelse. Det var ledd i den maktkamp som hadde foregått i partiet gjennom mange år. Min holdning var at jeg hadde en jobb å gjøre, og en politisk rolle å spille, for å søke å motarbeide denne striden og bygge broer mellom ulike fløyer. Jeg kunne ikke la meg knekke. Det var våre velgere og partimedlemmer jeg stod til ansvar for.

Vi hadde viktige politiske saker å løse. Fornyelsen av de sosialdemokratiske løsningene var jeg sterkt engasjert i. Vi stod også oppe i en krevende prosess omkring raketter, atomvåpen og sikkerhet.

Mammas forslag ble avvist. Jeg visste hvilket ansvar jeg hadde. Jeg skulle iallfall ikke la mobbing ta knekken på meg.

Mitt credo

Jeg ville ikke la meg trekke inn, heller ikke i motspill, selv om det mange ganger har vært forferdelig vondt å se og lese sporene av aktive kampanjer med et uredelig innhold for å fjerne eller svekke meg.

Vekslende var det slik at Dagbladet og senere VG brakte anonyme anklager og feilaktige fremstillinger som stammet fra samtaler Arvid Engen og Reiulf Steen hadde hatt gjennom årene. Det rammet flere. Og det var slik det var ment.

Hadde jeg ikke hatt den trygghet det gir å vite at man selv har ført en ren linje og kan stå for det man har engasjert seg i, med integritet og respekt for det tillitsverv man har påtatt seg, ville jeg aldri ha klart meg. Men tøft var det, mange ganger.

Både Olav og mine foreldre har vært viktige pilarer å støtte seg til.

Mamma noen ganger, fordi hun ble så indignert på mine vegne at hun gav meg impulser til å si til meg selv: Ikke la deg knekke! Stå på. Nei, det skal ikke lykkes å bruke slike våpen! Politikk, iallfall arbeiderbevegelsens politikk, skal være tuftet på en grunnleggende respekt for samarbeid og åpenhet, på reell deltakelse og åpen debatt. Kort sagt på demokratiets blanke våpen.

Denne overbevisningen, dette credoet, har drevet meg i mitt arbeid og hjulpet meg i motgang. Aldri har jeg tvilt på at det var riktig: Slik måtte og skulle det være. Aldri har jeg tvilt på at min rolle måtte være å gjøre hva *jeg* kunne for at det skulle bli slik, at alle kunne føle seg trygge og gi av seg selv i en ærlig, åpen dialog. Uten en slik atmosfære, hvordan kunne vi få fram de riktige løsningene?

Jeg tror mange har forstått og respektert denne grunnleggende holdningen hos meg. Andre har tydeligvis sett på den som litt naiv – ja endog som manglende interesse for, evne eller vilje til å drive «politikk», slik de har ment politikken alltid vil eller bør være. Nemlig som en arena for taktiske spill, og for personlige, strategiske grep – for å oppnå de resultater man ønsker. Ofte også spill om personer, som igjen kan sikre at flere som deler de samme holdninger og synspunkter, får sentrale posisjoner, så de kan øve sterkere innflytelse på politikkens utforming og innpakning.

Men for meg har tilliten til åpen prosess og respekt for alles meninger sittet dypt. Jeg har følt at jeg har ført en kamp for ekte demokrati ved å holde fast på den – i gode og onde dager. Ingen spesielle personer, grupper eller miljøer er «partieiere». De eneste som er det, er medlemmene og velgerne, de som har gitt oss sin deltakelse og støtte som tillitsvalgte og folkevalgte gjennom valg. Det er først når vi evner å få med oss de mange, i den store samtalen, at vi kan meisle ut den riktige politikken og sikre oss at vi har grasrota genuint med oss i arbeidet for et bedre samfunn. Da kan vi også få oppslutning om politikken, da kan vi også greie å oppnå resultater.

Gift i hvert ord

Når jeg nå i 1997 leser i boka *Edderkoppen. Historien om en møbelhandler* påny, finner jeg faktisk på side 75 et sitat som er nesten identisk med hva VG skrev i 1980. Boka gjengir direkte utskrifter fra Arvid Engens lydbånd, av samtaler han har hatt.

Steen: «Hun har jo ingen stilling i stortingsgruppa, blant de som hun er sammen med til daglig. Men utad står hun jo sterkt, hun gjør seg så godt på fjernsynet...»

Engen: «Ikke det, nei. Har hun ikke noe innflytelse i det hele tatt...»

Steen: «Å nei, for hun er jo ikke politiker. Hun har kommet inn ved en tilfeldighet. Men personlig har hun jo kolossale ambisjoner. Men de står ikke i noe forhold til hennes politiske forutsetninger.»

Så båndet har nok VG fått avspilt i 1980. Det er det ingen tvil om. Artikkelen i VG har mer: «Hun gjorde det (markerte seg) imidlertid en gang da partiformann Reiulf Steen lå nede med vond rygg under valget. I partikretser oppfattet man det da slik at hun forsøkte å ta over formannsfunksjonen. Hun kalte seg «fungerende formann», innkalte sekretariatet og gav beskjeder, ordrer og direktiver. Denne episoden har på ingen måte bidratt til å styrke hennes posisjon innad i partiet. Nå arbeider sterke krefter for å bygge opp Sissel Rønbeck, slik at hun kan konkurrere ut Gro Harlem Brundtland i 1981.»

Her ser vi giften i hvert eneste ord. Episoden som omtales, er den vanskelige situasjonen som oppstod valgkvelden, da formannen ikke kom til partikontoret, men til hotellet ute ved Fornebu, og jeg ble stående med hele ansvaret. Det var før jeg gikk ut av regjeringen at jeg i så fall «markerte» meg, mens det jeg jo gjorde den gang var å ta ansvar i en krevende situasjon. Uttrykket «i partikretser» gir inntrykk av at det var en alminnelig oppfatning. Jeg kalte meg ikke fungerende formann. Det gjorde pressen. At jeg ledet sentralstyret i formannens fravær var jo ganske enkelt en konsekvens av at han var indisponert.

LO-sjefen som ikke gikk av

Edderkoppen hadde mer på lager: «Også Tor Halvorsen har lederproblemer for tiden. Enkelte kretser i LO bruker nå Tor Aspengrens utspill som et våpen også mot en LO-sjef de betrakter som altfor svak. Statsråd Lars Skytøen er trolig en mann som vil stå klar til å ta over etter Halvorsen når anledningen byr seg.»

Dette var helt nytt for meg. Også Tor Halvorsen var det noen som gikk til angrep på! Det var bare én det ikke ble skrevet noe negativt om: Reiulf Steen. «Han har vist evne til å reise seg før, og den akutte tillitskrisen Nordli er midt oppe i, kan hjelpe Steen opp denne gangen også.»

Det fremgår av boka at Tor Aspengren var misfornøyd med Tor Halvorsen. «Jeg tror nok jeg må si at jeg har vanskelig for å tro at Tor Halvorsen er så sterk at han vil gå til Odvar og si at du må gå,» sier Aspengren til møbelhandleren.

Like etter valgnatten i 1979 tok som nevnt Tor Halvorsen et initiativ. Han mente at det ikke gikk lenger, hverken med partiformannen eller statsministeren. Han uttrykte seg på LOs vegne med kraft og overbevisning.

Det er all grunn til å tro at det stadig var kontakt mellom de to

Tor'ene, og at det kraftfulle initiativet var noe Tor Aspengren i høy grad stod bak. Skuffelsen over alt og alle, som kommer til uttrykk i Engen-samtalene utover i 1980, tyder også på det. Det samme gjør det sterke innlegget Tor Aspengren holdt på landsstyremøtet noen uker etter valgnatten, da han tok bladet fra munnen og gikk til angrep både på partiformannen og statsministeren.

Det bemerkelsesverdige i hele denne saken er Tor Aspengrens mangeårige, omfattende, detaljerte og engasjerte virksomhet når det gjelder partiets og regjeringens ledelse og arbeid, i årevis etter at han var gått av som LOs leder. Det er ikke så enkelt å være etterfølger som tillitsvalgt i slike situasjoner. Jeg husker mer enn en gang at Tor Halvorsen sukket litt over at både en tidligere og en nåværende leder var inne i bildet i mange saker.

En spesiell samtale

I en av samtalene i *Edderkoppen* diskuterer Engen med Tor Aspengren. Bokas forfattere uttrykker seg slik: «Tor Aspengren, den tidligere LO-formannen, er også en av dem som representerer bevegelsens styrke og kitt. Når han snakker, er det ikke med harking og mange reservasjoner. Aspengren snakker folkelig og tydelig. Han er blant dem Arvid Engen har hatt flest samtaler med, informert oftest, fått synspunkter og vurderinger fra. Tor Aspengren var en av dem Arvid Engen brukte i kampen mot Gro Harlem Brundtland.»

Engen: «Hun har ikke kontakt med deg og meg.»

Aspengren: «Hun har ikke kontakt med noen, Arvid, det er det som er, og hu skjønner jo ikke situasjonen heller.»

Engen: «Nei. Hvem er det som kan erstatte henne da?»

Aspengren: «Ja, det finnes jo folk, Arvid, Det finnes jo folk. Jeg ville ha satsa mye på Finn, jeg.»

Engen: «Finn Kristensen»

Aspengren: «Ja, jeg tror det ville være noe annet. Du kan si hva du vil om han som industriminister.»

Engen: «Han har tillit.»

Aspengren: «Javisst har han det, og så er han ryddig, vet du. Og den jobben han har nå er vel den vanskeligste. Han kunne vel ha tatt et par andre standpunkt, det er nå så, men jeg trur han er den eneste som kan gå på det jeg, Arvid.»

Engen: «Det tror jeg også. Men er det mulig å få rydda bort kjerringa?»

Aspengren: «Jeg skjønner ikke alt det skriket om henne. Når det gjelder henne, så sier dem at hun er uerstattelig. Det begriper jeg ikke noe av, altså.»

Det fremgår ikke *når* denne samtalen har funnet sted. Det må ha vært så sent som i 1987–88, på et tidspunkt da LO allerede har fått en ny leder etter Tor Halvorsen, som døde i 1987.

Det som er det mest bisarre, er Engens utspill overfor Aspengren: «Hun har ikke kontakt med *deg og meg*.» Som om det burde ha vært den naturligste ting av verden.

Tor Aspengren hadde jeg selvfølgelig hatt kontakt med, som LO-leder i den tiden han var det, og mens jeg var nestleder i partiet. Og i alle årene etter, når vi møttes på møter i partiet og konferanser der vi begge deltok. Vi hadde alltid en hyggelig og god tone oss imellom. Jeg likte ham godt, som den skvære og åpne personen han gav inntrykk av å være.

I alle årene fra 1981, da jeg ble statsminister og partileder, kan jeg ikke huske at han oppsøkte meg fordi han hadde noe på hjertet som gjaldt det faglig-politiske samarbeidet eller andre generelle politiske spørsmål. Det var da også naturlig at det var LO-lederen selv, Tor Halvorsen, som fylte den rollen.

Det må derfor være slik at en del personer hadde den oppfatningen at kontakt betydde kontakt med noen helt spesielle. Det slår meg at dette minner om «noen av oss har snakket sammen», et uttrykk som av og til ble brukt av Einar Gerhardsen i 50- og 60 årene når han presenterte et forslag til konklusjon for sentralstyret.

Kapittel XII

Sosialdemokratiet under ild

Det var ikke lett å finne de rette ordene for å få til en debatt om det vi virkelig trengte i en atmosfære som var preget av mistenksomhet.

I et innlegg i landsstyret i februar 1980 tar jeg opp de styringsproblemene vi strir med. Det gjelder både formen for politisk debatt og manglende avklaring av politiske standpunkter. Jeg sier bl.a.: «Vi nærmer oss et nytt stortingsvalg. Hva var melodien ved forrige korsvei? Frihet eller sosialisme? Sosialdemokratiet som en fare for demokratiet. Det gikk rett på politikk og sak. De andre angrep det vi stod for – samlet. Hva er det som tegner seg nå? En debatt om *vår egen evne* til å forme vår politikk. *Det er noe nytt.* Våre sprikende holdninger til rente, bolig, skatt og inntektsreguleringslov er eksempler på de muligheter vi gir andre til å angripe oss. Vi har nå greid å arbeide oss bedre sammen på energi og sysselsetting, så vi har en bedre gjennomtenkt og samlende linje.»

Jeg avslutter med å si dette: «Vi må greie – alle sammen – å si nei. Å si at vi ikke kan gjøre alt *samtidig* – si at alle gode mål ikke alltid kan forenes. Vi må ta belastningen ved at ikke alt vil bli opplevet som like populært. Dette er fast styring, som forutsetter reell debatt og åpenhet, og som i neste omgang gjør det mulig å stå sammen om en politikk.»

Disse setningene var like viktige å ha med seg i opposisjon som i regjering.

Boligpolitikk og indre uro

Det var strid om en rekke saker innad i parti og fagbevegelse, også vinteren 1980. Avisene var preget av den indre uroen i kjølvannet av Aspengren-utblåsningen. Det ble innkalt til et fellesmøte mellom parti, fagbevegelse og stortingsgruppe i Bygningsarbeidernes Hus. En av stridssakene var omleggingen av boligfinansieringen, som hadde vakt sterke reaksjoner både i dette fagforbundet og i fagbevegelsen, men også ute i partiet.

Ivar Leveraas var ikke av dem som uttalte seg spesielt krigersk eller unyansert. Men da regjeringens forslag om en strammere boligfinansiering ble lagt fram i sentralstyret av Inger Louise Valle og Ulf Sand, var han den som aller sterkest uttalte seg negativt. Jeg har notert fra det møtet: «Boligpolitikken er satt til side.» «Hva med en overkommelig pris?» «Dette er politisk sett å invitere til juling.»

Og det var det. Problemet var at det ikke var noe alternativ for regjeringen å la utgiftene bare få øke. Landets økonomi tilsa upopulære tiltak, dessverre.

Odvar Nordli pekte på at en utbygging på 36 000 boliger i året er et høyt nivå internasjonalt sett. «Vi kan ikke overføre fra det offentlige til åtte av ti boliger.» «Vi må ikke ramme de som ikke har noe valg utenom enebolig.» Som kommentar til dette siste utsagnet har jeg i parentes skrevet: (Men han sa ikke hvordan!) I politikken må man ofte foreta pinefulle valg.

Fellesmøtet i Bygningsarbeidernes Hus var stort slått opp i pressen på forhånd. Det var varslet dramatikk. Det *var* fortettet stemning – og sterkt kritiske innlegg fra flere.

Tor Halvorsen minnet om at det var en enkel sak som utløste Aspengrens utblåsning (Per Vassbotn-utnevnelsen) – likevel: «*Varselsignalet* må *tas alvorlig.*»

Walter Kolstad, transportarbeiderforbundets sjef, sa seg fullt ut enig med Aspengren i hans brev, og aksepterte hans handlemåte. «Det var bare dråpen.» «Jeg var med det berømte toget. Planmessighet og koordinering var fremmedord. Opplegg kom etterpå.»

Guttorm Hansen gikk rett inn i problemene. «I de fleste tilfeller har vi flertall hvis vi har et enig parti bak oss.» «Ingen hos oss kan være sterk uten ryggdekning.» «Vi kan ikke angripe den ene etter den andre uten at det skader oss.» «Både AP og LO er kommet i alvorlige vanskeligheter.» «Jeg synes det er vondt å høre undertonen av bitterhet i Walter Kolstads innlegg.»

«Folk er totalt uforstående. *Angrepene på Odvar, Tor og Gro begynner å virke sterkt.* Mennesker reagerer. Vi må gjenreise lederskapets autoritet. Det er en fundamentalt annen tid og behov for *unge* ledere, for ikke å snakke om de som har passert 70 år.» Dette siste hørtes ut som et direkte signal til Tor Aspengren, men indirekte også til Trygve Bratteli, som fortsatt var vår parlamentariske leder.

Så ble ansiktet svært alvorlig – og Guttorm satte blikket i Reiulf Steen: «Vi må få slutt på plantingen. Dette blir til en forgiftning, og det er en stor og slagkraftig avis det dreier seg om.»

Det støkk i flere av oss, ikke bare i Reiulf Steen.

«For tiden opplever vi sterkere enn på lang tid konservative angrep på bred front – på den velferdspolitikken Arbeiderpartiet står for. Vi ønsker ikke offentlig styring for styringens skyld, men for menneskenes skyld. Offentlig virksomhet er ikke noe mål i seg selv. De er virkemidler og redskaper for å nå de mål vi setter oss.»

Slik åpner jeg Årsmøteforedraget om prinsipp- og arbeidsprogrammet den 15. mars 1980 i Møre og Romsdal. Jeg føler behov for å slå dette fast, under de sterke inntrykkene av angrep mot sosialdemokratiet fra en voksende høyrebølge. Slagord som «for deg – mot formynderstaten» florerer. Det appelleres til egennytte i stedet for solidaritet – og vi anbefales å gå til «reformpause» i stedet for å møte de nye utfordringene med en aktiv holdning.

Det er ingen grunn til å trekke i tvil det grunnsyn og de ideer vår bevegelse står for. Det er troen, gløden, innsatsviljen og samholdet som har vært vår styrke! Og jeg siterer Kumbel: «Pessimistene er dog de reneste tåper. De tror på det motsatte av hva de håper. Nei, de optimister som livet beror på, er dem som tør håpe på noe de tror på.»

Vi må aktivt, modig og selvkritisk være villig til å gå vår praktiske politikk etter i sømmene, våre arbeidsmåter, våre kontaktflater, vårt ordvalg. Vi må utforme svarene på morgendagens utfordringer. Det må vi gjøre ved å være villige til å ta oppleste og vedtatte sannheter opp til ny vurdering, ved å lytte og vise åpenhet. Disse resonnementene som jeg la vekt på ved inngangen til åttitallet, har stått sentralt for meg i alle år siden. Her ligger noe av kimen til den såkalte «Frihetsdebatten» i midten av 80-årene.

I april 1980 skulle redaktørene i A-pressen ha sin årlige samling på Dovre. Jeg var opptatt denne dagen med møter, men sa jeg kunne ta nattoget slik at jeg kunne holde foredrag for dem neste morgen.

Den natten var det hverken stille eller mørkt da jeg mellom 2 og 3 på morgenen kom inn i hotellet for å gå til ro. En gruppe på 6-8 redaktører ventet på den nyankomne. Humør og nysgjerrighet preget stemningen. Jeg slo meg ned for en prat, slik de håpet.

Foredraget var klart, og jeg var godt forberedt. Dette foredraget har senere vært fremstilt som svært kritisk overfor parti og regjering. I boka til Steinar Hansson og Ingolf Håkon Teigene gjøres det til et poeng at «hun ønsket ikke at det ble laget noe referat av foredraget». Nei, dette var en intern konferanse og foredraget var ikke ment som et innspill til et offentlig møte. Da kunne jeg jo ikke ha resonnert så åpent omkring «Arbeiderpartiets situasjon og oppgaver» til A-pressens redaktører slik de hadde ønsket og bedt om.

Vi hadde lagt opp til en åpenhjertig meningsutveksling. Jeg beskriver mine inntrykk omkring den politiske situasjon og sier at selvtilliten hos våre egne er på vei tilbake. Mobbingen av en handlingslammet og grå regjering er passé – en plate som er forslitt, men vi trenger å skape en ny bevegelse og ny entusiasme for å få til den fremgang vi trenger, på 6–7 prosent. På hvilke områder er det vi kan sprenge grenser, vinne nye grupper, fornye vår profil?

Jeg er opptatt av om vi makter å belyse problemer på en åpen og kritisk måte i våre interne arbeids- og kontaktformer. Mister vi retnings- og luktesansen for hva folk er opptatt av? Ved siden av viljen til å se og erkjenne problemene og stå for en politikk med indre logikk og konsekvens, er det (hele) programprosessen som er vårt viktigste verktøy og virkemiddel.

Hva er det folk legger merke til, bevisst og ubevisst? Hva er det de krever av et parti de kan ha tillit til? De vil be om en grunnleggende ideologi og holdning. De vil be om klarest mulige mål. De vil be om en korrekt analyse av samfunnsforhold, problemer og reelle behov. De vil vurdere saklighet, troverdighet og konsistens. De vil registrere uklarhet og unnvikenhet.

Vi har snakket mye om Høyre-bølgen i de senere år. Hva slags motstemninger er dette? Hva slags grunnleggende tvil og holdninger er det som kommer til uttrykk? Slagord som formynderi, byråkrati, sendrektighet, anklager om at vi syr puter under armene på folk, de *har* en del gjennomslag. Hva ligger under? Folk spør seg om vi ikke har fått virkninger av solidaritetstanken – utilsiktet – som gjør at en del mennesker faktisk påvirkes til *ikke* å yte etter evne, slik idealet er.

Odd Højdahl, tidligere nestleder i LO, og senere sosialminister, reiste tidlig i 70-årene en misbruksdebatt, som dessverre kom skjevt ut. Det han sa ble oppfattet som et angrep på faglige rettigheter – og som «høyrevridd».

Dermed ble problemstillingen lagt til side i mange år. Men det nytter ikke å lukke øynene for realiteter.

Jeg forteller redaktørene at jeg ute i landet, på arbeidsplasser og i mindre forsamlinger av tillitsmenn, har spurt hva de tror vi selv kan gjøre? Vi må jo aktivt motvirke undergravningen av solidaritetstanken, når den bringes i miskreditt av menneskelig svakhet. Vi må utvikle en form for intern sosial kontroll. Det finnes faktisk en urimelig grad av fredags- og mandagssykdom. Den øker faktisk. Til tross for at enkelte blant våre egne finner det nødvendig å avvise det for ikke å bli valset ned av den andre siden. Jeg har merket at det da lett går på vår troverdighet løs. «For folk *vet* at det forekommer skulk og misbruk. Vi skal ikke fornekte virkeligheten, men finne svarene på de berettigede spørsmål det reiser.»

Av de som hadde stemmerett i 1979 tilhører 40 prosent etterkrigsgenerasjonen. Deres erfaringsgrunnlag er et annet. De er velferdssamfunnets barn. Det er ikke takknemlighet i politikken. Arbeiderpartiets egen politikk har gitt et nytt samfunn. Mange unge søker samfunnsmessig engasjement og fellesskap gjennom tverrpolitiske aksjoner. Det bør være til ettertanke i vårt eget arbeid. Utdanningssamfunnet er blitt en realitet, og kritisk og til dels høyrøstet meningsbrytning vil være en del av vår egen virkelighet. Vi må kanalisere det inn i vårt eget arbeid.

Miljødebatten og kvinne- og likestillingsdebatten har hatt betydelig innflytelse gjennom 1970-årene. Jeg er for min del ikke i tvil om hvilken betydning begge disse strømninger har hatt for nytenkning, og at det har bidratt til inntrykket av et levende parti, der *sentrale* samfunnsspørsmål blir satt i sentrum for oppmerksomheten.

Jeg påpeker også at unge mennesker finner det vanskelig å akseptere vårt uklare forhold til eiendomsrett til egen bolig. Det er et stort dilemma for oss. Her er et rikt grunnlag for borgerlig gevinst. Jeg mente og mener at dette som den enkelte disponerer, for seg og sine, naturlig kan være privateid. På denne tiden var det fortsatt noe uklart om partiet og fagbevegelsen fullt ut stilte seg bak en slik selvfølgelig holdning. Rundt om i det ganske land eide folk sine egne hus, sterkt subsidiert av husbanken i hele oppbyggingsperioden etter krigen. I byene var det annerledes. Vi greide ikke å få folk til å føle at de hadde den samme trygghet når de måtte flytte eller bytte jobb, dersom de bodde i en borettslagsleilighet og ikke kunne få tilsvarende mulighet i en annen by.

Vi måtte finne løsningene gjennom åpen debatt og meningsbrytning. Gjennom vilje til selvkritikk og evne og mot til å sette spørsmålstegn ved de gamle løsningene. Det har vært vår styrke. Vårt varemerke bør være konsekvens og helhet. Vi møter stadig målkonflikter. Andre partier kan muligens møte dem med å si ja og nei, eller både og. Vi har alle ergret oss grønne over opposisjonspolitikk som går ut på å få i pose og sekk. Vi må sette oss som mål å gi samlete og samlende svar. Det er et viktig grunnlag for den respekt og tillit arbeiderbevegelsen tross alt har og kan bygge videre på ved inngangen til 1980-åra.

Jeg kom avslutningsvis med en «programerklæring» som ble til mye av en drivkraft i årene som fulgte. «En høyere livsstandard vil for svært mange mennesker bety at de får større frihet til å velge. At de kan velge kortere arbeidstid og lavere lønn. At familiens og barnas behov kan tas mere hensyn til i de ulike faser av livet. Større fleksibilitet og valgfrihet – ikke minst innenfor arbeidslivet – bør være en sentral post på våre programmer for 1980-åra.» Jeg tar opp de eldre og pensjonsalderen: «Ved å fastlegge en bestemt pensjonsalder skaper vi problemer både for dem som ønsker å være aktive utover denne alderen og for dem som ønsker å slutte tidligere. Vi tvinger folk inn i en form der ikke alle passer inn. *Tilstrekkelig fleksibilitet til å ta individuelle hensyn vil være et viktig stikkord for Arbeiderpartiet i åra som kommer.*»

Høyres truende fremgang

1. desember 1980 hadde Ivar Leveraas fått oppgaven å innlede om partiets stilling på landsstyremøtet. Det illustrerer i seg selv hvor spe-

siell situasjonen var. Hverken partiformannen eller statsministeren tok oppgaven, eller ønsket å avklare hvem av dem som burde ta den.

Jeg har notert mye fra Ivars foredrag.

Han peker på de gode resultatene fra 70-årene, med 250 000 flere i arbeid i 1980 enn i 1970. Dømt etter faktiske resultater burde valget vi står foran være enkelt. Men hva gikk galt og hvorfor? Han peker på meningsmålingene og det forhold at vi har falt med 3-4 prosent i september og oktober, fra et nivå på 37 prosent. Han drøfter hva som er skjedd i den siste toårsperioden og, som punkt 3: den akutte situasjonen.

Det er dystert i salen. Det rår en følelse av håpløshet. Den gjenspeiler seg i måten partisekretæren her ordlegger seg på. Han går rett inn i det alle er opptatt av: Vi må ta tak i problemene og finne løsninger.

Partisekretæren kan si det. Derfor er det han som innleder. Formannen og statsministeren sliter med både tilliten, samarbeidet og ledelsen.

Høyres fremgang er truende for Arbeiderpartiet. Høyre har gått fram fra 20 prosent til 30 prosent i løpet av 70-årene. Vi vil det klasseløse samfunn, sier Ivar. Den gamle klassefølelsen forsvinner, og drivkraften i klassesamfunnet er svekket. *Vi* har fremmet demokratiet, der alle kan bli hørt. Den sosiale mobilitet øker. Det er skapt endrete holdninger. Folk må overbevises på nytt og på nytt.

Høyres fremgang faller sammen med viktige holdningsendringer i det norske folk. Vi ser en dreining over mot troen på det private initiativ. Mange velgere har tatt veien direkte fra Arbeiderpartiet til Høyre. Det offentliges rolle er vesentlig viktigere enn før, men vi greier ikke å overbevise om det.

Parti i strid med seg selv

Dette var vurderinger mange av oss delte. Det ble drøftet i ulike sammenhenger, også i sentralstyret. Partisekretæren gikk så gjennom de mange sakene der det hadde rådd usikkerhet og tvil. Skattepolitikk, økonomisk politikk, eldreomsorg, forhåndslagring, atomdiskusjon, partiets ledelse. Alt dette etterlater et inntrykk av et parti i strid med seg selv. «Det er ikke tillit mellom regjering og parti, slik ser det iallfall ut.» Ivar peker så på at «det er gjennomført en omlegging av politikken etter 1977 uten at den er gjennomdrøftet på forhånd». Her ligger den største utfordringen for partiet. «Det er de og vi, ikke vi og oss.»

Så advarer han mot tendensene til å ønske seg ut av rollen som regjeringsparti. Det vil alltid være slike tendenser i trengselstider, at noen velger de enkle løsningene.

«For ethvert parti er målet å ha regjering. Det er nøkkelen til initiativ. Arbeiderpartiet kan hverken søke regjeringens død eller ta valgnederlag på forhånd. Det kan være vanskelig å reise seg etter at regjeringen har falt.» Oppsummeringen var en appell om å tro på oss sjøl. Og – så tilføyde han helt til slutt: «Det er naturlig at ledelsen diskuteres, på samme måte som politikk og programmer.»

Det skulle være landsmøte i april. *Det Ivar her sa var jo en selvfølge.* Men – det var ingen selvfølge at partisekretæren valgte å si det. Han merket tydelig trykket ute i organisasjonen, den uro og mistillit som spredte seg, fordi man følte at det var dårlige samarbeidsforhold sentralt. Flere av deltakerne i debatten var kritiske til sentralstyremedlemmers utspill. Det dreier seg om Tor Aspengrens uttalelse til mediene tidlig i 1980, rettet mot partiformann og statsminister.

Flere støttet i debatten det syn at regjeringen trenger partiets støtte. Ingvar Bakken, den frittalende stortingsrepresentanten fra Østfold, valgte i stedet å formulere seg slik: «Partiledelsen sitter ikke på oppsigelse, men på åremål, akkurat som de på Stortinget!»

Ola Dahl fra Oppland sier at situasjonen ikke er uventet. Vi er ikke istand til å gi trygghet for industriarbeiderne, de syke, de gamle, de unge som ønsker arbeid. Det har vært opptrapping på alle områder. Arbeidsmiljø, miljø, kultur osv. *Reformene hadde for høyt ambisjonsnivå. Det manglet en fast hånd.* Industrien har svekket konkurranseevne. Det mangler 9900 plasser i helseinstitusjonene. Han hevdet at statsbudsjettet rammer de ressurssvake, og etterlyser en annen profil.

Det er ikke alltid full konsekvens i innlegg på møter som dette. Ganske typisk er det at man etterlyser større innsats på område etter område. Men her sier Ola Dahl også at det er et problem at vi har fått høyere rentenivå og svekket konkurranseevne, og han mener det må knyttes til det samlede ambisjonsnivå.

Det var ikke lett den gangen – og det har ikke vært lett senere – å få gjennomslag for at en helhetlig tenkning alltid betyr at man må prioritere, at man ikke kan greie alt – og at man lett får misnøye når man må si nei til noe for å si ja til annet. Vi *hadde* hatt en for ekspansiv politikk i tiden fra 1974 til 1978, og dermed kommet i en motbakke da nøkternhet, innstramminger og vanskeligere tider fulgte.

I et senere innlegg sa Reiulf Steen blant annet at «betalingsbalansen er viktig, men kan aldri bli et mål». Nei, den er nok ikke et mål, men den er en målestokk blant flere for å se om vi makter å drive en forsvarlig og helhetlig politikk. På denne tiden var det regjeringens kanskje vanskeligste oppgave å oppnå forståelse for at det var nødvendig med en nøktern husholdning.

Innstramningspolitikk

En slik uttalelse fra partiets formann og medlem av regjeringen er ikke akkurat noen hjelp for en statsminister og finansminister. Men populært i en del strategisk viktige kretser, det vil det være.

Jeg har notert at Thorbjørn Jagland kom med dette utsagnet: «Det er noen som ikke har avfunnet seg med den avgjørelse som landsmøtet tok i 1975. Det er nødvendig med lojalitet mot partiet, ledelsen og medlemmene. Lojalitet settes på prøve når en selv ikke får det som en vil.» Kanskje tenkte han på utfallene både mot partiets og regjeringens ledelse – og ville advare mot dem. Uansett, den siste setningen er det mange som gjennom tidene har trengt å bli minnet om.

Gunnar Berge holdt et innlegg som det er grunn til å merke seg. Vår debatt er preget av illusjonstenkning. Økte ytelser på en rekke områder er ikke mulig. Kritikken om at en bevilger for *mye* er mer vesentlig enn den motsatte. Vi må tenke på mulighetene for å bevare arbeidsplassene.

Han peker så på at det blir *økt skattenivå* neste år. *Ingen nedgang!* Disse momentene skyldes en debatt i partiet med kritikk mot forslag fra regjeringen som hevdes å være usosiale i skattepolitikken. Gunnar avviser dette – og viser også her sin integritet og lojalitet. Han forsvarer regjeringens politikk, som vår finanspolitiske hovedtalsmann på Stortinget.

Han avslutter slik: «Det er regjeringen som må legge fram forslag. Da kan vi ikke trekke oss selv om vi får subsidiær støtte fra Høyre.»

Her ser vi en gjenganger i den politiske striden, noe vi skulle få oppleve igjen og igjen utover i 80- og 90-årene. Er man i mindretallsregjering, og den rollen har Arbeiderpartiet hatt i alle år siden vi mistet flertallet i 1961, kan man iallfall ikke opptre som om man hadde flertall alene. At vår politikk oppnår støtte, burde ikke bli gjort til noe politisk problem for regjeringspartiet! Det skjer likevel, det har vi mange erfaringer for. Frykten for støtte fra Høyre blir i enkelte saker så stor at det gjør Arbeiderpartiet for avhengig av en overbudspolitikk fra andre borgerlige partier.

Forhåndslagring og sterke følelser

Året 1980 hadde vært svært turbulent. Stemningen var laber, nesten dyster.

1. desember tok landsstyret stilling til partiets endelige håndtering av spørsmålet om forhåndslagring av militært utstyr. Etter en svært vanskelig strid, som kom på toppen av den vi stod overfor året før med NATOs dobbeltvedtak, var vi nå i mål med en konklusjon som de fleste følte de kunne leve med.

Den endelige utformingen av avtalen med amerikanerne om forhåndslagring hadde vært behandlet i partiets nedrustningsutvalg, i vårt internasjonale utvalg og i sentralstyret. Respekten for vår base- og atompolitikk var blitt understreket. Det var tilfredsstillende markert at vi stod overfor et rent forsvarstiltak, som ikke kunne utlegges som noen trussel overfor noen. Likevel var det fem av de ni medlemmene i nedrustningsutvalget som var imot, blant dem Thorbjørn Jagland, AUFs leder. I internasjonalt utvalg var 21 for, 3 mot. I sentralstyrets behandling var det likedan 21 for, 3 mot. Da landsstyret behandlet saken, var resultatet 30 for, 6 mot.

Nedrustningsutvalget var sammensatt av noen av de aller mest engasjerte kritikerne. Slik gikk det til at et flertall i det utvalget ville gå mye lenger. De ønsket å unngå enhver forhåndslagring, noe de mente kunne sees som ledd i en opptrapping av den kalde krigen.

Sammensetningen så slik ut: Gro Harlem Brundtland, formann, Arne Karstad, sekretær, Arvid Johanson, Helge Sivertsen, Johan Jørgen Holst, Thorbjørn Jagland, Ingrid Eide, Martin Sæther, Turid Sand. Det var de tre første, pluss Johan Jørgen Holst, som stemte for regjeringens opplegg. De andre fem stemte mot.

Siden vårt forrige landsstyremøte i september i Tønsberg, hadde det strømmet inn uttalelser til partikontoret fra partilag og fagforeninger. Regjeringen hadde samtidig arbeidet videre med det endelige innholdet i avtalen for å ivareta flest mulig av de innvendinger som ble reist i debatten.

Høsten 1979 og hele året 1980 hadde dermed vært sterkt preget av uro omkring viktige sider ved utenriks- og sikkerhetspolitikken. På dette landsstyremøtet ble det fremmet et forslag fra representanten Tove Næss, Buskerud: «Landsstyret henstiller til partiets nedrustningsutvalg og internasjonalt utvalg at de snarest utarbeider et debattopplegg om vår sikkerhetspolitikk. Landsstyret henstiller til partiet sentralt at det bidrar til en grundig og bred debatt om emnet snarest.» Redaksjonskomiteen foreslo forslaget oversendt til sentralstyret.

Det var Thorbjørn Jagland som i det forrige landsstyremøtet, tre måneder tidligere, hadde foreslått at hele spørsmålet om forhåndslagringen skulle utsettes til etter en behandling i partiets organer. Nå foreslo Tove Næss en videre oppfølging.

Debatten i partiet om disse spørsmålene opptok svært mange. Det var et behov for å gå grundig inn i dem – og sikre en bred debatt ute i organisasjonen. Jeg følte det slik. Jeg har notert ned fra et innlegg i landsstyret som gjorde inntrykk på meg den dagen.

Kjell Opseth, landsstyrerepresentant fra Sogn og Fjordane, rapporterte slik fra sitt ståsted: «Det er stor forsvarsvilje, men likevel stor motstand mot forhåndslagring – og den har gått djupt. Jeg har et flertall i styret med meg når jeg stemmer for. *Men det er stor motstand ute.*»

På dette tidspunktet hadde jeg også fått henstillingen fra Olof Palme og Odvar Nordli om å gå inn i Palme-kommisjonen. Jeg var igang med den internasjonale analysen og prosessen omkring drivkreftene bak rustningsspiralen.

Vi arbeidet også regelmessig i samspill med sosialdemokrater i de såkalte Scandilux-landene, for å drøfte sikkerhets- og nedrustningsspørsmål. Bak navnet skjuler seg de nordiske land, Benelux, Sveits, Storbritannia og Forbundsrepublikken Tyskland. Egon Bahr, Willy

Brandts nære politiske medarbeider, tidligere partisekretær i SPD og nå parlamentariker, var en nøkkelperson i arbeidet.

Personstrid og strategier

Jeg har nevnt den tidligere samtalen mellom Thorbjørn Jagland og meg. Likevel, da den reelle dragkampen mellom ulike grupper og personer i partiet startet, befant Thorbjørn og AUF seg etter hvert som talsmenn for at Reiulf Steen burde fortsette som partileder, men at Odvar Nordlis tid måtte gå mot slutten.

Jeg tror nok mange av AUF-erne rundt om i landet var lykkelige da statsministerskiftet kom i februar 1981. Deretter kom det nok også en taktisk overlegning, delvis i samråd med grupper i fagbevegelsen: Det er bedre med deling av makten. Da får vi også mere å spille på.

En del – og jeg tror Thorbjørn var blant dem – hadde gått lenger. De ville satse på at Rolf Hansen ble statsminister etter Odvar Nordli. Så kunne Einar Førde bli en sentral person i partiets ledelse, helst som leder, eller iallfall som nestleder.

Yngve Hågensen var nok også en viktig person i denne debatten. Han var en nær venn av Reiulf – og en person som Thorbjørn og AUF-erne hadde nær kontakt med. Yngve var mistenksom overfor denne jenta, som ikke bare var lege og akademiker, men som også virket mer selvstendig og mindre påvirkelig for ytre press enn de fleste. Han visste nok det meste om gode og dårlige faser i samarbeidet mellom Reiulf og meg. Og det han visste, hadde han alltid fått presentert sett med Reiulfs øyne.

Jeg var mest av alt opptatt av å være *alles* nestleder. Det jeg hadde sett, opplevd og erfart gjorde meg helt bestemt på en ting: Fraksjonstrid, personstrid, bakvaskelse, politiske kampanjer med uredelig innhold, til dels usannheter hadde parti og fagbevegelse hatt mer enn nok av. Kampen om etterfølgeren etter Gerhardsen, og så etter Bratteli, hadde vært hard og vond. Dette satte årelange spor.

Jeg var overbevist om at personfokusering og personstrid måtte neddempes til fordel for de politiske debattene – og de demokratiske avklaringene. Det måtte skje ute i partiet, i lagene, i fylkespartiene og landsstyret. Det ville heller ikke være riktig om jeg som nestformann skulle spille noen særlig aktiv rolle i denne diskusjonen.

Jeg tror Ivar Leveraas følte det mye på samme måten. Vi var medarbeidere av Reiulf og Odvar. Det var vi valgt til å være. I årene fra 1977 og fremover, da samarbeidsproblemer, sviktende stabilitet og dømmekraft var en del av bildet, forsøkte jeg å gjøre mitt beste, på min plass.

Jeg unnlot å gå inn i diskusjoner og opplegg omkring fremtidige personkabaler. Likevel var det slik at jeg følte, som svært mange andre, at Reiulf og Odvar var kommet opp i problemer som de vanskelig kunne takle – og at det var behov for en forandring i god tid før selve valgkampen i 1981.

Kapittel XIII

1. februar: «Kl. 19, Ullevålsvn. 58»

En tidlig kveldsstund i Stortinget sent på høsten 1980 kom plutselig Gunnar Alf Larsen vandrende i korridorene. Han bad meg om en samtale, og vi gikk til mitt kontor. Det var ikke ofte jeg så noe til ham på denne tiden. Det var gått noen år siden han forlot Stortinget, men han var et menneske jeg hadde kjent siden jeg var jentunge. Han var en nær venn av pappa fra Oslo-politikken etter krigen og senere. De var omgangsvenner. Kings Bay-sommeren 1963 hadde han vært og besøkt oss på Helleskilen, og Olav og jeg ble deltakere i de interessante politiske diskusjonene som den saken rommet.

Hva kunne Gunnar Alf ha på hjertet, tro?

Det som kom, var svært uventet. Han var budbringer fra noen, det sa han rett ut. Men han sa ikke fra hvem, antydet bare Youngstorget og LO.

Nå måtte det skje et skifte i regjeringen. Han visste at mange mente jeg burde bli den neste statsminister.

«Men du har jo god tid, Gro. Det er bedre at det blir din tid i neste omgang. La meg få vite hvem du foretrekker, Bjartmar eller Rolf Hansen. Begge er gode valg, men vi vil legge vekt på hvem du føler du best kan samarbeide med.»

Dette var sterke saker. Jeg var ikke et øyeblikk i tvil om at det var alvorlig ment. Gunnar Alf var en som personlig kjente meg godt. Han var en jeg ikke hadde noen grunn til å tro var ute i noe annet ærend enn hva han faktisk fremførte. Jeg følte likevel at dette ikke gikk an. Skulle prosessen med å velge vårt fremtidige lederskap skje på et slikt grunnlag? Burde ikke partifellene få større muligheter til å være aktivt medvirkende?

Jeg sa det jeg tenkte. Så la jeg til at jeg ikke trodde hverken Bjartmar eller Rolf var den de fleste i partiet ville oppfatte som den naturlige etterfølger etter Odvar Nordli.

Gunnar Alf gjentok da at han visste at svært mange ønsket meg i den rollen, men at det var mange hensyn å ta, til fagbevegelsen og industrien. Ikke alle var like glade for den sterke miljøprofilen som ble forbundet med meg.

Jeg sa at jeg ikke kunne hjelpe ham. Mitt ansvar som nestleder er å ivareta det jeg tror er riktig for partiet og for de valgene partiet selv må ha mulighetene til å ta. Jeg tror han sa noe om at «du er jaggu tøff, Gro», før han gikk med uforrettet sak, men i en respektfull atmosfære.

Nå i ettertid ser jeg jo at dette var et ledd i en langvarig virksomhet med flere deltakere, og sikkert med litt vekslende dagsordener som hadde pågått fra valget 1979 og fremover. Kampen om regjering og parti opptok kretser i LO-huset og på Youngstorget ellers. *Jeg* var ikke den disse kretsene snakket med. Unntaket var Gunnar Alf. Og senere Rolf.

Jeg har spurt Rolf Hansen mange år senere om denne samtalen var noe han hadde kjennskap til. Svaret var nei. Det kan tyde på at utgangspunktet for mange var et valg av Bjartmar, men at de også visste at det kunne bli svært konfliktfylt på grunn av hele dragkampen omkring vekst og vern. Rolf Hansen kunne da være en kompromisskandidat, nå var han jo dessuten miljøvernminister, og hadde et godt forhold til meg.

Odvar Nordli går

Torsdag ettermiddag 29. januar forsøkte en journalist fra A-pressen å finne ut om jeg kjente til et rykte om at Odvar Nordli var syk og nå var blitt sykmeldt, og at han skulle gå av som statsminister. Jeg sa at jeg ikke kjente til det og derfor ikke kunne gi ham noen kommentar.

Det var sant at jeg ikke kjente konkret til noen sykmelding, selv om jeg i ukene like forut var blitt informert om at statsministeren om ikke lenge måtte trekke seg på grunn av sykdom. Dette hadde Odvar Nordli selv fortalt oss i et møte i Folkets Hus tidligere i januar der partiledelsen, LO-lederen og Trygve Bratteli var til stede.

Han hadde sterke hodesmerter og noe var galt med øynene, som trengte behandling og hvile. Han gav uttrykk for at et av regjeringens medlemmer, Rolf Hansen, ville være den beste til å overta, og at han hadde oppfattet det slik at Rolf Hansen selv kunne være innforstått med en slik løsning. Dette ble støttet av Tor Halvorsen og Reiulf Steen. Ingen hadde innvendinger, og det ble sagt at det ville bli innkalt til et senere møte for å drøfte det hele nærmere.

Senere denne torsdagskvelden i januar gikk det ut en pressemelding fra A-pressen om at Nordli ville gå av på grunn av sykdom. Dagen etter var det debatt i Stortinget om forurensningsloven, en debatt jeg fulgte med i. Avisene hadde svære oppslag – også med spekulasjoner om at Rolf Hansen kunne bli den nye statsministeren. Rolf og jeg snakket sammen inne i stortingssalen. Da ble jeg klar over at han ikke var blitt spurt av Odvar Nordli slik vi hadde fått inntrykk av på møtet i Folkets Hus, og at han heller ikke hadde gitt noe svar til noen om at han ville si ja til noe slikt. Han spurte meg om jeg var blitt personlig kontaktet og spurt til råds om hele denne saken, noe jeg jo ikke var. Han var tydelig rystet over dette og gav uttrykk for at en slik handlemåte var helt uforståelig og uakseptabel. Jeg var da partiets nestformann!

Den ettermiddagen var det et møte i sentralstyret. I min dagbok står det på 30. januar: «F.loven.» På linjen for klokka 14: «LO/DNA.» Søndagen den 1. februar står det: «Kl. 19, Ullevålsvn. 58.»

Odvar Nordli hadde fredagen før redegjort for sin beslutning og sin sykdom. Personspørsmål ble da ikke berørt. Dette skulle man komme tilbake til senere, i et møte hjemme hos Trygve Bratteli søndag kveld. Deretter kunne vi forberede saken for sentralstyret, landsstyret og stortingsgruppa.

Lørdagen kom med krigsoverskrifter i avisene, VG: «Rolf Hansen kommer.» Dagbladet meldte at det blir Gro. Jeg visste *en* ting: Her var ingenting avgjort. Rolf Hansen syntes ikke dette var noen grei sak. Jeg var klar over at det endelige utfallet fortsatt var helt åpent.

Samtale med Rolf Hansen

Ingjald Ørbeck Sørheim som bodde like i nærheten, kom en av kveldene like før skiftet og gav meg et ark der han hadde skrevet ned navnene på noen partilag som mente jeg var den naturlige kandidaten.

Jeg hadde jo hørt og lest fra mange hold hva stemningen var, så jeg ble ikke overrasket. Jeg vet ikke hvem Ingjald eller andre partifeller snakket med i disse ukene og månedene. Alle visste at spørsmålet om statsminister og partileder var på alles lepper.

Gjennom helgen kom det stadig nye meldinger i radio og fjernsyn. Allerede fredag kveld kom telefonene hjem til oss. En av dem var fra Hallvard Bakke, som tidlig hadde sagt offentlig at han mente jeg burde bli partiets nye leder. Han informerte meg om at det var gjort et vedtak i Hordaland den kvelden. Hallvard og jeg hadde aldri snakket om dette før. Mange partilag og partikonferanser rundt om i landet uttalte seg i saken i løpet av helgen. Det var liten tvil om stemningen. Partiets nestformann fikk stor støtte ute i partiet.

Jeg hadde personlig stor respekt for Rolf og trodde også at han kunne gjøre en god jobb. Det var likevel noe unaturlig over det hele. Rolf hadde lang politisk og organisasjonsmessig erfaring, langt mer enn hva jeg hadde. Men han var ikke med i sentralstyret eller landsstyret, og hadde heller ikke vært det det siste tiåret. Hans arbeidsfelt hadde først og fremst vært Oslo-partiet.

Som nestformann følte jeg at det var helt galt at dette spørsmålet var blitt behandlet som det ble, uten ett eneste møte i partiets valgte ledelse. Årsaken til det var åpenbar. Reiulf Steen ønsket ikke noen slik samtale. Da brukte han i stedet andre organer og en annen fremgangsmåte.

Jeg innstilte meg på at det fikk komme, det som kom hos Trygve på søndag. Da ville det for første gang være slik at Rolf selv var til stede og kunne gi uttrykk for sine vurderinger. Det skulle skje ting før det.

Den ettermiddagen, noen timer før vi skulle i møte, ringte Rolf hjem til meg. Han bad om å få snakke med meg før møtet. Han var på sitt kontor i Myntgata, der jeg hadde hatt min arbeidsplass gjennom fem år.

Inne på Akershus var det stille og tomt for biler, slik det alltid var på en vintersøndag som denne. Rolf fortalte at flere hadde snakket med ham om eventuelt å overta etter Odvar Nordli, men at han selv ikke hadde gitt noe slikt tilsagn. Han reagerte negativt fordi det var hans inntrykk at dette var noe som skjedde bak min rygg, og at det ikke kunne være riktig for partiet.

Han gav også uttrykk for sin store bekymring for den mangel på ledelse og arbeidsstil som preget partiformannen, og at det var her det virkelige problemet for partiet lå. Han mente det ville være naturlig at jeg nå tok ansvaret, og at han ville foreslå det.

Dørene stod åpne, så vi hørte det da det ringte ute i forværelset. Jeg hørte Rolfs dype stemme, men ikke hva som ble sagt. Han kom raskt inn igjen. «Det var Reiulf. Han ville vite om jeg var innstilt på å ta over som statsminister. Jeg sa fra om hva som er min holdning.»

Nå var ikke bare jeg, men også Reiulf Steen klar over hva som var situasjonen. Jeg tenkte at nå var det bare å ta dette som det kommer. *Jeg* visste iallfall ikke hvordan møtet hos Trygve ville forløpe. Det visste ingen andre heller.

Hos Trygve Bratteli

Oppe i Ullevålsveien tok Randi oss vennlig imot med kaffe og kaker i det hyggelige hjemmet. Trygve hadde fått en telefon fra Gunnar Berge tidligere på ettermiddagen, der han fortalte at det i gruppa var stor oppslutning i stortingsgruppa bak nestformannen som ny statsminister etter Odvar Nordli, og bad ham formidle dette i møtet i samordningsutvalget. Gunnar hadde ringt meg denne søndagen for å fortelle meg om holdningen i gruppa, og han sa han hadde ringt og sagt det samme til Trygve. Ingen andre visste dette – og Trygve sa ikke noe om det.

Ingen nevnte noe om hva partilag, kvinnelag og AUF-lag hadde vist av engasjement gjennom hele denne helgen – men vi visste det jo alle.

Odvar startet. Han var blitt tilrådet av sin lege å kople helt ut, så han kunne bli frisk. Han ville foreslå at Rolf Hansen tok over etter ham. Ordet gikk videre til Rolf. Han sa fra om at han aldri hadde gitt noe tilsagn om å bli statsminister, og han fant at det var det eneste naturlige at oppgaven gikk til partiets nestformann. Det var hans forslag.

Det var minst tre overraskede ansikter rundt bordet, Odvar selv, Tor Halvorsen og Trygve Bratteli. Et kort øyeblikk var det helt stille.

Odvar Nordli uttrykte sin forbauselse over Rolfs svar. Han hadde trodd dette var avklart allerede. Dessuten ville jo valget av ham stille partiet fritt i valget av ledelse på landsmøtet. Rolf gjentok sitt svar, men sa så fra om at dette jo var det neste spørsmålet som vi også måtte diskutere. Nå var det behov for en skikkelig avklaring av det fremtidige lederskapet i partiet.

Jeg følte intuitivt at dette utspillet var mer enn hva dette møtet kunne håndtere der og da. For å markere min prinsipielle holdning at *det* valget var et annet, og at landsmøtet måtte stå fritt til våren, pekte jeg på at det jo ikke var noe i veien for at jeg kunne være nestformann selv om jeg var blitt statsminister.

Av prinsipielle grunner, og ikke minst bestyrket av erfaringene fra den vanskelige tiden vi hadde vært gjennom, måtte nå tingene fremover skje på en skikkelig organisasjonsmessig måte. Partiets medlemmer og landsmøteutsendinger måtte avgjøre dette helt sentrale spørsmålet.

Samtidig må jeg si at jeg syntes Rolf var modig, og at han tok på seg det ansvar han selv følte for at partiet ikke lenger skulle skyve de alvorlige problemene foran seg. Så jeg hadde et lite stikk i samvittigheten fordi jeg ikke støttet ham i dette, men jeg visste jo at han var alene i det rommet om å tenke helhetlig og langsiktig i det øyeblikket.

Reiulf Steen trakk konklusjonen. Gro blir statsminister.

Møtet var over – og jeg hadde tusen tanker i mitt hode.

Planleggingen av hektiske timer, dager og uker startet øyeblikkelig.

Kapittel XIV

Statsminister

Det er søndag kveld, men ikke senere enn at Kaja, Ivar og Jørgen er i ferd med å gå til sengs. Telefonen har ringt uten stans siden lørdag, da avisene varslet snarlig statsministerskifte. Glade telefoner, gratulasjoner fra hele landet, fra Stovner til Stord, fra Lindesnes til Nordkapp. Barna er nysgjerrige, men får ikke vite noe bestemt, bare at jeg har vært i et møte hjemme hos Trygve Bratteli.

Olav og jeg vet hva som nå straks må ordnes. Den begeistrede belastningen denne helgen etterlater ingen tvil. Vi må ha hemmelig telefonnummer.

Vi forstod begge at livet ville bli et annet. Det hadde vært mer enn seks år der ikke bare jeg, men også familien, var i offentlighetens lys. Nå visste vi at neste fase ville bety enda mindre ro og privatliv.

Jeg hadde allerede sett de første tendensene til at barna ble ofre for mitt arbeid. En ting var min egen tid. I tillegg kom oppstyret, med fotografer og journalister som et stadig innslag i hverdagen, også hjemme. På telefon eller på døra. På hytta på Helleskilen om sommeren.

Barna klaget ikke. De var lojale. Den som åpenbart mislikte mest å ha en kjendismor, var Kaja. Hverken hun eller Jørgen, som jeg tror følte trykket, sa noe. De har sagt mer som voksne.

I dag sier Kaja at hun er glad for det «normale» vi greide å få til iallfall rundt 17. mai, både før og etter 1981. Det var barnas og familiens dag. På Bygdøy skole fulgte vi det lokale programmet. Barna var med i musikkorpset og i Folkemuseets leikarring. De deltok med iver og glød – og vi fulgte opp.

Det var bare ett unntak mens barna vokste opp: Eidsvoll. Det året reiste vi alle dit opp, etter arrangementet i skolegården. Det var *ikke* populært. Det var så ille at Olav måtte være bøs og røff for å få barna med. Bestefar fra Drammen, norsk-lektoren, reagerte med å dra hjem, selv om han hadde planlagt å være med oss til dette historiske stedet.

Utover kvelden skrev jeg notater og la planer for de nærmeste dagene. Gikk og la meg i rimelig tid. Nå gjaldt det å være konsentrert og opplagt! Jeg våknet tidlig, det var for mange tanker og følelser som forstyrret nattesøvnen.

I Fredrikstad sitter en kvinne og skriver brev. Øverst i høyre hjørne står det:

«Mandag morgen kl 08.20-1.2.1981: Jeg er så glad inni meg at det må få komme ut. Aldri før i mitt voksne liv, jeg fylte 54 år i januar, har jeg følt så sterkt og ønsket så mye godt for en politiker som nå. Ennå er det ikke avgjort at du blir vår nye statsminister, det er så, men KAN man noen bedre stille? Nei!

Etter nyhetsmeldingen kl. 08.00 var det tydelig flere som hadde uttalt seg – i fyr og flamme for en kommende kvinnelig statsminister – den første på spinnesiden. Jo – litt av et ansvar du vil få. Lett vil det neppe bli når nå Norge venter seg så mye av et enkelt menneske. Men trøst deg, om det kniper, det er Hansen og Olsen, med slekt og venner landet over, som velger deg, og *de* er det utrolig mange av.

Hilsen Synnøve Edvinsen, Haugstenveien 9, Fredrikstad.»

Fire jenter i regjeringen

For meg gjaldt det nå å forberede meg til den raske prosessen vi skulle igjennom, først og fremst valget av personer.

Odvar Nordli gav meg et bilde av noen av regjeringsmedlemmenes uttrykte ønsker og behov. Enkelte, som Lars Skytøen og Oddvar Berrefjord, hadde bedt om avløsning. Reiulf hadde også sagt at han nå ønsket å gå tilbake til Stortinget.

Vi hadde møte i partiledelsen om regjeringskabalen. Jeg gav uttrykk for at det ikke ville være naturlig å gå til omfattende endringer. Vi hadde hatt nok uro og personstrid. Odvar hadde gjort en stor forandring høsten 1979, og nå hadde Bjartmar Gjerde, Andreas Cappelen og Inger Louise Valle forlatt kollegiet bare for få måneder siden.

Ny statsminister gav jo i seg selv et pluss på kvinneprofilen. Jeg følte likevel at det var viktig å markere en ytterligere styrking på det punktet. Dermed gikk vi fra to til fire jenter i regjeringen, og lå én foran Bratteli og Nordli på sitt beste! I «den store hvelven» i oktober 1979 hadde partileder og regjering skjøvet til side dette hensynet, uten min medvirkning, og vi gikk tilbake i kvinnerepresentasjon, fra tre til to. Jeg mente at det var viktig å markere at dét ikke kunne være fremtidens melodi, men det var helt klart at «gutta» ikke la så stor vekt på dette.

På min liste stod to navn, Eldrid Nordbø og Kari Gjesteby. Eldrid var i Genève og arbeidet for Røde Kors, hennes mann Bjørn Skogstad Aamo var i EFTA. Jeg bad henne ta over som sosialminister, men de skulle adoptere barn, og Eldrid kunne ikke ta skrittet den gangen.

Kari Gjesteby hadde gjort en god jobb som statssekretær i Finansdepartementet, og kunne gå inn etter Reiulf Steen i Handelsdepartementet. Det var min tanke. LO-lederen hadde ett ønske, et skifte i Familie- og forbrukerdepartementet. Bakgrunnen var denne: Regjeringen Nordli hadde hatt store problemer med å få gjennomført «loven om inntektsregulering», fordi støtten i Stortinget var avhengig av at vi gav større rettigheter til små, konkurrerende organisasjoner i Nordsjøen. Det hadde vært sterke reaksjoner i fagbevegelsen på dette, og irritasjonen rammet den ansvarlige statsråden, Sissel Rønbeck.

Både Kari Gjesteby og Sissel Rønbeck var vel kvalifisert for å takle begge poster. På den lista jeg skulle legge fram for Sentralstyret den morgenen skiftet skulle skje, stod Kari Gjesteby oppført som ny forbruker- og administrasjonsminister, Sissel Rønbeck som ny handelsminister.

I de siste minuttene før møtet startet, gjorde vi likevel en endring. Sissel var ikke glad for å flytte, og Kari syntes det var like greit å ta på seg Handel. Tor Halvorsen aksepterte den nye løsningen.

De to andre som forlot regjeringen var industriministeren, Lars Skytøen, forbundsleder i Jern og Metall, og Oddvar Berrefjord, justisministeren. Overfor Lars Skytøen gav jeg uttrykk for et sterkt ønske om at han kunne fortsette. Samlingen av kreftene fra parti og fagbevegelse var viktig for oss.

Vi hadde merket at han ikke alltid trivdes så godt i statsrådsrollen, han hadde også vært en del syk, så jeg bad ham da i stedet om råd når det gjaldt valget av ny industriminister. Finn Kristensen, en markant politiker i stortingsgruppa og med bakgrunn fra fagbevegelsen, var mitt første valg. Det var Lars Skytøen fornøyd med.

Bjørn Skaug ble den første justisminister uten juridisk fagbakgrunn. Han hadde lang fartstid i parti og fagbevegelse, og bred kommunalpolitisk og sosialpolitisk erfaring. Vi mente at det var et poeng å bryte det faglige hegemoniet også i Justisdepartementet. Som Trygve Bratteli hadde sagt: Det er kanskje bedre ikke å ha en doktor i Sosialdepartementet. Siden har jeg igjen hatt en justisminister som var jurist, Grete Faremo, og jeg har hatt en doktor i Sosialdepartementet, Werner Christie. Det er ingen grunn til å ha noen fast regel om dette, men noe hegemoni for fagfolk, bør det slett ikke være.

Til Kongen

Det kom beskjed fra Slottet. Hans Majestet Kongen ønsker at Gro Harlem Brundtland kommer til en samtale.

Mamma var saklig rolig og nøktern da beskjeden ble formidlet. Både hun og jeg visste hvor viktig det var å ikke la seg bringe ut av fatning. Ingen av oss sa da heller noe om det. Pressen fulgte med, men visste ikke noe om tidspunktet. Slikt sa vi ikke noe om, den gang.

Flere oppdaget at jeg var på vei ut av Stortinget, så helt alene var jeg ikke der ute på Løvebakken. Men alene, det følte jeg meg, fylt av ansvaret, av respekten for oppgaven.

Kongen spiller en viktig rolle i vår statsskikk. Det var tanker om dette jeg hadde i de få minuttene bilturen tok ned Løvebakken, ut på Karl Johan og videre rett opp mot Karl Johan-statuen og Slottet.

Noen mennesker er samlet utenfor. Flere mødre med barn. De vinker, og jeg vinker tilbake, men de ser meg nok ikke. Å rulle ned vinduet er løsningen, men det hadde jeg ikke lært meg ennå.

En ansatt ved hoffet ønsker velkommen. Jeg vises opp trappen til annen etasje, der vi mottas ved de årlige stortingsmiddager.

I dag er det tomt, bare en bred korridor innover mot «fugleværelset» rett utenfor kongens kontor. Også her er det messinghåndtak på døren. Først hører jeg klokkene slå. Så melder adjutanten: Deres

Majestet, stortingsrepresentant Gro Harlem Brundtland. Værsågod. Kongen reiser seg, går rundt skrivebordet og møter meg like til siden for det. Han smiler, det vennlige ansiktet inngir tillit. Jeg er glad jeg kjenner ham, ikke bare fra statsråd, men fra flere mer uformelle arrangementer, der jeg har vært sammen med ham også i sosiale sammenhenger. Jeg minnes den gangen han tok hensyn og sa at jeg bare måtte gå, for han hadde hørt at jeg måtte tidlig opp neste dag, på en flyreise nordover. Det var etter et foredrag jeg hadde holdt i Ingeniørenes Hus, der Kongen var til stede. Han hygget seg med maten og drinken og var i toppform den kvelden. Nå var hans oppdrag et annet: Jeg vil be Dem om å danne ny regjering. Han hadde fått dette rådet av Odvar Nordli, noe som ikke hadde overrasket ham, sa han. En slik samtale er kort. Så mye mer er det ikke å si. Men desto mer å gjøre.

Jeg forlater Slottet – og fortsetter med det arbeidet jeg er midt oppe i. Regjeringsskiftet skal skje neste dag.

En ny regjering mottas alltid med nysgjerrighet og entusiasme. Denne gangen var det noe helt spesielt.

Det var stor stemning i gruppa. Jubel og forventning da den nye regjeringen kom. På Løvebakken var det fullt av folk, flere kvinner enn menn, mange barn, noen med norske flagg, og på Slottsplassen hadde hundrevis av mennesker samlet seg, kvinner, unge og eldre, barn i barnevogn. Blomster og glade ansikter.

Oppe på Statsministerens kontor i «høyblokka» i regjeringskvartalet møtte jeg gamle kjente. Målfrid Aarsand Helland var «sjefen» på forværelset, slik hun også var mens jeg var miljøvernminister. Sjåførene kjente jeg også fra før. Biltjenestens sjef Aage Monsen var også kontorets altmuligmann som ordnet alt og som stilte opp hvis det tekniske brøt sammen. Ekspedisjonssjef Dag Berggrav hadde vært der i uminnelige tider. Selve kontoret var det samme, stort nok, innredet i 50-tallsstil, og med et lite naturbilde av Henrik Sørensen bak skrivebordet. Fullt av presse. Odvar var der, blid og humørfylt. Han virket lettet.

Da viraken var over og nøklene overrakt, satte Odvar og jeg oss ned i sofaen på kontoret og lukket døren en knapp halvtime. Det var et par-tre saker han ville orientere meg litt om. *En* av dem var uhyre sensitiv. Overvåkningspolitiet var på sporet etter en høyt plassert spion for Sovjetunionen. Det var noe statsminister, utenriksminister og justisminister var gjort kjent med. Man visste at vedkommende var plassert i toppen av hierarkiet et sted sentralt i det politiske apparatet eller i forvaltningen. Det kunne altså være en høy embetsmann, eller en av de politiske rådgivere eller statssekretærer.

Flere personer kunne være aktuelle, og man holdt nå øye med flere. Det var allerede gitt fullmakt til den nødvendige oppfølging, svarte Nordli da jeg ville vite om det var beslutninger jeg eller regjeringen nå måtte ta. Odvar var naturlig nok preget av alvoret i en slik sak, og inviterte ikke til noen større diskusjon, han heller.

Selv visste jeg at dette var det jeg så langt trengte å vite. Det ville bare være en fordel å ikke spekulere noe mer over hvem dette kunne være. Man visste jo likevel ikke svaret, og det var viktig at ingen la merke til at noe ikke var helt regulært. Derfor ble jeg heller ikke kjent med den konkrete mistanken som allerede den gangen begynte å samle seg om Arne Treholt, den tidligere statssekretæren hos Jens Evensen, som skulle bli arrestert for spionasje i 1984.

Det nye team

Wiktor Martinsen, som var Odvars personlige sekretær og tidligere hadde vært informasjonsmedarbeider og sekretariatsleder for stortingsgruppa, ble nå statssekretær for pressesaker og informasjon etter Per Vassbotn. Kjell Kristensen gikk tilbake til gruppa som sekretariatsleder, og jeg bad ekspedisjonssjef Arne Øien i Finansdepartementet om å overta etter ham som stabssjef. Jeg ville sikre at vi ved statsministerens kontor kunne ha en best mulig oversikt over de økonomisk-politiske sakene

Vi var inne i vanskelige tider ikke bare politisk, men også økonomisk. Vi måtte få til den nødvendige styring for å rette opp økonomien, bremse prisstigningen og få snudd en altfor svak produktivitetsutvikling gjennom de senere år. Jeg visste at vi bare kunne styrke og videreutvikle velferdsstaten og få til økt likestilling hvis vi kunne sikre det økonomiske grunnlaget.

Gudmund Hernes, som var statssekretær hos planleggingsminister Per Kleppe, ringte og mente at Ingjald Ørbeck Sørheim ville være et godt valg som personlig rådgiver. Han hadde lang erfaring og en god penn. Slik ble det.

Jeg beholdt statssekretær Olav Bucher-Johannessen, en sympatisk og dyktig UD-mann som Knut Frydenlund og Odvar sammen hadde valgt ut. Knut og jeg var enige om at det var behov for et skikkelig bindeledd mellom Statsministerens kontor og Utenriksdepartementet.

«Dette skal bli moro, Martin!»

Wiktor Martinsen forteller på denne måten hva han opplevde denne ettermiddagen, onsdag 4. februar 1981.

«Gro var noe fullstendig nytt på Statsministerens kontor. Det var ikke bare det at hun var kvinne. Hun glødet av pågangsmot og arbeidslyst. Det virket som om det ikke var noen oppgave så vanskelig at det kunne skremme henne fra å gå løs på den med engasjement og overbevisende tro på løsninger.

Den nye tonen i arbeidet på kontoret til statsministeren ble slått an allerede fra første øyeblikk. Ikke før hadde hun overtatt kontornøklene og satt seg til rette, før hun kalte inn sine medarbeidere for å sette igang med arbeidet.

Jeg kom inn i et kontor som lyste av sol og blomster. Det var blomster over alt på skrivebordet, langs veggen, på reoler og i vinduskarmer. Det var ryddet, vasket og reint overalt. Solen sto skrått inn gjennom de store vinduene og flommet over blomsterhavet som lå som et fargeteppe over alle bord og flater i rommet.

Alt tungsinn var borte. Bak skrivebordet satt Gro og smilte med hele kroppen. Hun slo ut med armene og utbrøt – Dette skal bli moro, Martin!»

Jeg gjenopplever øyeblikket når jeg leser Wiktors brev og notater fra den gangen. Ja, jeg var full av energi og tro på at vi sammen kunne gjøre en god jobb. Jeg var også klar over hvor viktig det er å skape optimisme og pågangsmot i et miljø og et team. Det hadde jeg ikke minst i tankene i forhold til regjeringen. Den kunne gjøre så mye bedre innsats hvis teamfølelsen og fellesskapet, troen på at det nyttet, kunne gjennomsyre den.

I regjeringens møtesal opplevde jeg at jeg var velkommen. Tonen fra min side ble fra første øyeblikk lagt opp slik at ønsket om åpenhet, felles analyse av vanskelige saker – og et team som så kunne stå sammen, ble tydelig demonstrert.

Uklarhet og dobbelte budskap vil alltid slå tilbake før eller senere. Det hadde jeg erfart. Håpet om å tekkes alle, ved å innta en holdning eller et standpunkt som kunne tolkes etter mottakers ønske, er en kortsiktig strategi.

Jeg ble litt overrasket, men samtidig glad, da Einar Førde en gang i det første ordinære møtet tok ordet for å si at han var glad for at jeg var der – og at han så lyst på arbeidet fremover. Kanskje var det et behov han følte for å markere at vi *var* ett team, og at alle nyanser det måtte ha vært i oppfatningen av valget av ny statsminister, var et tilbakelagt stadium. Den gang visste jeg ikke så mye om hva han selv mente, eller om han hadde vært aktiv bak kulissene i den persondebatten som hadde pågått. Senere har jeg fått det inntrykket at han var blant dem som syntes det ville ha vært fint å satse på Rolf Hansen som en overgangsfigur, for så å kunne kjempe om de fremtidige posisjoner på et fritt grunnlag. Det var slik en del av AUF-miljøet tenkte. I det bildet var Einar tiltenkt en sentral plass.

Jubel og forventning

Varme, tillit og forventning strømmet mot meg fra arbeiderkvinnelag, partilag, AUF-lag og fagforeninger. Men også fra mange, mange andre rundt om i det ganske land.

De hadde sin fulle hyre ved Statsministerens kontor, der alt skulle registreres og besvares. Det må ha vært tusener av gratulasjoner og brev. Og telefonen, den kimte hjemme natt og dag.

«Bravo! Gratulerer! Endelig! Endelig kvinnelig statsminister i Norge og Norden! Selv er jeg kvinnesakskvinne, NTL'er, en noe «vinglete» arbeiderpartivelger, men til høsten stemmer jeg AP. Hilsen Wenche von der Lippe. 3.2.81.»

Det kom mange «kjøkkenborddikt». Dette er fra Asker Arbeiderparti ved Irene Jansen:

«Med glede vi hilser vår kvinne på topp!
Mange er vi som skal «backe» deg opp.

Men *selv* må du stå der i stormenes bulder.
Et ansvar så tungt har vi lagt på din skulder.
Men motet og vettet og styrken, det har du.
Og «knekken på» Willoch og resten, det tar du!
Et hjertelig tillykke fra oss skal du ha.
Vi takker deg, Gro, for ditt mot, for ditt ja!»

Det kom «søsterlig hilsen» fra Gjøvik og Toten Brød og Roser. Fra Trondheim kom dette telegrammet:
«3 vaklende A-velgere som ikke vakler lenger sender de hjerteligste gratulasjoner. Gerd, Atle, Tor.»

Fra min skolevenninne Else Alvik, som det var mange år siden jeg hadde møtt, kom disse refleksjonene:
«All erfaring kvinner har, viser at en må stå beinhardt på for å fremme de såkalte myke verdier. Hvis noen er sterk nok til å klare det, så må det være du. Derfor fikk jeg en støkk da mannfolkene kvittet seg med deg i 1979. Jeg tenkte nok at du med Hardangervidda (og Oslomarka) gjorde det hele for komplisert for de hardeste energi- og vekstfolkene, for ikke å snakke om din reservasjon mot borestart nord for 62. breddegrad.»

Første kvinnekroppen

Fra Saltdal Arbeiderparti kom det brev undertegnet Terje Torkildsen:
«Utnevnelsen av deg er blitt mottatt med glede og tilfredshet blant kommunepartiets medlemmer. Jeg vil ikke legge skjul på at det medlemmene imellom har vært en noe laber stemning den siste tiden. Dette er nå forandret. Kamplysten og optimismen er kommet tilbake.»

«P.S. Tar du imot gode råd? I så fall, her er tre punkter.

For det første, god informasjon utad om bakgrunnen for de tiltak som settes i verk, og det på en slik måte at alminnelige folk oppfatter det. For det andre: Politikken må oppfattes som rettferdig og til beste for den alminnelige mann og kvinne. For det tredje: Husk det med bisetningene!»

I disse samme dagene fikk jeg flere brev som la vekt på min klare, direkte tale og ett som viste til et intervju i radio 7. februar og mitt svar omkring abortsaken. Den korte, klare formen var verdt minst 50 000 stemmer, mente brevskriveren.

Ja, hadde jeg lykkes med det, i alle sammenhenger – og til enhver tid, så ville det vært fint.

Fra Brønnøysund fikk jeg et glass med multer som «styrkemedisin»: «Måtte du bare få styrke til å «hamle» opp med de gamle ringrevene dine. Arild Figenschow.»

Fra Irene J. Landøy, 6985 Atløy, som omtaler seg selv som medlem av grasrota, kom denne hilsenen: «Kjære Gro.
Han Odvar sa – før han gikk fra – at det var kaldt på toppen. Om du skal få den frosten nå, i første kvinnekroppen – som gikk til topp i samfunn opp, så vit i denne rolle, at bak deg står eit folk!»

Fra Olav Haukvik, min tidligere statsrådkollega, som nå var blitt fylkesrådmann i Telemark, kom det politiske råd og betraktninger. Jeg syntes hans vurderinger var tatt på kornet og jeg delte hans bekymringer: «Folk i Telemark er veldig opptatt av at fylket ikkje har pengar til å halde oppe eit rimelegt godt tilbod til sjuke og gamle menneskje. Dersom me ikkje finn ei løysing på dette, får Regjeringa skulda og AP kan tape 2 mandat til høsten.

Dersom me får den 5. ferieveka og nedsatt pensjonsalder utan andre inntektsoverføringar frå staten, vil dette slå beina under oss.

I denne situasjon meiner gode, alminnelege menneskje at Gro må setja LO og andre på plass og i staden by folk blod, svette og tårer.

Nå er det ikkje tid for fleire krav. Nå må me få orden på det me har. Me har privat velstand og offentleg fattigdom. Det skjønnar ikkje folk. Da vil dei heller ha ein reformstopp, prisstopp og lønnsstopp.

For ei tid tilbake sa eg deg at du kom til å bli vår statsminister i 80-åra. Du kom tidlegare enn eg da trudde. Men du kom og du kom i rette tid!

Lykke til – me skal stå bak og hjelpe så godt me bare kan.»

Helhjertet innsats

Fra første stund jobbet jeg selv mye, merket at det var nødvendig for å få nytt grep om mange saker som lenge hadde sådd splid og unødvendig uklarhet, i partiet, regjeringen og stortingsgruppa. Det var en splid som bare Høyre og andre i opposisjonen kunne glede seg over.

Arbeidsro ved kontoret var ikke det enkleste å få til. For ikke bare var det slik at Norge hadde opplevd noe helt nytt, noe som skapte interesse, nytt liv og engasjement. Ved siden av alle brev og hilsener kom det mange, mange flere pressehenvendelser som preget hverdagen. Fra hele verden strømmet det inn forespørsler om intervju, besøk og ønsker om informasjon om den nye statsministeren – den første kvinne i en europeisk statsministerstol etter Margaret Thatcher.

Wiktor forteller hvordan han opplevde det: «Vi ante lite om hva dagen ville bringe, før vi utpå kvelden kunne slukke lyset og komme oss hjem. Og, som regel, fortsatt satt Gro og jobbet på sitt kontor. Hun må i den tiden hun har vært aktiv i politikken gjennomsnittlig hver dag ha hatt en arbeidstid på opp mot 14–16 timer. Hun stilte ikke de samme krav til sine medarbeidere, men hun krevde helhjertet innsats i den tiden en oppholdt seg på kontoret.»

Min sosialdemokratiske sjel preget min holdning til hva som var riktig, i forhold til andre mennesker, til mine arbeidskamerater. Jeg kunne ikke forlange at alle andre jobbet i 12 timer. I min neste periode som statsminister tok vi konsekvensen av at min arbeidstid ikke kunne matches av *en* med ansvar for mitt forværelse. Vi ansatte en egen «ettermiddagsvakt». De andre ville ikke akseptere mitt forslag om at forværelset jo kunne være tomt etter klokka 16. Jeg kunne arbeide likevel, uten den servicen, mente jeg.

En episode fra tiden i Miljøverndepartementet hadde også skjerpet min varhet. Jeg kunne ikke forvente at medarbeidere stilte opp til alle døgnets tider. Unge Christian Hambro hadde mot til å si åpent ifra om at han vanligvis måtte gå klokka 16.00, fordi han hadde barn å ta ansvar for. Det var fint. Jeg aksepterte det fullt ut, og følte meg litt beskjemmet over at han kom i en situasjon der han måtte si det.

Heldigvis er det Wiktor skriver om arbeidtiden en overdrivelse. Jeg er – og særlig var – en energisk og intens person som liker å få mye gjort. Men jeg har alltid visst å ta vare på nattesøvnen. Så la meg trekke litt fra. Tallet er ikke 14–16, men 12, tror jeg. Og tallet var aller høyest i årene 1984 til 1989 – da det internasjonale arbeidet og miljøkommisjonen krevde særlig stor samlet konsentrasjon, effektivitet og arbeidsinnsats. Jeg måtte holde et tempo som jeg ikke tror jeg kunne ha greid gjennom hele mitt politiske liv.

– Hun kommer til å holde orden på gutta!

Hvordan ble regjeringsskiftet oppfattet og kommentert av våre politiske motstandere? Kåre Willoch kom straks på banen. Han karakteriserer Nordlis avgang som uttrykk for den farlige splid han mener preger regjeringspartiet, og «den usikkerhet og uklarhet som er blitt et så stort problem, ikke bare for partiet, men for landet». Samtidig vet han at regjeringen er møtt med stor entusiasme: «Arbeiderpartiet vil nok kunne gi et skinn av enighet om handlekraft i noen måneder etter et lederskifte, men det er ikke nok.»

«Det som skjer nå bekrefter jo igjen at det er større indre problemer innen Arbeiderpartiet enn det er mellom de borgerlige partier,» skriver han i Aftenposten, og tilføyer at problemstillingen ved valget til høsten vil bli den vi tidligere har kunnet tenke oss: «Det gjelder de overdrevne restriksjoner, inflasjonen, byråkratiet, den svake økonomi tross oljepengene og usikkerheten innad i Arbeiderpartiet om sikkerhetspolitikken.»

Her hadde han lenge vært på krigsstien – og tenkte tydeligvis å forsette med det! For meg var dette en ytterligere inspirasjon til å satse alt jeg kunne for at han *ikke* skulle få rett. Partiet skulle arbeide sammen, også i sikkerhetspolitikken.

Willoch kommer med en flom av kritiske merknader i Aftenposten, slik man måtte vente. Likevel er det drøyt når han avslutter slik: «Arbeiderpartiet kan ikke lenger bruke sitt gamle trumfkort: Påstanden om at man vet hvem som skal være statsminister i de neste fire år, hvis Arbeiderpartiet vinner. Det vet man erfaringsmessig ikke. Det beste alternativ er en samarbeids-regjering av de tre borgerlige partier.»

Ikke bare drøyt, men dristig. Willoch satt selv knapt et år i sin andre periode, tross borgerlig flertall.

Hanna Kvanmo, Sosialistisk Venstrepartis parlamentariske leder, var nok oppriktig, snarere enn taktisk da hun sa at skiftet kan gi Arbeiderpartiet mer mot i valgkampen. Det gav oss mer mot. Det var ikke bare jeg som følte det slik.

Et av de mer muntre innslag i disse første dagene er det vår eldste sønn Knut som står for. Aftenposten ber ham om å karakterisere sin mor og han sier: «Hun er streng, men rettferdig. Som politiker da? Der stoler jeg ikke mer på henne enn på andre. De kommer med mange fine ord og flotte løfter, uten at det nødvendigvis blir gjort så mye.»

Det er fra sine egne man skal ha det! Knut var iallfall ikke noen kuet sjel. Det manglet ikke på frimodighet og uavhengighet. Han sa mer andre steder: «Hun kommer til å holde orden på gutta!»

Omtalen i International Herald Tribune hadde denne overskriften: «Brundtland, Strong NATO Supporter Named Norway's First Woman Premier.» (Sterk NATO-tilhenger blir Norges første kvinnelige statsminister.) De hadde da greid å få nyheten med seg, også i amerikansk presse, selv om Olav hadde sjokkert Washington Post natten mellom mandag og tirsdag. De ringte klokka 04 og ville snakke med den kommende statsminister. Olav avviste dem kontant og pekte på at dette var midt på natten. Min kone sover, svarte han, og det trenger hun. Nærmest målløs stammet journalisten fram: But, but this is the Washington Post – før Olav sa at det fikk ikke hjelpe og la røret på. Det er godt å ha en mann som vet å skille mellom vesentlig og uvesentlig!

Man kunne si denne gangen som Knut Frydenlund sa etter Bravo-ulykken: «Så mye omtale av Norge i utlandet har vi ikke sett siden 9. april 1940.»

Fagbevegelsen

Verdens Gang har denne tirsdagen en artikkel om hvordan valget av ny statsminister mottas bl.a. i fagbevegelsen, men de reiser også straks spørsmålet om vervene som statsminister og partileder nå bør samles på *en* hånd og registrerer at dette er utbredt oppfatning. Nestformannen i Jern og Metall, Jan Balstad, sier at også hans forbund «vil gi Gro helhjertet støtte». Har Gro Harlem Brundtland vist tilstrekkelig vilje til å lytte til råd og argumenter fra faglig hold? spør avisen.

«Det er vel mer hva som kommer til å skje fra nå av, som vil være det avgjørende. Det er klart at som miljøvernminister må en spille en spesiell rolle, som gjør at en av og til kan komme til å tråkke på fagbevegelsens industriinteresser. Men at man kan påpeke noen alminnelig mangel på gehør hos henne for fagbevegelsens argumenter, det tror jeg ikke,» svarer Jan Balstad.

Det var nok tatt på kornet. Som nestleder var jeg meg hele tiden bevisst det sentrale og verdifulle i det faglig-politiske samarbeidet. Jeg lyttet, spurte og forsøkte å finne løsninger, tok alltid fagbevegelsen på alvor. Likevel, i noen saker må man velge. Vern og utbygging av ett og samme vassdrag, det går ganske enkelt ikke!

Dagen etter, slik VG pleier, følges det opp med motspill: «Reiulf står på. Kan bli tungt,» heter det: «Det er nok gledelig og inspirerende å bli løftet opp til femtende etasje i regjeringsbygningen på en bølge av folkelig støtte, men det kan bli tungt nok å arbeide i et miljø som frykter at hun skal få for stor makt.»

Andreas Hompland, Dagbladets kommentator skriver en tankevekkende epistel den 9. februar: «Der Bratteli var solid og Nordli traust er hun et løfte om friskhet og fornyelse. I den grad hun kommer til å personifisere Arbeiderpartiet, er det et Arbeiderparti som er annleis enn det som har levd på arven fra 30-åra og tradisjonene fra gjenoppbygging og velstandsutvikling.»

«Hva er det Gro Harlem Brundtland symboliserer? Av politiske saker er det først og fremst noe udefinerbart grønt. Det var hun som gjorde miljøvern til en politisk realitet og ble symbolet på de mjuke sidene av politikken i vekstsamfunnet.» Han bruker uttrykket «inkarnasjonen av de velgere Arbeiderpartiet ikke har klart å fange opp det siste tiåret», og mener at det kan bety «både velgere og fornyere som partiet så sårt trenger».

Jeg visste godt at disse i og for seg positive sidene ved min mulige velgerappell, på ingen måte måtte bli for dominerende. Jeg visste hvor viktig det var å ta vare på tradisjonene og det nære skjebnefellesskapet mellom partiet og fagbevegelsen. Men jeg hadde slett ikke noe imot at flere kvinner og yngre velgere kunne føle seg hjemme i mannsbastionen. For en mannsbastion var det fortsatt, tross valget av kvinnelig nestleder i 1975, og selv om Sissel Rønbeck hadde vært leder i AUF. Det var behov for fornyelse på mange områder. En ny generasjon vokste fram. Det var den som nå skulle virkeliggjøre de sosialdemokratiske ideene. Der skulle kvinnene få sin rettmessige plass og de unge skulle slippe til.

Lørdag 7. februar møter jeg Kåre Willoch til duell i radioens Ukeslutt. Det skulle ikke bli siste gang!

Jeg har da allerede «møtt» ham i debatt i stortingssalen og et par ganger i åpne møter, bl.a. i Aulakjelleren i januar 1980. Han er spiss, ironisk, kjølig og selvsikker. Jeg følte hvordan han prøvde seg med ovenfra og ned-holdninger, med skolemester-skolepike-tilnærmingen. Min holdning var: Lat som ingenting. Ikke la deg merke med det. Lett var det ikke! Jeg har en talende mimikk som jeg har greid å kontrollere bedre gjennom årene.

Willoch gyver løs. Han hevder at vi ikke har noen politikk for å stanse inflasjonen og illustrerer det ved å vise til tanken om en femte ferieuke. Dette kravet som LO har reist, og som er støttet av Arbeiderpartiet. Han mener vi ikke kan ta oss råd til det.

Mitt svar er: «La meg da først presisere hva som står i regjeringserklæringen om betydningen av å dempe prisstigningen og om betydningen av konkurranseevnen. Dette er ikke bare ord, det er også realiteter fra min regjering.

Når det gjelder fem ukers ferie, vil jeg bare presisere, slik det også er gjort av den forrige regjering, at det er forutsetningen at dette innpasses innenfor inntektspolitiske rammer og i forhandlinger mellom organisasjonene. Det betyr at hvis dette blir følgen av avtaler mellom partene, så må det ha konsekvenser for lønnsoppgjøret forøvrig.»

Da sier Willoch: «Ja, det viser jo at regjeringen her faktisk trekker seg tilbake for en av de viktigste avgjørelsene i kampen mot inflasjonen, nemlig om vi har råd til dette eller om vi ikke har råd til det. Det er helt på det rene at dette kravet er av dem som vil drive frem inflasjonen. Men jeg vet ikke om vi også skulle snakke litt om sikkerhetspolitikken.»

Nå vil han snakke om noe annet, som han tror jeg har større vanskeligheter med enn det sentrale spørsmål vi nå snakker om. Jeg sier – «Nei, la oss ikke forlate denne før vi er klar med hva vi her snakker om. Mener Willoch at de tre borgerlige partiene har en entydig politikk i forhold til inntektspolitikken og inntektsoppgjørene? Jeg oppfatter det slik i de programmene som foreligger at Høyre stiller seg meget skeptisk til samordnede oppgjør og til en inntektspolitikk hvor regjeringen griper sterkere inn, mens de to andre partiene har noe andre nyanser i en slik sammenheng. Jeg kan ikke se at det Willoch nå hevder om styringen av de totale rammene skal kunne sikres bedre gjennom Willochs politikk.»

Vi er midt inne i et sentralt konfliktområde mellom Høyre og Arbeiderpartiet, holdningen til samarbeid mellom partene i arbeidslivet og regjeringen om økonomi og reformer. Den linjen jeg her står på, er den som i dag kalles solidaritetsalternativet, og som har vist seg å gi svært gode resultater for Norge. Den hadde det ikke vært mulig å gjennomføre uten støtte fra ett eller begge mellompartiene, slik vi har lykkes med i årene etter 1986. Høyre har hele tiden stilt seg på siden i dette sentrale spørsmålet. Det har heldigvis ikke NHO!

De sikkerhetspolitiske spørsmålene kommer også opp i Ukeslutt. Willoch stiller et helt konkret spørsmål som det går an å svare ja eller nei på, som han sier: «Vil statsministeren akseptere en nordisk atomfri sone hvis den ikke også omfatter deler av Sovjetunionen?»

Jeg svarer: «Nei, ikke hvis man med det å omfatte mener at de regler og fakta som skal gjelde omkring kjernefysiske våpen også må omfatte Warszawapaktområdet og Sovjetunionen. Det er helt klart at noen ensidig erklæring om Norden som atomfri sone, det vil ikke være min politikk.» Jeg svarer altså nei på Willochs spørsmål, selv om formuleringene er snirklete. Det burde han være fornøyd med, men det ble aldri slutt på iveren etter å klippe, klippe, klippe omkring dette kompliserte spørsmålet. Det var mange i Høyre som kjørte en høy profil og en svært så kritisk linje overfor Arbeiderpartiet, med påstander om glideflukt i sikkerhetspolitikken. De mente det kunne hjelpe ledelsen og flertallet til å demme opp mot presset fra SV og venstresiden.

Andre var minst like opptatt av å holde usikkerheten og tvilen på dagsordenen, fordi det i seg selv kunne svekke Arbeiderpartiet. Willoch tilhørte denne siste kategorien. Han hvilte aldri, ble aldri ferdig med å kverne på saker der han godt visste hvor både jeg og partiets flertall stod.

Ny statsminister! Tidligere miljøvernminister! Nå var det tid for nye fremstøt. Slik må de ha tenkt, de som organiserte de nye aksjonene for å stanse den vedtatte utbyggingen av Alta-elva i Finnmark.

Onsdag 5. februar, da den nye regjeringen kom ut på Slottsplassen, stod det en gruppe samekvinner med plakater blant de fremmøtte. De kom fram mot meg, ville ta opp sin sak der og da. TV-kameraene surret i vår nærhet.

– Statsminister! Vi samekvinner vil gjerne ha et møte og få legge fram vårt syn for deg.

Jeg sa ja, vennlig og imøtekommende. Møtet ble lagt til fredag morgen rett før vi skulle til vårt første regulære statsråd på Slottet.

Det var mange som kom, mange flere enn vi hadde ventet. Atmosfæren var vennlig og høflig. Møterommet i 15. etasje, rett over gangen for mitt eget kontor, ble fullt av unge og eldre samekvinner, og noen barn. De sa ikke mye, men det var én som ledet an og la fram et brev som fremhevet uroen over konsekvensene for reindriften og naturen.

Jeg forklarte bakgrunnen og snakket om saksbehandlingen og den mangeårige prosessen som lå bak de hensyn som nå var bygget inn i de endelige planene. Jeg så de tause ansiktene. De lot seg ikke overbevise.

Klokka nærmet seg 11. Jeg måtte forlate kontoret for å reise til statsråd på Slottet. Dit kommer man ikke for sent. Da jeg kom ut i bilen oppe på Slottet etter statsråd fikk jeg beskjed om at samekvinnene nektet å forlate møterommet. Staben mente vi fikk gi dem litt tid og se det hele an. Pressen var åpenbart informert på forhånd. De ville «okkupere» statsministerens kontor.

Vi ønsket ikke å sette saken på spissen. Jeg spurte om barna. De måtte da føle seg innestengt i det trange møterommet? De fikk mat og drikke bragte inn, både barn og voksne. Først tidlig neste morgen var de villige til å forlate lokalene. Vi ønsket ikke å bruke noen form for makt. Men dramatisk virket jo det hele, særlig sett fra utsiden. Radio og TV fulgte hendelsene med argusøyne. Det ble litt av en start!

Av alle de vanskelige sakene som nå møtte meg, var Alta-saken den mest krevende. Det var utviklet svært fastlåste holdninger, og beslutningen i Stortinget høsten 1978 om å bygge ut elva skapte stor strid. Det ble dannet en folkeaksjon som fikk navnet «Folkeaksjonen mot Alta-utbyggingen, til vern av vassdrag og samer».

Høsten 1979 kom de samiske interessene i medienes fokus med full tyngde. Midt i oktober gikk derfor regjeringen Nordli inn for å utsette hele utbyggingen og gi reineierne forlenget uttalefrist om anleggsveien. Det skjedde etter at en gruppe samer hadde slått opp telt utenfor Stortinget. Senere ble det gjennomført sultestreik. Stemningen var svært opphetet.

Jeg husker likevel at jeg stusset. Jeg hadde nylig forlatt regjeringen og hadde derfor ikke vært med på diskusjonene der. Da Odvar Nordli holdt innlegg i stortingsgruppa og konkluderte med at han ville anbefale midlertidig stans, og at det skulle utarbeides en ny stortingsmelding, følte jeg hvordan stemningen var både overrasket og blandet. Et forslag om å utsette utbyggingen hadde jo falt så sent som i juni, med 108 mot 34 stemmer. Noen var lykkelige over at presset i denne omgang var over. Mange var urolige og noen sinte, fordi man bøyde seg for den type aksjon og trusler som var satt igang.

Samesak, miljøsak, sivil ulydighet

Det var senere de som hevdet at regjeringen Nordli opptrådte i strid med Stortingets vedtak når den gikk inn for å utsette utbyggingen inntil visse forhold var nærmere vurdert. For dem som var sterkt for gjennomføring og sterkt imot protester og sivil ulydighet, var det naturlig å være kritisk overfor det de oppfattet som politisk nølen og vakling.

Det var mange strider i Alta-saken. Det var samesak. Det var Finnmark fylkes ønske om å ha et avgjørende ord med i laget i en sak som angikk kraftforsyningen og ressursbruken i fylket. Det var prinsipper og holdninger knyttet til demonstrasjoner og sivil ulydighet, det var respekten for stortingsvedtak.

Med min bakgrunn i Miljøverndepartementet fant jeg det nødvendig å holde åpent for at nye opplysninger, nye erfaringer, eller en endret situasjon kunne bringe en sak inn i et nytt lys. Jeg følte det var viktig å holde det prinsippet i hevd, selv om det i denne saken til nå ikke var oppstått noe genuint nytt siden Stortinget sist behandlet den. Her som i mange andre saker, var noen av de argumentene mindretallet brukte både viktige og relevante.

Denne kritiske holdning skulle vise seg nødvendig, og iallfall fruktbar da problemene raskt tårnet seg opp i dagene etter regjeringsskiftet. Det var nettopp en grundig, formell og juridisk innfallsvinkel som brakte saken inn i et bedre spor, gjennom de to første ukene av min statsministertid.

Aksjonene var i midten av januar blitt møtt med politi som fjernet demonstrantene i Stilla. Det var ca. 350 personer. En del av dem ble bøtelagt. Det var en nesten hatsk stemning i Finnmark. Folk sørfra skulle ikke få bestemme! De fleste var mot demonstrantene.

Det ble voldsomme presseoppslag og pådny en rekke henstillinger til regjeringen Nordli om å utsette utbyggingen. Det store spørsmålet var hvordan vi skulle håndtere oppfølgingen av hele saken. Lite eller ingenting skjedde i ukene fram til regjeringsskiftet. Ole Henrik Magga, leder av Norske Samers Riksforbund, henstilte straks etter regjeringsskiftet til regjeringen Brundtland om å utsette videreføringen. Og det ble avtalt et møte med de samiske representantene hos kommunalministeren Harriet Andreassen.

Vi behandlet saken første gang den 9. februar. Alle i regjeringen var klar over at dette var den aller vanskeligste saken vi hadde å håndtere. Det var utrolig sterke følelser og mye prestisje involvert for svært mange. Det var ulike syn, også i Arbeiderpartiet, men et klart flertall stod bak en moderat utbygging.

Jeg var nå mest opptatt av å få en full oversikt over alle sider av dette komplekset. Vi skulle snu alle stener for å unngå å trå feil. Kanskje kunne vi legge et nytt grunnlag som pekte fremover og ut av den fastlåste striden? Da visste jeg at jeg måtte få ulike miljøer til å samarbeide, og ikke bare stå på sitt uten å lytte til hverandre.

Einar Førde, som hadde hatt en del erfaring med samespørsmålene både i Stortinget og som kirke- og undervisningsminister, gav uttrykk for at vi «bør vurdere å tiltre FNs konvensjon om urbefolkninger, eventuelt med en del forbehold. Dette kan redde det kommende møte i Kommunaldepartementet, ellers vil en kunne risikere at de moderate sameledere blir felt.» Jeg er sikker på at Einar hadde hatt direkte kontakt med Magga, og at han nå formidlet den uro samelederen hadde gitt uttrykk for.

I regjeringen sa jeg at vi måtte vurdere ulike alternativer, for mye kan skje i de kommende seks måneder som vi i dag ikke har oversikt over. Vi hadde sett at det stadig kom inn nye momenter. Samtidig sa jeg at jeg ikke var innstilt på å stoppe arbeidet med anleggsveien på bakgrunn av Maggas henstilling.

Jeg visste godt at *det* var umulig. Det ville jo innebære at fjerningen av demonstrantene, som allerede var gjennomført for å oppfylle Stortingets vedtak, ble satt til side. Det ville aldri bli møtt med forståelse og tilslutning.

Jeg mente metoden måtte være at olje- og energiministeren, justisministeren, miljøvernministeren og kommunalministeren skulle jobbe sammen og se på ulike handlingsalternativer. Da måtte de ta et felles ansvar. Rolf Hansen mente at det kunne være et «forhandlingskort» inntil videre å stoppe på «toppen». Det var et kritisk punkt når det gjaldt fremføringen av veien innover mot selve det området der dammen skulle bygges.

Jeg var litt overrasket over at Rolf kastet fram en slik tanke allerede da, men det skulle vise seg at også han var ute etter å finne et kompromiss. Vi skal se hvorfor, når historien går videre til neste møte i regjeringen.

En løsning må finnes!

Torsdag 12. februar redegjør kommunalministeren, Harriet Andreassen, for de møter hun har hatt. Jeg går grundig gjennom det bildet jeg har dannet meg ved å studere to omfattende notater om juridiske spørsmål, et fra lovavdelingen i Justisdepartementet og et fra Regjeringsadvokaten. De konkluderer med at grunnlaget for anleggsstart på veien burde være holdbart, men det ligger inne betydelige forbehold og noen tvilsspørsmål som andre jurister vil kunne legge større vekt på. Jeg mener dette ligger nær et balansepunkt. Det i seg selv kan virke uheldig i en situasjon der vi vet det kan bli tusenvis av mennesker på Finnmarksvidda utover sommeren. Finnmarksrepresentanten Per A. Utsi og Reidar Hirsti har begge gitt oss råd om å imøtekomme de moderate blant samene. Jeg mener også at vi burde kunne si noe konkret om vern av Masi, en annen viktig sak for de samiske interessene.

Mandagen etter er Alta-saken igjen på kartet. Kommunalministeren og jeg har hatt møte med Finnmark Arbeiderparti på søndag. De punktene vi da arbeidet ut fra hadde også et forslag om et nytt folkevalgt organ for samene. Dette var det svært vanskelig å få gehør for. Det skulle da også gå noen år før Sametinget var en realitet.

Fiskeriminister Eivind Bolle beskriver den betente stemning man nå har i Finnmark og mener det er viktig at en løsning ikke fremstår som forårsaket av pressgrupper. Jeg sier meg helt enig i det, men at vi må søke å finne en løsning.

Torsdag 19. februar orienterer jeg regjeringen om det nye arbeidet jeg har igangsatt ved Statsministerens kontor, i samarbeid med Miljø-, Olje- og energi og Justisdepartementet. Gjennom det var også spørsmålet kommet opp om veitraseens forhold til «Lov om kulturminner» av juni 1978. Denne problemstillingen var tidligere ikke reist av kritikerne, og *en* ting var jeg straks sikker på – her måtte Miljøverndepartementet og regjeringen ha solide svar å gi.

Jeg hadde selv jobbet med det lovverket og vært med for å tilrettelegge et sterkere vern om kulturminnene. Lovens § 4 freder samiske faste fornminner som er mer enn 100 år gamle. Nå har Tromsø Museum, som er rette fagmyndighet, sagt at spørsmålene knyttet til Alta-utbyggingen ikke er tilfredsstillende utredet!

Planavdelingen i Miljøverndepartementet avventer en skriftlig rapport fra museet i saken. Industriminister Finn Kristensen, på vegne av Arvid Johanson, ber om at vi også får en oppsummering fra Norges Vassdrags- og Elektrisitetsvesen (NVE) med bakgrunn i rapporten fra Tromsø Museum. Jeg konkluderer med at det notat som nå er utarbeidet mellom de tre departementene straks bør gå til den ytre etat, NVE, med anmodning om eventuelle merknader til neste dag. De kan ikke få bruke dager og uker.

Nå haster det. Vi må ikke tape unødig tid med den endelige avklaringen. Jeg ber regjeringen møte søndag kveld fra 19–21, så vi kan få til skikkelig fremdrift. Nå er navnet på sakskartet: «Om Altasaken og kulturminneloven.» To notater er lagt fram, men med ulike konklusjoner. Det ene er fra lovavdelingen i Justisdepartementet, det andre fra planlavdelingen i Miljøverndepartementet.

Miljøvernminister Rolf Hansen sier han er overrasket. Det viser seg at det er begått feil *både av NVE og av Tromsø Museum!* Det har vært et møte lørdag mellom embetsmenn, og det fremgår nå klart at det er foregått et brudd på loven når det gjelder å registrere fornminner. I så fall må NVE stanse arbeidet i tre uker, mener Rolf. Man har en åpenbar rett til å stanse arbeidet, men vernemyndighetene kan også samtykke i at det fortsetter. Rolf foreslår at de berørte regjeringsmedlemmer og de to faginstansene kommer sammen og utarbeider et opplegg til løsning.

En rekke av regjeringens medlemmer tok ordet og støttet tanken om et kompromiss som eneste farbare vei. Jeg slo fast at det ville være riktig å legge håndteringen av forholdet til kulturminneloven i fagstatsrådens, miljøvernministerens hender, men at det likevel ikke var noen uenighet om at Alta-vedtaket skulle videreføres. Vi må nå konkretisere dette til i morgen. Jeg ber om et ekstraordinært gruppemøte etter regjeringskonferansen mandag. Der bør Rolf Hansen innlede og redegjøre for regjeringens behandling av saken. Alt arbeid bør stoppes inntil det foreligger en omforent plan for fremdriften.

Informasjonen i denne saken må gjennomdrøftes og utarbeides av Rolf, Harriet, Einar, Arvid og meg selv. Jeg tar med Einar Førde, som har vært aktiv i diskusjonen, selv om hans departement ikke har vært direkte involvert i arbeidet med saken. Her gjelder det å ha med bredde og nyanser hele tiden. En ny utsettelse blir det ikke lett å oppnå forståelse for, med de fastlåste holdningene som er tilstede – uansett årsak.

Kompromiss og utsettelse

Mandag 23. februar redegjør Rolf Hansen for en fremdrift og et samarbeid som sikrer Tromsø Museums ansvar, men som betyr forsinkelse. Jeg sier at dette følger opp vurderingene i gårsdagens regjeringskonferanse. Derfor ble jeg overrasket da Arvid Johanson valgte den linjen han gjorde. Han sa rett ut at han ikke var enig i det foreslåtte opplegget, og mente det kunne virke som en kapitulasjon. Han syntes også at formuleringene var for snaue og ikke egnet for presentasjon utad. «Stans bør først vurderes dersom de to etater ikke kommer til enighet ved befaring på stedet.» «Snøen må kunne fjernes og arkeologer være tilstede.»

Rolf er ganske kontant i sitt svar, sier nei, det går ikke. Det er hele den videre grovplanering som nå foreslås stanset!

Finn Kristensen mener at dette da bør sies i punkt én «for å unngå misforståelser». Det er tydelig at han er helt innforstått med hva saken nå dreier seg om, og at han ikke kan støtte sin kollega Arvid Johansson.

Jeg føler at det er viktig å imøtekomme noe av den uro Arvid har. Den vil han ikke bli alene om. Derfor bør vi ta ut ordene «med øyeblikkelig virkning», som kan virke unødvendig brutale, og så bytte om punkt en og to i konklusjonen. Dette er endringer vi kan gjøre når vi utarbeider pressemelding i saken, sier jeg. Dette dreier seg om *presentasjon*, ikke om realiteter.

Rolf har i samarbeid med meg lagt opp til den konklusjonen som gjorde det mulig å stå på at saksbehandlingen tidligere i all hovedsak hadde vært korrekt, og likevel oppnå den virkning at det kunne falle litt ro og refleksjon over hele saken. Det kan det bli når et av punktene lyder: «Nødvendige undersøkelser etter kulturminneloven gjennomføres snarest mulig etter snøsmeltingen kommende sommer. Tromsø Museum pålegges å gi dette arbeidet nødvendig prioritet.»

I notatet til regjeringen hadde Rolf formulert seg slik vi begge tenkte: Det som er mulig innenfor rimelige grenser for å sikre verneverdige fortidsminner i traséområdet må nå gjøres. Dette er nødvendig både av hensyn til kulturminnelovens intensjoner, hensynet til samiske fortidsminner og til det krav at også offentlige virksomheter må leve opp til de lover som er gitt.

Alta-saken var spesiell, men ikke mer spesiell enn at denne siste lærdommen er generell. Fra sur-nedbør-fighten og Bravo-beredskapen går det for meg lange linjer. Det lønner seg ikke å kutte svingene. Du *må* være nøye i håndteringen av lover og regler når du representerer offentlige myndigheter. Mindretallet har rettigheter, de myke verdier har fått en rettmessig og sterkere plass, den svake skal ha beskyttelse.

De sterke etatene hadde altfor lenge vært preget av sine tradisjoner og en kultur der slike tanker fortsatt var fremmede for mange. Det var jo ikke slik før, mente de. Det gikk jo bra da også, før kultur og miljø fikk en så avgjørende plass i håndteringen av plan- og utbyggingssaker!

Nei, det gikk ikke alltid like bra, det er det som er selve poenget. Det *var* nødvendig å ta myke verdier mer på alvor. Nettopp derfor fulgte jeg nøye med, også i september 1981, da kartleggingen av fortidsminner var over – og ny oppstart var under planlegging. Nå måtte vi forsikre oss om at de lokale myndigheter igjen ble hørt, så vi kunne unngå nye konflikter.

Utbyggingen ble gjennomført i de påfølgende år, og striden om hvorvidt den var nødvendig, vil nok aldri forstumme. I slike saker er det ingen fasitsvar.

Kjønnskvotering etc.

Jeg tar ut et knippe med enkeltsaker som regjeringen behandlet denne våren. De forteller om tidsånden og epoken. Torsdag 26. februar står det en nokså intetsigende overskrift på et av notatene: «Personalpolitiske retningslinjer.» Det dreier seg om noe det er politisk krutt i, kjønnskvotering og de regler vi vil ha for statlige virksomheter.

Vi beslutter at kjønnskvotering skal gjelde for de forskjellige stillingsgrupper i den enkelte virksomhet, ikke bare som et gjennomsnitt over hele virksomheten. Hvis ikke, vil det stadig være svært mange kvinner i de lavere stillingskategorier, og nesten bare menn i de høyere, slik det alltid har vært.

I begynnerstillinger valgte vi å bruke det vi kan kalle *radikal* kjønnskvotering. Kvinner skulle foretrekkes dersom de var kvalifisert. I lederstillinger kom vi til at det kunne slå tilbake, og valgte en mer moderat linje. Kvinner skulle foretrekkes hvis de var like godt kvalifisert.

Den 5. mars drøftet vi et forslag til lovendring for å styrke kvinnerepresentasjonen. Vårt forslag ble at kvinner *skal* være representert i alle utvalg, styrer og råd. Loven sier at det bør være jevn fordeling, og at det skal være minst to av begge kjønn. Dette var saker som Sissel Rønbeck arbeidet med som fagstatsråd, men det var langt flere enn henne i regjeringen som deltok i utformingen av løsningene.

Den 23. mars behandles avtale med Sverige om økonomisk samarbeid, særlig på industri- og energiområdene. Det var det som ble igjen av de store visjonene om en Volvo-avtale, som ble undergravet av svenske aksjonærer, men som også Willoch hadde gått kraftig ut mot. Jeg forstår godt at Odvar Nordli var dypt skuffet. Vi var alle opptatt av avtalen i parti og regjering. Og for Odvar var den et hjertebarn. Dette var noe som kunne peke fremover, både for Norge og Sverige. Det hadde vært hyggelige, men likevel tøffe forhandlinger mellom Torbjörn Fälldin, den svenske statsminister, og meg, men nå lå denne saken på bordet.

Den 27. april er det Revidert Nasjonalbudsjett. Av referatene fremgår det at enkelte formuleringer fortsatt drøftes i selve regjeringskonferansen. Om en indeksklausul som skal legges inn, sier jeg: «Den må ikke være så rund at folk vil føle det som halvluring. Usikkerheten om prispolitikken må legges åpent frem, også at en ikke kan love å opprettholde reallønn.»

Jeg er opptatt av størst mulig åpenhet og felles erkjennelse av hvor grensene går for det vi kan tillate oss i privat såvel som offentlig sektor.

Vi har også oppe spørsmålet om formuleringene rundt atomfri sone. «Det arbeidet skal skje som ledd i arbeidet for å bygge ned kjernevåpnene i en bredere europeisk sammenheng.» Jeg opplyser om at den saken også skal opp i et felles møte mellom sentralstyret og regjeringen om tre uker og at den må til den utvidete utenriks- og konstitusjonskomité før vi går ut med dette internasjonalt. Det er en sak som har skap stor strid allerede og det er viktig å få den inn i ordnete former så tidlig som mulig.

Prisstopp?

Den 4. august har vi som sak 1: *Den økonomiske situasjon*. Finansminister Ulf Sand og jeg er kommet til at det ville være gunstig å legge fram en pakke med prisstopp *og* skattelettelse hvis et slikt grep kan bety at indeksoppgjøret kan falle bort til høsten.

Dette er spørsmål vi har drøftet med LOs leder. Vi har interesse av å samarbeide nært i håp om å finne et opplegg som kan være gunstig nasjonaløkonomisk, og som kan få rimelig støtte og forståelse ute i fagbevegelsen rundt om i landet.

Handelsministeren, Kari Gjesteby, sosialøkonom og tidligere statssekretær i Finansdepartementet, tar litt overraskende ordet. Hun advarer sterkt mot prisstopp, som hun mener ikke virker etter sin hensikt. Hun ber også om at vi ser nærmere på hva som tidligere er blitt uttalt i stortingsdokumenter om prisstopp som virkemiddel. Dette er et godt råd, selv om det først og fremst er finansministerens ansvar å ha oversikt over sitt eget felt. Jeg står likevel fast ved den anbefaling Ulf Sand og jeg er kommet fram til og legger til at jeg selv iallfall aldri har uttalt meg negativt om prisstopp. Jeg mener at innholdet i den pakken vi foreslår saklig sett står sterkt.

Det er interessant å gjenoppleve disse situasjonene. De viser åpenheten i kollegiet. Kari velger å si klart fra om sin skepsis, ut fra sin bakgrunn og kunnskap. Fagøkonomisk har hun rett, men politisk tror jeg likevel det var et riktig trekk vi foreslo i 1981.

Det var behov for en kraftig psykologisk markering i et år da vi hadde en tosifret pristigning, noe som er helt uholdbart over tid. Det var likevel første og siste gang jeg gikk inn for og gjennomførte denne type prisstopp. De oppleggene vi har satset på for å støtte opp under forsvarlige inntektsoppgjør, har senere benyttet litt andre virkemidler. Jeg var overbevist om at vi fremfor alt måtte komme inn i en fase med en forbedret styring av den økonomiske utviklingen. Prisstigningen måtte ned. Konkurranseevnen måtte styrkes. Bare slik kunne sysselsettingen og en solid økonomi forankres.

Et moralsk oppgjør

I vår regjeringskonferanse den 5. oktober, den nest siste før regjeringen gikk av, behandler vi en sak fra handelsministeren, som skal vise seg å bli en gjenganger i norsk politikk i mer enn ti år: Reksten-saken og Hambros Bank. Regjeringsnotatet har denne overskriften: «Garantiinstituttet. Mulig erstatningskrav mot Hambros Bank for tap under garanti for lån til Reksten-selskapene.»

Handelsministeren har innhentet uttalelser fra juristene Selvig og Lund og fra Regjeringsadvokaten. Hun vil under tvil gå inn for forhandlinger med Hambros Bank, men ikke frafalle retten til søksmål. Det vil være det sikreste, økonomisk sett, men ikke gi de samme muligheter for klarlegging av de faktiske forhold som en rettssak ville gi. Hun mener at en ny regjering må ta denne avgjørelsen fordi saken først bør forelegges for Stortingets finanskomite.

Tidligere dette året hadde jeg sagt nei til et forslag som finansministeren viste meg på en håndskrevet lapp. Der stod ordlyden (på engelsk) til en erklæring der den norske stat skulle frasi seg muligheten til rettslig forfølging, samtidig som bostyret fikk et betydelig beløp tilbake fra Hambros Bank. Jeg reagerte sterkt imot en slik «handel»

– og ville ikke gå med på at de store kunne «kjøpe seg fri» på en slik måte, når de hadde ført norske myndigheter bevisst bak lyset og tjent store penger på det. Bostyret fikk likevel pengene, og vi hadde ikke gitt fra oss våre rettigheter som regjering!

Min holdning i denne regjeringskonferansen er derfor at vi bør komme til bunns i denne saken. Da er rettssak best. Det er ikke bare forretningsmessige interesser inne i bildet for staten. Støtte til en slik mer prinsipiell holdning kom fra et flertall av de tilstedeværende (Sand, Øksnes, Stoltenberg, Kristensen, Johanson, Bye og Nilsen).

Min oppsummering hadde karakter av et moralsk oppgjør. Jeg erklærer meg dypt uenig i enhver tendens til dobbeltmoral i politikk og forvaltning. Vi må endre reglene hvis vårt nåværende system ikke gjør det mulig å drive norsk skipsfart. Regjeringsadvokaten tilrår forhandlinger, men han nevner en rekke momenter som taler i en annen retning. Dette er momenter som er vesentlige for en regjering, slik jeg ser det, og jeg vil derfor trekke den motsatte slutning.

Saken om Garantiinstituttet er på ny oppe i vår siste regjeringskonferanse den 8. oktober. Kari Gjesteby gir en orientering og opplyser om at Gunnar Berge, formannen i finanskomiteen, hadde erklært seg enig i at regjeringen burde etterlate seg sitt syn på saken, og at søksmål mot Hambros Bank ville være det riktige for Arbeiderpartiregjeringen.

Det skulle bli stor politisk strid i årevis senere. Regjeringen Willoch inntok en annen holdning. Arbeiderpartiet var sterkt kritisk til dette da saken senere kom til Stortinget.

Pensjonister og prevensjon

Tor Halvorsen og jeg var enige om at en tur til Porsgrunn og nedre Telemark var en fin idé i de første ukene av min statsministertid. Tor ble selv med og holdt foredrag om industripolitikken. Slik kunne vi sammen treffe folk, både våre egne tillitsvalgte i parti og fagbevegelse – og folk flest, i åpent møte.

Alt hadde nyhetenes interesse. Norsk og internasjonal presse fulgte med.

Journalist Olav Versto dekker turen for P2 og blir spurt fra Oslo: Hvordan blir hun mottatt da? «Ja, ein må vel seie at ho blir godt motteken. Det har vore stappfulle hus overalt der ho har vore. Og ein må vel også kunne gjeva statsministeren den attesten at ho har godt publikumstekke. Ho virkar ledig og lett og har lett for å snakke med folk.»

Så forteller Olav Versto om noe som hendte den formiddagen i et lokale stuvende fullt med pensjonister. Mange hadde stilt opp i morgentimene for å få plass. Det var varmt og tett, og én besvimte. Statsministeren, som også er lege, sprang straks til og tok pulsen og slo fast at det ikke var noen fare, rapporterte Versto. Selv husker jeg fra det møtet en annen episode. En av pensjonistene bad pent om en klem, og det fikk han. Ja, jeg endte på fanget hans. Det bildet som da ble tatt irriterte nok politiske motstandere mere, enn godt var. Smil, godt humør, det fortalte om stemningen som preget hele denne turen.

Olav holdt et sikkerhetspolitisk foredrag noen dager etter. Også der var det stappende fullt. Formannen i Porsgrunn Høyre var strålende fornøyd. Så mange nye ansikter på et Høyre-møte! Olav traff Halvdan Hegtun som var på møte i Kringkastingsrådet den kvelden, og fortalte om storsuksessen. Vantro i blikket sa Hegtun: «Nei det kommer bare 10–12 på slike møter!» Og tilføyet: «Det må være en annen grunn. De kom for å møte mannen til Gro.»

Kåre Willoch hadde vært ute og bedt om å få se dokumentene som regjeringen hadde arbeidet med når det gjaldt kulturminneloven og Alta. En av elevene ved Skien videregående skole spurte meg hvorfor Willoch ikke fikk se dem.

Har ikke Willoch flere glimrende jurister, da, i sin egen stortingsgruppe, f.eks. Jan P. Syse og Rolf Presthus? Lov om kulturminner er et offentlig dokument som Kåre Willoch og alle andre kan lese, svarte jeg. Der står det ganske enkelt at samiske kulturminner er vernet, uansett hvor gamle de er. Det han har bedt meg om, er å få sitte bak ryggen på regjeringen i regjeringskonferansen og lese våre interne regjeringsnotater. Det har jeg sagt nei til, fordi det er brudd på vår forvaltningsmessige praksis. Elvene avbrøt med applaus. Det var iver og interesse.

Men det var et annet spørsmål den formiddagen som vakte mye mer oppmerksomhet. En ung gutt ville vite hva jeg og regjeringen ville gjøre med den stadige forverringen av seksualmoralen blant ungdom. Jeg velger å sende ballen tilbake: «Jeg har en viss følelse av at dere burde gjøre noe med den selv!»

Dette – og et spørsmål om spiral til unge jenter – valgte jeg å svare ganske direkte og åpent på. Det passet ikke Vårt Land, som skrev en streng lederartikkel og etterlyste god gammeldags etikk på området. I margen på dette presseklippet har jeg skrevet: «*Dobbeltmoral.* Ikke snakk til mennesker så de oppfatter deg som tildekkende og virkelighetsfjern. Hvor mange ungdommer vil lytte til deg hvis du snakker om en *totalt* annen virkelighet enn den de selv lever i?»

Etterpå bad jeg om et notat fra Berthold Grünfeld og Lars Walløe, som hadde interessante data omkring seksuell debut før ekteskapet. Det viser at den overveldende majoritet av norske kvinner har hatt sin debut før ekteskapet, hele 93 prosent. Walløe viser også at det ikke er nevneverdig forskjell på kvinner i alderen 41–45 år og 21–25 år (91 mot 95 prosent). Jeg valgte å la det ligge, for ikke å hisse opp gemyttene ytterligere.

Gro-dagen

Kravet om en femte ferieuke var et LO-krav. I valgkampen 1979 kom det også med i et felles manifest fra parti og fagbevegelse, uten at det på forhånd var blitt nærmere drøftet med regjeringen.

Det ble en kinkig sak å håndtere, først for Odvar Nordli, så for meg. Andre arbeidstidsreformer stod foran denne i de flestes bevissthet. Pensjonsalder, kortere arbeidstid. Våren 1981 var ingen enkel tid for norsk økonomi. Vi måtte holde igjen og sikre en forsvarlig utvikling. Prisstigningen var svært høy, både i Norge og i OECD-landene generelt. Vi hadde tapt konkurranseevne og markedsandeler. En skatteomlegging hadde gitt oss en særlig norsk «prisvekst» fra 1. januar. Jeg måtte gjøre hva jeg kunne for å innpasse den femte ferieuka innenfor forsvarlige rammer. Jeg la fram alvoret i samarbeidskomiteen (LO/DNA), hadde også en personlig samtale med Tor Halvorsen. OK, vi kan ta dette skrittvis over hele neste fire-årsperiode, sa jeg. Ja, men da må det starte med to dager, mente Tor. Hvorfor ikke én, det er egentlig mer enn nok i dette vanskelige året, understreket jeg. Slik ble det. Mange var overrasket, noen av glede, andre var litt skuffet. Viktigst av alt, tror jeg: Det demonstrerte at partiet og LO hadde gjenvunnet styringen sammen. Gro-dagen symboliserte suksess, ikke nederlag.

Olav forteller at jeg den kvelden saken var løst, glad og lettbent kom løpende opp trappen hjemme. «Olav, det gikk! Det ble bare en dag!»

Det gjelder kjerringa mi –

Det strømmet stadig inn brev, kort, dikt og tegninger i disse første månedene. Det var poesi fra kjøkkenbenken: «Vi håper og tror at det gode gror i dine friske spor.» Det var bønn om hjelp: «Det gjelder kjerringa mi. Du må ta en prat med henne. Hu har tenkt å stemme venstre.»

Karin Teigen var min personlige rådgiver i denne første statsministerperioden. Hun sendte inn en lapp: Hvor privat er alt dette? Vil du svare på alt sammen? Det var umulig å vite om det var fra mennesker jeg kjente, for de fleste skrev som om de var nære venner. De hadde det ikke enkelt, de som skulle ta seg av denne brevflommen.

En FN-representant sendte et klipp fra Arab News i Sudan. Der står det: «Mrs. Brundtland is always relaxed and calm when appearing on television with full control over nerves and brain cells.» («Fru Brundtland er alltid avslappet og rolig når hun opptrer på fjernsyn, og har full kontroll over både nerver og hjerneceller.») Ja, stort sett. Jeg følte jo at jeg kunne stå for det jeg gjorde, og at jeg kunne svare på det jeg ble spurt om.

Den som likevel skulle lykkes i å rokke ved det, i vårt første TV-møte i april, var Kåre Willoch. Jeg lot irritasjonen og engasjementet slå ut i full blomst. Der lå feilen. Men jeg var likevel godt forberedt på sak.

Reidar Nielsen i Nordlys innledet sin lederkommentar på denne måten: «Ordartisteri i den politiske trapes oppunder kuppelen har alltid vært Høyre-lederens varemerke. I norsk politikk har det hittil vært få som har fulgt ham i denne ordgymnastikk, eller maktet å hente han ned fra manesjen. I torsdagens festforestilling i norsk fjernsyn møtte imidlertid Willoch sin like i statsminister og nybakt partiformann Gro Harlem Brundtland. Hun roterte friskt sammen med Willoch og maktet også å drive tilbake endel av den willochske ordflom. Duellen bærer bud om at vi kommer til å gå en usedvanlig frisk valgkamp i møte med disse to som hovedpersoner.»

Det var akkurat slik det skulle bli. Til overmål.

Bergensavisa Dagen skriver at ingen av oss kom i vanskeligheter, og at Willoch ikke gjorde en eneste grammatikalsk feil, mens jeg suspenderte de reglene når det passet meg. «Dermed snakket hun slik som vi alle snakker til vanlig. Willoch snakket som vi alle forsøker å skrive dersom vi skal forsøke å stile en søknad til Kongen. Men det virker litt umenneskelig å snakke som et dokument.» Vi ble visst avslørt med våre svakheter, begge to.

Hår og briller

Vi har en jentetone oss imellom, kvinnene i regjeringen, og vi er flere nå enn i Trygve Brattelis og Nordlis regjeringer. Oppe i kinosalen i Stortinget, der Arbeiderpartiets gruppe holder hus, står det et fjernsynsapparat i det ene hjørnet. Dit går vi når vi vil følge med på nyhetssendingene.

Denne kvelden er det et intervju med Kari Gjesteby, som svarer godt for seg og gjør et godt inntrykk. Vi er der begge to, og er fornøyd med resultatet.

Nei, nå må jeg visst få klippet håret, sier Kari. Ja, det har du rett i, for nå falt faktisk luggen helt ned på brillene, så dine pene øyne ikke kom til sin rett, var min oppmuntrende kommentar. Det var noen få andre i rommet. Jeg husker ikke hvem.

Denne lille, ganske typiske episoden for «venninnene» i regjeringen skulle bli en av mange som i årevis er blitt brukt mot meg. I en avis stod det at jeg til og med blandet meg inn i mine statsråders frisyrer, briller og klesdrakt. Den hyggelige passiaren ble snudd til et bilde av den autoritære, detaljpirkende, kvinnelige leder. Utover våren kom det stadig tilbake, i leserspalter og kommentarer, som en sannhet.

Da Kari og jeg ble lei av å se oss misbrukt, skrev hun et svar til Dagbladets leserspalte «Kort og godt» den 11. april 1981. Det avsluttes slik: «Heldigvis har Gro også som statsminister bevart evnen til å kunne vise vennlighet og hverdagslighet. Det er en evne de kvinner som har mye kontakt med henne i det daglige, setter særlig pris på.»

Det var hyggelig at Kari fikk sagt hva hun følte, men den «historien» som noen laget har levd videre – i likhet med mange andre av samme kaliber.

Et dansk blikk

Noen ganger er det lettere å se seg selv utenfra gjennom folk som står litt lenger fra den daglige debatt i Norge. Av de mange utenlandske journalister som strømmet til for å snakke med den unge kvinnen som var blitt statsminister i Norge, var også en dansk journalist, Kirsten Bohl, fra Jyllandsposten.

Hun var av dem som merket seg min frimodige sønn Knut og overskriftene han hadde skapt noen uker før: «Mamma blir ingen landsmoder.» «Mamma vinner ikke valget.» Det første har han nå i 90-årene uspurt tatt opp, kommentert og dementert i familien og blant kjente. «Der tok jeg feil, gitt.»

Men den danske journalisten trodde han tok feil i det hun skrev den 29. mars etter vårt intervju. Hun innleder med å sitere Knut: «Da Gro Harlem Brundtland blev statsminister i Norge for næsten to måneder siden, sagde hendes eldste søn Knut på 19 – 'Mor bliver en god statsminister. Bedre end Odvar Nordli og på linje med Einar Gerhardsen, men hun kommer ikke til at vinde valget. Det er hun ikke rund nok til.'» Så gjør journalisten sin feil, som så mange andre. I politikken kan det skifte fort. Hun skriver at det allerede nå ser ut til at Knut har tatt feil. «På de to måneder er det nemlig lykkes hans mor og hendes regjering at drive Gallup barometre stadigt opad fra 31 procent, da de tiltrådte, til 37,6 procent idag.»

Så enkelt var det nok ikke. Løftet på meningsmålingene, gleden i partiet og lettelsen blant de fleste over at vi var ute av den lange uklarheten, var godt å ha med seg. Men den politiske trend var en høyretrend, ikke bare i USA, England og andre deler av Europa. Den var den grunnleggende trenden i disse årene her hjemme i Norge. Vi brøt den, demmet litt opp for den og gav våre egne økt selvtillit på kort sikt. Men da kampen stod på igjen for fullt, fra april/mai og utover i valgåret, var det harde tak. Jeg var ung, det kunne etter hvert brukes mot meg. Jeg var kvinne. Også det kunne være til nytte for høyresidens strategi. Dessuten *var* det min første erfaring med å opptre som statsminister og snart også leder av Det norske Arbeiderparti. Og det har som kjent aldri vært noen søndagsskole! Det var mye å lære.

Den danske journalisten spør om atomfri sone og striden om rustningskontroll og nedrustning. I Norge ble dette en av de sakene i valgåret som Kåre Willoch brukte til å spre usikkerhet omkring

Arbeiderpartiets holdninger til landets forsvar. Det var stemmer å hente på den metoden. Jeg hadde også det problemet å stri med selv, at disse sakene var omdiskutert i mitt eget parti. Det var heller ikke noe enklere at den danske statsminister, Anker Jørgensen, var en entusiastisk målbærer av soner og nedrustning – ikke alltid med de nødvendige presiseringer knyttet til.

Så jeg har et budskap til danske lesere, inkludert min venn og kollega: «Våpnene forsvinner ikke ut i den tynne luft, hvis vi bare ønsker det sterkt nok, slik noen tenker. Det er ikke godt å tenke på at vi har to allianser som hvesser tennene mot hverandre, så jeg håper vi finner muligheter til å bygge ned og ruste ned alliansene. Det vi skal huske er at den mobilisering for nedrustning som skjer i Vest, ikke skjer i Øst, fordi folk ikke har lov til slikt der. Det nytter ikke at vi i Vest ruster ned hvis Øst ikke følger med. Vi må opprettholde balansen men trappe den ned. Det gjelder også når man drøfter mulighetene for å danne atomfri sone i Norden. Vi skal ikke forplikte oss mere enn vi har gjort, uten å forlange innrømmelser fra Sovjet.»

KAPITTEL XV

Landsmøte med skygger

På dagen to måneder etter at jeg overtok som statsminister, åpnet landsmøtet på Hamar. Det var ikke noe hyggelig å reise til det landsmøtet, selv om jeg følte meg trygg på at jeg hadde et stort flertall bak meg i partiet. Jeg hadde også svart, på et spørsmål fra Arbeiderbladet, at jeg mente det ville være riktig med en samlet ledelse regjering/parti etter de erfaringene vi nå hadde bak oss. Det var ikke så mange som så det annerledes.

Dette til tross, var jeg helt overbevist om at Reiulf ville gjøre hva han kunne for å gjøre det vanskeligst mulig å være meg. Alle tegn tydet på det. Intervjuer han selv gav, ikke minst hans tale til AUFs landsmøte lørdagen før. Det var et opplegg til ren kamp, fylt av anonyme anklager og påstander som har levd sitt eget liv i alle år siden.

Døgnfluepolitikk, autoritær lederstil, er eksempler. Slik kunne man søke å ramme den som måtte ta på alvor at det hadde vært sviktende ledelse og samordning gjennom mange år.

Arbeiderpartiet som bedrift. Hva nå det skulle bety? Det er riktig at jeg la vekt på organisasjonen og ikke bare på talerstolen. Det er riktig at jeg la vekt på at mange kunne delta, også ute i lagene og i fylkespartiene. Reiulf advarte til og med om tendenser til lav takhøyde!

Grovt var det.

Jeg har et A4-ark i mine arkiver som jeg har skrevet et par dager før landsmøtet. Der har jeg uttrykt noen av mine følelser og samtidig skrevet stikkord for min egen tale:

«Bygge opp under ny giv. Vise at den gjelder fremover og ikke er noen døgnflue. Hva vi har maktet, i fellesskap. Omtanke og pågangsmot. Røttene – og hva de betyr. Sigurd Evensmo, Martin Tranmæl og Einar Gerhardsen, sitater som Reiulf bruker indirekte for å anklage meg.

Hva er det Reiulf og co. ønsker å formidle, men ikke våger å si åpent?

Hun er ikke ekte AP.
Hun er pragmatiker – ikke visjonær.
Hun er moderat – høyrevridd.
Hun er pro NATO.»

Dette var det ikke mye å gjøre med. Jeg kunne ikke svare på dulgte angrep. Jeg måtte snakke om ideene og om vår politikk. «Å vinne valget. Hvordan gjør vi det? Ved å overbevise velgerne. Ved å presentere vår politikk. Ha innflytelse og dominere utviklingen. Vi skal gjøre det med *vårt* grunnlag!»

Reiulfs åpningstale liknet svært den han holdt for AUF noen dager før. Advarsel om Arbeiderpartiet som konsern. Hvor hadde han dette fra? Jeg kjente meg ikke igjen. Det virket nok mest forvirrende på mange, men ble også av de fleste oppfattet som preget av bitterhet. Talen skapte iallfall ingen god atmosfære ved starten av landsmøtet. Avslutningen der han sa at han av hensyn til partiet ville la være å stille som formann, var som en kniv i min rygg. Det var min skyld, og derfor tok *han* ansvaret for å redde partiet fra strid!

Starten på dette viktige landsmøtet for partiet i selve valgåret kunne ha blitt en helt annen.

Gerhardsen om Reiulf Steen

Einar Gerhardsen hadde vært på alle landsmøter siden 1918. Nå var han syk og innlagt på Rikshospitalet. Men han fulgte nøye med. Hvis Einar Gerhardsen ikke hadde fått munnkurv, ville landsmøtet blitt annerledes. Da ville Arbeiderbladet denne åpningsdagen hatt et førstesideoppslag med et intervju med ham, diktert på sykesengen til Arbeiderbladets redaktør, Per Brunvand, under tittelen «Gro den naturlige formannen».

Einar Gerhardsen begrunner overfor Arbeiderbladet sitt syn på hvorfor Reiulf Steen nå bør tre tilbake som partiformann bl.a. med følgende:

«I Reiulf Steens siste formannstid har det tradisjonelt gode samarbeidet mellom lederskiktet i arbeiderbevegelsen ikke vært tilfredsstillende. Partiformannen må ta sitt ansvar for det, selv om det ikke er hans alene. Han har åpenbart heller ikke kommet godt ut av det med tidligere statsminister Odvar Nordli og nå ikke med statsminister Gro Harlem Brundtland.»

Han sier videre: «Jeg ser at enkelte hevder at Reiulf Steen er blitt dårlig behandlet av Arbeiderpartiet. Det har de ikke rett i. Han har etter min mening fått en behandling bedre enn de fleste helt siden han i 1961 enstemmig ble valgt som AUF-formann.

I 1965 ble han – også enstemmig – valgt til partiets nestformann, et tillitsverv han ble gjenvalgt til i ti år. I 1975 ble han så enstemmig valgt til partiformann etter den forutgående debatten som endte med at vervene som formann og statsminister ble delt.

Landsmøtet i 1977 ble i innledningen preget av at formannen hadde gitt et intervju med SV-avisa Ny Tid, hvor han blant annet kritiserte forslaget til nytt partiprogram, som han selv hadde vært med å utarbeide.

Før åpningen av landsmøtet var det neppe mange som trodde formannen ville bli gjenvalgt. Men det ble han også da enstemmig. Etter min mening har Reiulf Steen fortjent den tillit Arbeiderpartiet og arbeiderbevegelsen har vist ham.

Han har mange gode egenskaper, men heller ikke han har alle de egenskaper som trengs for å være en fullgod formann. Det har en opplevd den siste tiden. Etter min mening er Reiulf Steen en fremragende utenrikspolitiker og fremragende når det gjelder internasjonalt arbeid og samarbeid. Det samme er han når det gjelder idépolitikk. På disse felt er det ikke mange som er bedre enn han.»

Så sier Gerhardsen dette: «Når det gjelder sammensetningen av partiledelsen kan jeg selvfølgelig ha min egen mening om hva som ville ha vært det ideelle, men vil nødig komme inn på det her. Slik det nå ligger an, er det ingen annen naturlig utgang enn at Gro Harlem Brundtland tar vervet både som statsminister og partiformann.

Hun har i den korte tid hun har vært statsminister vist at hun både har styrke og evne til å lede og bruke sine medarbeidere. Det er nok å nevne stikkord som Alta-saken, Alexander Kielland-saken og løsningen på spørsmålet om en femte ferieuke.»

Hva skjedde med intervjuet?

Intervjuet kom aldri på trykk. Einar Gerhardsen kom ikke til orde. Hvordan kunne det skje? Arbeiderpartiet og jeg kunne vært spart for mye i årene som fulgte, om hendelsesforløpet hadde vært et annet.

Jeg fikk ingenting vite om det drama som var i gang om dette historiske intervjuets skjebne. Jeg visste ikke at intervjuet i det hele tatt fantes. For meg hadde kvelden, natten og morgentimene før landsmøtet åpnet vært preget av at jeg mentalt måtte forberede meg på alt. Reiulf ville ikke nøle med å sparke fra seg det han kunne.

Da åpningstalen var holdt, var det ikke noe annet å gjøre enn å beholde roen og humøret, så godt det lot seg gjøre. Smil tappert, Gro.

I et intervju med Bergens Tidende lørdagen i landsmøteuka sier Reiulf: «Jeg kan ikke forstå at min erklæring kan bli oppfattet som et angrep på Gro Harlem Brundtland.» Det får han seg til å si etter at ordene er falt, stemningen er skapt og den negative virkningen er oppnådd.

Atmosfæren var vond. Ingen tvil om det. Det var ikke lett å være *så* storsinnet at man med lett hjerte og et stort smil tok imot disse dolkestøtene fra talerstolen. Jeg tvang meg til å late som ingenting.

Andre hadde opplevd en helt annen kveld og natt. Reiulf Steen hadde satt i gang en rå kamp mot Per Brunvand og Arbeiderbladet for å tvinge igjennom at intervjuet ble stanset. Han oppnådde det han ønsket.

Neste kveld, etter at skaden var skjedd, fikk jeg høre om intervjuet av Per Brunvand. Jeg skjønte jo umiddelbart at den vonde dagen vi hadde vært gjennom kunne ha blitt en annen, hvis Einar Gerhardsen hadde fått komme til orde. Per la overfor meg vekt på at han ville vise hensyn overfor Reiulf, og at han jo hadde valgt å trekke seg – og avklare det allerede ved møtets start. Dermed mente han at han kunne forsvare sin handling overfor Einar Gerhardsen.

Dagen etter landsmøtet skulle Per også erfare hvor sterke virkemidler som kunne bli tatt i bruk for å snu hele saken på hodet, sverte ham selv og Arbeiderbladet, uten snev av takknemlighet for den lojalitet han hadde valgt å vise.

For slik var VGs oppslag dagen etter Arbeiderpartiets landsmøte: *«Steen truet til å gå av. Skulle knekkes med alle midler.»*

Alle andre medier som hadde fått servert den samme vridde versjonen av Per Brunvands håndtering av intervjuet, lot være å hoppe på den. Av Brunvands bok *Mot Deadline* fra 1988 fremgår det at det lå an til oppfølging i VG også dagen etter. Per Norvik bekreftet overfor Arbeiderbladets redaktør at så var tilfelle, men at han stanset dette da han fikk vite om den korrekte sammenhengen i hele saken. «Han ga uttrykk for at VG var blitt bevisst feilinformert på et høyt plan,» skriver Brunvand. Problemet for avisa var at kilder som en vanligvis burde kunne stole på, bevisst gikk inn for å plante historier.

I boka forteller Brunvand også om det som skjedde etter at en serie med omskrivende påstander omkring hans opptreden hadde versert, ikke bare fra VG, men senere også fra Reiulf Steen selv i boka *Der hjertet banker:* «Det var mitt bestemte inntrykk at Gerhardsen hadde liten sans for en slik fremgangsmåte og helst ville at intervjuet skulle bringes uten at det var forevist Steen,» skriver Brunvand.

Han forteller også at Tor Halvorsen mente han ikke hadde annet å gjøre enn å trykke intervjuet. Både medredaktør i Arbeiderbladet, Olav Nilssen og redaksjonssekretæren Thor Viksveen, mente avisen ikke kunne la være å trykke det. Thor var imidlertid betenkt over å vise det til Reiulf på forhånd, i likhet med Einar Gerhardsen selv.

Blodig urettferdig

Per Brunvand skriver at jeg ble informert om at et slikt intervju forelå først om kvelden den dagen landsmøtet hadde åpnet. Han har skrevet i sine notater: «Gro mente jeg hadde vært altfor snill da jeg holdt intervjuet tilbake.»

Det er nok riktig. Jeg følte to ting.

Det var vanskelig nok for meg å skulle overta ansvaret i en situasjon som var så sterkt preget av indre strid og personkonflikter, og det var urimelig at Einar Gerhardsen, som hadde vært tilstede på alle landsmøter siden 1918, ikke skulle få lov til å komme til orde og få gi uttrykk for sin mening når han hadde bedt Arbeiderbladets redaktør om å få gi sine synspunkter på partiets situasjon. Dette dreide seg om hva slags innlegg han ville ha holdt hvis han ikke hadde vært syk.

Det var det viktigste. Dette mener jeg, uavhengig av hva han ønsket å si.

Det han sa i det intervjuet som aldri ble trykket, var faktisk ingen ensidig støtte til meg, heller, slik det fremgår av sitatet foran. Kanskje mente Einar Gerhardsen at Rolf Hansen burde vært statsminister, eventuelt partileder? Jeg vet ikke. Han hadde også stor sans for Gunnar Berge.

Det jeg synes er det viktigste i det intervjuet Einar Gerhardsen gav, er likevel omtalen av den som da var partiformann, Reiulf Steen. Det var stadig presseoppslag i disse årene om at han var blitt urimelig behandlet av andre. Jeg følte at vi alle gjorde hva vi kunne for å hjelpe og støtte, gjennom den ene vanskelighet etter den andre. Derfor virket det blodig urettferdig å bli fremstilt som hard og kald. Slik følte Per Brunvand det. Slik følte ofte jeg det.

Det Brunvand forteller, visste jeg ingenting om før jeg leste hans bok. En slik førsteside som VG hadde, gjør sterkt inntrykk. Men ingen av oss ønsket å forlenge pinen.

Ved avslutningen holdt jeg en tale der jeg takket Reiulf for hans store innsats i partiet. Det kunne jeg gjøre i stor oppriktighet, for det var det full dekning for, til tross for mange vanskelige år og situasjoner i tiden fra 1977.

Jeg så det slik ut fra erfaringen fra 1975 at det hadde vært bedre og mer demokratisk om landsmøtet hadde fått sjanse til å foreta et reelt valg. Det hadde gitt en større trygghet og styrke for meg som partileder, i den situasjonen vi hadde vært gjennom, å bli valgt i en reell votering. Det var jo det landsmøtet ikke gjorde i 1975. Da ble det ingen avklaring i lederspørsmålet i partiet etter Trygve Bratteli. Partiet valgte *både* Odvar og Reiulf. Vi skulle stri mye med det ikke-valget i årene som fulgte.

Jeg var helt beredt til å stå til valg, hvis valgkomiteen hadde hatt en delt innstilling. Nå følte jeg at jeg ble sittende med halvkamuflerte bebreidelser fra enkelte som sørget for å forstørre dem og holde dem i live.

Brev med vedlegg

Så sent som 15 år etter verserer det ondsinnete og forvrengte versjoner av Gerhardsen-intervjuets rolle og plass. Den 19. november 1996 fikk jeg et brev fra Finland, fra Per Brunvand, som da var presseråd ved ambassaden.

«Kjære Gro
Gratulerer med en suveren avgang som statsminister. Det er få forunt å trekke seg tilbake når de står på toppen. Det var en «avskjed» som du i sannhet har fortjent etter alle disse rike årene, som også har hatt sine mange forsakelser. Selv om jeg sitter i Finland har jeg en følelse av at mange, mange i Norge føler det på samme måte.

Jeg legger ved kopi av et brev jeg har skrevet til Per Arne Bjerke og Jan Ove Ekeberg. (Forfatterne av boka *Statsminister* (1996).) I den store sammenheng er det sikkert en liten sak, men det irriterer meg at «noen» fortsatt er kilde for mye (og stadig mer fantasifulle) versjoner. Det er nok best å skrive selv, hilsen Per Brunvand.»

Vedlegget som Per Brunvand viser til, inneholder blant annet disse linjene:

«Jeg har i de over 15 årene som er gått måttet tåle forskjellige versjoner av Reiulf Steens feilaktige trussel-teori. Når det imidlertid på side 93 i boka deres står at «Steen hadde vært pressemann. Han mente at dersom Gerhardsens mening om formannsvalget var interessant stoff for Arbeiderbladet, så måtte avisen trykke det uansett.»

Det er det mest vanvittige jeg har lest i denne sammenheng. Reiulf Steen og Oslo-partiet (Thorbjørn Berntsen gjennom Bjørn Tore Godal) gjorde alt som stod i deres makt for å true meg til å trekke «intervjuet» (Gerhardsens budskap til landsmøtet) tilbake.

Når manuskriptet ble vist til Reiulf Steen, var det først og fremst ut fra et presseetisk prinsipp om å forelegge objektet stoffet på forhånd dersom det er åpenbart at det på trykk vil være spesielt ubehagelig. At Gerhardsens uttalelser skulle komme som en uvarslet bombe på Arbeiderpartiets formann på landsmøtets første dag var ikke i samsvar med et slikt prinsipp.

Det er ikke riktig at Einar Gerhardsen mente hans uttalelser skulle trykkes «uansett». Jeg fikk i oppdrag å informere formannen i valgkomiteen, Tor Halvorsen. Dersom han kunne bekrefte at Reiulf Steen ville trekke seg og Gro bli foreslått som ny formann, spilte det ingen rolle for Gerhardsen om intervjuet ble trykket eller ikke. Det var bakgrunnen for at jeg forsøkte å løse en vanskelig situasjon ved å be Reiulf Steen om å informere meg dersom han hadde bestemt seg for å gå av neste dag. Da hadde jeg også en unnskyldning for ikke å trykke Gerhardsens budskap.

Denne saken betyr sikkert ikke så mye for dere, men den betyr litt for meg. Sett fra mitt ståsted har jeg følt meg kynisk misbrukt. Det har senere gått opp for meg at også et nært forhold til Einar Gerhardsen ble søkt ødelagt av denne kynismen. Jeg vet hva som skjedde, hva Gerhardsen sa og mente i øyeblikket og – ikke minst – hva jeg selv mente og gjorde. Da er det litt jævlig å høre og lese alle slags vridde versjoner. Jeg vet at det har liten hensikt å dementere påstander i ei bok. Jeg har heller ingen planer om å skrive noen ny selv. Hensikten med disse linjene er først og fremst å ha en dokumentasjon på at jeg har reagert.»

Lett å skape myter

Når jeg leser dette får jeg en rekke assosiasjoner. Langt ut i 80-årene, ja, inn i 90-årene også, florerer det myter. Noen har brukt mange krefter på å skape helt andre inntrykk av personer og politiske prosesser enn de som er sannferdige. Dette eksemplet er ett av mange.

Anonyme kilder for påstander og karakteristikker som man ikke våget å ta opp i åpne sammenhenger, forgiftet til dels den politiske atmosfæren, både før og etter 1981.

Så til 1981 og landsmøtet. Hva er det Per Brunvand sier i sitt brev? Han ble misbrukt, han ble presset, og jeg vil tilføye: Han ble hengt ut. Hans varme hjerte gjorde at han viste partiformannen på forhånd et intervju som ennå ikke var trykket. Dermed fikk han en massiv pågang rettet mot seg selv, som om han burde være en angrende synder, han som bare villle hjelpe Reiulf Steen så han slapp å få Einar Gerhardsens mektige ord mot seg.

Bruker man tid og krefter på kontakt med sentrale folk i pressen, kan man dessverre lett få fram en annen historie enn den som er den reelle. Særlig kan det skje hvis den man ønsker å ramme er hundre prosent engasjert i å gjøre den jobben man som tillitsvalgt har ansvaret for. Dessuten var min holdning den, som svært mange godt kjente til, at jeg ikke ville la meg trekke inn i personstrider og politisk spill av denne typen.

Det var altså gode grunner til å tro at jeg ikke ville forsvare meg.

Det betydde også at jeg ikke visste hva det var som ble søkt spredd av usannheter. Jeg trodde, etter 1981, at det var mindre av dette enn hva det faktisk var.

Det som fantes, mente jeg at jeg bare måtte se bort fra, og behandle alle partifeller og tillitsvalgte som skikkelige og fortrolige medarbeidere. Jeg trodde det var den beste strategien for å motvirke tvil, usikkerhet, frykt og manglende gjensidig tillit i vårt politiske arbeid.

Strid om nestleder

Det skulle bli mer dramatikk på dette landsmøtet, selv om den var av en annen karakter. Striden om valget av nestleder var heller ikke så hyggelig. Det var da også første gang partiet hadde en votering over en så fremtredende post.

Einar Førde vant i dragkampen med Gunnar Berge. Det skjedde selv om Berge hadde støtte fra LOs leder og fra Trygve Bratteli. Trygve sa: «Vi må aldri gi de tradisjonelle grupper i bevegelsen følelsen av å være stemt ned. Det er viktig å vinne nye grupper, men det er også viktig å være trofast mot de gamle.» I en telefonsamtale den dagen sa Olav, som hadde tid til å følge med, at han hadde inntrykk av at NRK allerede hadde bestemt seg. Det burde bli Einar Førde.

Landsmøtet valgte Einar Førde, også han akademiker, mens den tidligere jernarbeideren Gunnar Berge den høsten ble valgt til nestleder i stortingsgruppa. Einar, Gunnar og jeg hadde et fint samarbeid i årene som fulgte. De to var gamle venner fra stortingsgruppa og hadde respekt for hverandre. Einar følte selv at det var viktig å la Gunnar få en fremtredende plass i gruppa. Det var klokt «å skape ro og balanse», sa han senere. Da landsmøtet var over bad jeg Einar om å være med i min bil hjem fra Hamar. Jeg ønsket å starte vårt samarbeid straks og i en åpen og tillitsfull atmosfære.

Han visste også at jeg hadde funnet det mest naturlig at Gunnar ble nestleder. Einar og jeg hadde et godt forhold gjennom vårt samarbeid i parti og regjering, selv om vi var ulike som personer. Derfor var det ikke så vanskelig for meg å si til NRK som sant var, at jeg ville kunne samarbeide godt med dem begge.

Noen ganger, når jeg følte han gikk for langt i sine utenriks- og sikkerhetspolitiske debattinnspill, valgte jeg å glatte over. Jeg mente det var mest effektivt, tross alt. Vi hadde hatt mer enn nok av personstrid og splid. Det var også knyttet forventninger til Einars rolle fra noen miljøer. Det måtte jeg ta med meg, som en realitet.

Einar elsker å fleipe. Noen ganger må den delen av ham trenges til side, så alvoret og refleksjonene han har, kommer til sin rett. Jeg tror kanskje jeg bidro en liten smule gjennom årene som fulgte, til å dyrke de byggende sidene av Einar Førde. Ironien levde videre, men den ble ikke ustoppelig tatt i bruk i våre møter og samtaler.

Blant de mange klipp som landet på mitt bord denne våren, sendt inn fra Wiktor til alle politiske medarbeidere, var et intervju med Trygve Bull i Ny Tid den 1. mai 1981. Det hendte den gamle ringrev bidro med interessante analyser.

I en billedtekst står det: «Landsmøtet på Hamar var Arbeiderpartiets merkeligste siden 1918. Utskiftninger og vedtak utenom den gamle ledelsens ønsker i et omfang som ikke har skjedd siden 1918.»

Bull er også opptatt av at partiets nye leder representerer noe nytt og moderne. Ikke politisk. «Der står hun vel for omtrent det samme som Bratteli,» sier han, «men psykologisk tilhører hun det 20. århundre, for ikke å si det 21. Nygaardsvold og Gerhardsen representerte det gamle Arbeiderpartiets stil. Bratteli fulgte opp, skjønt han ved sin klare logiske hjerne falt for fristelsen til å underordne politikken teknokratiet, noe Gerhardsen aldri gjorde. Nordli og Steen, dette merkelige symbiosum i denne to-keiserperiode 1975–81, var overgangsskikkelser.

Gro Harlem Brundtland innleder en ny periode. Med hennes bakgrunn og stil går det ikke lenger an å kjøre den gamle partitroskapslinje,» sier Bull, som ved et par anledninger har merket at den nye statsministeren er åpent interessert i å lytte til andre enn egne partifeller. Ser man det!

Kapittel XVI

«Bli kvitt'a!»

Det finnes en del gjengangere i omtalen av kvinner i politikken. Ritt Bjerregaard kom på besøk da hun var invitert til å holde innlegg i «Politisk Forum» sammen med meg.

Dagbladets Ragnar Kvam jr. hadde en samtale med oss begge, der hans hovedpoeng var å sammenlikne to kvinnelige politikere fra to naboland.

«Er det bare menn som beskriver dere begge som harde, viljesterke og ikke så lite stae?» spør han.

Jeg svarer at det er sjelden å se ordet hard brukt om mannlige politikere, og at du ikke kan være aktivt med i politisk arbeid hvis du ikke er viljesterk. Du brukte et stygt ord til, sier jeg. Sta.

Så viser jeg til Svenska Dagbladet som nylig har skrevet at jeg som miljøvernminister tapte alle slag. «Heldigvis er ikke det riktig, men jeg ville ikke ha vunnet noen hvis jeg ikke hadde hatt en porsjon av det du kaller stahet. Jeg ville heller bruke uttrykket målbevissthet. Du kan ikke lede et helt embetsverk til innsats om du er sta i negativ forstand. Om stahet er en utpreget egenskap, lykkes du ikke i politisk arbeid, så den beskrivelsen passer hverken på Ritt eller meg.»

Av og til var det deilig å få sagt det. Dobbeltintervjuet med Ritt og meg gav en slik mulighet. Den brukte jeg, for jeg var klar over hvor viktig det er at avislesere av og til får oppleve andre måter å tenke på. Bare slik kan du bidra til å motvirke myter.

Det er lett å mobilisere eventyret om kjerringa mot strømmen i menneskers fantasi.

Wiktor Martinsen skriver om inntrykkene han fikk i denne første tiden, om viljen til å gå i dybden, om det å aldri gi seg før alle sider av kompliserte eller konfliktfylte saker var belyst, om det å sette seg ned sammen med berørte statsråder, for der og da å arbeide oss fram til konklusjoner. Det er noe beslektet med det rådet pappa tidlig gav: Husk at saker som ligger på din pult, betyr at andre tvinner tommeltotter – og venter. Tempo i politikken, men koplet med saklighet og kvalitet er uhyre viktig. Ellers taper samfunnet tid, og det sløses med krefter og ressurser.

Wiktor forteller at han registrerte hvordan førtiåringen satt med toppene i forvaltning og politikk, folk som hadde vært med i mange år, og i posisjoner der de var vant til å få sin vilje. «Allerede under mitt første engasjement for Gro, som sekretær i partiets energiutvalg, hadde hun gjort inntrykk gjennom sin rett-på-sak-holdning og totale mangel på respekt for «de eldre, kloke herrer» som hun måtte håndtere.»

«Kanskje Gro hadde lært av stadsfysikusen,» sier han. «Ikke vet jeg. Hun fikk sine medarbeidere til å anstrenge seg til det ytterste for å lykkes. Til dels også i den grad at en ofte strakk sine prestasjoner langt utover det en selv trodde var egne muligheter og begrensninger.»

Jeg hadde lært av mange. Av Fredrik Mellbye, helt sikkert. Jeg hadde også lært av faren min, og jeg hadde lært av det jeg hadde erfart i de siste fem årene, hvor sentralt det er med klar og entydig kommunikasjon.

Når du plutselig kastes inn som statsråd, må du også strekke deg. Du må være i stand til å lytte til momentene og premissene i en sak, og helst være minst like god til å se helheten og avveie dem, som de erfarne eksperter og fagfolk du har til hjelp. Det er den tillitsvalgte politikerens rolle. Lederens rolle.

Det nytter iallfall ikke å være redd. Konklusjonen er ditt og dine kollegers ansvar. *Den* kan ikke fremføres av ekspertene. Du må bruke dem, respektere deres ekspertise, men aldri glemme at ingen sak som krever din tid, er enkel og entydig. Du må stille de kritiske spørsmålene. Ingen annen tar den rollen, hvis du ikke gjør det.

I politiske organer kan en slik holdning av og til være konfliktfylt å innta. Det er ikke alle som liker å få spørsmål, når noe som er

To snakker, to smiler. Valgkamp 1977. (Scanfoto)

Et godt valg. Med en lykkelig statsminister Nordli i Folkets Hus i Oslo. (Scanfoto)

Kampen om varig vern av Hardangervidda var viktig. Her på befaring ved Møsvatn i mai 1978. (Scanfoto)

En glad gjeng på tur, med fotograf og kjentmann Johan Brun på Hardangervidda i august 1979. (Johan Brun/Dagbladet)

Over: Befaring med følge på Finnmarksvidda høsten 1976. Departementsråd Olav Sætersdal bak meg i båten. (Scanfoto)

Til høyre: 1. mai 1979 i indre Finnmark. Samer som var partifeller, ønsket at jeg skulle bære deres drakt, andre var kritiske. (Scanfoto)

Per Kleppe og jeg på toget til Trondheim i august 1979. Reiulf Steen og Bjørn Tore Godal bak. Jeg gav journalist Jens Solli denne plassen da han ville ta det senere så famøse intervjuet med Per.

Et høytidelig øyeblikk. (NTB)

På Slottsplassen som nyutnevnt statsminister 5. februar 1981. Samene fremmer sin sak. (Scanfoto)

En dag med huset fullt av blomster og av journalister og fotografer. Olav og barna stiller opp. (Scanfoto)

I regjeringens møterom. (Scanfoto)

Til høyre: Mye å ta fatt på! Arne Øien, Wiktor Martinsen, Målfrid Aarstad Helland. Gode medarbeidere i regjeringskontorene. (Scanfoto)

Under: En ny tid starter. Mamma og jeg på kontoret i Stortinget en av de første dagene. (Arbeiderbladet)

Til venstre: Jeg prøvde, men ble aldri noen god brettseiler, som våre barn. (Scanfoto)

Under: Stortingets skirenn i mars 1981, med en pionér innen kvinneidretten, Grete Waitz. (Scanfoto)

sagt, trenger utdyping eller oppfølging. Den politiske rollen er også å ta følelser og intuisjon i bruk – selvsagt. Men gjør du *bare* det, da går det litt for ofte galt. Loven vil f.eks. ofte gi et handlingsrom til politisk skjønn. Da er det legitimt, men aldri hvis det går utover lovens ramme. Da gjelder det i stedet å stille spørsmålet om loven bør endres, og så gjøre noe med det.

Det andre poenget er at intuisjon på kort sikt, kan bli dårlig politikk på lang sikt. I politikken som ellers i livet, er det aksjon og motaksjon, krefter og motkrefter. Hvordan vil virkningen av din konklusjon være, om ett år, om tre år? Skaffer du deg nye problemer, som du kanskje i øyeblikket overser.

Alt dette er vurderinger som hører med og som du som leder må medvirke til blir skikkelig drøftet, så man ikke går seg vill, sammen.

Når Gunnar Berge ofte har sagt, til manges overraskelse, «Gro har en engels tålmodighet», så har han bare delvis rett. Jeg er tålmodig fordi det er tjenlig for saken, partiet eller landet. Engel er jeg ikke.

Mormor holder koken

Dette året var mormor blitt 84 år og hennes samboer, Harald Morin, 90 år. Hun var blitt syk midt i sitt intense arbeid med doktoravhandlingen i økonomi. Det var tid til et møte med barnebarnet, nabolandets statsminister. Vi hadde Dagbladets Arne Finborud med som interessert observatør.

Mormor var uredd, skarp i replikken. Jeg husker jeg satt litt på nåler da hun foldet seg ut, som om journalisten var en gammel bekjent, han også. Pratmaker, spøkte hun om seg selv, mens journalisten rapporterer i sin avis at «det er første gangen vi har opplevd at Gro Harlem Brundtland ble sittende nokså taus i lange perioder – hun kom rett og slett ikke til orde. Det måtte en slektning til for å klare det.»

Kanskje det. Overfor din mormor blir du lett lita jente, slik det en gang var. Dessuten – hva kunne vel ikke journalisten ha fått med seg hvis jeg hadde tatt til motmæle overfor min frittalende mormor?

Jeg hadde glemt at også dette var noe som ble sagt i journalistens påhør, men i Dagbladets artikkel står det, svart på hvitt: «Det kom forresten ikke overraskende på meg at hun ble statsminister. Randi

Bratteli var her og intervjuet meg for et år siden, og hun sa allerede da at Gro kom til å bli statsminister, sier hun.»

Det hadde vært langt mer pikant om den historien også var blitt kjent og trykket året før. Både for Randi Bratteli og for Trygve.

Flytur og hets

2. juni har Dagbladet tatt hele førstesiden i bruk: «Gro bestilte eget jetfly fra Finland.»

Det ble litt av en sak. Den ble brukt og misbrukt gjennom måneder og år for å fremstille statsministeren og Arbeiderpartiets leder som en luksuskvinne og et uansvarlig ødeland. Selvsagt var det flott å ha et slikt oppslag for alle som kjempet om stemmene, mot Arbeiderpartiet. Fra SV til Høyre, fra Venstre til Fremskrittspartiet.

Hva dreide det seg om? Jeg var på mitt første offisielle besøk, hos statsminister Koivisto i Finland. Planleggingen av det skjedde i samarbeid mellom UD og Statsministerens kontor. Jeg deltok ikke i arbeidet med reiseplan og reiserute, men i de politiske forberedelsene.

Det var ingen som spurte meg om når og hvordan vi skulle fly, men det var en del saker statssekretæren i UD ville drøfte med meg under turen. Det var Johan Jørgen Holst, som nå deltok i arbeidet med atomfri sone og NATO-spørsmål, saker som egnet seg dårlig å drøfte på rutefly. Vi brukte tiden over til Finland i forsvarets lille fly til samtaler om slike sikkerhetspolitiske spørsmål. Jeg antar at Johan Jørgen hadde funnet det praktisk i dette tilfelle å bestille forsvarets fly, også av den grunn.

Det var ingen uvanlig hendelse at statsminister, utenriksminister eller forsvarsminister brukte denne reisemåten. Vi var også flere i følge, så det skulle ikke være noen spesielt dyr løsning heller.

Det poenget man forsøkte å lage en sak av, var at vi reiste hjem igjen omtrent samtidig med et rutefly. Jeg er senere blitt fortalt at det var en av forsvarets ansatte som ringte inn et tips til Dagbladet, og som fremstilte det hele i et negativt lys. Det nærmet seg valgkamp. Dessuten var det flere som gjerne ville bruke flyet, også i forsvaret.

Jeg vet ikke. Denne episoden ble iallfall starten på en mangeårig diskusjon om politikeres reiser og reisemåter. Det kom som lyn fra klar himmel den gangen. Jeg følte meg uthengt, hjelpeløs.

Journalister ønsket min kommentar i radioens Ukeslutt. Wiktor rådet meg til å si nei. Det bare bidrar til å forlenge denne diskusjonen, mente han. Jeg tror likevel jeg hadde tjent på å stille opp. Problemet var jo at folk ikke fikk noen korrekt fremstilling. Jeg tror jeg kunne ha forhindret noe av den utrolige misbruken og de mange gjentatte feilfremstillinger av saken som skulle sette sitt preg på atmosfæren den sommeren og høsten.

På Høyre-siden ble det laget stickere til bilen: «Bli kvitt'a!»

Slik hets som jeg her ble utsatt for, bidro nok til at noen kunne synes det var et berettiget krav.

På min halvårlige pressekonferanse i slutten av juni kom flysaken opp i et spørsmål fra en journalist. Da slår jeg fra meg: «Det får et komikkens skjær over seg når tåredryppende lederartikler i borgerlige aviser forteller hvor forferdelig det er at jeg bruker fly på utenlandsreiser. Dette er et fire år gammelt fly som har vært brukt 40-50 ganger av statsministre, utenriksministre og forsvarsministre.

Gjennom reaksjoner jeg har mottatt, har jeg til fulle oppdaget pressens makt. Folk leser overskriftene og tror at dette er noe nytt. Jeg forteller dem at flyet har vært brukt gjentatte ganger i løpet av fire år. Så spør de: Hvorfor stod det da i avisen?

Ja, se det er det interessante spørsmålet,» svarer jeg.

Sårbar og usårbar

Det er klart jeg var sårbar. En ung kvinne som leder var noe nytt i politikken. Det kostet. Intuitivt følte jeg at det var viktig å være sterk. Det var viktig å være tøff nok til å tåle både motgang og medgang. Ikke la seg blende av ros, virak og forventning. Ikke la seg lamme av kritikk og urettferdige angrep. Slik kunne man knekke en kvinne.

Jeg følte det, jeg erfarte det, jeg fikk det bekreftet på mange ulike vis. Klær, hårfrisyre, stil, språk, ganglag, lederstil – alt ble blandet sammen.

«Ta ballen, ikke mannen.» Det skrev Erling Norvik i bladet NÅ høsten 1979. Det er en god artikkel. Han advarer mot den sterke personifiseringen vi opplever blant annet i politikken. Han frykter at politikken selv, altså saken, skal komme i skyggen av personen. Tendensene er skremmende klare, mener han.

Det var en betimelig advarsel. Men det var nok av dem i hans eget parti som bidro til å blande person og sak, da det var en kvinne det gjaldt og ikke en mann.

Mennesker har ofte vært opptatt av og spurt meg om hvordan jeg følte det, særlig i 1981, da dette satte inne for fullt. *Bli kvitt'a!*, som betydde både henne og Arbeiderpartiet, var det verste eksemplet. Jeg har alltid svart, nokså nøkternt, at jeg likte det ikke. Slikt kan man ikke forsvare seg mot. Du har ikke noe valg annet enn å forsøke å overse det.

Men slikt skaper ringer i vannet. Når hets brukes, legitimeres også annen hets. Det er farlig. I dag føler jeg at politikere og politikk blir angrepet og forsøkt degradert på en måte som jeg opplever er en trussel mot selve demokratiets virkemåte. Det blir for tøft for den enkelte, for familien, for barna.

Jeg forstod ikke i 1981 at det ikke var nok at jeg greide å stålsette meg, selv om jeg følte meg dypt krenket. Jeg kunne samle meg om å slåss for det jeg trodde på, slåss for et parti, slåss for demokratiet, slåss for at kvinner skulle blir respektert på lik linje med menn. Men jeg visste ikke hvor sårende og vanskelige disse angrepene var for mine barn.

De forsøkte å beskytte meg mot enda større belastninger ved ikke å fortelle hvordan de selv følte det. De fortalte heller ikke hva de selv opplevde og hva slags slengbemerkninger de fikk høre.

Olavs og min filosofi om selvstendige individer, om demokratiet, om det å stå på sin egen plattform, er en fin teori. Men barna blir trukket inn i en avhengighet til foreldre som betyr at det er en stor belastning å være barn av sentrale politikere. Det gjelder også for andre som er sterkt i medienes søkelys. Men jeg vet ikke om andre kategorier av mennesker enn nettopp våre sentrale politiske ledere som er i et slikt rampelys, daglig, ukentlig, månedlig – over en lang rekke år. Barna lever og lider med det. Det er det liten tvil om.

Min personlige løsning var å gjøre meg mest mulig usårbar. Bare slik kunne jeg leve med det. Bare slik kunne jeg skyve det fra meg. Bare slik kunne jeg stå på og gjøre den jobben jeg mente det var mitt ansvar å gjøre.

Den strategien hjalp meg mer enn mine barn.

Det ble temperatur på landsmøtet i Norsk Nærings- og nytelsesmiddelforbund den våren.

Sluttinnlegget er det morsomste å gjennomføre på slike politiske møter. Det gir deg en helt annen mulighet enn innledningen gjør. Nå skal du respondere, reagere, resonnere over de mange innspill som preger en debatt. Du skal gi konkrete svar på spørsmål, der du kan. Du skal fortelle hva som er ditt syn, partiets syn eller regjeringens syn hvis det er et annet enn det som er fremført fra talerstolen. Og du skal fortelle hvorfor. Hva er visjonen? Hva er virkemidlene? Hvorfor tror du en annen løsning er å foretrekke?

Det er alltid mest spennende – og virkningsfullt for å knytte kontakt til salen – å kunne trekke paralleller mellom flere av innleggene, og så trekke din egen konklusjon om hva du tror er det mest holdbare svaret.

I debatten hadde flere tatt opp målet om 6-timersdagen som Arbeiderpartiets kvinnebevegelse hadde vunnet fram med på vårt landsmøte rett forut. Noen var begeistret, andre dypt skeptiske, og satte opp pensjonsalder eller lengre ferie som et bedre alternativ.

Jeg sier at vi har fått et prinsippvedtak for best å kunne kombinere arbeid, familieliv og omsorg, men at det ikke er noen mulighet for at en så svær reform som dette kan få plass i et kortsiktig perspektiv. Jeg peker på Gro-dagen, den femte ferieuka som ble forhandlet ned til *en* dag. Det var veid mot andre viktige mål i norsk politikk.

Heldigvis har også flere av deltakerne uttrykt bekymring for den høye prisstigningen, og jeg kan vise til at vi ikke får den ned uten en langsiktig, nøktern og forsvarlig holdning. «Det er opplagt at det ikke er mulig å gjennomføre både gradvis nedtrapping av pensjonsalderen, gradvis innføring av en femte ferieuke og samtidig starte på 6-timersdagen! Det er klart det ikke går, men alle oppgavene er viktige på lang sikt,» sier jeg.

Jeg varsler også at vi vil legge opp til en reform så vi lettere kan kombinere trygd og arbeid, og rett til nedkortet arbeidstid for dem som kan dokumentere særlige behov. Det betyr at vi gradvis kan komme inn i mer fleksible arbeidstidsordninger slik at familier og andre som i visse deler av livet har problemer med å fylle en normalarbeidsdag, får større muligheter til å tilpasse arbeidet til de krefter de har å gi i de ulike livsfaser.

Jeg sier jeg tror dette er viktige linjer fremover. Dette er ideer som det har tatt tid å få tilstrekkelig forankret, og som det er en glede å se at LO i dag argumenterer for, nå i form av tidskonto. Det er en tanke vi allerede har bygget inn i regelverket for fleksibel foreldrepermisjon etter fødsel.

Så tar jeg en skikkelig «fight» med forsamlingen: «Det er kommet noen innlegg her av den type som hevder at det er statens skyld at ikke alt er bedre. Slike innlegg tror jeg ikke bringer oss noe sted hen. Det er uholdbart å diskutere som om det var mulig for staten å ta fram nye pengesekker og strø dem utover til skoler, barnehager, helsesektor, privat forbruk og alt vi gjerne ville satt på ønskelisten alle sammen. Det er ikke vanskelig å lage ønskelister, dere aner ikke hvor mange vi har av dem oppe i regjeringskvartalet!»

Dette fikk spontan applaus. Ja, det kan være takknemlig noen ganger å være litt fresk i takene. Med et glimt i øyet kan du slå tilbake.

Ingen har kanskje demonstrert det tydeligere enn Yngve Hågensen. Han er bare blitt mere populær, jo freskere han tillater seg å være. Når det er gått slik, er det fordi det er noe annet og mer enn spontane replikker han kommer med. Han har gjort en skikkelig strategisk jobb, og har hatt klare mål for sitt virke som LO-leder.

Valgkamp og høyrebølge

Det kom nytt mot inn i rekkene etter regjeringsskiftet. Motgangen som landsmøtet innebar, med ennå en ny, følelsesladet personstrid greide ikke helt å ødelegge den nye entusiasmen som var skapt. Likevel tror jeg det måtte ha skjedd noe helt ekstraordinært om vi skulle ha lykkes med å knekke høyrebølgen denne sommeren og høsten. Det *var* økonomiske problemer. Det var høy prisstigning og lav vekst i økonomien.

Dagbladet bringer den 7. august en førsteside med et smilende par foran regjeringsbygget: Statsminister og finansminister. Ulf Sand holder et skilt der det står *Stopp*. Stor overskrift, som det er lett å feste seg ved, vil jeg tro: *Levestandarden på vei nedover*. Åtte år i regjering, og de tre siste år med en politisk krevende innstramningspolitikk. Midt i en internasjonal høyrebølge. Dette var ikke lett match.

Jeg var selv gjennomsyret av vilje til å stå på for at vi kunne komme best mulig ut av oppgjøret. Det var utrolig viktig å komme over det dårlige valget i 1979, og sikre en sterk stortingsguppe.

Nå har altså regjeringen gått til prisstopp, for å fjerne trusselen om et indeksoppgjør denne høsten. Det er likevel første gang siden krigen at lønnstakerne godtar en nedgang i levestandarden for folk med vanlige inntekter. Regnestykkene vi har gjort viser ingen stor nedgang. Et gjennomsnitt på 0,8 prosent. De lavest lønte får en positiv utvikling på 0,5 prosent.

Den solidariske inntektspolitikken var i funksjon, og den kunne virke i praksis ved at regjeringen sikret en økonomisk pakke med skattelettelser som ledd i en diskusjon med LO. På spørsmål fra Dagbladet om hvordan jeg vil stille diagnosen for den frie forhandlingsretten for tida, sier jeg at den ikke er hva den en gang har vært. «Vi er inne i en utvikling hvor et inntektspolitisk samarbeid mellom stat og organisasjoner er nødvendig. Jeg ser det som en stor utfordring for arbeiderbevegelsen å gå inn i drøftelser om hvordan dette skal utvikles videre.» Det er nettopp dette som har skjedd i årene fra 1986 til 1996, som et viktig bidrag til å rette opp og senere styrke landets økonomi.

Slik startet altså valgkampen 1981, med en kraftig *markering* av landets vanskelige situasjon de siste par årene og av regjeringens klare ansvar for å bidra til den nødvendige styring. Selv var jeg overbevist om at vi måtte gjøre det som ville være riktig på lang sikt. Det var helt nødvendig å få til et samarbeid med fagbevegelsen for å få tingene inn på en mer forsvarlig kurs. Vi *måtte* bekjempe inflasjonen for å ta vare på sysselsettingen fremover.

I Studenterlunden

En dag i august 1981 deltar jeg i Oslo-valgkampen. I Studenterlunden er det valgkiosk og annonsert appell om ettermiddagen. Jeg har en mikrofon, snakker om hva valget gjelder, uten talerstol eller manus. Velferd, likhet, rettferdighet. Arbeid for alle. Miljø. Jeg advarer mot Høyre-løsningene. Det er angrep på fellesskapsholdningene.

En ung jente sitter lent mot et tre, med ryggsekk i fanget. Hun følger intenst med, uten å stille noe spørsmål. Hun er der til arrangementet er over, da kommer hun forsiktig fram og hilser.

Hun ville se og oppleve, synes hun kjenner meg, sier hun. Hun er en av hovedfagstudentene hos min far, som er nybakt professor i arbeidslivsvitenskap i Trondheim.

Det er sjelden jeg får noe direkte inntrykk fra hans virke der oppe. I helgene er han hjemme, og vi møtes på hytta, akkurat som før. Da er det ikke så ofte vi snakker om hans nye jobb. Det blir mere om min, mere om politikk.

Hun er begeistret for sin professor, sitt fag og for meg. Hun har meldt seg inn i et av partilagene i Trondheim, har deltatt der oppe i den lokale valgkampen. Nå ville hun høre og se meg, *live*. Hun vil fortelle om det hjemme i sitt partilag, sier hun, for det er jeg – og min inspirerende professorfar, som har gjort henne politisk og partipolitisk bevisst. Små møter kunne noen ganger gi størst glede.

Gro og Kåre: Nye runder

Valgkampen var preget av debatten mellom Arbeiderpartiet og Høyre, som hadde fått en sterkere stilling på borgerlig side etter det siste kommunevalget. Kåre Willoch var den ubestridte lederen på borgerlig side, og man gjorde hva man kunne for å glatte over ulikhetene og spriken de borgerlige partiene imellom.

Arbeiderpartiet la vekt på arbeid for alle og å sikre velferdsstaten, vi la vekt på en «oljepolitikk for hele folket», med et sterkt statlig innslag. Vi advarte mot høyrepolitikk, skatteløfter og en svekkelse av velferdsstaten. Vi brukte Reagan og Thatcher som eksempler på høyrebølgens virkninger, og vi tok avstand fra at man kunne gi store skattelettelser slik Høyre hadde gått inn for i Stortinget, uten å anvise dekning for dem i budsjettene.

«Kåre møtte Gro uten klart skatteopplegg,» heter det i Dagbladets dekning av den første duellen mellom Kåre Willoch og meg i Trondheim. Jeg er sitert på denne uttalelsen: «Det nytter ikke å få mere og betale mindre. Høyre sier det er krise i helsesektoren.» Da spør jeg: «Hvor store ekstrabidrag vil dere sette inn der? Hvor mye vil dere bruke til veibygging? (De klaget nemlig over manglene begge steder.) Man kan ikke samtidig heve og senke tempoet i oljeutvinningen. Man kan ikke samtidig la kvinnen beholde retten til selvbestemt abort og frata henne denne retten, og man kan ikke samtidig heve og senke renten.»

Willoch svarte ikke. Han unnlot også å gi svar på hvor han vil ta de 10–12 milliardene fra som Høyres forslag om skattelettelser innebærer.

Hele valgkampen igjennom var dette gjennomgangstema: Klagesang over alle krisene der fellesskapet har påtatt seg ansvar – *og* løfter om skattelettelser. Forstå det den som kan!

Carl I. Hagen fikk sitt pass påskrevet fordi hans standpunkter var ekstreme. 25 milliarder i skattelette var jo ren karikatur, ifølge Willoch. Dermed formulerte jeg et av de spørsmål som *satt* aller best i det fortettede møtet i Samfunnssalen like før valgdagen: Hvis *det* er karikatur – hva er da Høyres forslag? En *halv karikatur*?

Men, det hjalp bare delvis.

Pluts øyne

Dagbladet gjorde noe nytt i denne valgkampen. De sendte ut Arne Hestenes (Plut) til å følge de to statsministerkandidatene ute på valgkamptur. Det er artig å se tingene gjennom helt andre øyne, og det var en tid da slike reportasjer ikke var vanlige. En personlig replikk til ham, på vei hjem til Oslo, kom i *avisen* som avslutning!

«Og da vi så i går møtte henne på flyet, så hun fast på oss med høyre-blå, svimlende sommerøyne: 'Så synd at jeg ikke fikk en dans til i går. Så glimrende som Dagbladet danser –'.»

For meg gikk det faktisk sport i det å gjøre et visst inntrykk på den eldre «gentleman». Overraske ham, tale til hans hjerte. Da jeg holdt appell den dagen ute på et av handlesentrene i Bergen, fikk jeg se Pluts ansikt, midt i vrimmelen, helt alene: Ansiktet intenst observerende. Jeg ble fanget inn av det og talte til ham, til hans øyne og hjerte. Det var ham jeg forsøkte å nå inn til, vise hvilke verdier som betyr mest for meg. Solidaritet, omsorg, rettferdighet.

Appellen ble bedre av det, men det visste han nok ikke! Jeg *brukte* ham, hadde glede av ham, uten at han skjønte det. Nådde jeg inn? Nyttet det, om så en liten tøddel? Kanskje. For om kvelden hvisket han, mens vi danset: «Du holdt nesten på å overbevise meg i dag.» Og en god danser – det var han!

Plut fanget også opp noe av det jeg selv har opplevd i debatter med Willoch. Etter en beundrende gjengivelse av et par presise replikker, kommer denne Plut-perlen: «Han sier det med en slags frostnatt-knirkende varm overbevisning i røsten. Det kan til tider være så oppgitt doserende, så skolemesteraktig ugjendrivelig, at man til tider føler at man som i barndommens dager burde ha vært 'sendt på gangen' på grunn av sviktende vilje til å følge med i timen.»

Jeg dro til Alta – rett inn i løvens hule. Der var det krig, innad i fylket. Også i mitt eget parti. Dit ville jeg, jeg ville ikke skygge unna. Når jeg ser Arthur Arntzens reportasje fra det store møtet i Alta, gjenopplever jeg den formidable utfordringen dette var. Stå ved sin linje.

Stemningen i salen var helt tydelig. Her var det flest av dem som mente reindriftssamene overdrev, flest av dem som var lei av demonstrasjoner og som syntes vi i Oslo var for feige overfor press. Da Ellen Marit Dunfjell Gaup appellerte om regjeringens støtte for sin sak, samtidig som hun kom med skarpe utfall, reagerte salen med å vende seg mot henne og solidarisere seg med meg. De pep, enkelte. Så flere.

Hjertet banket. Hvordan takle dette? Jeg måtte velge å forsvare hennes rett til å si hva hun mente og til å tale sin sak. Det ble dødsstille i salen da jeg snakket. Noen fordi de lyttet i respekt, andre fordi de mistet munn og mæle i forskrekkelse.

Jeg var blitt møtt med demonstranter allerede på flyplassen. Det var ingen der da jeg dro.

En liten seier

For resultatet av valgkampen var det tydelig at forberedelsen til TV-utspørringen av Arbeiderpartiet hadde hatt stor virkning. Jeg var for lengst klar over at jeg måtte jobbe med å virke rolig og avslappet, og helst greie å skjule det helt hvis noe var urimelig provoserende. Slikt var det jo en del av, men den mentale forberedelsen lyktes. Det gikk, og folkene på Høyres kontor som satt klare til å lage drepende løpesedler, fikk problemer. Heldigvis. Mine egne var glade og fikk nytt pågangsmot, etter den 27. august.

For meg var dette en virkelig stor prøve. Fordi jeg fikk meg en lærepenge i april det året, i den første duellen med Willoch, var det så avgjørende at jeg nå hadde full kontroll. Når du først har gjort en tabbe, er straffen av og til umenneskelig stor. Den har tendens til aldri å bli glemt.

«Gros arbeidsseier,» skrev Ragnar Kvam jr. etter valget. Ingen dårlig observasjon. Han viser til det stemningsskiftet som skjedde «den kvelden hun opptrådte i fjernsynets utspørring». Vi fikk 37 prosent av stemmene. Det var mindre enn vi håpet, men langt mer enn vi fryktet.

«Selv om Gro klarte å øke tilslutningen fra det nesten endeløse bunnivå partiet befant seg på nært før hun selv tok over som statsminister, viser det seg nå at dette statsministerskiftet i seg selv ikke var nok. Partiet hadde i for lang tid famlet seg fram i det politiske landskap, og når så selv fagbevegelsen viste tegn på skrantende lojalitet ved innledningen til valgkampen, så var slaget tapt.»

Ja, deler av fagbevegelsen protesterte mot prisstoppen og skattepakken. Det var lite fart i LO-ledelsens aktive støtte til det grep LO selv hadde stått bak. Det er når man står for noe og slåss for noe at man vinner fram. Partiet og regjeringen kunne godt ha fått mer støtte enn vi fikk.

Nå skulle vi jobbe oss oppover, og jobbe oss sammen. Det var hva jeg var fylt av.

Kåre Willoch hadde armene fylt av blomster da han forlot fjernsynshuset valgnatten.

Jeg kom ut like bak ham og visste at den politiske kampen skulle fortsette, nå med oss to i motsatte roller. Nå skulle vi sette inn krefter for å markere sosialdemokratiet, i opposisjon.

En dansk nestleder

Jeg kommer til å tenke på en episode fra et nordisk sosialdemokratisk «seminar» like utenfor Oslo sent på høsten i 1980. Den danske finansministeren og nestleder Knut Heinesen i det danske partiet er i en pause engasjert i en diskusjon med Per Kleppe om det forestående valget i Norge neste høst. Jeg går noen skritt bak dem nedover trappen til kaffeserveringen, hører Per forklare hvordan vi er inne i en skikkelig høyrebølge og at det er svært dårlige utsikter for Arbeiderpartiet dette året. Men bedre vil det jo bli hvis Gro overtar under landsmøtet i april. Da snur dansken seg forskrekket, ser på Per, så bakover på meg.

Det kan dere da ikke finne på! La aldri en ny leder ta en slik unødvendig byrde. Gro må slippe å bli belastet på en slik måte, og heller overta så hun kan bringe partiet oppover igjen etter et nederlag.

Jeg ble sjokkert. Gikk det an å tenke slik? Så kynisk? Så taktisk? Jeg tok øyeblikkelig avstand fra hele tenkemåten, men *sa* ingenting. Kunne jeg bidra til at valgresultatet ikke ble den katastrofen det nå så ut til, ja, så måtte jeg jo gjøre det. Partiet og landet var det viktigste. Jeg var ung, jeg var kampvillig, jeg var sterkt engasjert. Min intuisjon sa meg at man måtte slåss for det man stod for og trodde på.

I dag er jeg i stand til å forstå hva vår danske kollega sa og følte. Man må av og til tenke slik i politisk arbeid. *Noen* av dem som ønsket Rolf Hansen som «overgangsløsning» tenkte nok slik, også. Jeg føler likevel at den jobben vi fikk gjort i 1981 – og det utgangspunktet vi greide å skape for opposisjonstiden – var verdt det å få noen fjær plukket av i stridens hete. Vilje og utholdenhet er kanskje det aller viktigste skal du greie å stå så tøffe løp over lang tid. Da får du bruke de egenskapene – og så stå og falle med dem.

Stol-lek og likestilling

Et regjeringsskifte er en høytidelig og vemodsfylt handling. Nå skulle jeg overlate roret til Høyre, som med unntak for de tre ukene med regjeringen John Lyng i 1963, ikke hadde hatt statsministeren siden 1920-årene.

Jeg takker alle for godt samarbeid og forteller min etterfølger hvor fine medarbeidere han vil få til støtte for sin nye oppgave. Jeg ønsker tillykke og gir fra meg nøklene til kontoret.

Willoch vil ikke sette seg, slik skikken er. Pressen ber jo om det sedvanlige bildet. Den nye sitter, den avgående står ved siden av. Willoch avslår bestemt – det er bedre at jeg sitter! Det hele blir lettere pinlig. Han begrunner det med at det er første gang en kvinnelig statsminister blir avløst, og «jeg kan ikke sitte i hennes nærvær». Jeg er yngre, jeg føler at denne mangel på erkjennelse av at mann og kvinne er likeverdige, passer dårlig i situasjonen.

Da vi skulle skifte igjen, fire og et halvt år etter, valgte jeg å bruke hans prinsipp. Jeg setter meg ikke, skal det være, så skal det være! Likt.

Til Arbeiderbladet sier jeg etter valget som gruppeleder: «Vi gleder oss til jobben.» Vi skal gjøre hva vi kan for å sikre de viktigste målene. Arbeid for alle, likestilling, demokrati, en rettferdig fordeling av levekår, vern av velferdsstaten, avspenning, sikkerhet og fred. Så sier jeg at jeg ser ett lyspunkt, når skiftet nå har skjedd: «Høyre har gjennom åtte år stemplet vår politikk som feilslått og lagt grunnlaget for en misnøyebølge. De har skapt forventninger som i sum er overveldende. Nå skal Høyre få prøve seg. Så får vi måle dem på deres gjerninger.»

KAPITTEL XVII

Atomvåpen og sikkerhet – den store prøven

Det kan ha vært en helg, for jeg husker Odvar ringte meg hjemme den dagen sommeren 1980, og jeg husker at Olav var hjemme. Olof Palme ville gjerne ha med et norsk medlem i Palme-kommisjonen. Kunne jeg tenke meg å ta den oppgaven?

Vi skulle analysere sikkerhet og nedrustning i en uavhengig kommisjon, med deltakere fra hele verden, fra øst og vest. Der var den tidligere amerikanske utenriksminister Cyrus Vance, og den tidligere britiske utenriksminister David Owen. Der var den sentrale tyske politiker og tidligere partisekretær Egon Bahr, og lederen av det sovjetiske «Amerika-instituttet», Georgij Arbatov, som skulle bli en nær rådgiver til den senere sovjetiske leder Gorbatsjov.

Det skulle vise seg at Odvars telefon ble et av de viktige øyeblikk i mitt eget liv. Jeg fikk lære nye mennesker å kjenne. Jeg fikk nye erfaringer. Jeg lærte et sentralt område i internasjonal politikk fra grunnen av. Jeg fikk oppleve dragkampene, det ekte og det tillærte sinne som vår sovjetiske deltaker var preget av. Jeg fikk se fra innsiden hvordan fiendebildene oppstår, og hvordan tålmodighet og saklighet er eneste farbare vei til dypere innsikt.

Hvem har skylden for våpenkappløpet? Vi måtte gjennom hele den lange historien. Hvem startet med hva?

Det var en fascinerende prosess å være med i. Vi ble nært knyttet sammen i møter som varte både dag og natt. Jeg observerte Olof Palme som leder, og så hvordan han la vekt på å skape vennskap og tillit mellom de sentrale aktørene. Han brukte den tiden det krevde. Han bidro til et miljø i kommisjonen som gjorde det mulig å nå fram.

Jeg hadde et nordisk ben og et NATO-ben.

Jeg lette etter en vilje, sammen med Olof Palme og andre, for å bygge bro mellom NATO-medlemmene og stormaktene USA og Storbritannia og Sovjetunionens to representanter. Det var krevende, så ofte helt umulig ut. Olof Palme gav seg ikke. Han tok mange ganger natten til hjelp. Det utviklet seg personlige bånd og kameratskap. Alle ønsket å forstå hverandre, så langt det var saklig grunnlag for det.

Fakta og felles innsikt om fakta brakte oss etterhvert nærmere hverandre. Det er det som til slutt teller. Felles ståsted. Det minsker mulighetene for taktiske avstander.

Lenge så det ut til at Arbatov ikke ville akseptere at det sett under ett var en balanse i våpenarsenaler mellom øst og vest. Han insisterte på at amerikanerne hadde gått foran hele tiden, og at russerne bare nødvendig og tvungent hadde måttet følge opp, i selvforsvar. Vi forstod at han hadde sentralt plasserte folk i Moskva som hele tiden fulgte nøye med, og som holdt hardt igjen på hvor langt han kunne gå.

Han hadde med seg en nummer to, general Milstein. Begge var sjarmerende som mennesker. Men vi var ikke i tvil. De hadde som oppgave å passe på hverandre. Det var sjelden mulig å snakke med én av dem, selv i sosiale sammenhenger. Dette var flere år før Gorbatsjov, under Bresjnev og Andropov. KGB var på plass. Til slutt var det faktisk en overraskelse for oss da vi i det siste møtet greide å fjerne sentrale forbehold og sovjetiske særmerknader.

Da vi kom til sluttfasen, var vi blitt enige om mye. Stort sett var våpenlagrene sammenliknbare i øst og vest. Dette var noe helt annet enn hva Sovjetunionen, Reagan-administrasjonen og NATO-landene sa om situasjonen. Palme-kommisjonen, dens analyser og rapport, ble møtt med betydelig skepsis fra høyresiden i mange land. Ikke minst fra Reagans USA. Men Cyrus Vance stod oppreist. Han visste og våget.

Kampen om NATOs såkalte «dobbeltvedtak» fra desember 1979 var fortsatt i gang. Det skulle utplasseres flere hundre nye mellomdistanseraketter i Vest-Europa – samtidig som man ville invitere Sovjetunionen til å inngå avtale om reduksjoner på begge sider av «jernteppet». Bakgrunnen var den sterke sovjetiske opprustningen med SS20 atomrakettene.

I dag er disse rakettene fjernet. Det skulle det bli enighet om i 1987, to år etter at Gorbatsjov hadde inntatt Kreml.

Jeg hadde brakt inn Johan Jørgen Holst som «utreder» for sekretariatet – og som deltaker og observatør i mitt fravær i den tiden jeg var statsminister. Han hadde en svært solid bakgrunn i rustningskontrollspørsmål og bidro gjennom sin store innsikt. Jeg tror også han lærte mye. Dette gav utvilsomt erfaringer som han hadde nytte av da han engasjerte seg i arbeidet med Midtøsten-spørsmålene og forhandlingene mellom israelere og palestinere i Oslo-prosessen da han mer enn ti år senere var blitt Norges utenriksminister. Men mange ønsket i årene som fulgte å tillegge ham en større politisk rolle enn han i virkeligheten hadde.

Som politisk partner og rådgiver var Knut Frydenlund langt mer sentral, etter hvert sammen med den unge utredningssekretæren Thorbjørn Jagland, som utover i 80-årene gjorde en god og viktig jobb på partikontoret.

Gunnar Berge, Einar Førde og Guttorm Hansen var hele tiden sentrale folk, også i de viktige utenrikspolitiske spørsmålene.

Skarpe fronter

Vi måtte gjøre noe med våpenkappløpet. Det kunne ikke få fortsette. Det er prinsippene og tankegangen i Palme-kommisjonens rapport og boka *Common Security* (på norsk het boka *Sikkerhet i fellesskap*) som har båret forhandlingsprosessen mellom øst og vest i årene som fulgte. Ingen kan oppnå sikkerhet på bekostning av hverandre i atomvåpnenes tidsalder. Det har gitt oss en tryggere verden.

Men det var slett ikke lett å få gjennomslag for de nye ideene. Fortsatt var det kald krig. To år før marsjerte sovjethæren inn i Afghanistan.

Her hjemme ble det en svær dragkamp mellom høyre- og venstresiden, med Arbeiderpartiet og Høyre som hovedmotstandere. Høyre mente det var «svik» å tenke nye tanker for å få fram nye muligheter og løsninger for fremtiden. Det var farlig. Det kunne undergrave NATO-samholdet.

Willoch var hovedmotstander. Men han fikk problemer. Det var ikke alle til høyre for Arbeiderpartiet som delte hans syn. Mange av de unge var med oss. Mange i mellompartiene var med oss. Noen av dem var sterke, engasjerte motstandere av atomvåpen. Det var tøffe tak i Stortinget og i den offentlige debatten. Det var Høyre-regjering. Statsminister fra Høyre, utenriksminister fra Høyre, forsvarsminister fra Høyre. Profilen var høy – men i Stortinget murret man, innad i mellompartiene. Det var en del som delte Arbeiderpartiets holdninger, mer enn Høyres.

Samtidig hadde vi noen av våre som ville gå lenger enn flertallet i Arbeiderpartiet. Vi hadde et mindretall innad som vi måtte holde en åpen dialog med.

Erfaringene fra Palme-kommisjonen og fra partiarbeidet i det såkalte Scandilux var viktige å ha med seg. Der var Egon Bahr, som jeg kjente fra kommisjonen. Der var partifeller fra Norden og Benelux-landene, fra Sveits, Storbritannia og Tyskland. Vi utviklet felles prinsipper og hovedretningslinjer for politikken. Også det gav støtte og inspirasjon når den politiske debatten skulle føres her hjemme.

Jeg ble saksordfører for en viktig stortingsmelding: «Om sikkerhet og nedrustning». Det arbeidet skulle bli grunnlaget for en flertallsplattform i sikkerhetspolitikken som fikk stor politisk betydning i årene som fulgte. Arbeiderpartiet var da for lengst trukket direkte inn gjennom hele arbeidet med den såkalte «rakettinnstillingen». Vi greide å samle oss om det helt sentrale. Vi stod klart på vårt NATO-engasjement, men vi hadde meninger å fremføre om hvordan NATO-landene best kunne sikre freden og fremme samarbeidet mellom øst og vest.

Helmut Schmidt på besøk

Våren 1981 var det politibesøk fra Tyskland til Onsøy, der familiens sommerhytte ligger. Forbundskanslerens forestående besøk til Norge skulle preges av fredelige og naturskjønne omgivelser. Det skulle være minst mulig formelt og gi mulighet for å bli nærmere kjent med hverandre. Hvordan var det å bruke hytta, spurte de i staben. Jo, der er det fint i august, og vi har utsikt til Færder. Men komforten er jo på hyttevis, la jeg til. Det er slik han ønsker det, ble det hevdet.

Saken ble avgjort av de tyske sikkerhetsfolkene. Naturen ved hytta passet dårlig. Fjellet mot nord var altfor godt egnet som utgangspunkt for et eventuelt attentat.

Det gjorde det nok lettere for oss alle at denne tanken strandet. På Staur gård utenfor Hamar er de vant til å motta gjester. Naturen er frodig, med utsikt over Mjøsa. Vi fikk to fine dager. Det var spennende samtaler fra tidlig morgen til ut på kvelden, i en avslappet atmosfære.

Det har hendt gjennom årene senere at jeg har sendt en vennlig tanke til de tyske sikkerhetsfolkene. Det er fint å være sporty. Det er jeg oppdratt til. Det visste jo også de som spurte meg den gangen. Men jeg ser for meg det hele gjennomført uten bilvei fram, med køyesenger, selvlaget mat og uten dusj eller vannklosett. Det ville nok blitt mer husmornerver enn politiske samtaler med nerve i!

Den tyske forbundskansleren hadde gjort det til en tradisjon å ha årlige møter med regjeringssjefene i alle Tysklands naboland, pluss Norge. Han valgte å definere Norge som «naboland» i tillegg til de ni som rent saklig sett er det.

Det brakte først Odvar Nordli og så meg i personlig kontakt med Helmut Schmidt og hans kone. Dette ble en lærerik og hyggelig erfaring for en fersk statsminister og partileder. Vi drøftet en rekke norsk-tyske spørsmål innenfor økonomisk samarbeid, olje og gass.

For meg var det ikke minst en viktig utveksling av resonnementer og fakta å gå gjennom hele forhistorien til dobbeltvedtaket, og før den nøytronbombeforslaget, med ham. Han hadde vært med på mye av dette fra innsiden – i den direkte kontakten mellom Tyskland og USA i sentrale sikkerhetspolitiske saker. Det jeg husker aller best, da jeg hadde fortalt ham hele den politiske bakgrunnen for forslaget om en atomfri sone i Norden, var hans umiddelbare reaksjon: Stå på forslaget og still omfattende krav til Sovjetunionen og Warszawapakten.

Vi var på linje. Det var slik vi ville håndtere det. Vi måtte sørge for å holde et balansert trykk på begge sider, for å kunne få til reell nedrustning og økt sikkerhet.

Som laksen i fossen?

Den intense og følelsesladete striden om atomvåpnene skulle prege det politiske bildet i hele fem år, fra forberedelsene til det såkalte «dobbeltvedtaket» i NATO i november/desember 1979 og fram til mai 1984.

I Adresseavisens politiske ukerapport 12. mai 1984 står det med uthevet trykk «Stortingsmiljøet er virkelig imponert over Gro Harlem Brundtlands taktiske evner i det nervepirrende spill om nedrustningsinnstillingen. Hun boltrer seg som laksen i fossen, og gyter i hver kulp på veien. Samtidig klarer hun å holde sin venstrefløy stramt i ørene, og det er ingen liten bragd.»

Avisen kan fortelle at «forsvarskomiteformann Knut Frydenlund holder pusten. For en gangs skyld ikke av frykt, men av forventning. Han har lagt sin egen innstilling om forsvarets framtid på is noen dager, i tiltro til at Gro klarer å få ned på papiret mer NATO-vennlige formuleringer enn han selv ville våge å presentere. Etter årelang sikkerhetspolitisk 'glideflukt' ser det nå ut til at de moderate igjen har skaffet seg overtaket i Arbeiderpartiet.»

«Nå er det plutselig Høyre som har problemene med sikkerhetspolitikken,» skriver Adresseavisen. Med Willoch i sykesengen, Stray på middag i Strasbourg og Benkow værfast på Flesland hadde Høyregruppen onsdag et møte hvor musene fritt danset på bordet. Stray måtte hjemkalles i all hast, skjønt han nok hadde lyst til å være i gåseleverbyen Strasbourg litt til.»

Dette situasjonsbildet er typisk for vurderingen i det politiske miljø i de dagene. Hva var skjedd? Hvordan var jeg kommet i en situasjon der borgerlige journalister mistet munn og mæle? Her hadde det da vitterlig vært mye kjeft å få, for partiet og for meg, mer eller mindre sammenhengende helt fra 1979!

Aftenposten skrev på lederplass nyttårsaften 1982 noe som illustrerer den tonen vi ble møtt med fra Høyres side: «Som opposisjonspolitiker ser hun plutselig bort fra hva Arbeiderpartiet og Høyre har oppfattet som vesentlige kjensgjerninger i forholdet mellom øst og vest, og som i alle år har fått NATO-landene til å stå sammen om en felles strategi for å fremme sikkerhet og fred. Det er takket være samholdet i NATO at man har kunnet eliminere fristelsen til sovjetisk utpressing og maktbruk overfor de vestlige demokratier.» «Ansvarlige politiske ledere kan ikke opptre som værhaner og vinglebøtter i spørsmål av avgjørende betydning for vår egen sikkerhet. Det burde også Arbeiderpartiets formann legge seg på sinne. Vi er dypt bekymret for de fremtidige konsekvenser av den linje Gro Harlem Brundtland har slått inn på i utenriks- og sikkerhetspolitikken. En samling på venstresidens premisser kan umulig være viktigere og mer realistisk idag enn noen gang tidligere siden den annen verdenskrig.»

Forhandlinger eneste vei

Det *var* nødvendig å stå sammen mot sovjetiske ambisjoner og fremrykking og undertrykkelse av våre naboland i Sentral- og Øst-Europa. Derfor fikk vi NATO. Derfor trengte vi NATO, også i 80-årene.

Likevel, skulle vi klare å stanse våpenkappløpet og snu rustningsspiralen, kunne det bare skje ved å utvikle tillit og samarbeid med vår motstander. Det var blitt klart for meg og for mange andre, både i Norge, Vest-Europa og i USA, at vi ikke kunne oppnå økt sikkerhet, uten å gjøre det i fellesskap. Forhandlinger var eneste mulige vei. All erfaring viste at nye våpentyper og stadig nye utplasseringer bare hadde ført til stadig flere og farligere våpen, både i øst og vest.

Vi så det som vårt ansvar, også etter at vi hadde forlatt regjeringskontorene, å videreføre vårt arbeid med disse helt vitale spørsmål. I våre demokratier er det ikke slik at den til enhver tid sittende regjering i hvert enkelt land alene kan sette sitt merke på fremtiden.

Kort sagt: Debatten om fremtiden – og om atomvåpnene – stanset ikke den desemberdagen i 1979 NATO fattet sitt dobbeltvedtak. Hverken i NATO, i Sovjetunionen, i USA eller Vest-Europa. Hvorfor skulle det gjøre det i Norge? Det var da det for alvor startet.

Reagan og Willoch

Det kom til å sette sitt preg på disse årene at vi fikk en Høyreregjering. I motsetning til i Borten-regjeringens tid i 60-årene, blant andre med høyrelederen John Lyng som utenriksminister, fikk vi nå i 80-årene et mer aggressivt Høyre i norsk utenriksledelse, med Kåre Willoch som den dominerende aktør. Mitt inntrykk er at han trodde han kunne «svinge pisken» og være overlærer i utenriks- og sikkerhetspolitikken.

Samtidig kom Ronald Reagan til makten i USA, og tonen fra Washington hardnet til. Man gikk offensivt til angrep på «fredsbevegelsen» både i Vest-Europa og i USA. Man brukte et nytt språk. Nå handlet det om å være *sterkest* – ikke om å finne løsninger ut fra felles interesser med motparten. Det gjorde det vanskelig å ha full tillit til den vekt som ble lagt på forhandlingslinjen.

Her i Norge var det uro, både ute i landet og i de fleste partier på Stortinget. Frykten for en ny omdreining på rustningsspiralen og en mer offensiv vekt på atomvåpnenes rolle, skapte engasjement og vilje til å slåss for et annet og bedre resultat. Flere saker som splittet Stortinget i årene fra 1982 til 1985/86, bar preg av at det var Høyre som forberedte og utøvde politikken. Interessen for å lete etter felles ståsteder var blitt mindre. Kampviljen, spesielt mot det største partiet, Arbeiderpartiet, virket av og til sterkere enn ønsket om å skape flertall og samlet holdning i håndteringen av utenriks- og sikkerhetspolitikken. «Høyre-æraen» varte til det store oppgjøret i 1984. Da var det realismen som fikk flertall.

Det nytter ikke å avfeie en vesentlig del av de folkevalgte, eller en stor del av ungdommen og kvinnene, ved å fortelle dem at det de har på hjertet, er uten interesse. Å definere dem ut ved å karakterisere deres holdninger som «venstrevridde». Det var et slikt forsøk som ble gjort. Det er en del av forklaringen på den nesten hatske strid som utspant seg i disse intense årene.

Hvordan opplevde så jeg den utfordring jeg befant meg midt oppe i? Jeg trodde det nyttet å ta folk på alvor. Jeg trodde det nyttet med dialog. Jeg mente det var mitt ansvar å bidra til en fremsynt og samlende politisk plattform for Arbeiderpartiet. Jeg trodde og mente at dette grunnlaget også ville være det beste utgangspunktet for en samlende norsk holdning.

Men jeg hadde jo aldri noen garanti for at det skulle lykkes, hverken innad i Arbeiderpartiet eller i Stortinget.

Frys-bevegelsen

I juni 1982 holdt FN spesialsesjon for nedrustning i New York. Både Kjell Magne Bondevik, Johan J. Jakobsen og jeg var delegater fra Stortinget. Vi var gode venner og ble enda bedre kjent i disse ukene.

Like før var jeg invitert til Demokratenes kongress i Philadelphia. Der opplevde jeg de sentrale politiske størrelsene og møtte bl.a. Edward Kennedy, men også Gary Hart, som senere måtte trekke seg som kandidat til presidentvervet. Jeg møtte Madeleine Albright, som deltok i det seminaret jeg var med i om internasjonal politikk, NATO og atomvåpen.

I USA var det stor diskusjon omkring den såkalte «Frys-bevegelsen», som preget det amerikanske nyhetsbildet. Anerkjente politiske forskere og eksperter som McGeorge Bundy, George F. Kennan, Robert S. McNamara hadde nylig publisert en artikkel i tidsskriftet Foreign Affairs. De advarte sterkt mot tanken om «førstebruk» av atomvåpen og la vekt på en bredere analyse også av de konvensjonelle våpnenes plass. Artikkelen ble oppfattet som en invitasjon til en mer omfattende og nyansert debatt enn den Reagan-administrasjonen stod for. Den var til inspirasjon for alle som ønsket å lete fram nye veier ut av det kjernefysiske våpenkappløpet.

Tilbake i New York ble jeg bedt om å innlede på et møte i den norske FN-delegasjonen den 1. juli omkring begrepet «Sikkerhet i fellesskap». Det var tittelen på Palme-kommisjonens rapport som vi hadde publisert rett forut.

Jeg har to A4-sider med de punktene jeg brukte ved denne anledningen. Her ligger hele det politiske grunnlaget for de grepene jeg skulle ta. Det dreide seg om en grunnleggende idé om gjensidig avhengighet: Drivkreftene bak våpenkappløpet kan ikke stanses hvis man ikke innser det umulige i å satse på overlegenhet. Stater kan ikke lenger søke sikkerhet på bekostning av hverandre. Sikkerhet kan bare nås gjennom tiltak i samarbeid. Arbeidet for rustningskontroll og nedrustning er et arbeid for felles fordel, ikke ensidig vinning.

Dette er en annen tankegang enn å fortsette med «å ruste opp for å ruste ned».

Jeg kan vise til at ideene i FN-dokumentet fra den første spesialsesjonen er nært beslektet med begrepet «sikkerhet i fellesskap». Det gjelder også «Nuclear Freeze» og det politiske program Demokratene har samlet seg om i Philadelphia.

Er det da slik at det demokratiske parti støtter fryskampanjens mål? Nei, fullt så enkelt er det ikke, for teksten må tolkes. På det seminaret der jeg deltok, var det sentrale rådgivere bl.a. for Kennedy og Mondale til stede. Da jeg spurte dem om tolkningen av «Nuclear Freeze» i forhold til dobbeltvedtaket fra 1979 og de pågående forhandlingene om mellomdistansevåpen, fikk jeg svar, ikke fra en, men fra alle fire paneldeltakerne! Dette var åpenbart et kinkig spørsmål.

Men hovedinntrykket var dette: Gjennomføring av «Freeze» forutsetter konsultasjoner og avtaler. Både mellomdistanseraketter (INF) og de strategiske (START) forhandlingene må inkluderes, slik at man kan få en avtale som er bygget på gjensidighet og balanse når man ser det under ett. De henviste til *den globale balanse*, og minnet helt konkret om at Edward Kennedy hadde avvist tanken om en isolert europeisk frys.

Demokratene tar avstand fra Reagan-administrasjonens politiske synspunkter, både diskusjonen om en begrenset kjernefysisk krig og målet om amerikansk overlegenhet i våpenkappløpet. Det vil drive spiralen videre og føre til mindre sikkerhet og enda farligere nivåer av «ødeleggelseskraft». Demokratene mener også at det er både farlig og uansvarlig å reise tvil om USAs evne til å forsvare seg «overfor seg selv», «våre allierte» og «våre motstandere», slik republikanerne hadde gjort. De tar avstand fra Reagans påstander om sovjetisk kjernefysisk overlegenhet: «Ingen ansvarlig amerikansk militærleder ville bytte de amerikanske kjernefysiske styrker ut mot de sovjetiske.»

Jeg føler meg trygg, merker at mine kolleger lytter. Jeg har fått større tro på at det er mulig å finne en vei som kan bidra til økt sikkerhet og et brudd med rustningsspiralen.

Filosofien bak «Freeze» er svært parallell med Palme-kommisjonens analyse, også fordi den legger stor vekt på å unngå «omgåelsene». Det er noe av det som hele tiden har drevet våpenutviklingen videre. Avtalene som har vært inngått, har vært omgått. Åpninger i avtaleteksten har vært brukt og utnyttet til å lage nye løp og slik gi nye impulser til rustningsspiralen. Det er det som skjedde med russernes SS20-raketter, og med andre, nye våpentyper som det såkalte MX og Trident, som blir et brudd med SALT-avtalen, avslutter jeg.

Jeg hadde fått tro på at det nyttet, men var også klar over at ensidige erklæringer fra norsk side, eller fra NATOs side, slik SV gikk inn for, ikke på noen måte kunne føre fram. Det var *sammen* øst og vest kunne finne svarene. Gjennom forhandlinger, gjennom press på begge parter, gjennom å godta at spiralen skulle gå nedover, ikke oppover.

Dyp splittelse i AP

Allerede før sommeren 1982 hadde vi hatt tilløp til dramatikk i Stortinget. Det var under behandlingen av en ellers svært så ordinær sak i forsvarskomiteen, NATOs fellesfinansierte infrastrukturprogram, som det het.

Skulle vi nå allerede være med og finansiere bygging av anlegg for de nye atomrakettene? Dette spørsmålet svirret i korridorene – og engasjerte en rekke av Arbeiderpartiets representanter. Knut Frydenlund var vår fraksjonsleder i forsvarskomiteen. Med i samme fraksjon var også Odvar Nordli. En del av de unge og de som var mest skeptiske, følte ikke at dette var noen garanti for at deres syn ville slå igjennom.

Den 28. mai fikk jeg brev fra Bjørn Tore Godal, som var formann i Oslo Arbeiderparti. Styret hadde vedtatt å rette en henstilling til stortingsgruppa: «Styret i Oslo Arbeiderparti ber Arbeiderpartiets stortingsgruppe om å gå inn for at det i forbindelse med behandlingen av St.prp. 120 (1981–82) blir gjort klart at Arbeiderpartiet ikke nå kan medvirke til bygging av anlegg i forbindelse med utplasseringen av de nye mellomdistanserakettene i Europa.»

I brevet vises det til vedtaket Arbeiderpartiets sentralstyre nylig hadde fattet om at utplassering må tas opp til ny vurdering når en ser resultatet av forhandlingene.

Dette skulle ikke bli enkelt. Her hadde vi i realiteten en splittelse tvers gjennom partiet og stortingsgruppa, og følelsene var sterke på begge sider. Troen på resultater av forhandlinger varierte, frykten for at noen planla utplassering uansett, var til å ta og føle på. Som i så mange av de politiske dragkamper og dilemmaer som vi kom opp i, forstod jeg så altfor godt begge parter.

Vår fraksjon i forsvarskomiteen mente det var vår plikt å bidra til å kunne forberede utplassering *dersom* Sovjet ikke trakk tilbake en vesentlig del av sine SS20-raketter. Samtidig understreket de sterkt at det *ikke* var noen automatikk når det gjaldt utplassering. Det skulle først vurderes når man så resultatet av forhandlingene.

Oslo Arbeiderpartis brev går altså lenger, og sier direkte at vi *ikke* bør medvirke til NATOs oppfølging før vi er kommet lenger på forhandlingsveien. Sentralstyrets vedtak kan ikke tolkes slik at det ene synspunkt er «riktig» og det andre «galt». Det blir stortingsgruppa som må ta stilling.

På sin lune og sindige måte la Knut Frydenlund fram det syn at regjeringen jo senere måtte komme tilbake til Stortinget med konkrete forslag til bevilgninger. Det forutsettes da at regjeringen legger fram sin vurdering av om det forberedende arbeid med utplassering kan få et omfang eller slike former at det svekker forhandlingsdelen av dobbeltvedtaket.

Tunge dager – men smil for partiet. Landsmøtet på Hamar 1981. (Scanfoto)

Christian W. Pedersen ville ha meg på sitt fang! Vi er på Helse- og velferdssentralen i Skien i mars 1981. (Scanfoto)

Til høyre: 10. april 1981 i «På sparket» i fjernsynet. Talende mimikk, Gro og Kåre. (Scanfoto)

Under: På vei til Kongen med avskjedssøknad, 13. oktober 1981. Kai Strande hjelper til. (Scanfoto)

Til venstre: Tor Aspengren – LO-sjefen som kunne bruke hammeren. (Scanfoto)

Under: Tre veteraner, venner og forbilder. Fra venstre Jens Christian Hauge, Einar Gerhardsen og Haakon Lie. (Scanfoto)

Neste side:
Til venstre: Guttorm Hansen, veileder og fin kollega gjennom mange år. (Scanfoto)

Til høyre: Thorbjørn Jagland, leder i AUF i 1970-årene. (Scanfoto)

Nederst: Stormen mot Arbeiderpartiet og meg varte i flere år. (Pedro/VG)

Hele NATO tar avstand fra Aps rakettsyn

— Jeg fastholder, det er alle de andre som går i utakt . . .!!

Over: Møte om rakettsaken i Sentralstyret, 27. januar 1983. Det går mot landsmøte. (Scanfoto)

Til venstre: Mere Gro og Kåre. Radiostudio tidlig i 80-årene. (Scanfoto)

Neste side:
Øverst: På lunsj hos Thorvald (Stoltenberg). (Scanfoto)

Nederst: Gode kolleger og miljøvernministre, august 1981. Olav Gjærevoll, Tor Halvorsen, Rolf Hansen. (Scanfoto)

Mars 1984. USAs tidligere forsvarsminister Robert McNamara på besøk i Oslo. Pappa og jeg spiser middag med ham på Frognerseteren. (Scanfoto)

Middagen med Yassir Arafat i Stockholm ble det oppstyr av. Den danske partileder Anker Jørgensen og statsminister Olof Palme til høyre. (NTB)

Denne sene ettermiddagen, den 1. juni, gikk det ut en pressemelding fra Arbeiderpartiets stortingsgruppe. Kirsti Kolle Grøndahl hadde fremmet et forslag om at Arbeiderpartiet «*ikke nå* kan gi sin tilslutning til at Norge medvirker til bygging av anlegg i forbindelse med utplassering av nye mellomdistanseraketter i Europa». Det er ordrett tatt fra brevet fra Oslo Arbeiderparti. Forslaget fikk 17 stemmer, mot 35 stemmer for Knut Frydenlunds opplegg.

Det hadde vært en fortettet stemning, med mange innlegg fra talerstolen omkring begge de to spørsmål dette reiste: Vårt forhold til NATO – og vårt engasjement for å redusere atomvåpentrusselen. Jeg var sterkt opptatt av å finne en vei som tok vare på begge deler.

Knallhardt oppgjør

På Dagsrevyen kom dette intervjuet: Her i Stortingsstudio har vi nå Arbeiderpartiets parlamentariske leder Gro Harlem Brundtland. Gruppemøtet i AP varte i nærmere tre timer. Var det et knallhardt indre oppgjør om atompolitikken?

GHB: Det var et meget godt møte, og med en lang serie med virkelig gode innlegg. Jeg tror alle som var til stede, følte at debatten virkelig ble ført på et høyt plan og at alle føler at den beslutning som er tatt, virkelig er grundig gjennomdrøftet så langt vi kan gjøre det i dag.

Intervjuer: Har du forståelse for at det var et såvidt stort mindretall som gikk imot?

GHB: Jeg tror det er grunn til å være klar over at denne saken er en av de mest sentrale i vår tid. Befolkningen i Europa er sterkt opptatt av og frykter den utvikling vi kan få dersom vi ikke når fram gjennom forhandlinger. Derfor dette sterke engasjement, og vi må respektere ulike syn i denne sak.

Intervjuer: Det er en del tvetydige formuleringer i flertallets forslag også. Det er en betinget tilslutning. Men vil AP – vil flertallet i AP stemme for bevilgninger til anlegg når dette senere foreslås av regjeringen?

GHB: Det som ligger i merknaden, er først og fremst at vi understreker at vi skal ta stilling til forhandlingsresultatet i 1983, og at den debatten må være reell. Vi må også vurdere, når regjeringen legger fram bevilgningsforslag, om de har oppfylt den andre forutsetningen, nemlig å vurdere om forhandlingene kan skje på en slik måte at dette ikke kommer i strid med selve forhandlingsdelen av vedtaket. Det er viktig for oss i flertallet også.

Så får jeg ett spørsmål til: Vil Arbeiderpartiet stemme for eller imot hvis regjeringen til høsten foreslår penger til forberedelse av atomvåpenutplassering? Jeg gir et forbeholdent svar, med flere bisetninger som jeg er blitt så kjent for. – Forpliktelsene må vi inntil videre stå ved, hvis vi ikke klart får et inntrykk av at det vil svekke forhandlingsdelen av opplegget, hvis vi går videre i et tempo som vi ikke kan slutte oss til.

Regjeringen valgte tydeligvis å legge vekt på at vi så langt hadde 2/3 flertall i vår gruppe, og at jeg her uttrykker en prinsipiell holdning om å følge opp en rimelig tolkning av hva dobbeltvedtaket forplikter oss til. Men viljen til å utvise varsomhet og holde kontakt var ikke akkurat påtrengende. Vi hørte ikke et knyst.

Knut og Odvar ble da også indignert over regjeringens handlemåte, da den høsten 1982 behandlet dette spørsmålet på en meget provoserende måte. For i debatten i Stortinget den 8. juni hadde våre advarsler vært klare og sterke, både med kritikk av det dokumentet vi da behandlet, og med sterke understrekninger av det ansvar som påhviler regjeringen for å gi et nødvendig grunnlag for å vurdere forhandlingsdelen ved dobbeltvedtaket.

Norge må ikke være pådriver

Mitt foredrag på vårt landsstyremøte i begynnelsen av oktober var nøye forberedt. I dagene forut hadde jeg samtaler med Knut, Einar og Thorbjørn, som også hadde vært innom i New York på en studiereise i USA denne sommeren. Knut var som jeg opptatt av den indre sammenhengen og logikken i vår politikk, når vi nå lette etter et grep som kunne gi oss den nødvendige tiden til å få til en samling omkring sikkerhetspolitikken.

Jeg spurte Knut hva han trodde regjeringen forberedte av nye fremstøt som kunne virke like splittende. Han visste ikke, men han var urolig. Det var svært liten kontakt og ingen vilje til å be om råd fra landets største parti.

Jeg var nå overbevist om at en ny runde med eventuell bevilgningsdiskusjon bare få måneder etter den forrige ikke ville være tjenlig, hverken for Norge, NATO eller forståelsen her hjemme. Og det ikke bare i mitt eget parti. Det eneste holdbare ville være å gjøre dette klart allerede nå, slik at regjeringen kunne være fullt forberedt på at den denne gangen ikke kunne regne med vår støtte. Det var *ikke* nødvendig å forsere denne saken. I foredraget utformet jeg mine forslag til konklusjoner, som landsstyret sluttet seg til:

«Det ville vært et brudd med våre sikkerhetspolitiske tradisjoner om vi på noen måte skulle virke som pådriver eller øve noe form for press i forhold til andre NATO-land som i motsetning til oss ville bli direkte berørt dersom utplassering skulle gjennomføres.

Flere av de direkte berørte land har ikke tatt noen beslutning, hverken om utplassering på egen jord, eller om konkret bevilgning av spesielle beløp til NATOs fellesfinansiering av forberedelsene til eventuell utplassering. På en slik bakgrunn vil det verken være riktig eller naturlig at Norge stiller seg i spissen og nå foretar konkrete bevilgninger av øremerkete midler.

Det er rimelig at Norge her inntar en mer avventende holdning, i tråd med de vurderinger som den norske regjering la til grunn for sin tilslutning til vedtaket i 1979.»

Regjeringen har bedt om striden

Det ble rabalder. «Arbeiderpartiets kuvending.» «Arbeiderpartiet bryter med dobbeltvedtaket,» het det i borgerlig presse. Dagbladet hadde en helt annen innfallsvinkel, og i et svar til Dagbladet den 5. oktober er det lett å se at avisens kommentarer har falt Kåre Willoch tungt for brystet.

Dagbladet skrev: «Høyre-regjeringen la opp til en felle som Arbeiderpartiet skulle gå i. Det er Regjeringen som har bedt om denne striden – statsminister Willoch og den politiske forsvarsledelsen tenkte kortsiktig taktisk. Willoch opptrer framdeles som om han skulle være opposisjonspolitiker. De kan umulig ha hatt nasjonale interesser for øye.»

Willoch og Høyre gledet seg over at deres bevegelser og utspill kunne sette Arbeiderpartiet i klemme. Og de gjorde ikke noe unntak for utenriks-, forsvars- og sikkerhetspolitikken. Det de overså, var de litt mere langsiktige virkningene av denne Høyre-profilen.

Det «tvungne» flertallet bak Willoch og Høyre skrumpet nå stadig inn. De skulle ha Arbeiderpartiet i en felle, men gikk selv i den. Allerede den våren hadde tre representanter for mellompartiene stemt sammen med vårt mindretall. Atomprotestene og frykten for våpenkappløpet gjorde inntrykk på flere enn oss sosialdemokrater.

Det forstod Willoch for sent.

Steen igjen

I slutten av oktober 1982 får vi nok et stort presseoppslag i Dagbladet. «Arbeiderpartiet vil uansett si nei,» sier Steen.

Slik forsøker han å undergrave den enighet vi har fått til i partiet etter behandlingen i landsstyret. Han vet hva han gjør, og han vet hvordan det virker. Han liker slett ikke at den nye partiledelsen har tatt tak i den saken som lå der som en udetonert bombe etter ham, og at jeg har arbeidet grundig og systematisk for å samle partiet om en fremsynt strategi.

Det har vært stille i fire uker. Alle har vært tilfreds med partiets håndtering. Nå først våger han seg frempå.

For Knut Frydenlund, Odvar Nordli og Guttorm Hansen, for bare å nevne noen, er dette helt uholdbart. De skal nå utforme partiets standpunkt om ikke å gå foran andre NATO-land, men uten å trekke teppet vekk under hele dobbeltvedtaket. Så går den tidligere partiformann ut og åpner en helt annen front. Det er slikt som oppleves som å bli dolket i ryggen. Disse tre har strukket seg langt i enighetens ånd. Reiulf Steen velger egenmarkering fremfor lojalitet.

Jeg er redd for at Vårt Land er nær sannheten i sin lederartikkel. «Vi har vondt for å tro det, men Reiulf Steens siste soloutspill virker som ledd i en offensiv mot partiets formann.» Det var også min reaksjon. Men jeg valgte å holde munn. Min oppgave var å holde partiet samlet. Det betydde at vi både måtte arbeide fram nye tanker og en ny atomstrategi, men at det måtte skje på en måte som ikke trakk vår holdning til den vestlige allianse i tvil.

Reiulf Steens metode måtte ikke føre fram! Det fikk bære eller briste. Jeg måtte sørge for at partiets landsmøte til våren kunne behandle et politisk opplegg som kombinerte de to hensyn, og som ikke delte partiet i to.

Guttorm Hansen var dypt indignert. «Jeg lar meg ikke målbinde,» var hans reaksjon. Den 4. november har han en stor avisartikkel som gis denne overskriften: «Guttorm Hansen retter hard kritikk mot Steen.» Han går til kjernen av saken: «De innkast i debatten som nå er gjort, og som går ut på at Norge, eller Arbeiderpartiets stortingsgruppe under alle omstendigheter skal gå mot rakettopprustningen, er til nå ikke Arbeiderpartiets standpunkt. – Å ta et standpunkt for eller imot det endelige vedtak nå, *er ikke i samsvar med den politiske linje* Arbeiderpartiet har trukket opp og som jeg, som fraksjonsleder for utenrikskomiteen gav min tilslutning i mitt foredrag for landsstyret og gruppa.» – «Jeg vil, i motsetning til andre, ikke uttale meg på vegne av hele Arbeiderpartiet eller deler av det.»

Det var heldigvis et enstemmig gruppemøte som sluttet opp om forsvarsfraksjonens forslag til standpunkt i behandlingen av budsjettet: «Spørsmålet om et norsk bidrag utstår til Stortingets behandling for budsjettåret 1983 neste høst. På dette tidspunkt vil en også ha klarere oversikt over den parlamentariske behandlingen av denne saken i de land hvor slike våpen eventuelt skal utplasseres.»

«La oss vente med striden til det blir nødvendig, ved utgangen av 1983,» sa Knut Frydenlund til pressen da våre merknader ble fremlagt. Han ble ikke bønnhørt. Willoch ville ha votering om rakettbevilgningene, en votering han vant med én stemmes overvekt.

Odvar Nordli tok bladet fra munnen i et intervju med VG etter at den delte innstillingen var avgitt: «Her snakker Willoch og andre i Regjeringen og dens nærhet om den usikkerhet denne situasjonen skaper overfor NATO. Men både Willoch og de andre fortier det faktum at det fra NATO-land også har kommet kritikk av Regjeringens behandling av denne saken. Dette kan jeg dokumentere om nødvendig,» sier Nordli. «Det kan ikke fortsette at en mindretallsregjering med 53 stemmer bak seg i Stortinget opptrer så nonchalant i forhold til Stortinget i vesentlige sikkerhets- og forsvarspolitiske spørsmål.»

Han minner Willoch om at det «ikke er slik at en Regjerings styrke måles etter stahet i forhold til egen nasjonalforsamling. Det er den støtte den har i eget land som er avgjørende».

Rakettutvalgets sammensetning

I disse årene – også etter at jeg var blitt partileder og statsminister – hadde jeg lagt mye arbeid i å holde nære og fortrolige kanaler til alle de tunge aktørene i en sak som dette. Skulle vi komme fram til en samlende løsning, måtte Knut Frydenlund og Thorvald Stoltenberg selvfølgelig være med. Knut som tidligere utenriksminister og formann i forsvarskomiteen, Thorvald som leder av partiets internasjonale utvalg og tidligere forsvarsminister. AUF måtte være med, Kvinnebevegelsen måtte være med.

Utover denne høsten hadde jeg snakket med Thorvald, med Thorbjørn og med Knut om behovet for en liten gruppe som kunne arbeide seg fram til en samlende plattform. Vi mente det var klokt at dette arbeidet kunne skje i regi av internasjonalt utvalg der Thorvald var leder, men i form av et underutvalg som spesielt så på nedrustningsspørsmål. Thorbjørn Jagland måtte være sekretær for denne spesielle gruppa. Han hadde vært med i arbeidet med internasjonale spørsmål på partikontoret i den tiden han hadde vært ansatt der siden han gikk av som AUFs leder i 1981.

På et viktig punkt oppstod det en uklarhet i november/desember mens vi forberedte den aktive arbeidsfasen for en slik gruppe. Det fremgikk av et notat som Thorbjørn gav meg, at den foreslåtte sammensetningen bygget på et allerede eksisterende underutvalg i internasjonalt utvalg, der Turid Sand, Helge Sivertsen og Jens Evensen var med. Det hadde jeg ingenting å innvende mot, men sammensetningen ble allikevel skjev når vi fikk Thorvald og Knut sammen med disse tre som fra starten av aktivt hadde motarbeidet regjeringens politikk foran dobbeltvedtaket i 1979. Thorbjørn hadde vært AUFs leder og på mange måter stilt seg i spissen for opposisjonen mot regjeringen Nordlis holdning til dobbeltvedtaket.

Jeg ble overrasket over at Thorvald hadde lagt dette arbeidet til en gruppe som var såvidt skjevt sammensatt. Jeg hadde for min del vært sikker på at det utvalget vi hadde snakket om, skulle ha en bredere sammensetning, blant annet med Johan Jørgen Holst og Arne Karstad som medlemmer. Både Thorvald og Thorbjørn sa da at den gruppen som jeg mente vi hadde snakket om, allerede hadde avsluttet sitt arbeid og at en ny gruppe var blitt opprettet. Hvis vi nå gjorde endringer i dette ville det skape sterke reaksjoner.

Jeg var helt klar over at de hadde rett, når man først hadde lagt opp arbeidet slik det nå var gjort. Uansett ville et stort ansvar hvile på Knut Frydenlund og Thorvald Stoltenberg. Thorvald hadde selv ansvaret for at sammensetningen var blitt slik. Nå tok jeg på meg jobben å overbevise Knut om at partiets beste interesse ville være at han gikk inn med liv og lyst i det arbeidet som forestod. De hadde noen uker på seg.

Knut var ikke begeistret over utvalgets sammensetning og hadde nok ønsket at vi kunne gjøre noe med det. Samtidig var han klar over at Thorvald hadde lagt til rette for den situasjonen som var oppstått. De to var nære venner og medarbeidere. For Knut var nok Jens Evensens deltakelse i denne lille femmannsgruppa det han reagerte sterkest imot. Bakgrunnen var blant annet Jens Evensens tale på Norsk Kjemisk Industriarbeiderforbunds landsmøte høsten 1980, en tale Knut Frydenlund naturlig nok opplevde som å bli dolket i ryggen mens han selv ledsaget Kongen på en reise til Finland.

Måtte være enstemmig

Etter juleavslutningen på partikontoret i 1982, ba jeg Thorbjørn Jagland komme inn på kontoret og la fram for ham mine tanker om rakettutvalgets arbeid. Han måtte ta ansvaret for skriving og tilrettelegging som utvalgets sekretær. Vi hadde arbeidet godt sammen i tiden som var gått siden jeg ble partileder, og jeg hadde sett hans evne til skriftlig formulering og til kontakt og dialog med de ulike miljøene i denne viktige saken.

Vi hadde flere ganger drøftet de bærebjelkene som måtte til for å kunne finne fram til en samlende løsning. Et av de viktigste prinsippene var nettopp en frys-tankegang. Det var den som måtte legges til grunn hvis vi skulle kunne se fremover og ikke bli stående og diskutere hvem som hadde rett i selve utformingen av dobbeltvedtaket og konsekvensen av det.

Jeg fikk løpende orienteringer telefonisk, skriftlig og i møter i de ukene arbeidet varte. Både fra Thorbjørn Jagland, Thorvald Stoltenberg og Knut Frydenlund. Det var nødvendig med en enstemmig innstilling fra utvalget hvis partiet skulle kunne samle seg om en plattform. Det viste seg å lykkes. Det var stor lettelse å spore i mange kretser da dette ble kjent.

Hva var man så blitt enige om? Noen av de viktigste punktene var disse:

– USA og Sovjetunionen måtte godta en gjensidig fastfrysing av alle typer atomvåpen.

– De måtte gi parallelle erklæringer om dette, som så skulle følges opp av en nedbygging av sovjetiske mellomdistanseraketter.

– Det skulle ikke skje noen utplassering av de amerikanske Pershing-2 og krysserrakettene.

– Når balansesituasjonen skulle vurderes, måtte britiske og franske atomvåpen regnes med. Man skulle innstille forberedelser til utplassering av mellomdistanseraketter i Europa.

Utvalget gikk også inn for en avtale om fullstendig prøvestans og slo fast at et rustningskappløp i verdensrommet måtte unngås. Forhandlingene om de strategiske våpen (START) måtte også omfatte produksjon og utplassering av krysserraketter på fly og flåtestyrker i de nordlige havområder.

Med dette hadde partiet fått en frysplattform og en forhandlingsstrategi som helt klart bygget på denne filosofien. Jeg tror det var den eneste farbare veien, selv om den bekymring som både Guttorm Hansen og Odvar Nordli gav uttrykk for underveis, tydelig viste at mange ville oppleve at vi her laget noe helt nytt. Mange ville være skeptiske.

Debatt om frys-strategien

Innstillingen fra rakettutvalget gikk først til internasjonalt utvalg der den ble behandlet den 27. januar. Jeg var spent på hva Odvar kom til å gi uttrykk for i dette møtet. Knut har orientert meg om den betydelige skepsis han har gitt uttrykk for. Både han og Guttorm Hansen er svært tvilende til hensiktsmessigheten i det opplegget som er blitt utarbeidet.

Odvar holder et langt innlegg der han både roser intensjonene og uttrykker bekymring over den mulighet de borgerlige og særlig Høyre har hatt for å kunne spille bevisst på uenigheten innad i Arbeiderpartiet: «Dette er et sterkt og helhjertet forsøk på å finne fram til et grunnlag som kan samle. Jeg innser verdien i nettopp det.» Men han er tydelig spørrende til selve frys-strategien. Han avslutter sitt innlegg slik: «Jeg er med på å gå meget langt for å finne et grunnlag for en enighet, men jeg vil ikke være med på at andre strekker den enigheten.» Han leverer et eget dokument som kan følge med innstillingen og sier: «Jeg faller i tilfelle tilbake på min egen holdning hvis andre hopper av.»

Kåre Sandegren som er internasjonal sekretær i LO, er nestemann ut. Han formidler LOs synspunkt. Ledelsen mener at det er sentralt at det blir en enighet i saken. «Men det er andre hensyn å ta i dagens situasjon. Atomvåpen er viktig, men sysselsetting fortjener en større grad av oppmerksomhet fra arbeiderbevegelsen.» «Det sitter snikskyttere hele veien, derfor må vi legge bånd på oss.»

Bjørn Tore Godal sier at arbeidet med utplasseringen går som smurt, mens forhandlingene ikke gjør det. Det vesentlige er en ny nedrustningsfilosofi som står på egne ben, mener han, og vil sterkt anbefale det. Jens Stoltenberg, som skal bli den nye lederen i AUF, sier at dette gir grunnlag for enighet, selv om det er en del i AUF som ikke er fornøyd med alle formuleringer. Han legger også vekt på at rakettutvalget sier at det foreligger en total balanse, og at vi går inn for frys.

Reiulf Steen sier at han deler Bjørn Tores synspunkter, men legger til at vi ikke må «fryse debatten» i forhold til nye situasjoner som vil oppstå utover våren. Det er den type signal som bidrar til Odvar Nordlis og Guttorm Hansens forbeholdne innstilling. De føler begge at de strekker seg svært langt hvis de er med på å legitimere en slik ny holdning for partiet, samtidig som de ikke føler seg trygge på at andre respekterer kompromisset.

Guttorm Hansen sier at hans vurdering må ta utgangspunkt i forhistorien. Det ville blitt vedtak om utplassering i NATO i 1979, men Arbeiderpartiets regjering bidro til et bedre vedtak ved å gå sterkt inn for forhandlinger. Personlig har han meget store betenkeligheter med at vi frigjør oss fra forpliktelser vi som regjering gikk inn for. At det er uheldig å fortsette forberedelsene av hensyn til forhandlingene, er den eneste mulige argumentasjon. Foreløpig vil han innta det standpunkt at han ikke vil gå fra noe som partiet står for, men han avventer landsmøtets behandling. Han har også vanskeligheter med prinsipperklæringen om frys.

Odvar Nordli gjentok sine noe forbeholdne refleksjoner i det etterfølgende sentralstyremøte, men det var ellers bred enighet om at dette nå var den samlende løsning som mange hadde vært ute etter å oppnå.

Det skulle vise seg at vi hadde rett. Engasjementet, lettelsen og gleden ute i partiet var til å ta og føle på. Fylkespartienes årsmøter rundt i landet sluttet sterkt opp om rakettutvalgets innstilling.

Frys som forhandlingsstrategi ble det nye slagordet.

Opprør i stortingsgruppa

Men fløyene i partiet voktet på hverandre. Guttorm Hansen hadde på et sentralstyremøte i slutten av november sagt at landsmøtet til våren ikke kunne binde stortingsgruppa i rakettsaken. Dette er en eldgammel problemstilling, og den har ingen klar og entydig fasit. Guttorm hadde rett i den forstand at han selv hadde stilt til valg på et partiprogram for fireårsperioden som ikke bandt ham til et slikt standpunkt. Dessuten hadde han selv stått for en liberal tradisjon i selve stortingsgruppa da han håndterte EF-saken som nestleder tidlig i 70-årene.

Likevel, det å si dette, slik han gjorde, vakte reaksjoner. De sterkeste tilhengerne av et entydig rakett-nei fikk blod på tann. Det medvirket nok til det «opprøret» vi opplevde under utenriksdebatten uka etter.

Da brøt Grete Knudsen ut, sammen med en gruppe på seks andre av våre og stemte for et forslag fra Venstre-lederen Hans Hammond Rossbach. Det ville pålegge regjeringen å stemme for eller avstå i FN under en votering om et svensk-meksikansk forslag om *frys*. Arbeiderpartiet hadde da allerede gitt regjeringen et slikt råd om å avstå. Det skjedde i det organet for konsultasjoner mellom regjering og storting som heter den utvidete utenrikskomité. For Guttorm Hansen var det nå svært viktig å markere overfor regjeringen at den måtte følge spillereglene og konsultere i sakene, slik det her var blitt gjort. Et forslag fra Hallvard Bakke om å fremme et eget frysforslag fikk ikke tilslutning i gruppa.

Det var mange som reagerte da Grete og andre brøt ut. Også jeg.

Dagen etter var Dagbladets overskrift: «AP-opprør mot Gros formalisme.»

Nå er det jo greit med et kort navn som mitt. Dessuten vil du som partileder alltid bli satt i fokus. Men «Gros formalisme» var jo *gruppas* holdning, med stort flertall bak, slik det var fremlagt for oss av Guttorm.

Det var Grete selv som hadde brukt det ordet som ble til en overskrift: Formalisme. Hun blir også spurt av journalisten Arne O. Holm: «Det at du sammen med andre nå bryter ut av den kollektive stemmegivningen betyr vel også at dere ikke vil finne dere i at landsmøtet i AP ikke vedtar nei til utplassering slik Gro Harlem Brundtland har vært inne på?» – «Min personlige oppfatning er at vi må få en realitetsavgjørelse på landsmøtet,» svarer hun.

Det kunne virke som om hun la seg i kjølvannet av Reiulfs utspill. I tillegg til Guttorms markering uka før var det også tidlig i denne uka, den 6. desember, et førstesideoppslag i Arbeiderbladet: «Gro får støtte av landsstyret. For tidlig med rakettvedtak.» Avisen skriver at det går mot at landsmøtet i Arbeiderpartiet til våren ikke tar stilling til utplassering av nye atomraketter. Det viser en rundspørring blant medlemmene i Arbeiderpartiets landsstyre. Dermed er det klart at partiformann Gro Harlem Brundtland har solid støtte i partiet for sin vurdering. Bare tre av de 16 som var tilgjengelige, går inn for å si nei allerede på landsmøtet i april.

Jeg er sikker på at også dette hadde virket som en rød klut på Grete og de andre som istedet valgte å stemme mot sin egen gruppe. Vanskelighetene tårnet seg altså opp.

En fin støttespiller

Julaften 1982 har Dagbladet en hjemme-hos-reportasje med bilde av Olav, Ivar og meg. «Ingen frokost uten atomdebatt.» Det var jammen sant. «Før fanden har fått på sine sko og mens nattefrosten ennå ligger over Bygdøy, dumper fire aviser inn hos familien Brundtland. En kort stund senere er diskusjonen om Pershing II og MX, om Aftenpostens leder og Willoch i full gang over kaffekopper og brødkniver.»

16-åringen Ivar svarer slik når han blir spurt om også han deltar i diskusjonene. «Noen må høre på også.»

Ja, det kan ikke alltid ha vært så enkelt for våre tenåringsbarn i tider da både Olav og jeg var superopptatt av den daglige politiske strid og konflikt.

Olav er en fin støttespiller i vanskelige saker. Her er han dessuten selv sterkt engasjert – dette er hans eget felt. Jeg kan diskutere alle mine holdninger og refleksjoner med ham, i full tillit til hans integritet.

Olav sier til Eva Bratholm at regjeringen har vært preget av fasthet og klarhet. «Det er absolutt ikke meg imot.» «Men kritikken av opposisjonen har av og til tatt gale proporsjoner. Det er to modeller for slik debatt, en fri debatt hvor man får flertall mot seg og en ufri debatt hvor man såvidt får flertall. Dette kan ikke gå i all evighet. Det hjelper ikke om man har aldri så rett om man ikke har flertall. Jeg er dessuten redd for standpunkter uten meningsbrytning, de tåler så lite når de utsettes for press.»

Olav hadde helt rett. Det var slik det skulle utvikle seg på borgerlig side fremover.

Gamlegutta

Da jeg hadde vært partileder i et par års tid, bad Knut Frydenlund meg om å invitere til et møte med noen av «de gamle gutta». Han hadde registrert en betydelig skepsis hos folk som Haakon Lie, Jens Christian Hauge og Tor Aspengren. De var urolige for hele debatten omkring sikkerhetspolitikken. Knut mente det ville være klokt av meg å ha en dialog med dem og gi dem et bilde av hvordan vi tenkte å håndtere disse vanskelige sakene fremover. Jeg spurte om ikke også han ville være med. Han trakk på det, mente det beste var at jeg møtte dem alene. Jeg inviterte til et slikt møte, med kaffe og kaker, hjemme hos oss. Foruten de tre var også Finn Lied med. Samtalen var ikke så enkel. Jens Christian og Haakon ledet an. De var kritiske. Det var farlig for partiet å legge så stor vekt på NATO-motstandernes ønsker og synspunkter. Skjønte jeg ikke hvor viktig det var å vise fasthet? Nå hadde det jo glidd helt ut!

Jeg merket jeg ble varm. De undervurderte meg. Trodde de virkelig at jeg ikke hadde noen rimelig god oversikt over så sentrale spørsmål som dette? Det ble helt stille i stua. Jeg forberedte den rette innfallsvinkelen. Det kunne ikke bli jentungen Gro som snakket. Fram-jenta og dattera til Gubbe som de kunne lede gjennom velmente råd.

Jeg svarte rolig og saklig, brukte tid på å beskrive de ulike sakene vi hadde strevd med, og behovet for å få til en skikkelig og samlende plattform. Jeg fortalte om arbeidet i Palme-kommisjonen og muligheten for å få til et forhandlingsresultat bygget på tankene om frys. Jeg hadde tro på at vi kunne få til en samling om NATO og om en holdbar nedrustningsstrategi på samme tid. Det var jeg som satt med ansvaret for å bygge bro over generasjonene.

Jeg tror de fortsatt var skeptiske da de gikk. Men de skjønte også at jeg hadde tatt ledelsen. Jeg håpet at de iallfall forstod at jeg tok disse spørsmålene i stort alvor og arbeidet for å finne fram til gode og samlende løsninger etter all den uroen som hadde vært der i årene 1979 til 1981.

Det må ha gjort et visst inntrykk, iallfall på Tor Aspengren, som i telefonsamtale med herr Engen på Jessheim oppgitt gav uttrykk for at «hun lytter ikke, Arvid, ikke til noen».

Forræderi, sa Haakon Lie

Et intervju med Haakon Lie i Stavanger Aftenblad 26. november 1983 illustrerer hva den gamle kjempe har gått og tenkt på og forarget seg over. Hans nærmeste nabo, Aase Lionæs, var også en god venn, og de delte helt sikkert bekymringene over den nye generasjon og den nye tid.

Jeg sier det helt uten ironi, for jeg er av dem som virkelig forstår dem. Dette er pionértidens generasjon. De satte alle krefter inn for det de trodde på, var med og bygget partiet og kjempet fram den folkeopplysningen som skulle gi oss et helt annet samfunn. De har også rett til å føle ansvar for å ta vare på det som ble skapt, med demokratiet som grunnlag. Jeg hadde vokst opp under Gerhardsen og Lange. Jeg hadde flyktet under krig. Jeg forstod alvoret i det å ville kjempe for friheten. Men jeg forstod også de unge.

Hva sier Haakon Lie til journalisten Halvor Tjønn? «Leser du boka mi, vil du finne at kapitlet om Israel er skrevet rett fra hjertet. Når man ser på forholdet mellom Israel og norsk arbeiderbevegelse blir jeg personlig opprørt, igjen denne følelsen av svik.»

Han legger ikke skjul på at engasjementet ikke bare er politisk, vel så mye er det personlig og sterkt følelsesmessig motivert.

«Du må huske på at mellom pionérene i israelsk og norsk arbeiderbevegelse var det et dypt vennskap. Da USA vaklet, var det ikke tvil hos Trygve Lie om at FN måtte bidra til å opprette den jødiske staten. Da norsk-jødisk ungdom etter krigen bad om hjelp til våpenopplæring, var det heller ikke nei i Martin Tranmæls munn. De fikk mulighet til å øve i Bærumsmarka før de dro til Palestina for å slåss.

Før seksdagerskrigen brøt ut i 1967, lå det beskjed til han Haakon på partikontoret: Du er ønsket i Jerusalem, stod det. Jeg var med fra begynnelsen til slutt under krigen og fulgte med de første soldatene som gikk inn til klagemuren i gamle Jerusalem.

Israel er en del av norsk arbeiderbevegelse. Men nå ser vi at arbeiderbevegelsens tillitsmenn omfavner terroristen Yassir Arafat. Sist var det Gro Harlem Brundtland som dro for å møte ham i Stockholm. Om Unge Høyres Sveinung Lunde eller AKP omfavner terrorister betyr det ingenting. En helt annen sak er det om forræderiet begås av arbeiderbevegelsens egne tillitsmenn,» sier Haakon Lie.

Det er sterke ord, for sterke, mener jeg. Det mente også partiets organer på det tidspunktet. Arbeiderpartiets politikk overfor partene i Midtøsten konflikten ble utformet av stortingsgruppa og sentralstyret, og selvfølgelig av våre landsmøter. Haakon Lie har full rett til å være uenig med flertallet. Det er likevel for sterkt å karakterisere et ærlig og gjennomtenkt syn fra andre som *forræderi*.

For meg er dette tankevekkende og det illustrerer at Haakon og andre i «den gamle garde» hadde store vanskeligheter med å akseptere de holdninger som vokste fram i 80-årene. Jeg føler meg sikker på at det var vår vilje og evne til å lytte til begge sider i konflikten som gjorde det mulig for Norge å spille den rolle vi gjorde senere i forbindelse med Oslo-avtalen tidlig i 90-årene.

Han hadde mer på hjertet i samme intervju. Nådeløst slår han til også mot andre. «Når Gro Harlem Brundtland reiser på møter for å drøfte atomvåpen i Scandilux-gruppen med Einar Førde og Thorbjørn Jagland som rådgivere, da er jeg bekymret.»

80 prosent av alle som har en mening om forsvarspolitikk i dette landet, støtter NATO-medlemskapet, sier Haakon. «Og så skjer det at ledende tillitsmenn i Det norske Arbeiderparti i disse dager begynner å bryte med NATO-solidariteten.»

Det var disse sterke følelsene som preget ham. Det som preget meg var viljen til å finne det riktige grunnlaget for at denne holdningen kunne sikres og vedvare. Jeg visste at det var helt påkrevet å bygge inn i vår NATO-profil en gjennomtenkt strategi for å kunne bidra til avspenning og nedrustning. Vi måtte finne svar på den sterke frykt mange følte overfor atomvåpnenes trussel.

Det var slik Einar Gerhardsen følte og tenkte, med støtte av andre i 1949 og i årene som fulgte. Det var slik Arbeiderpartiets ledelse måtte gjøre det, også i 80-årene, men da stilt overfor problemstillingene i en ny tid.

Moralens vokter i sikkerhetspolitikken

Willoch var stadig på krigsstien mot Arbeiderpartiet. Et av de riktig store utfallene fikk vi i VG i februar 1982. «Ap-vedtak er NATO-fiendtlig.»

Nordland Arbeiderparti hadde på sitt årsmøte behandlet en resolusjon som kritiserte den amerikanske støtte til «fascistregimer i Sør-Amerika og Tyrkia», og som for sikkerhets skyld tilføyet at amerikanske styrker er uønsket til NATO-øvelser i mars hvis ikke denne politikken opphører. El Salvador var gjenstand for mye oppmerksomhet på denne tiden. Det er noe av bakgrunnen for den sterke reaksjonen, som ble vedtatt med 39 mot 38 stemmer.

Det er klart at slike politiske hendelser kan være vanskelige å håndtere for en partileder. Det kan bli rene hysteriet noen ganger, med krav om å uttale seg og kommentere andre uttalelser, på kryss og tvers.

Nå skjedde det også på tvers av Atlanteren. Utenrikskomiteen var på reise i Mellom-Amerika og USA. Det jeg sier til VG, er at det er grunnlag for å reagere, men at jeg derimot er i tvil om det er en riktig innfallsvinkel å trekke allierte øvelser inn i dette bildet. Dette burde vært nok for regjeringen i Norge. Det er en pen måte å si det på, og det etterlater ingen usikkerhet som tilsier at Willoch trenger å reagere slik han gjør. Men han opphøyet seg tidlig til moralens vokter i sikkerhetspolitikken. Pekefingeren var der så snart han så noen som helst mulighet.

Jeg og flere med meg i utenrikskomiteen føler et sterkt behov for å være kritiske og fortelle våre amerikanske venner alvoret i den politikken de fører i Mellom-Amerika. Det har vi til hensikt å gjøre, og jeg oppfordrer regjeringen til å rette en kraftig advarsel til Reagan-administrasjonen. Når journalister spør meg om jeg frykter ny uro om forsvars- og sikkerhetspolitikken i partiet, er svaret at den uro som eksisterer, ikke bare er innen AP, men i store deler av den norske befolkning.

Willoch-mann kritiserer USA!

Det ligger en liten lapp i mitt arkiv: «Johan – hvorfor har ikke *du* hengt deg på statsministerens avsky-resolusjoner mot Nordland AP?»

Med blyant er svaret skrevet. «For det første er jeg ikke spurt! For det andre har ikke jeg samme behov for «*avledningsmanøver*» som W. Ellers er jeg selvsagt betenkt over realiteten i uttalelsen om den skulle bli satt ut i livet. J.» Når jeg snur lappen, finner jeg min respons: «Ja. Hva tror du *jeg* er?»

Vi kommuniserte ofte godt, Johan Jakobsen og jeg.

I de første to Willoch-årene var Høyre alene i regjeringskontorene og gledet seg over det. I Stortinget hadde vi andre stadig nær og god kontakt. Selv om de to mellompartiene dannet parlamentarisk grunnlag for regjeringen, mistet de ikke helt sin egen profil, hverken i innenriks- eller utenrikspolitikken.

Willoch greide likevel i betydelig grad å holde den dominerende stillingen, og Kåre Kristiansen, som nå var utenrikskomiteens leder, fulgte opp et stykke på vei. Bakpå telexnytt nr. 30/82, sendt ut fra UD 16. februar 1982, har jeg skrevet: «Hovedkonklusjon. Alle borgerlige partier har gjort det de kunne for å sette situasjonen på spissen. Her er det lite å se av «ansvarlighet» på vegne av en norsk, felles holdning.»

Neste dag hadde Arne Skauge, Høyres representant i komiteen, uttalt seg sterkt kritisk til den amerikanske ambassadør i en samtale ved en mottakelse. Dette hadde pressen fanget opp – eller blitt informert om. Skauge fikk krigstyper. Her var det en Willoch-mann som kritiserte amerikansk politikk!

Det ble litt av en brudulje i dagene som fulgte. Skauge fikk hard medfart. Symbolvirkningen var stor. Det åpnet en sluse. Kritiske merknader ble gradvis en del av bildet. Willochs jernhånd fungerte ikke helt ut som før. Bildet begynte å slå sprekker. Men mye arbeid gjensto.

I stortingsgruppa hadde vi et nært og godt samarbeid, Knut Frydenlund som var formann i forsvarskomiteen, Guttorm Hansen som var vår fraksjonsleder i utenrikskomiteen, og jeg. Knut hadde erfaring og kunnskap, og han holdt seg godt orientert. Han hadde politiske antenner og delte mine synspunkter om hovedlinjene i partiets meget viktige oppgave: Å sikre oppslutningen om vår alliansetilknytning og vår forsvars- og sikkerhetspolitiske forankring i det norske folk. Vi visste at bred oppslutning i Arbeiderpartiet om en kurs som pekte fremover og som kunne virke samlende, også ville bety en støtte i hele det norske folk.

Knut var mer forsiktig enn jeg i sin arbeidsform og uttrykksmåte, mindre av en offensiv fighter. Men vi tenkte likt. Han var en fin støtte og samtalepartner. Vi snakket stadig sammen, og jeg kan aldri huske noen viktig sak fra disse årene der vi kom fram til ulike vurderinger og konklusjoner.

Einar Førde var en gammel venn av Knut. De hadde til og med delt kontor på Stortinget i sin tid. Einar og Guttorm var hele tiden medspillere i våre viktige prosesser. Slik kunne jeg til enhver tid sikre meg at vi hadde bredden av holdninger og synspunkter representert.

Jentene i gruppa, som ofte var sterkt engasjert i disse spørsmålene, holdt vi alle dialog med. Det var Sissel Rønbeck og Kirsti Kolle Grøndahl. Det var Inger Lise Gjørv og Grete Knudsen. De pustet oss i nakken, hele tiden. De ble tatt på alvor – ikke avvist.

Jeg hadde satt meg fore at vi skulle lykkes i å skape en bredere, fornyet politisk plattform, og brukte den tid som var nødvendig for å greie det. Svein Roald Hansen, nå ordfører i Fredrikstad, var rådgiver for meg i gruppa. Han har notert ned en uttalelse Sissel kom med i denne tiden: «Gro har større vilje enn Odvar til å holde gruppa samlet og arbeider grundigere enn Reiulf – da blir det bra.» Om det bare var en spontan, oppriktig uttalelse eller hadde en mer bevisst hensikt i tillegg, vet jeg ikke. Det kan være slik i politikken at man gjerne ønsker at en melding som dette går videre. Som en bekreftelse, som en anerkjennelse, som en oppmuntring. Eller for å fjerne ethvert inntrykk av at man har en motstander eller motspiller i vedkommende.

Sissel ble miljøvernminister i 1986.

Willy Brandt hadde kalt sammen Brandt-kommisjonen og Palme-kommisjonen til et felles møte i Roma, i januar 1984. Det var nyttig for meg, som kunne trekke på råd fra erfarne kolleger i det grunnleggende arbeidet jeg stod oppe i med å etablere «Verdenskommisjonen». Norge ble verdensnyhet i de dagene. En sovjetisk spion var arrestert i Oslo – en tidligere statssekretær! Det var et sjokk.

Arne Treholt hadde vært statssekretær for Jens Evensen fram til Evensen forlot regjeringen 1. januar 1979. For min egen del hadde jeg vært litt på vakt overfor den unge mannen, uten at det var noe helt konkret som knyttet seg til det. Han var kjekk og sjarmerende, visste å spille på det. Han var også aktiv deltaker i politiske utspill 1979-80 som hadde skapt store problemer for partiet.

Arne Treholt var en aktiv operatør og spiller – og jeg følte meg ikke trygg på ham, selv mens han arbeidet for Jens Evensen. I 1984, da Arne Treholt ble arrestert, husket jeg et radiointervju fra Moskva på den tiden det ble forhandlet om den såkalte gråsonen i Barentshavet. Jeg skvatt til da han uttalte seg som om han satt på begge sider av forhandlingsbordet. Vi måtte forstå hvordan russerne så dette, mente han. Han forstod det nok *litt for godt*! Det var likevel noe ingen av oss kunne forestille oss den gangen han kom hjem og skulle forelegge denne viktige saken for regjeringen i Jens Evensens fravær.

Jeg satt ved siden av forsvarsminister Rolf Hansen i regjeringens møtesal, da Arne Treholt kom inn, og kartet over den fremforhandlete løsningen ble delt om. Vi reagerte begge helt spontant, så på hverandre. Her var det ikke mye balanse. Gråsonen gikk bare så vidt inn på russisk område – og langt inn på norsk, når vi bygger på midtlinjen, som er den norske holdningen. Jens Evensen mente det var et viktig gjennombrudd at det fantes et område på russisk side av midtlinjen, og la stor vekt på det. Vi følte det var for stor ubalanse til fordel for Sovjetunionen. Odvar Nordli og Knut Frydenlund følte at de var blitt satt under et urimelig press i denne saken. De hadde begge ønsket at saken skulle ha vært behandlet i regjeringen på ny, og uten den offentlige oppmerksomheten som nå gjorde saken spesielt ømfintlig.

Noen dager etter at jeg overtok som statsminister og hadde hatt samtalen med Nordli hvor han uten å nevne navn orienterte om en spionmistanke, var jeg så vidt innom dette med spionsaken i en samtale med Knut Frydenlund, bare for å være sikker på at heller ikke han så noe behov for at vi fra politisk side skulle foreta oss noe ytterligere i saken. Jeg gav uttrykk for at han og justisministeren selvfølgelig måtte ha løpende kontakt – og eventuelt komme tilbake til meg ved behov. Det skjedde ikke på de ni månedene min regjering hadde ansvaret.

I ettertid er det enda lettere å forstå hvorfor Knut noen få år senere gav uttrykk for liten forståelse for at Arne Treholts navn var oppført blant mange andre på en liste over mulige navn til personlig rådgiver i stortingsgruppa. Det var jo ellers en vurdering vi begge delte, selv om jeg den gang ikke kjente til de konkrete mistanker om spionasje som var knyttet til hans navn.

«Den gang ci: Vi er enige»

Torsdag 24. mai 1984 leveres det inn et forslag fra GHB på vegne av APs stortingsgruppe: «Stortinget ber Regjeringen ta initiativ til å få gjenopptatt nedrustningsforhandlingene om de kjernefysiske våpen ut fra en frys-strategi, ved at både Warzawapakten og NATO inntil videre innstiller all utplassering av nye kjernefysiske raketter i Europa.»

Dette forslaget ble det til slutt ikke mulig å få flertall for i Stortinget. Men debatten om nedrustningsmeldingen viste at vi egentlig var nådd i mål. Det forelå nemlig en enstemmig innstilling fra utenrikskomiteen, og alle de viktige spørsmål som var reist i APs debatt, hadde fått gjennomslag i komiteen.

Det var spenningsfylte uker som gikk forut. Det endte med at pressen satte skarpt søkelys på de politiske prosessene i de borgerlige partiene. Fredag 11. mai skriver Halvor Elvik i Dagbladet: «Høyre har fått sin rakettpine».

I Dagsnytt samme dag melder Håvard Narum fra Stortinget at det nå synes klart at utenrikskomiteen ikke vil unngå en ny rakettavstemning som deler Stortinget på midten. Før dagens gruppemøte i Høyre hadde de tre regjeringspartiene kommet med et utkast til kompromiss. Det gikk ut på at Norge skulle gå inn for en midlertidig stans i utplasseringen i Vest *etter at* Sovjetunionen eventuelt kom tilbake til forhandlingsbordet. Dette godtok ikke AP, og dermed trakk også Høyre seg fra denne formuleringen.

Håvard Narum melder at skuffelsen er stor i KrF og SP fordi det nå ser ut til at det er umulig å bli enig på alle punkter. Det er nå overveiende sannsynlig at disse to partiene nok en gang må stemme for en fortsatt utplassering, noe som vil bli svært dårlig mottatt i store deler av partienes medlemsmasser.

Det er ingen tvil om at det i denne saken i virkeligheten forelå det vi i disse årene ble vant til å kalle et «indre kabinett-spørsmål»: At statsministeren hadde gjort klart overfor de andre partiene at en manglende støtte til hans og Høyres syn ville innebære regjeringskrise.

NTB melder om regjeringskrise på rakettsaken dagen etter. Høyre kan ikke godta stans i utplasseringen mens det forhandles og mener det vil være i strid med det politiske grunnlag for regjeringsdannelsen.

Bergens Tidende skriver den 14. mai: «Mer enighet enn splittelse», og avisen har rett. – Selv om Stortinget nok en gang ser ut til å bli delt på midten, må ikke dette ene beklagelige faktum overskygge det gledelige resultat med nedrustningsmeldingen. Avisen fortsetter: «Hvis Gro Harlem Brundtland på de øvrige punkter makter å samle full oppslutning fra sitt eget parti er hun i ferd med å etablere seg som en betydelig lederskikkelse i partiets historie.»

VG og Per Norvik som fortsatt hadde sine litt spesielle kilder, forsøker seg med en litt annen historie: «Ny bom av Gro?» Spørsmålet reiser seg i følge avisen «etter at AP har inngått flere vidtrekkende kompromisser med Høyre i utenrikskomiteen om nedrustning». Spesielt den meget moderate utgaven av frys-forslaget kan sies å bryte med synspunkter på frys som AP tidligere har samlet seg om. «Det kan bli en ny sikkerhetspolitisk oppvask i AP.»

På dette presseklippet står det en liten melding fra min rådgiver Svein Roald Hansen: «Gro: AP sendte ut et intervju med Egil Knudsen etter dette oppslaget der han blankt avviser dette, Svein Roald.»

Kirsti Kolle Grøndahl rykker også ut mot VG: «Jeg hører formodentlig med til de Per Norvik vil plassere på APs venstrefløy. I denne sammenheng kan jeg berolige med at venstrefløyen har deltatt i partiets arbeide med nedrustningsmeldingen. I APs stortingsgruppe er det full enighet om de standpunkter partiet har tatt.» Hun peker på at pressen har skrevet om problemer både i Høyre og mellompartiene. «Jeg kan godt forstå at borgerlige aviser har et visst behov for å fremstille det som om også AP har problemer. Den gang ei: Vi er enige.»

Denne dagen går det en telefaks fra mamma til meg i Genève, der Verdenskommisjonen for miljø og utvikling har sitt første konstituerende møte. Jeg sitter med høy feber og spiser antibiotika:

«Vedlagt følger de borgerliges fellesforslag til rakettpunkter godkjent i mellompartienes gruppemøter 15. mai. Iflg Elvik i Dagbladet sier Aano at KrF ikke har gitt opp å få til et rakettkompromiss med AP, men Guttorm Hansen tror mulighetene er meget små.»

Jeg kom hjem. Jeg holdt meg til den saklige, vel dokumenterte fremstillingen i utkastet til innstilling og vek ikke. I Høyres gruppe var det stor strid, men Arne Skauges kompromisslinje vant fram.

En milepæl

Som saksordfører i debatten 24. mai kan jeg starte på denne måten: «Innstillingen fra utenrikskomiteen er enstemmig med ett unntak.

Den tar opp til vurdering alle de de sentrale spørsmål i den aktuelle debatt om sikkerhet og nedrustning, en debatt som har hatt en særlig styrke de siste fem år.» Jeg peker på den innsikt og de erfaringer som en omfattende debatt i Norge og internasjonalt har gitt grunnlag for. «Atomvåpnenes helt spesielle karakter og deres altomfattende virkninger gjør at de ikke kan sammenliknes med andre våpen, slik komiteen ser det. Vi har sett tendenser til at nye tanker, forslag og initiativ er blitt utlagt som ønsker om å endre hovedlinjene i norsk utenriks – og sikkerhetspolitikk. Samtidig har debatten om hvordan vi skal oppnå resultater stått sentralt. Dette er spørsmål som innstillingen behandler, og der komiteen gjør en rekke enstemmige anbefalinger.

Det har vært lagt vekt på å føre en forsvars- og sikkerhetspolitikk både for forsvar og avspenning – en linje som har gitt trygghet og virket samlende i det norske folk.»

Det var med stor glede jeg kunne slå fast at den brede enighet om hovedlinjene i norsk sikkerhetspolitikk nå er ført videre til også å omfatte sentrale elementer i en politikk for å møte de nye utfordringer utviklingen stiller oss overfor.

Så kunne jeg liste opp synet på frys som et viktig virkemiddel på veien mot nedrustning, arbeidet for en forsvarsstrategi i NATO som ikke bygger på førstebruk av atomvåpen. Verdien av en korridor i Europa fri for kjernefysiske slagmarksvåpen, og arbeidet for å gjøre en atomvåpenfri sone i Norden til en aktuell mulighet.

Jeg tror en samlet presse et halvt år tidligere ville ha sagt at dette var en umulighet!

Komiteen gir samlet uttrykk for at det bare er gjennom samarbeid og gjensidighet at det blir mulig å oppnå stans i rustningskappløpet og relle reduksjoner. Siden seriøse forhandlinger er i alle parters interesse, bør derfor heller ikke deltakelse i forhandlinger sees på som en innrømmelse til andre. Dette er en annen og ny filosofi, som bygger på den Palme-kommisjonen kom fram til.

Jeg avsluttet innlegget slik: «Det er nå fem seks år siden Stortinget sist behandlet omfattende innstilling knyttet til sikkerhet og nedrustning. I denne perioden har Norge også fått økt betydning og derfor større ansvar og muligheter for innflytelse bl.a. med sine olje- og gassressurser, 200-milssoner og den nye havretten. Komiteen har sett det som viktig at arbeidet med denne innstillingen skulle gi et mest mulig gjennomdrøftet og solid fundament for viktige områder av norsk utenrikspolitikk.

Jeg vil understreke et slikt solid fundament som et vesentlig nasjonalt ansvar. Ikke minst er det et vesentlig ansvar for Stortinget. Norsk utenrikspolitikk må avspeile brede flertallsholdninger, og dermed gi et best mulig grunnlag for Norges rolle og innsats i det internasjonale samfunn.»

Høytidsstund – og debatt

Det var en av de sjeldne opplevelser i Stortinget da Jo Benkow, Høyres leder, innledet replikkordskiftet: «Herr President. Etter mitt aller beste skjønn var saksordførerens foredrag forbilledlig og i alle deler anbefalelsesverdig som et mønster for hvordan denne debatten bør føres.»

Med en slik innledning skjer det to ting. Du får en omfavnelse som ikke bare er positiv, samtidig som det setter tonen for debatten.

Hvorfor er den ikke bare positiv? Det spørs hva som følger, og hvordan de mest skeptiske i salen oppfatter det som skjer. Og de befinner seg i alle partier. I mellompartiene, som gjerne hadde sett en annen enn Høyres leder starte diskusjonen, i Høyre, hvor det finnes dem som mener at Benkow har gått for langt, og i mitt eget parti hvor det er viktig at resultatet oppfattes slik det er: Arbeiderpartiet har maktet å få andre med på sin linje.

Stein Ørnhøi fra SV starter sin replikk med å ironisere over Benkows ros av saksordføreren. Han mener at innstillingen ikke på noe viktig punkt inneholder noe pålegg om handling. I mitt svar sier jeg at det er trist, men ikke det minste overraskende at herr Ørnhøi benytter anledningen til å undervurdere den politikk som er blitt utformet. Den betyr vesentlige bevegelser i forhold til tidligere, og det på områder som også Ørnhøi og flere andre har vært opptatt av gjennom flere år.

«Det illustrerer den rolle som SV ønsker å spille i norsk politikk: outsiderens, de som liker resolusjoner bedre enn praktiske resultater, de som ikke en gang kan anerkjenne at vi her har fått enstemmige merknader hvor det står at Norge skal arbeide mot en strategi i NATO som innebærer første-bruk av atomvåpen.»

Etter at replikkordskiftet er over, får Stein Ørnhøi aktiv støtte av sin parlamentariske leder Hanna Kvanmo, som ber om ordet for å oppklare en misforståelse: «I tilknytning til det GHB svarte Stein Ørnhøi vil jeg be om at hun oppklarer følgende misforståelse: Er dette en høytidsstund som ikke må forstyrres av kritiske spørsmål, er dette en høytidsstund der freden i AP er gjenopprettet, og freden i den store koalisjonen er gjenopprettet, eller er dette en debatt?»

SV bærer preg av at de føler seg utenfor. For nå foregår debatten på APs premisser. Ellers er dette et lite bilde på Hanna Kvanmos dyktighet som parlamentariker. Det sier jeg til tross for at hun blir avvist av presidenten som helt riktig sa: «Dette var etter presidentens mening en replikk, og replikkordskiftet er som kjent avsluttet!»

Høyres stormløp mot egen regjering?

Det er ikke bare SV som ikke liker den nye enigheten. Morgenbladet er dypt skuffet over Høyre, og straffer partiet i sin kommentar på verst mulig måte: «En drabelig Gro-seier i dra-kampen med Høyre»!

«Nedrustningsinnstillingen må være Gro Harlem Burndtlands

fremste politiske mesterstykke. Det var ikke for ingen ting at AP-talsmannen gledestrålende kunne forkynne overfor Morgenbladet: «Her står det ikke et ord som jeg ikke frimodig kan skrive under på.» Hele innstillingen bærer preg av Harlem Brundtland – innhold, tone, vinkling, utvalget av facts – måten å tenke på. Og som kronen på verket har hun fått hele komiteen, inklusive Høyre, til å legitimere sitt egets partis glideflukt i sikkerhetspolitikken på den mest finurlige og elegante måte.

En enstemmig komité gir Utenriksdepartementet og regjeringen på pukkelen så det høres. Det gjelder på en rekke punkter: atomsoner, sikkerhetspolitiske vurderinger, og annet. Det er merkelig at Høyre har kunnet være med på dette stormløpet mot sin egen regjerings arbeid.»

Arne Skauge, som var den som forhandlet i komiteen på Høyres vegne, kom selvfølgelig i et kraftig søkelys. Bergens Tidende konfronterer ham med Høyres glideflukt og mener han har fått ord på seg for å være en åpnere og mer radikal utenrikspolitiker enn det som har vært god takt og tone blant norske konservative. Jeg synes han gir et godt og dekkende svar på utfordringen: «Når man arbeider med saker og får ny kunnskap, så må man ta hensyn til denne nye kunnskapen.»

Det gikk mot valg. Disse tre-fire årene hadde også vært preget av vennskap, personlig kontakt, lange samtaler og åpen meningsutveksling, både i Stortinget og på våre mange reiser i utlandet. Vi kjente hverandre godt, vi som arbeidet i utenrikskomiteen – Jakob Aano, Johan Buttedahl, Hans Hammond Rossbach, Arne Skauge, og Harald U. Lied, ja, og Grethe Værnø. På vår side var vi foruten meg, Kirsti Kolle Grøndahl, Einar Førde og Guttorm Hansen, som var vår fraksjonsleder.

Jeg følte ofte med Jakob Aano og Johan Buttedahl når de strevde med å få gjennomslag for det de mente var riktig i sine lange dragkamper mellom og innad i regjeringspartiene. Johan Buttedahl var tannlege. Jeg var lege. Det hendte vi så hverandre inn i øynene og ikke behøvde å si mange ord for å forstå hverandre.

Sikkerhetspolitikkens betydning

Når jeg tenker tilbake på alle disse årene og ser på den situasjonen som partiet er i i dag, så er jeg overbevist om dette, som jeg også sa på partiets landsstyremøte i oktober 1996: «Jeg har vært med i 22 år nå, helt sentralt i partiets ledelse, og jeg har opplevd mye av samarbeid og strid, men aldri før har parti, partiorganisasjon, stortingsgruppe, regjering og fagbevegelse hatt et mer samkjørt og bedre samarbeid enn det som er situasjonen i dag.

Det er klart det er en fantastisk startposisjon for den nye regjeringen. Den har den forrige partileders og statsministers fulle støtte, den starter med et vel etablert og tillitsfullt samarbeid med fagbevegelsen som grunnlag. Det er ingen bitterhet, hevngjerrighet eller ønske om å lage snubletråder ute og går. Slik har det aldri vært i de årene jeg har vært med – og heller ikke, slik jeg har hørt og erfart fra dem som var sentrale i tiårene forut, noen gang før.»

Bakgrunnen for dette ligger i den historien som gikk forut. Samlingen om sikkerhetspolitikken fram mot 1985 var en viktig del av grunnlaget.

Foran valget i 1985 var det meste av kraften gått ut av Willoch og Høyre i angrepene mot Arbeiderpartiet omkring sikkerhetspolitikken. Arbeiderpartiet var samlet og stod på en gjennomdrøftet plattform. Det var ikke lenger lett å skremme folk med Einar Førde, Bjørn Tore Godal eller Thorbjørn Jagland. Vi stod sammen, også i sikkerhetspolitikken. NATO-medlemskapet var solid forankret i hele bredden av partiet. Likevel ble det gjort et forsøk da panikken nådde Høyres Hus og regjeringskontorene de siste 14 dagene før valget. Arbeiderpartiet var på offensiven. Nå gjaldt det å ta i bruk det man hadde. Willoch måtte på banen. Det sikkerhetspolitiske kortet måtte tas i bruk, enda en gang. De rykket ut – og enkelte medier fulgte opp. Jeg fikk et spørsmål fra NRK radio, i en serie med spørsmål der opplegget var å svare ja eller nei. Da kom det: Blir Einar Førde utenriksminister? Jeg svarte nei, i stedet for å nøle. Den plassen skulle Knut Frydenlund ha. Men hensikten var klar. Man skulle forsøke å sette spørsmålstegn ved Einar. Treholt-saken var fortsatt i friskt minne. De to hadde vært venner. Det var lett å søke å utnytte det, hvor urimelig det enn var.

Det var de som hostet litt da Thorbjørn Jagland ble partisekretær høsten 1986. Var ikke han litt langt ute på venstresiden, ikke minst i sikkerhetspolitikken? Hadde han ikke vært mot NATO? Det stilnet fort. Da Bjørn Tore ble utenriksminister i 90-årene, var det bare noen ertende krusninger fra enkelte journalister. Statsminister Thorbjørn Jagland og utenriksminister Bjørn Tore Godal ble medspillere i den store debatten om partiets profil og basis i sikkerhetspolitikken for en ny tid. Det brakte dem også helt i sentrum av partiets arbeid allerede i midten av 80-årene!

Kapittel XVIII

Hjemme hos oss

Tiden med barna ble ofte for kort. Samvittigheten gnaget i morshjertet. Savnet også. Jeg gjorde hva jeg kunne for å få noe fri i helgene. På hytta kunne jeg slippe alt. Papirene lå hjemme, jeg var mor og tilstede. Jeg satte pris på å lage mat og forberede de hyggelige og lange måltidene da vi kunne filosofere, le og prate.

Jeg lærte av mamma å koke karameller til jul. I *Den stora svenska kokboken* stod det en oppskrift, «fransk kola». Den laget vi sammen da jeg var 10–12 år gammel. Senere var det jeg som hadde det ansvaret. Den måtte koke i timevis, den måtte passes på. Det var alltid spennende om karamellmassen sukret seg, eller om den ble seig og god som den skulle være. En teskje ned i kokemassen, opp i kaldt vann, se hvor fort den stivnet. Det var en tålmodighetsprøve.

Fram til barna var blitt 15–16 år, greide jeg å gjennomføre denne oppgaven sammen med mine egne barn, slik jeg selv hadde gjort det sammen med min mor. Så gled det ut.

Det var noe spesielt med julen og tiden før jul. Jeg hadde regien, selv om Olav per definisjon skulle ha hovedansvaret hjemme. En episode fra en slik førjulstid forteller hvor vanskelig det kunne være å være mor på den vanlige måten og som et vanlig menneske, slik jeg ønsket.

Jørgen og Ivar er 12 og 13 år gamle. De tar bussen inn til byen og møter meg på Stortinget. Vi skal handle presanger. De er store nok nå til å kjøpe presanger til foreldre, besteforeldre, venner og søsken. Vi er på Steen og Strøm. Varehuset er tettpakket av mennesker. Jeg har et svare strev med å holde tak i de to gutta i menneskevrimmelen.

Da merker jeg det. *Alt* blir observert. Ser jeg etter dem, er det noen som følger meg med falkeblikk. Hever jeg stemmen slik at de kan høre meg, er det enda verre.

For meg ble hele julehandelen denne ettermiddagen litt av et mareritt. Uten at jeg tror de to var seg det bevisst, fornemmet de min usikkerhet og nølen. Det økte appetitten på å erte, ja jeg følte at mine to sønner kunne glede seg over å ha sin mor i sin hule hånd. Oppmerksomheten ble for meg til handlingslammelse.

Tilbake på Løvebakken med to spilloppmakere i mitt selskap føler jeg meg totalt utmattet. Jeg opplever at jeg er blitt utmanøvrert av situasjonen. Den kvelden får Olav en levende beskrivelse av det som har hendt. Ivar og Jørgen får sitt pass påskrevet. Jeg har gjort enda en erfaring om hvor vanskelig det er å kombinere kjendisrollen med morsrollen og foreldreansvaret når det skal utøves i full offentlighet.

Liknende episoder har jeg opplevd før. I Fredrikstad, i det store Domus, er vi av og til og handler i sommerukene. Jeg triller handlevognen. Ivar og Jørgen er med. Andre som er ute og handler, følger intenst med i samtalene våre. De ser hvilke varer som legges ned i kurven. De fleste er nysgjerrige, men samtidig diskré. Sier ingen ting.

En gang imellom skjer det at noen kommer med kommentarer. «Nei, men kan det være miljøvennlig da?» Eller: «Det der er vel ikke særlig helsefremmende.»

Som barn flest vil også Ivar og Jørgen forsøke seg med godterier. Mitt dilemma blir om jeg skal ta kampen om hver ting, eller gi litt etter for å unngå unødvendig oppmerksomhet.

En påske på Prestholtseter ovenfor Ustaoset, ber jeg Ivar om å plukke opp et sjokoladepapir som ligger på gulvet. Det var ikke han som hadde kastet det, men det å plukke opp andres papir er også en viktig lærdom.

Mange år senere, i den mest intense striden om kraftlinjen og valg av trasé over fjellet, får jeg et uhøflig og ubehagelig brev fra en som har vært sterk motstander av Miljøverndepartementets endelige avklaring i saken. Flettet inn i mannens rasende kommentarer er også episoden på Prestholtseter. Jeg er nå blitt til en kjeftekjerring som bryr seg med alt, og til og med befaler andre folks barn å plukke opp sjokoladepapir fra gulvet!

Gift med Arne Olav

Det faktum at Olav og jeg tilhørte ulike politiske partier og ulike organisasjoner i studentpolitikken, var jo der fra starten av som en realitet. Etter at jeg ble statsråd, var det fortsatt et greit utgangspunkt. Jeg forsvarte det med nebb og klør, på likestillingens grunnlag. Det kunne ikke være slik at selvstendige kvinner og menn, om de aldri så mye var gift med hverandre, måtte ha de samme standpunkter i alle saker og til alle politiske spørsmål. Heller ikke når det gjaldt hvilket parti de ville stemme på.

Etter at jeg ble nestleder i 1975, ble det etter hvert vanskeligere. Samfunnet var ikke modent for et så moderne syn. Derfor kunne dette forholdet utnyttes av politiske motstandere og delvis av politiske meningsfeller, som hadde andre favoritter i politikken. Slitasjen begynte å komme. Det tok lengre tid før Olav opplevde den som et problem. Det tok også tid før jeg ville uttrykke min bekymring og uro. Jeg mente jo det samme som ham, men jeg så de negative konsekvensene og mulighetene for andre til å utnytte situasjonen.

Jeg følte meg bundet av våre egne holdninger til disse prinsippene, så jeg nøyde meg med å klage over urimelighetene når de kom i pressen og på andre måter. Det var vi jo stort sett enige om å ta avstand fra, og vi så likt på det misbruket som vi opplevde både i privatlivet og i organisasjonslivet og i den offentlige debatten.

Men det gikk en grense. Da Olav kom på tale som stortingskandidat for Høyre foran valget i 1981, ble det for vanskelig. Jeg ble også overrasket over hvor lang tid det gikk før han forstod at dette tross alt ble en for stor belastning for meg. Han har i sin bok skrevet at jeg gav ham det inntrykk at i så fall kunne det bli skilsmisse. Ja, jeg ble nødt til å ta hardt i. Jeg mente faktisk at det var den eneste naturlige konsekvensen, men jeg gjorde det for å illustrere hvor urimelig han var som ikke selv forstod at han ikke kunne legge en så stor byrde på meg. Det var da også det som skulle til for at han selv trakk de konklusjonene han burde ha gjort lenge før.

Olav har alltid vært en optimistisk sjel. Jeg har alltid sett større problemer og større motforestillinger i de fleste saker. Så jeg bebreidet ham ikke så mye. Dette var et uttrykk for Olavs personlighet. Den glade gutten som trodde det beste.

Barna i klemme

Hva så med barna? I 70-årene og i første halvdel av 80-årene var det et ganske annerledes og hardere klima i den politiske debatten enn i dag. Barna ble klemt mellom to foreldre med ulike syn på flere viktige saker.

Jeg tror likevel vi greide å holde en åpen og hyggelig atmosfære rundt de politiske debattene i vårt eget hjem. Men kanskje skapte det i seg selv større usikkerhet hos barna? De opplevde at Olav og jeg kommuniserte på en skikkelig måte, at vi kunne diskutere fram og tilbake med argumenter omkring skattepolitikken, sikkerhetspolitikken, velferdspolitikken, skolepolitikken.

På skolen, i skolegården, i venners hjem og ute i foreningsliv der barna var med, var det noe annet. Der foregikk det mye mer enn vi ante. Barna var lojale og fortalte ikke om vanskelighetene. Det hendte de kom i kryssild der særlig mamma og hennes parti var utsatt for svært kritiske angrep.

I dag vet jeg at de slo tilbake. De visste jo at mye av det som ble sagt, var direkte galt. De følte ansvar for å rette opp inntrykkene og korrigere feilene. Dessuten opplevde de angrepene som urettferdige. Kaja forteller om en nær venn som med styrke hevdet at familien Brundtland helt sikkert snøt på skatten. Kaja ble sjokkert. Hun visste hvor nøye vi var i alle slike ting. Hvordan i all verden kunne han si noe slikt?

Jo, vi hadde havseiler, sa gutten, og det har man ikke råd til på to statslønninger. Dette var hva han hadde fått høre hjemme. Det spredte han videre med stor styrke.

Et annet argument som stadig gikk igjen, var noe også jeg hørte fra en av Knuts venner da de var 18–19 år gamle. Når man er sosialist, skal man ikke ha havseiler! Hvorfor ikke? sa jeg. Det er vårt valg, sammen med min far og mor. Det er vi som velger hvordan vi vil bruke våre egne penger etter at vi har betalt skatt. Diskusjonen om hvor stor skatten skal være, og hvordan de pengene vi har i vår felles kasse skal brukes til å fremme likhet og rettferdighet, har ingen ting med det å gjøre. Om vi bruker penger på klær, på sydenreiser eller på seilbåt må være opp til oss selv, så lenge det ikke skader andre.

– Vi visste jo hva du stod for, mamma

Kaja kan fortelle hvordan ordet sosialist ble brukt med en foraktelig mine. Hun visste godt fra diskusjonene hjemme og fra sin egen lesning av historien, at mamma ikke var sosialist i den betydning av ordet som anklagerne slynget ut. De forsøkte å få det til å lyde som kommunist, stalinist, sentralist. Hun visste at jeg var sosialdemokrat. Det var min far, det var Einar Gerhardsen, det var Trygve Bratteli, det har Arbeiderpartiet vært i praktisk politikk i hele dette århundre.

Kaja var den eneste av barna som uoppfordret gav uttrykk for at også hun var sosialdemokrat da hun skulle gå for å avgi stemme for første gang som 18-åring. De tre guttene valgte å være tause om dette. Olav og jeg ønsket ikke å påvirke dem, så vi syntes det var helt naturlig. Det var jo hemmelige valg, sa guttene. Visst var det det!

Det var viktig for oss at barna opplevde vår holdning til demokratiet og til den enkelte. Vi hadde respekt for det valget hver av dem skulle ta på sitt eget grunnlag og i forhold til sin egen samvittighet.

Kaja har også gitt uttrykk for at hun av og til ønsket hun hadde fått klarere råd, og at vår nøytralitet ikke alltid var så lett å forholde seg til. Det minner meg om den gangen jeg skulle velge studium som 18-åring. Det var ikke mulig for meg å velge uten å ha fått både mammas og pappas syn, selv om jeg ikke fulgte rådene de gav meg.

I dag ler hun og sier: «Mamma, vi visste jo hva du stod for, hvordan du tenkte, og hvordan du debatterte. Det så vi i avisene og i fjernsynet.»

Det så også alle andre vi møtte.

De store politiske oppgjørene utspant seg på én TV-kanal og i én radiokanal. Alle fulgte med. Det var stille i gatene. Alle så på, og dagen etter var dette diskusjonstema nr. 1 på arbeidsplasser og i lunsjpauser. Det er faktisk vanskelig å forestille seg i dag, hvilket dominerende innslag politikken var i den tidens Norge.

Olav beveger seg

«Alle» leste også Aftenposten. Der regjerte Egil Sundar. Han var medieføreren for borgerlig politikk, og han sloss for Høyre og Kåre Willoch. Det gjorde han også ved å dekke de interne stridigheter i

Arbeiderpartiet på en mest mulig effektiv måte. Men Aftenposten var samtidig en avis med en viss bredde, så på reportasjeplass hendte det at det kom oppslag som kunne virke positivt på leserne i forhold til Arbeiderpartiet.

Rie Bistrup, som var gift med Hans Vatne, sjefredaktør i Aftenposten gjennom mange år, har fortalt meg hvor sterke reaksjoner hennes mann opplevde i dagene og ukene etter at Aftenposten brakte et førstesidebilde av Olav og meg i seilbåten i 1977. Det kom leserinnlegg og brev om hvor fryktelig det var at Arbeiderpartiets nestleder ble gitt spalteplass på en slik måte, og det med et bilde som var så sympatisk og positivt! Undertegnet høyrevelger.

Jeg vet ikke hva Olav stemte i 1981, men jeg regnet med at han sikkert stemte Høyre. Likevel ble det etter hvert klart at vi kom til å dele synspunkter på mer og mer av den politiske dagsorden. Særlig i sikkerhetspolitikken var det tydelig at Olav hadde stor sympati med den kampen jeg og mine medarbeidere kjempet for å skape grunnlag for en politikk som kunne ha en solid, folkelig forankring.

Han ble også etter hvert overbevist om at skole og helse er så sentrale i et samfunn bygget på fellesskap at de må være under offentlig ansvar, offentlig styring og offentlig finansiering. Han var tvilende til Høyres privatiseringsfremstøt i helsesektoren og hadde nok mer sympati med meg enn med Kåre Willoch i de store debattene utover i 80-årene om helse og privatisering.

Jeg visste heller ikke hva Olav stemte i 1985, men da lurte jeg iallfall på det. Nå hadde jeg så mye støtte av ham, ikke bare i mitt arbeid generelt, men også støtte for mine holdninger til viktige spørsmål, at jeg lurte på hvordan han kunne stemme Høyre. Men jeg spurte ikke. Han sa det ikke. Respekten for egne meninger og for selvstendig plattform var like viktig for oss begge.

I 1989 valgte Olav å gå ut offentlig i en av sine månedlige artikler i Stavanger Aftenblad, midt under valgkampen, der han begrunnet og forklarte hvorfor han valgte å stemme Arbeiderpartiet. Sikkerhetspolitikken, velferdsstaten, styringen med økonomien – alt dette var viktige momenter i hans fremstilling.

På havet

Seilbåten var hver sommer i bruk en del av ferien. I 70-årene var vi et par ganger innom den svenske skjærgården, og en av de dagene bestemte vi oss plutselig for å stå over fjorden fra Storö utenfor Fjällbacka og rett over mot norskekysten. Det var frisk bris og fint vær. Vi hadde vinden på tvers av båten og fikk stor fart. Vinden økte til liten kuling.

Det er en mange timers tur, og hverken Olav eller jeg er vant med den slags havseilas. Litt redd er jeg hele tiden. Jeg tror Olav også er det, men han sier det ikke. Vindpresset gjør det vanskelig å snakke.

Vi observerer hver bevegelse hos barna. Båten ligger kraftig over. Det er egentlig ikke helt forsvarlig det vi har gitt oss ut på. Alle har flytevester på, men ingen av oss har line. Vi setter kompasskurs, men driver selvfølgelig av en god del på grunn av strøm og vind, så da vi nærmer oss norskekysten, vet vi ikke hvilket farvann vi kommer inn i.

Det er ikke lett å håndtere. Det er blitt skyet, litt tåket. Tenk om vi går på grunn før vi har fått klarhet i hvor vi er?

I tide forstod vi hvor vi kom inn. Vi nærmet oss Jomfruland. Sjelden har jeg vært så lettet som da vi passerte inn nord for Jomfruland og inn i Kragerø-skjærgården. Turen var spennende, skremmende og lærerik.

Et annet år er det deilige dager nedover sørlandskysten. Helt tilfeldig møter vi min bror Lars utenfor Grimstad, og vi fortsetter å seile sammen i de nærmeste dagene. Lars setter stor pris på kyststripa fra Kristiansand og vestover. Vi blir med. Olav, Jørgen og jeg.

Jørgen er 16, så etter en dag i havna Rasvåg utenfor Flekkefjord drar han av gårde, vil haike til Stavern til sin venn Lars. Noen timer etter sjekker vi med losen, som kommer innom på brygga i Rasvåg, hvordan det nå er med vinden. Han har en observasjonsstasjon lenger oppe i fjellet.

Det er 12 sekundmeters vindstyrke. Det ser bra ut, sier han. Vi bestemmer oss for å dra, Olav og jeg. Vi er utenfor Lista i et farvann som er kjent for å ha sterke strømmer som ofte gir store bølger.

Vinden øker på. Jeg tror det må ha vært mer enn 12 sekundmeter allerede da vi dro ut fra den stille, beskyttede havna i Rasvåg, for vi kommer raskt ut i vanskeligheter. Det er store bølger og et enormt vindpress. Hjertet banker.

«Vi må reve, Olav.» Storseilet berges fint. Fort, ned med fokka. Flytevestene er på. Olav er på vei fram over cockpiten. «Nei, du må ha line. Dette er farlig.» Han stanser, litt irritert. Knytter et tau på utsiden av flytevesten. Det er karabinkrok i enden. Han fester den på rekkestøtten, en rustfri spiral som er spent ut langs rekka.

Jeg ser det, men sier ikke mer. Er fornøyd med at han iallfall har tatt line. Det er tydelig at Olav har problemer på fordekket. Vinden er meget sterk, fokka slår over ham. Tauet slår krøll på seg.

Plutselig – et voldsomt vindkast. Båten krenger. Olav kastes ut mot babord, over rekka og i vannet.

Angsten slår ned i meg. Nå gjelder det å gjøre de riktige tingene. Lina er så lang at han er kommet ut i vannet, men så kort at han blir slått inn mot skutesida. Det er ingen mulighet for å komme seg opp. Jeg vet man kan bruke kverna, den vi bruker for å stramme fokkeskjøtene. Det har jeg lest i en artikkel en gang.

Olav greier å feste et nytt tau rundt brystet og den ene leggen. Det virker. Jeg har krefter nok når jeg kan bruke kverna! Halvveis oppe langs skutesida roper Olav: «Stopp. Tauet strammer rundt brystet og leggen. Vi må gi opp.»

Han er beundringsverdig klar og samlet midt i strabasene. Han roper: «Gro, fort – et tau.» Jeg strever med å finne et som er ledig, og som samtidig er festet. Det tar kanskje et halvt minutt. Han peker: «Se, det ryker.» Tauet over rekkestøtten har slitt seg ned til bare en tråd. Og i det øyeblikk han har knyttet knuten, ryker det. Det er et forferdelig øyeblikk. Det er nære på at Olav mister kontakten med båten akkurat da. Hadde han ikke vært så årvåken tross slagene mot skutesida, ville dette gått virkelig galt!

Så nære på

Nå har Olav lengre tau. Han kommer seg bak båten, og vi har begge håp om at han nå kan gå opp leideren når jeg setter den ned. Han prøver, han sliter. Båten hopper og danser i bølgene. Vinden er mellom 16 og 24 sekundmeter, det får vi senere vite. Slik føltes det også.

Han greier ikke å komme opp, og nå klarer han ikke å motta min hjelp. Jeg tror jeg kan hjelpe ham med et tau hvis han bare klarer å få bena på nederste trinn. Han er sliten, men han tenker klart.

Binder hendene sine fast til båtleideren og blir liggende i kjølvannet av båten mens jeg bukserer så godt jeg kan på motor innover mot Flekkefjordsfjorden og Rasvåg.

Han har vært over en time i vannet, han er forslått. Vannet er kaldt. Bare 13 grader. Vi snakker om dette. Jeg spør om han fryser, holder kontakt for å se at han ikke mister bevisstheten. Jeg vet det begynner å haste. Han må opp av vannet innen det er gått to timer, kroppstemperaturen synker for hvert minutt. Jeg må komme meg inn til land eller få hjelp på sjøen.

Det kommer en snekke med et par og en 10–12 år gammel gutt. Jeg får forklart situasjonen. Til min store overraskelse viser det seg at mannen ikke kan forlate rorkulten. Hverken kona eller sønnen kan manøvrere båten. De kommer fra Oslo og har reist i flere dager langs med kysten!

Motet synker, men det kommer en båt til. Nykommeren tar over roret i den første båten, og rormannen vi først møtte, kommer til unnsetning.

Faren går i vannet og gir Olav det puffet han trenger for å få benet opp på båtens leider. Da får jeg hjulpet ham ovenifra, og jeg får en sliten, forslått og glad Olav om bord i båten.

Nå er det av med alle våte klær, frottering, ullklær og dyner. Kroppstemperaturen må snarest mulig normaliseres.

Vi er tilbake i Rasvåg sammen med Lars og hans familie. Jeg vet at det var nære på. Det skulle overvinnelse til, ikke minst for Olav, å seile båten hjem igjen fra Lista. Skrekken hadde satt seg i oss begge. Jeg visste jeg kunne ha mistet Olav og barnas far.

Ingen av oss er helt de samme som båt- og sjømennesker etter denne opplevelsen. Likevel seilte vi i fire sesonger til, fram til pappa døde i 1988, og barnebarna vendte vår oppmerksomhet mer mot landjorda.

Barna forlater redet

Sommeren 1979. Vi er kommet så langt som til Mandal, Olav, Kaja, Ivar og Jørgen. Vi gikk aftentur, Olav og jeg, bortover Hamresanden. Da forteller han hva Knut har sagt like før ferien. Han planlegger å flytte hjemmefra til høsten! Olav tar det som en naturlig sak. For meg er det et sjokk. Knut flytte hjemmefra? Han har jo ikke engang tatt artium? Det er alt for tidlig. Morshjertet blør. Skal ikke Knut bo sammen med oss?

Han vil flytte sammen med venner. Planlegger å bli blårusspresident. Han tror ikke alt ståket og telefoneringen og vennene passer inn med mitt arbeid. Jeg må bare akseptere det. Men jeg glemmer aldri den aftenturen og den brutale endringen det er i livet at en av barna ikke lenger skal være en selvfølgelig del av kjernefamilien.

Senere dette året traff Knut Cecilie Malm, som var medlem av styret for rødrussen. De var begge 18, og møtet ble avgjørende for deres liv. I 1985 feiret vi det første bryllup i den neste generasjon. Det var sommer, og stort bryllup ute på Søndre Sandøy hos familien Malm. Vielse i Hvaler kirke, en gammel steinkirke fra 1300-tallet.

Det var en lykkelig dag. Hele familien var samlet. Alle var vi begeistret for Cecilie, vårt nye familiemedlem. Vi visste hvor heldige vi var. Det er ingen selvfølge å få svigerbarn man umiddelbart setter pris på og blir glad i.

Pressen var der, hjertelig til stede. Det hjalp ikke, viste det seg, at jeg bare hadde *vært* statsminister. Jeg kunne jo bli det igjen. Sosietetsreportasjer fra vakre Hvaler, det ble det. VGs rampelys har en hel side med bilder, med omtale av min ankomst rett fra møter i Verdenskommisjonen, om Knuts nye svigerforeldre og om kveldens meny.

Privatlivets tid var definitivt over.

Kaja hadde akkurat fylt 19 år og var ferdig med handelsgymnasiet da hun forlot hjemmet. Hun dro til et lite college i Evanston i Illinois, USA. Denne gangen var sjokket mindre, både fordi det var annen gang, og fordi Kaja var eldre enn Knut. Et år senere ble det leilighet på Bislett sammen med en nær barndomsvenninne. Hun leste offentlig rett og tok sosialøkonomi grunnfag og mellomfag.

Det ble tomt etter Knut og Kaja, men vi så dem ganske ofte i helgene og i feriene. Familiekollektivet fungerte fortsatt. Ofte med tre generasjoner, slik det hadde vært tidligere. På Mylla og på Helleskilen.

Så bar det av sted til Bergen og handelshøyskolen med Kaja. Sommeren -85 var hun tilbake etter året i Bergen. Nå skulle hun ta det vanskelige valget. Hva skulle hun bli?

Jeg stod på reisefot til Brasil da Kaja spurte meg hva jeg syntes. Olav hadde svart henne at hun burde studere videre og ta en Mastergrad i internasjonal business ved handelshøyskolen i Bergen. Det var det ene alternativet. Men hun hadde også fått ja på sin søknad om opptak på aspirantkurset i UD.

Med Olavs store interesse for utenrikspolitikk, syntes hun nok det var en sterk melding at han sa hun først burde sikre seg og ta hovedfag. Hun kunne selv godt tenke seg å gå inn i mer praktisk virke, var gått litt lei av bare å studere. Dessuten var det nok spennende dette med diplomatiet. Kanskje betydde det også noe at hun da kom tilbake til Oslo.

Jeg syntes Olav hadde vært litt for bestemt i sitt råd. Var det nå så sikkert at hun burde ta hovedfag? Kurset i UD er jo tross alt også utdanning. Behøvde vi å legge noe press på henne i noen bestemt retning? Begge deler er like all right. Jeg synes fritt du kan foreta det valget selv, sa jeg.

Kaja var noen år eldre enn jeg var da jeg presset pappa til å gi meg et råd, selv om han ikke ville. Det ble UD, men Kaja har senere fortalt hvilke kvaler hun led i det valget.

Ivar og Jørgen

Ivar var den av barna som holdt mest av sine tanker for seg selv. Han spurte sjelden om råd. Både han og Jørgen hadde typiske pubertetsnykker i 15–16-årsalderen. Kaja var fortvilet. De gjorde lite, bråkte mye, rotet mye og hun følte mye falt på henne i hjemmet.

Da Ivar var vel 16, begynte han plutselig å interessere seg mer systematisk for skolearbeidet. Da vi spurte hva som hadde skjedd med ham, sa han: «Jeg har tenkt å reise til Trondheim og gå på den tekniske høgskolen. Da må jeg greie en god nok eksamen.»

Høsten 1983 kom jeg hjem en ettermiddag og fant familien samlet hjemme. Olav kommer ut og meddeler: «Ivar har fått en japansk venninne. Hun er her inne.» Ja vel, det var jo en overraskelse. Men jeg skulle selvfølgelig være sporty og hilse en ny venn velkommen. Litt forvirret ble jeg da jeg ikke fant noen i stua, og Ivar så ut som et spørsmålstegn da jeg spurte hvor hun var.

På baksiden av huset sto en svart motorsykkel. Det viste seg at den japanske venninnen het Suzuki. Litt av en venninne! Jo, nå skulle Ivar reise til Trondheim og starte studiene. Motorsykkelen skulle han bruke som fremkomstmiddel.

Jeg ble fortvilet. Jeg kjente til ulykkestallene. Jeg hadde forelest om risikoen for veitrafikkulykker som skolelege. Jeg ville gjøre hva som stod i min makt for å endre hans plan.

Den kvelden foreslo jeg for Olav: «Vi får gi ham bilen.» Vi hadde en eldre Datsun som Olav brukte. Vantro blikk fra Olavs side. Men han skjønte jeg mente alvor.

Neste morgen fikk Ivar et tilbud han ikke greide å avslå. «Du kan få bilen, så beholder vi sykkelen.» Jeg var enormt lettet da Ivar *ikke* dro av gårde på sin Suzuki den formiddagen.

Pappa hadde beholdt sin rekkehusleilighet i Trondheim siden professortiden. Nå kunne Ivar bo der sammen med tre studiekamerater.

Ivar er den som likner mest på pappa. Ikke bare fregnene og det litt rødlette, men den besluttsomme utholdenheten. Vi merket det allerede da han var liten. Som syvåring lærte han å sykle helt alene, uten å spørre, uten å vise noen før han kunne det. Vi så ham uten at han visste det, en søndag ettermiddag. Time etter time mens han trenet fra det ene garasjehjørnet til det neste, nedover på motsatt side av veien. Det var Knuts sykkel han brukte. Den kvelden kom han inn og ba om å få egen sykkel, for nå kan jeg sykle!

Jørgen tok artium i 1985 på Katta før han var fylt 18 år. Den høsten tok han forberedende og søkte seg samtidig frivillig ut i det militære. Han ville gjøre seg ferdig med militærtjenesten før han startet på juss-studiet som sin eldre bror Knut. Jeg syntes det var tidlig. Men både Olav og brødrene mente at det var da helt greit.

I månedsskiftet februar-mars var han hjemme på perm, ferdig med rekruttskolen. Han hadde fått nye venner. En venn og han skulle på befalsskole på Sørlandet. Han var i strålende form og i godt humør. Alt så ut til å gå fint. Senere dette året skulle vanskelighetene komme.

Kapittel XIX

I opposisjon

Det kom mer trygghet og liv i rekkene etter regjeringsskiftet og landsmøtet på Hamar. Men det var likevel ikke nok til å vinne fram mot den høyrebølgen som allerede hadde skyllet over oss.

Nå skulle partiorganisasjonen og stortingsgruppa settes i stand til å bygge opp samarbeid og gjensidig tillit, med stor vekt på å gjennomdrøfte politikken, strategien og sakene i alle fora. Bare slik kunne vi komme på offensiven og få økt tillit og oppslutning ved de kommende valg.

Jeg hadde dannet meg det klare inntrykk at partiet lett kunne bli fange av miljøene i Oslo rundt Youngstorget og på Løvebakken. Arbeiderpartiet og fagbevegelsen har sin forankring ute i det ganske land. Da er det viktig at arbeidet foregår desentralisert, at vi styrker kommunepartier og fylkespartier slik at partiet får inspirasjon fra velgerne og de tillitsvalgte der ute.

Sentralstyret må ha flere medlemmer fra andre deler av landet enn Oslo og det nære østlandsområdet. Gjennom 80-årene har sentralstyret fått en større bredde. Det er en åpenbar styrke for partiet.

Organiseringen av stortingsgruppa og sekretariatet der er en annen viktig del av den samlede innsatsen.

Wiktor Martinsen reiste en tur over til Sverige for å lære mer om hvordan vårt svenske søsterparti hadde organisert seg i opposisjon. Primus motor i den innsatsen som ble gjort i riksdagsgruppen, var Ingvar Carlsson, en av de nære medarbeiderne til Olof Palme. Jeg hadde kjent ham som statsrådskollega siden vi ledet den norske og svenske delegasjon til FNs Habitat-konferanse i Vancouver i 1976. Det var ideer å hente og erfaringer å høste, men svenskene har alltid hatt mye større ressurser, både i penger og antall ansatte.

Jeg var ikke minst opptatt av å unngå at våre valgte representanter blir spesialister på ett fagområde. Da blir noen få monopolister på hvert sitt område. Vi mister bredden og dybden, erfaringene og inspirasjonen fra de mange som har noe å bidra med fra hvert sitt ståsted, fra sin livserfaring og bakgrunn. I Stortinget fordeles alle representantene til forskjellige komiteer. Dermed dannes det fraksjoner fra de ulike partiene. For et stort parti som Arbeiderpartiet vil det alltid være flere sammen i en slik fraksjon. Lederne for fraksjonene velges av gruppemøtet. De får dermed et spesielt ansvar for å lede det politiske arbeidet i sin komité, hele tiden med den forståelse at man er tillitsvalgt på vegne av hele gruppa.

Jeg har gjennom årene sett hvilken svakhet det blir hvis det sosiale fellesskapet og det felles politiske grunnlaget svekkes og hver fraksjon blir en stat i staten. Ingen må eie bestemte deler av politikken i et demokratisk parti. Når en sak behandles inne i stortingssalen, skjer det gjerne på bakgrunn av en innstilling som er laget i en av komiteene. Mens arbeidet med en slik innstilling pågår, vil det føre helt galt av sted hvis to, tre, fire eller fem representanter alene formulerer politikken. Det er viktig for fellesskapsfølelsen og for engasjementet i hele stortingsgruppa at det er mange som er med i diskusjonen – først uformelt, senere i styremøte og gruppemøte.

Sammen med Gunnar Berge og Einar Førde la jeg mye arbeid i dette i de første årene i opposisjon. Alle skulle kunne komme til orde. Ingen skulle oppleve å komme i salen for å delta i en debatt og føle at de ikke hadde fått medvirke i behandlingen av saken, men likevel var forpliktet ved at partiet hadde tatt stilling gjennom den enkelte fraksjon.

Det var også noe annet som måtte til for at vi ikke skulle komme ut på viddene og miste taket i den økonomiske helheten som alltid må være til stede i forsvarlig politisk tenkning. Arne Øien var med på å diskutere og legge til rette en styrking av den økonomiske kompetanse knyttet til finanskomiteen og vår finansfraksjon.

Vi ansatte en egen økonomisk rådgiver, Torstein Moland, som da var avdelingsdirektør i Finansdepartementet. Dette høynet kvaliteten og gjorde det mulig å få til et eget analysearbeid i samspill med Statistisk Sentralbyrå og Finansdepartementet. Etter hvert kunne vi utvikle våre egne alternative budsjetter, langt mer grundig og solid enn det som tidligere hadde vært tilfelle for opposisjonspartier. Det samme skjedde da vi laget vårt alternativ til regjeringen Willochs langtidsprogram i 1985.

Foran valget i 1983 la vi mye arbeid i et nært samarbeid med fylkespartiene for å kunne ta pulsen på velferdssamfunnet rundt i landet. Data om utvikling av kommuneøkonomi, om sysselsetting og helse og omsorg ble innsamlet. Vi fikk et bilde av manglene og svakhetene også, og vi kunne langt på vei måle hvilke resultater Arbeiderpartiets politikk ville gi som alternativ til Willoch-regjeringens. Denne felles innsatsen skapte engasjement og interesse.

Ut med de gamle oppskriftene!

Vi ville fornyelse. Vi ville selv stille kritisk søkelys på velferdssamfunnets ordninger. I VG mandag 18. januar 1982 kommenterer Bjørn Talén landsstyremøtet på Hamar denne helgen. Overskriften er «Mer liberal sosialisme – AP forkaster gamle oppskrifter».

«Fornyelsesprosessen fortsetter i Arbeiderpartiet. Vi er ikke tjent med å beskytte dårlige ordninger fordi de en gang ble båret fram av arbeiderbevegelsen,» sa partileder Gro Harlem Brundtland under landsstyremøtet på Hamar i helgen. «Er det riktig å si at Arbeiderpartiet er inne i en liberaliseringsperiode? Ja, de gamle dogmene er på vei ut. Vi må finne nye veier og kan ikke bare forsvare alle våre tidligere løsninger, sier Gro Harlem Brundtland. De grunnleggende ideene og målene er de samme, men vi som har vært velferdsstatens arkitekter må også være dens fremste kritikere og analytikere. Blant annet må vi se hvordan vi kan unngå unødvendig styring og utilsiktede bivirkninger av politiske tiltak.»

På dette landsstyremøtet har vi satt opp holdningen til NRK-monopolet som egen sak. Tom Thoresen som har vært medlem av kirke- og undervisningskomiteen, og som har ledet et partiutvalg om mediepolitikk, innleder. Her må det skje en oppmykning, men debatten om hvor langt og hvordan er ganske intens innad i partiet. Einar Førde slår fast at en forsiktig oppmykning av NRK-monopolet ville ha kommet også om han fortsatt hadde vært kirke- og undervisningsminister.

Det er utrolig viktig at man i et politisk parti ikke lukker øynene for virkeligheten omkring seg. Det har ingen hensikt å velge seg et mer livsfjernt ståsted selv om man er kommet i opposisjon. Einar visste det, Gunnar visste det, jeg visste det.

Vi visste også at partiorganisasjonen trengte fornyelse og inspirasjon. Vi la opp til en organisasjonsoffensiv rettet mot rekruttering av nye medlemmer og en mer aktiv og åpen holdning til partiets rolle. Vi gikk ut med kampanjen og debattopplegget som fikk navnet «Åpent Parti».

Gamle dilemmaer, nye tanker

Når Høyre-siden vant fram med sitt slagord «Forbuds-Norge» i årene 1979–81, var det fordi en del av regelverket var uforståelig og dessuten vanskelig å forsvare.

Det gjaldt spørsmål som arbeidstid, åpningstid og den store mangelen på barnehageplasser, og det gjaldt boligpolitikken. Vi hadde skapt et system der det medførte økonomisk straff å flytte fra en by til en annen i landet! Jeg sier det slik, fordi en familie i et borettslag i Oslo ikke kunne ha noe håp om å flytte til en borettslagsleilighet i for eksempel Stavanger hvis far eller mor skulle bytte jobb. Da gjaldt nemlig pristakst, som bare ville vært en fin idé hvis vi hadde hatt ett eneste boligmarked. Det ble store problemer når familien måtte selge. I Stavanger måtte de betale dobbelt pris for en leilighet av samme standard, fordi de naturlig nok ikke var medlemmer av Stavanger Boligbyggelag!

I Stavanger var det på denne tiden helt umulig for meg som nestleder å forklare på en overbevisende måte hvorfor det var rettferdig at helt like leiligheter på den andre siden av en tilfeldig gate skulle koste bare halvparten. Vi greide ikke i tide å håndtere dette dilemmaet.

En lørdag i 1980 var jeg på et møte i regi av Handel og Kontor i Oslo. Varsomt nærmet jeg meg dette brennbare temaet lørdagsfri i butikkene, som de drøftet på den tiden. Jeg snakket om småbarnsfamilien, om behovet for større valgfrihet for å greie hverdagen når begge foreldrene var ute i arbeidslivet. Jeg pekte på det dilemmaet vi stod overfor. Vi var alle arbeidstakere som trengte vern og rett til fritid, men samtidig var vi jo brukere av hverandres tjenester. Vi var avhengig av at andre var i arbeid når vi selv trengte det.

Helse og omsorg er gode eksempler. Jeg fortalte om mine egne erfaringer, om døgn på døgn uten fritid og hvordan vi ikke engang fikk en alternativ fridag som unge leger, når vi arbeidet dag og natt i helgene.

Hvorfor kan vi ikke lete oss fram til løsninger som skaper en større valgfrihet for oss alle? Er det noen her som kunne tenke seg fri hver annen lørdag, og så mandager fri den andre helgen? Er det så sikkert at vi ønsker oss et mer stengt samfunn? Kan vi ikke arbeide *for hverandre* og gi oss selv muligheter samtidig som vi tar vare på retten til fritid?

Jeg ser på ansiktene foran meg, de aller fleste kvinner. Noen av dem nikker, alle følger intenst med. Jeg merker at jeg når inn hos flere. Ikke alle er enige, men jeg får flere reflekterte og positive kommentarer. Andre er sterkt kritiske overfor sine egne som våger å være med og stille spørsmål ved dette viktige faglige krav om lørdagsfri!

Det ble ikke lørdagsfri i varehandelen. Jeg tror det var helt riktig. Men Arbeiderpartiet ble av mange sett på som partiet som bare ville regulere og stenge. Det tok for lang tid før vi greide å få til den nødvendige interne diskusjonen i parti og fagbevegelse, der brukerne ble satt sterkere i sentrum.

Høyres slagord «et åpnere samfunn» slo an.

Sosialdemokratiet og fagbevegelsen var nok for konservative og tradisjonelle, og greide ikke å reformere egen tenkning i tide. Helt fra 1974, da jeg startet i rikspolitikken, stilte jeg meg slike spørsmål og ville at hverdagsproblemene skulle bli satt på dagsordenen. Valgfrihet måtte også være et sosialdemokratisk anliggende. Vi skulle kjempe for at valgfriheten skulle omfatte alle, ikke bare de med mest ressurser.

Tidlig i 80-årene kom vi likevel i den situasjonen at Willoch-regjeringen tok initiativ og gjennomførte reformer som ble populære. Astrid Gjertsen ble dagens helt. Jeg kunne bare ergre meg grønn for at tiden ikke hadde vært moden så vi selv kunne ha gjort ting på vår måte og på våre premisser. Det jeg maktet i 1981 var å fremme forslag om rett til delt arbeid og pensjon, den første nye oppmykning av arbeidstidsordningene som kunne tilpasses ulike behov og livsfaser.

Det er aldri lettere å få til nytenkning og reformforslag på områder som dette når man er i opposisjon, selv om signalene var gitt i regjeringen Brundtlands langtidsprogram allerede tidlig på våren 1981.

Nytt programarbeid «Åpent Parti» og så forberedelsen av den såkalte Frihetsdebatten måtte til for å bringe oss videre.

Den stille generasjon

En maikveld i 1982 var russekullet fra 1957 samlet til gjensynsfest. De hadde bedt meg holde tale. Dette var de refleksjonene jeg gjorde meg, fremført lavmælt og i stort alvor for mine samtidige, som satt mellom søylene i den gamle Dovrehallen: «Vi – kremen av Norges ungdom – sa vår russepresident Jan Erik Vatten da han talte ved Wergelandsstatuen. Det støkk i meg. Jeg glemte det aldri. Var det egentlig noen som hadde noe å takke oss for, fordi vi var blant de privilegerte som hadde fått våre 12 års skolegang og nå fritt kunne velge vår fremtidige yrkesvei?

Krem? Dessertgenerasjon snakkes det i dag ofte om. Er *det* oss?

Nei, jeg tror ikke det ville være dekkende. Men hva med våre barn? Det er generasjonen som er født i 60-årene, de som nå blir 18 år, myndige og møter samfunnet. Har *de* vår fremtidstro, vår trygghet?

Ikke uten videre. De har ikke opplevet sine skoleår bare med økende velstand, ubegrenset tro på det materielle fremskrittet, nye tider og muligheter. De har fått lære om grenser for vekst, om miljøforstyrrelser, utarming av ressurser. De har fått oppleve de sosiale grenser for meningsfylt vekst.

Men de har *også* opplevet at økonomien ble vanskeligere, at arbeid ikke er en selvfølge, at fremtiden skaper usikkerhet, at atomfrykten virkelig brer om seg.

Hvem er så denne dessertgenerasjonen?

Ikke vi, som opplevet at Norge var i krig, som opplevet fredsvåren, samholdet, rasjoneringen og oppbyggingen. Vi har stått med ett ben i knapphetssamfunnet, og vil alltid ha med oss ubevisste minner om matmangel og en nerve av dempet nøkternhet.

Men de som startet sine skoleår i 1950-årene, mellomgenerasjonen mellom oss og våre barn, hva med dem? De opplevet 50- og 60-årenes stabile og sterke materielle fremgang. Det var *de* som ble kjernen i ungdomsopprøret fra 1968. De ble politisk bevisstgjorte langt sterkere enn det som preget vår generasjons ungdoms- og studietid.

Jeg følte meg ofte alene med mitt engasjement. Det var et rent fremmedelement på det medisinske fakultet at noen var opptatt av politiske spørsmål. Pensum, lesesalen, yrket, karrieren, var det som engasjerte.

Vi var en stille generasjon.

Nå må det hvile et avgjørende ansvar nettopp på den generasjonen for å finne de veier som kan gi et større grunnlag for fremtidstro for dem som kommer etter oss. For den tid er nå definitivt forbi da vi er en mellomgenerasjon og våre foreldre er de som bærer hovedbyrden.

De er nå pensjonister. Mellom våre to generasjoner finner vi dem som var født under trettitallets kriseår og var tenåringer under krigen. De hadde ikke våre muligheter til utdanning. Vi var med andre ord heldig stillet vi som var tenåringer i 50-årene.»

Det var en appell om større samfunnsansvar og en sterkere politisk bevisstgjøring av denne altfor stille generasjonen. Det var av de ensomme øyeblikk, midt blant samtidige. Jeg var gått en vei som var fremmed for de fleste av dem, men jeg hadde mitt virke på et felt som påvirket deres liv og deres barns fremtid. De følte seg fjernt fra den politiske verden, den som jeg var en del av, og der jeg strevde for å fremme de verdier og mål som jeg trodde på.

Den striden og det engasjementet skulle prege mitt liv ennå i femten år, på heltid.

Vekst bare et negativt begrep?

Vi hadde startet arbeidet med partiprogrammet i 1983. Det ble lagt bredt an. Flere utvalg vil se på sentrale temaer. Arbeidstittelen for programforslaget er «ny vekst for Norge». Det er ment å illustrere mere enn tradisjonell vekst. Vi vil formidle optimisme, pågangsmot, styringsevne. Vi vil ut av stagnasjonen under Willoch. Vi vil økt livsstandard og vekt på miljø og natur. Og – vi vil skjerpe fordelingsprofilen. Det er altså en vekst som skal omfatte alle.

I sentralstyremøte 18. juni 1984 får vi en diskusjon om programmets tittel. Egil Knutsen, AUFs leder, advarer mot vekstbegrepet og vekstfilosofien. Han ønsker at vi velger «ny giv for Norge». Bjørn

Tore Godal, som er leder i Oslo-partiet, støtter ham og mener at vekst kan oppfattes negativt. Giv er bedre. Reiulf Steen som på dette tidspunktet igjen er valgt inn i sentralstyret, støtter dem begge.

Einar Førde holder et sterkt innlegg til forsvar for programkomiteens «ny vekst for Norge». Kan vi tillate vekst som et negativt begrep? Arbeiderpartiet er det mest vekstorienterte parti. Kan vi unnsi oss det? Vi har ikke noe å gå på når det gjelder å gjenreise vekst som noe positivt!

Ja, det var dette vi ville, det var dette vi forsøkte. Ole Knapp, som er med i LOs ledelse, sa det slik: «Vi må slåss for programmets innhold! Velger vi et annet slagord, må vi ta fighten for programmet likevel.»

Einar og Ole hadde rett. Men jeg visste også at AUF og Oslo-partiet samlet kan være en betydelig kraft, hvis dette virkelig ble et tema som fenget innad i partiet. I det endelige møtet i programkomiteen holdt vi fast på tittelen.

Livskvalitet

På AUFs landsstyremøte lørdag 3. november innleder jeg derfor om «ny vekst for Norge». Økonomisk vekst har vært et bærende element i alle år. Det var en forutsetning for gjenreisingen og oppbyggingen av velferdssamfunnet i de første etterkrigsårene. I 1984 er vi på ingen måte i tvil om behovet for økonomisk vekst. Den økonomiske verdenskrisen og vår hjemlige konservative regjering har gjort det absolutt nødvendig å lage et program for å gjenreise vekstevnen i norsk økonomi.

1950-årenes rykende skorsteiner og de nye rørgatene ned fjellsidene var jo faktisk symbolet på økende velferd. I 60-årene ble vi også klar over de ulemper veksten kunne føre med seg. Derfor ble innholdet og fordelingen av veksten satt enda sterkere i forgrunnen. For det er ikke slik at økonomisk vekst uten videre skaper full sysselsetting og større livskvalitet. De nye arbeidsplassene bør nå særlig skapes på områder som vil gi oss alle større livskvalitet. Manglene er store på de felter der vi bare kan lage fornuftige løsninger i fellesskap. Det gjelder f.eks. tiltak for eldre. Det gjelder barnehager, sykehjem og andre områder hvor det er økt behov for omsorg. Utfordringene er store.

Det er også et viktig poeng at selv om den internasjonale økonomien skulle bedre seg og vår arbeidsledighet avta noe, er Norges grunnleggende problemer ikke løst. Dette henger sammen med mangel på omstilling både til ny teknologi og til nye markeder. Derfor vil vi innlede en ny industrialisering av Norge gjennom en nasjonal industristrategi. Vi skal ha en økt satsing på forskning og utviklingsarbeid både i offentlig regi og i bedriftene.

Et tema som hadde skapt frisk debatt i årene under Willoch, var faren for en omfattende privatisering av vår helsetjeneste. Jeg sier at det ikke er noen tvil om at et helsevesen som det vi finner i USA med et stort privat innslag, koster mer enn det norske. Folk må betale mer av egen pung, mens svake grupper har mye dårligere kår.

Høyre-argumentene føres stadig mer aktivt fram etter hvert som køene vokser og manglene blir mer synlige. Slipp private til, så blir det større ressurser, lyder parolene. Er ikke egentlig drivkraften en helt annen? Er det ikke ønsket om å kunne sikre seg og sine nye og bedre tilbud, men uten å måtte være med å betale for at alle skal kunne ha samme standard? Jeg tror det. Og dette er hovedpoenget og Arbeiderpartiets utfordring.

Mellompartiene inn i regjeringen

I månedsskiftet mai-juni 1983 kommer Johan J. Jakobsen med et politisk utspill. Nå vil Senterpartiet inn og ha en hånd på rattet i regjeringen. De er åpenbart kommet til at det er Høyre som tjener på den rene Høyre-regjeringen, og de frykter hvordan valgkampen skal forløpe med Høyre i regjeringsposisjon og mellompartiene på sidelinjen. Arbeidsledigheten er økende. Virkningene av Høyre-regjeringens politikk begynner å komme til syne. Særlig viktig for SP er den svakere distrikts- og kommuneprofilen.

På sentralstyremøtet 6. juni legger jeg opp til en gjennomgang av den nye politiske situasjonen som er oppstått. Samtidig behandler vi vår egen politiske uttalelse nå foran valgkampen.

Før valget i 1981 hadde vi sagt at borgerlig flertall ville bety en ren Høyre-regjering eller en Høyre-dominert regjering. Det utsagnet stod fortsatt ved lag. Det vi har vært vitne til, er at den nåværende samarbeidsmodell er brutt sammen, og at dette har gjort det nødvendig å gå inn i fase nummer to.

Høyre vil fortsatt ha roret og et klart flertall i regjeringen. De vil ikke engang markere at Høyre-regjeringens tid er avsluttet. Mellompartiene inviteres inn som enkeltstatsråder i regjeringen Willoch.

Fra starten av har de selv satt seg i en bundet situasjon gjennom sine erklæringer om støtte til den borgerlige regjering. Og de har aldri sørget for å skape noe mer balansert bilde i forhold til Høyre. De har ganske enkelt tatt for gitt at det bare er Høyre alene eller Høyre med tillegg av dem som kan danne regjering. Mellomparti-alternativet har de ikke engang våget å nevne.

Den gangen tidlig i 80-årene var det ingen i mellompartiene som krevde å bli sett på som likeverdige med Høyre. Det forholdet bidro nok til frustrasjon i mellompartiene, særlig i Senterpartiet.

Einar bak i køen, sier VG

Når jeg ser tilbake på årene 1982 og 1983, er det lett å finne ting som illustrerer hvorfor min mor fortsatt ofte sa: «At du orker, Gro.» Noen eksempler på store oppslag i aviser som VG: «Gro upop i AP.» Det er den 3. april 1982. Og samme dag: «Gro i utakt med partiet.»

Den vanskelige saken med Reksten og Hambros Bank var bakgrunnen for disse oppslagene. Det opplegget som var lagt til rette fra vår finansfraksjons side, ble vanskeliggjort ved at SV valgte sin egen strategi og reiste mistillitsforslag mot Willoch-regjeringen. I slike situasjoner er det én ting som er sikkert. Det gjelder å stå sammen skal man overbevise andre om sin sak. Men i avisene blir dette gjort til et personlig anliggende for partilederen og den parlamentariske lederen.

Fredag 30. juli 1982 er det et nytt stort oppslag: «AP inn i ny personstrid.» Partiets sekretær Ivar Leveraas har svart på et spørsmål fra pressen at han er innstilt på å søke gjenvalg på det kommende landsmøtet, noe han også tror de to øvrige i partiledelsen vil gjøre.

VG har hentet inn reaksjoner på Ivar Leveraas uttalelse, og varsler nå en ny opprivende personstrid om hele ledertroikaen bør gjenvelges av landsmøtet til våren. Her snakkes det om partiformannens

Fine kolleger og spennende år: Utenrikskomiteen 1981–85. Bak: Jan Tore Holvik, fast sekretær, Liv Aasen, Einar Førde, Johan Buttedahl, Harald U. Lied, Kjell Magne Fredheim, Hans Hammond Rossbach, Jo Benkow, Jan Petersen. Foran: Ved siden av meg Guttorm Hansen, Jakob Aano, leder, Grethe Vernø.

Det flerkulturelle Norge er kommet for å bli. Vi solidariserer oss med innvandrerbarna 17. mai 1983. (Scanfoto)

8. mai 1986 avduker jeg statuen av Johan Nygaardsvold på Lilletorget i Trondheim. Ivar er NTH-student og stiller opp. Dagen etter skal Arbeiderpartiet igjen overta regjeringsansvaret. (Scanfoto)

noe autoritære lederstil. Det hevdes at forholdet mellom formann og nestformann Einar Førde er blitt ytterst kjølig for tiden.

Einar Førde går heller ikke fri for kritikk. Man beklager at han tydeligvis gjør lite for å øve innflytelse og finner det underlig at han foretrekker å spille en fullstendig anonym rolle. Slik slås tre fluer i ett smekk – Gro, Ivar og Einar – og inviteres det til at Arbeiderpartiet igjen skal bruke mesteparten av sine krefter på å slåss innad om personer og politikk. Takk som byr!

Jeg så meg ikke tjent med å forsøke å finne ut av hvilke kilder VG hadde. Det var ingenting å gjøre med dette, bortsett fra å forsøke og gjøre en best mulig jobb og gjennom det motbevise påstandene.

Den 23. oktober kommer et nytt VG-oppslag: «Svart uke for Gro.» Grunnlaget for dette hadde jeg selv skapt ved å vise min irritasjon overfor Bjørn Hansen i fjernsynet. Slikt skal man ikke gjøre. Det må man svi for. Det fikk jeg da også føle til gagns.

Like før landsmøtet, den 22. april 1983, kom det et underlig oppslag i VG om «nestformannens hverdag». Fulgt av en serie bilder av Einar Førde og meg fremholder avisen at Einar må finne seg i å stille et stykke bak i køen om oppmerksomhet når Gro opptrer slik som på gårsdagens pressefrokost.

«Gro har sikret seg spenningen og det meste av oppmerksomheten på landsmøtet som starter i dag.» Det er er poenget. «Hun blir hovedfiguren på landsmøtet der hun lørdag innleder om den politiske situasjonen. Førde innleder i ettermiddag om velferdssamfunn og levekår, og partiideologen har i det minste sikret seg den interesse det medfører å være eneste innleder på første landsmøtedagen. Men det er Gro som skal hilse landsmøtet.» Ja, som det alltid har vært. Gjennom 80-årene var det faktisk slik at jeg gav mer plass til nestleder på landsmøtets dagsorden enn hva jeg selv var vant til da jeg var det.

På forsommeren 1983 ved inngangen til valgkampen hadde Dagbladet et negativt oppslag av samme type. Poenget der er at årets kommune- og fylkestingsvalg kommer til å bli en prøvestein for partiledelsen. «Hvis partiet nå gjør et dårligere valg enn ved siste stortingsvalg, er det klart for en intern oppvask,» sier en partitillitsmann til Dagbladet.

Så heter det at stemningen hos Gro Harlem Brundtland ikke ble bedre i går da partiformannen reiste til USA på et tre dagers besøk.

At hun som også er partiets parlamentariske fører i Stortinget, finner det for godt å forlate landet midt i den situasjonen man er oppe i nå, blir ikke tatt særlig nådig opp.

Det startet tidlig, dette med å stille krav om at en partileder eller statsminister helst skal befinne seg permanent i eget land.

Godt valg

Det skulle gå godt denne gangen. Vi var godt forberedt til valget i 1983. Arbeid, bolig, helse og velferd var områder der folk følte utrygghet etter to år med Høyre-regjering. Vi slåss for fellesskapsløsningene. Vi hadde lagt opp alternative budsjetter som gav høyere sysselsetting og større velferd. Vi hadde tro på egen sak.

Dette året startet vi valgkampen i Vesterålen i pøsende regn, men med god stemning, stor oppslutning og entusiasme. Nå er det vi som gleder oss valgnatten. Pluss tre-fire prosent rundt om i valgkretsene. Vi vinner fram i en rekke kommuner, men ikke minst i fylkestingsvalget der vi tar Østfold, Telemark, Nordland og Troms. Det går fort å regne ut at dette resultatet hadde gitt sosialistisk flertall på Stortinget dersom det hadde vært stortingsvalg. Arbeiderpartiet ville fått 75 mandater og SV fire.

Da blir overskriftene: «Gro tok kaka» og «Kåre skuffet». «Etter gårsdagens valg blir Fremskrittspartiet virkelig å regne med i norsk politikk, men det er Arbeiderpartiets brakseier som får størst politisk betydning,» skriver VG.

Høyre har tapt fem prosent av velgerne midt i stortingsperioden. I en kommentar sier jeg det slik: Det er umulig å kombinere økning av velferden med skattelettelser. Det går ikke an å få både i pose og sekk. Det er den erkjennelsen som nå slår igjennom.

Min nærmeste medarbeider

Mamma var min nærmeste medarbeider fra 1981 til 1986. Hvordan ble det slik? Og hvordan fungerte det? Mange har spurt både meg og henne om dette gjennom årene.

Hun var den med bredest bakgrunn og lengst erfaring av de kontortilsatte i Arbeiderpartiets stortingsgruppe. Hun hadde hatt ansvaret for forværelsestjenesten til Trygve Bratteli. Nå var jeg kommet i rollen som Arbeiderpartiets parlamentariske leder. Gruppesekretariatets leder fant det derfor mest naturlig å fortsette med den samme ordningen. Og jeg fant ikke grunn til å protestere mot det.

Mamma må ha følt det som mer uvant enn jeg. Det var jo jeg som kom inn på hennes enemerker, hennes arbeidsplass. Hun hadde vært der siden tidlig i 50-årene, da jeg var jentunge.

Jeg følte meg trygg på at mamma kunne jobben sin. Hun kjente Stortinget og gruppa. Hun var vant til å være rask og effektiv med å finne fram det politiske materialet som var relevant, fra dokumenter, bøker og presse. Så for meg var det fin hjelp. Hun sparte seg ikke, var vant til å legge inn de timer det var behov for, også i travle tider.

Jeg hadde jo alltid hatt en fin støtte i min mor. Det er ikke godt å si hvordan Olav, jeg og barna hadde taklet vår hverdag i alle disse årene uten den hjelpsomme grunnholdning hun og pappa alltid hadde. Det var utrolig viktig for oss alle.

Nå tok hun seg også av det praktiske rundt min daglige virksomhet, både som partileder og parlamentarisk leder. Svein Roald Hansen, min politiske rådgiver fra juni 1983, fikk et nært samarbeidsforhold til oss begge. Vi var et fint team sammen. Han var både dyktig, samvittighetsfull, lojal og arbeidsom, akkurat som henne. De gikk godt sammen.

Det gav meg helt andre muligheter til å rekke over alt det jeg burde. Det var reiser, konferanser, planlegging som partileder. Det var arbeid med de langsiktige politiske sakene i partiet. Programvirksomheten, arbeidet med å sikre god kommunikasjon og godt samarbeid ute i partiorganisasjonen. Det var alt av innlegg, foredrag, intervjuer. Det var koordineringen og ledelsen av stortingsgruppas arbeid.

Det er utrolig å tenke på hvor mye dette lille sentrum ved mitt kontor i Stortinget hadde å engasjere seg i og holde oversikt over. Sikkert er det at uten mamma og hennes uvanlig sterke innsats, og uten den systematiske arbeidsformen som også Svein Roald hadde, ja, så hadde vi ikke kunnet greie hva vi gjorde i disse årene. Og det skulle bli mer. Da forespørslene om jeg kunne påta meg et ledende internasjonalt verv begynte å komme for alvor i senhøstes 1983, var det fortsatt bare vi tre som holdt i alle trådene.

Svein Roald har minnet meg om noe han og andre av og til observerte: Arbeidsforholdet mellom mamma og meg var både profesjonelt og nært. Jeg var datter og sjef på samme tid. Hun sluttet for sin del aldri å være i oppdragerrollen.

Av og til kunne det være litt brysomt. Men hennes innsatsvilje og utrettelige arbeid gjorde at jeg tok meg i det når jeg reagerte mot å bli «oppdratt», i det skjulte eller i det halvoffentlige. Jeg hadde stor toleranse, nettopp fordi jeg visste hva som alltid drev henne. Hun jobbet for partiet, for at vi kunne gjøre en god jobb. Hun arbeidet for det hun trodde på.

En dag på gruppekontoret visste jeg på forhånd at morsrollen ville tre i funksjon. Jeg hadde vært hos frisøren over gata og stukket hull i ørene. *Det* var dristig i vår nøkterne familie. Jeg kjente mammas holdninger til den slags tull og jåleri. Så hadde jeg da også ventet lenge med å gå til et slikt skritt. Holdningene var jo langt på vei også mine.

Mamma, *ser* du noe? spør jeg. Nei. Hun ser igjen, søkende. Da blinker det når jeg snur ansiktet litt fra side til side. Hun ser det, men sier ikke et ord. Mimikken taler sitt tydelige språk.

Det er andre i rommet. Vi ler alle, mens mamma trekker seg tilbake og inn på sitt kontor.

Korstog mot Statoil?

Det var ikke bare i den økonomiske politikken, skattepolitikken og sikkerhetspolitikken at Høyre hadde høye ambisjoner. Det samme gjaldt i oljepolitikken, der det kom til dels skarpe angrep på Statoil og Statoils rolle mot slutten av 70-årene og fram mot valget i 1981. Arbeiderpartiet og Høyre som motpoler i spørsmål om statens stilling og vekten på statlige styringsredskaper var en viktig dimensjon i denne debatten.

Selv om etableringen av Statoil i 1972 skjedde med et enstemmig storting, ble det snart strid om en rekke spørsmål etter de store prinsipielle meldingene til Stortinget som regjeringen Bratteli fremmet i 1973–74. Høyre, men delvis også de andre borgerlige partiene, ville gi Statoil en mindre dominerende stilling på norsk kontinentalsokkel. De ville legge større vekt på private selskaper, både de utenlandske og de to norske selskapene Hydro og Saga.

Fram mot valget høsten -81 ble det et stadig sterkere negativt fokus på Statoil og Statoils rolle. Høyre fremstilte selskapets utvikling som en trussel mot demokratiet. Selskapet ville få for stor makt i det norske samfunn og være vanskelig å styre for regjering og storting. I valgkampen brukte flere av Høyres talere begrepet «vingeklipping av Statoil». Vi la vekt på å slå ring om Statoil og den viktige rollen selskapet var tiltenkt på norsk kontinentalsokkel. Blant annet understreket vi at det norske statsoljeselskapet ikke bare skulle måles mot andre store selskaper i Norge, men at Statoil også hadde en viktig rolle overfor de virkelig store multinasjonale selskapene som også var i virksomhet på norsk sokkel.

Da den rene Høyre-regjeringen var gått inn i regjeringskontorene, satte den ned et offentlig utvalg – det såkalte Mellbye-utvalget – som fikk i oppgave å se på hvordan Statoils makt og innflytelse kunne begrenses. Arbeiderpartiet uttrykte sin sterke skepsis både til utvalgets mandat og sammensetning.

Da innstillingen kom ett år etter i februar 1983, var våre reaksjoner sterke. Finn Kristensen, vår politiske talsmann, sa klart fra at Arbeiderpartiet ikke er innstilt på å drøfte sentrale spørsmål om den fremtidige organisering av vår oljevirksomhet innenfor den snevre rammen som er lagt opp av Mellbye-utvalget.

Noen dager etter at innstillingen var avgitt, var jeg på Hedmark Arbeiderpartis årsmøte. I foredraget der var jeg sterkt kritisk og omtalte Mellbye-utvalgets innstilling om Statoils fremtidige stilling som et bestillingsverk fra Høyre-regjeringen. Hovedtendensen i innstillingen var at Statoil skal svekkes som selskap, og at det også vil bety svekket innflytelse over det tekniske og operative arbeidet.

Mange innen norsk verkstedindustri vil oppfatte det som et betydelig faresignal, mente jeg. Statoil er en garanti for sterk norsk deltakelse i oljevirksomheten. Budskapet var at hvis regjeringen nå ville starte sitt korstog mot Statoil, og mellompartiene også gikk med, er det lite vi kan gjøre. «Men jeg kan garantere at regjeringen vil møte et samlet og kamplystent Arbeiderparti i denne saken. Raseringen av vår oljepolitikk vil ikke bli noen dans på roser for regjeringen.»

Reidar Due og Finn T. Isaksen går sterkt ut

I Stortinget hadde vi for lengst merket mellompartienes skepsis og frustrasjon overfor en del av den rene Høyre-regjeringens skarpe politiske utspill. I industrikomiteen var det i mange saker et godt samarbeid på tvers av partigrensene. Ikke minst var det god og nær kontakt mellom Finn Kristensen, Reidar Due fra Senterpartiet og Arnljot Norwich fra Høyre, som fant hverandre i mange saker. De stod alle tre langt fra By-Høyre. De ble kalt «Parkveien-gutta». Norwich holdt husvære, Due brennevinet og Finn bidro med politikken!

Det var flere som merket seg at det kom positive kommentarer fra Kristelig Folkepartis side da Mellbye-utvalgets innstilling ble avgitt, mens det var taust fra Senterpartiet. Det var også fra Senterpartiets Reidar Due vi fikk oppleve et sterkt forsvar for Statoil og Statoils rolle da han holdt foredrag under oljekonferansen PETRO '83 i Kristiansund i slutten av august 1983. Her avviste han flere av de forslag som Mellbye-utvalget var kommet med for å endre Statoils posisjon, og sa fra om at han ikke hører med til dem som er i tvil om at Statoil skal og bør være flaggskipet i norsk oljevirksomhet!

På dette tidspunkt var regjeringen Willoch allerede blitt utvidet med Senterpartiet og Kristelig Folkeparti. Statoils fremtidige stilling skulle bli en av de saker regjeringen brukte tid og krefter på. Det var ikke så lett å komme til enighet om konklusjonene.

Dette fulgte vi med på fra sidelinjen. Vi var klar over den dragkampen som foregikk, ikke minst om rettighetene i Statfjordfeltet, som var mye av ryggraden til statsoljeselskapet. Statsminister Kåre Willoch var klart av den oppfatning at det skulle bli reduksjon i alle konsesjoner, også på det store Statfjordfeltet.

Heldigvis var det representanter for Distrikts-Høyre i regjeringen. Kommunalminister Arne Rettedal var like bestemt på at han ikke ville godta noen slik reduksjon. Vi hadde grunn til å tro at han hadde støtte fra to andre statsråder i regjeringen. Både Kåre Kristiansen i Olje- og energidepartementet og Finn T. Isaksen i Landbruksdepartementet mente at Statoil burde få beholde sin rolle uavkortet i Statfjordfeltet.

Finn T. Isaksen, landbruksministeren fra Senterpartiet, vakte oppsikt i trontaledebatten denne høsten da han som helt fersk statsråd i et fem minutters innlegg la inn prinsipielle betraktninger om statens viktige rolle og om Statoils sentrale plass i norsk oljevirksomhet.

Stemningen ble elektrisk. Her hadde vi fått et nytt signal i tillegg til det Due gav tidligere på sommeren. Kunne det faktisk være muligheter for å få til bedre og mer langsiktige løsninger enn dem Høyre og Willoch hadde lagt opp til?

Brev til statsministeren

En dag i månedsskiftet februar-mars 1984 banket Gunnar Berge og Finn Kristensen på min dør. De var opptatt av den situasjonen som var i ferd med å oppstå. Vi stilte oss spørsmålet om Arbeiderpartiet aktivt burde spille seg selv inn på banen, denne gangen i forkant av en viktig oljepolitisk sak. Skulle vi henvende oss direkte til regjeringen?

Dette dreide seg om en sak av langsiktig nasjonal betydning. Det ville være svært uheldig hvis Statoil som et sentralt styringsredskap i norsk oljepolitikk skulle bli kasteball mellom skiftende regjeringer.

Jeg så på listen over sentralstyremøter. Dette burde være en sak vi tok opp der. Finn, Torstein Moland og jeg satte i gang forberedelsene. Den 12. mars gikk det et brev fra Arbeiderpartiets sentralstyre med min underskrift til regjeringen ved statsminister Kåre Willoch om norsk oljepolitikk og Statoils fremtidige rolle.

Jeg starter med å slå fast at det til nå har vært bred politisk enighet om de sentrale mål i vår oljepolitikk: De politiske organer må ha reell styring og kontroll med virksomheten. Olje- og gassressursene som er samfunnets eie, må utnyttes til beste for hele folket. Det må stilles strenge krav til sikkerhet og arbeidsforhold og til vern og naturmiljø. Oljevirksomheten må drives slik at den gir stimulans og gode vekstvilkår for arbeids- og næringsliv.

Jeg peker på historien om det enstemmige storting som vedtok å opprette et statlig oljeselskap, og at Statoil skulle ivareta statens forretningsvirksomhet på sokkelen. Fra å være en ubetydelig statist har selskapet utviklet seg til å bli nasjonens flaggskip på kontinentalsokkelen, og det har gått i bresjen for å bygge opp en bred offshore industri og har skapt bedre motvekt til de store internasjonale oljeselskapene som deltar på norsk sokkel. «Både på politisk hold og i nærings- og arbeidslivet er det en samstemmig oppfatning at Statoil har løst sine nasjonale oppgaver på en overbevisende måte,» skriver jeg.

Så går jeg inn på noe av den kritikken og de ambisjonene som Høyre med delvis støtte av andre har kommet med. Jeg sier at Arbeiderpartiet er klar over at med Statoils økte virksomhet i årene fremover vil selskapet etter norske forhold kunne bli en maktfaktor i norsk politikk og økonomi. Selv om selskapet vil bli dominerende i forhold til tradisjonell næringsvirksomhet i Norge, forblir det likevel lite blant gigantselskapene på sokkelen.

Det må i første rekke være utfordringene på sokkelen og i det internasjonale oljemiljøet som må bestemme Statoils størrelse og slagkraft. Derfor må politisk styring og kontroll sikres uten at det går utover selskapets evne til å løse sine nasjonale oppgaver. Det kan best oppnås ved at selskapets virksomhet og planer stadig gjøres til gjenstand for bred og åpen debatt og grundig behandling både i selskapets egne organer og i regjering og storting. Jeg sier også at de øvrige norske oljeselskaper må gis vekstmuligheter slik at de på et fritt og uavhengig grunnlag kan gi bidrag til de beslutninger myndighetene må treffe.

«På dette grunnlag er Arbeiderpartiet beredt til å drøfte disse viktige spørsmål med representanter for regjeringen og de øvrige partier i Stortinget for å oppnå en bredest mulig nasjonal enighet om vår oljepolitikk.»

Dagen etter sendte jeg et tilsvarende brev til de parlamentariske ledere der jeg viste til det brev jeg hadde sendt til regjeringen ved statsministeren.

Statsminister Willoch reagerte raskt. Den 16. mars 1984 mottok vi svaret. Brevet ble innledet med at regjeringen legger avgjørende vekt på å sikre full utnyttelse av alle norske oljeselskapers kapasitet og innsikt til beste for hele samfunnet. Samtidig er det viktig å forebygge at noe enkelt selskap i kraft av sin størrelse eller av andre grunner kan få avgjørende innflytelse over viktige deler av samfunnsøkonomien.

Her ble ståstedet markert allerede i utgangspunktet – og det fortsetter: «Statoil kan i 1990-årene alene få bruttoinntekter som i beløp tilsvarer 15 – 20 prosent av Norges bruttonasjonalprodukt. Dersom man vil forebygge at det fremtidige Statoil skal bli en uforholdsmessig reell maktfaktor overfor både norske myndigheter og norsk næringsliv, må det treffes tiltak som trygger den reelle folkevalgte styring og kontroll over hovedlinjene i utviklingen.»

Willoch peker også på et moment som for ham tydelig har vært viktig: «Et selskap som tilføres så store ressurser vil jo kunne vise et overmåte betydelig regnskapsmessig overskudd, selv om det skulle foreta mindre lønnsomme disposisjoner.» Han konstaterer også at «Det norske Arbeiderparti og regjeringen har flere sammenfallende målsettinger på dette området og sier seg enig i at det vil være verdifullt om man kan oppnå et bredt samarbeid om saken og at det er viktig å utvikle et system som i hovedtrekk kan bli stående i lengre tid med den styrke som stabilitet i slike forhold kan gi.»

Det er ingen tvil om at han finner behov for å ta oss på alvor, med den uenighet om saken som allerede er manifestert innad i regjeringskontorene.

Hos Willoch

Den 20. mars ble de parlamentariske ledere invitert til et møte på Statsministerens kontor den 27. mars. I tillegg til de parlamentariske ledere ble også en representant fra hver partifraksjon i energi- og industrikomiteen invitert. Det ble muntlig gitt uttrykk for at vi kunne ta med oss en fagperson eller ekspert i tillegg til Finn og meg selv. Med det engasjementet det var i flere partier omkring disse viktige spørsmålene, er jeg sikker på at det kom signaler fra flere hold – også fra regjeringspartiene selv – om at de ønsket å delta fra stortingssiden.

Noen dager før møtet fikk vi et notat oversendt fra Kåre Kristiansen, olje- og energiministeren. «Vennligst finn vedlagt notat om hovedpunktene i regjeringens forslag.» Det er et ti sider langt notat som vi straks kastet oss over alle sammen for å analysere mulighetene for forbedringer sett med våre øyne, og hvor det var mulig å møtes i en løsning som kunne peke fremover.

Møtet hos statsministeren den 27. mars er av dem jeg har notater fra i min grønne bok. Willoch innledet med å takke for henvendelsen og foreslo at vi kunne legge statsministerens svarbrev og notatet som var laget i Olje- og energidepartementet til grunn for drøftelsene. Etter at jeg hadde gått inn på hovedprinsippene i vår henvendelse og grunnlaget for den, presenterte Finn noen av de forslagene vi kunne tenke oss å drøfte videre.

Vi kunne ikke medvirke til den hovedmodell som Mellbye-utvalget hadde fremlagt, der inntektene går til staten gjennom å overføre eierandeler til Olje- og energidepartementet. Likevel kunne vi drøfte alternative modeller der inntektsstrømmen deles og går direkte til staten men uten at man innfører noen ny eierandelmodell.

Kåre Kristiansen gikk senere i møtet inn og argumenterte for den eierandelmodellen som regjeringen hadde lagt opp til, hvoretter Finn ba om at det ble laget noen regnestykker på ulike modeller så vi lettere kunne sammenligne resultatene av dem.

Dette punktet blir viktig i mitt forslag til videre arbeid med saken. Jeg sier at vi trenger noe mer analysegrunnlag med en konkret vurdering av virkningene av ulike modeller for delingen av inntektsstrømmen. Dessuten tar jeg opp spørsmålet om karakteren av de fortsatte drøftelsene med regjeringen. Det er to mulige veier. Enten at vi fortsetter våre drøftelser før stortingsdokumentet skal fremmes, eller at det legges inn åpninger i regjeringens formuleringer ved at de utformes prinsipielt og ikke så konkret at det gjør det vanskelig å finne frem til samlende løsninger i behandlingen i Stortinget.

Finn og jeg følte at det var et ønske i regjeringen om å arbeide seriøst med de spørsmålene vi hadde reist. Det var problemer nok innad i regjeringen og regjeringspartiene til at flere hadde håp om å komme fram til et ståsted for regjeringen som Arbeiderpartiet i rimelig grad kunne si seg fornøyd med.

I de nærmeste ukene gjennomførte vi flere møter. Det var mye stoff av teknisk og økonomisk art. Slike punkter var grundig forberedt før diskusjonene på politisk nivå, og vi var alle godt forberedt.

Finn og jeg merket oss noe som vi begge registrerte som påfallende. Vi hadde begge selv vært regjeringsmedlemmer og brukt det samme møterommet i tilsvarende situasjoner. Det foregikk en til dels omfattende aktivitet fra statsministerens medarbeidere under møtene. Mens samtalene foregikk mellom statsministeren og hans statsråder og Finn og meg, kom det stadig lapper og innspill fra de to herrer Hans Henrik Ramm og Terje Osmundsen. Jeg visste jo at Kåre Willoch ikke trengte den type bistand for å ha oversikt over et slikt møte, og at han var fullt i stand til å tenke selv, så på et tidspunkt da denne virksomheten tok helt overhånd, sa jeg ifølge Finn: «Du

Willoch, si meg en ting. Disse unge mennene som flyr fram og tilbake med lapper. Hva holder de på med? Er det nødvendig?»

Det var jo lett å se på ansiktene rundt bordet at det ikke bare var Finn og jeg som syntes dette ble nærmest komisk. De ble nok lei av Høyre som storebror og maktsentrum noen hver.

Et historisk kompromiss

Det viktige i saken er at vi lyktes. Det skal Willoch ha ros for. Vi kom fram til en løsning som regjeringen kunne legge til grunn for sine konklusjoner i den stortingsmeldingen som straks etter ble fremmet.

Aftenposten kommenterte nyheten på denne måten: «En politisk begivenhet med historiens sus over seg.» «I det avsluttende forhandlingsmøtet onsdag lyktes regjeringen og Arbeiderpartiet å finne frem til en samlende nasjonal løsning på spørsmålet om hvordan statens oljevirksomhet skal organiseres. For denne bragd fortjener partene takk og honnør, og vi gratulerer både statsministeren og de fire politiske partier som står bak avtalen.» Avisen viser også til at avtalen skal ivareta behovet for fleksibilitet og kontinuitet slik at strukturen i statens deltakelse i petroleumsvirksomheten kan forbli uendret gjennom skiftende politiske forhold. Nationen skriver om den store enigheten: «Det er grunn til å sette kryss i taket for det historiske oljekompromisset som regjeringspartiene og Arbeiderpartiet er blitt enige om.» «Vi vil ikke unnlate å gi de to hovedpersonene bak Statoil-kompromisset, statsminister Kåre Willoch og AP-leder Gro Harlem Brundtland, honnør for den politiske klokskap og gode vilje de har lagt for dagen under forhandlingene.»

Jeg tror faktisk alle som hadde deltatt i dette, hadde grunn til å være fornøyd. Vi hadde klart å samle oss om en mer solid plattform enn hva noen av oss som enkeltpartier kunne ha maktet. Sett fra vår side hadde vi klart å hindre oppsplitting av Statoils eierandeler, og vi hadde klart å hindre at Statfjordfeltet skulle inngå i den nye ordningen.

I en uttalelse til VG dagen etter at løsningen var kommet på bordet sa jeg det slik: «Vi så faren for at mellompartiene skulle bli bundet opp i et syn på Statoil som det ikke er flertall for i Stortinget. Derfor sendte vi brevet til statsminister Kåre Willoch med tilbud om bredere drøftinger.»

Også dette var et viktig moment i de erfaringene vi høstet under Willoch-regjeringen. Det kan faktisk skje at den indre disiplin og atmosfære i et regjeringskollegium fører til at et parti får gjennomslag for sitt syn lenger enn det det er grunnlag for i tre partier samlet eller i Stortingets flertall.

VG presenterer resultatet slik: «Arbeiderpartiet mener å ha fått gjennomslag for sitt hovedpunkt – at Statoil også i fremtiden skal være statens viktigste oljepolitiske redskap. Samtidig mener Høyre å ha fått tilslutning til sitt hovedmål – å begrense Statoils enorme inntekter og redusere den stemmemessige innflytelse dagens ordning gir selskapet.» «Og mellom de to store partiene sitter mellompartiene og er tilfreds ut fra begge de to stores resonnementer.»

Jeg har ofte sagt det både i mer uformell sammenheng, men også offentlig gjennom de årene som er gått siden jeg ble statsminister i 1981: Det er alltid mer enn nok å være uenig om! Der det reelt sett er grunnlag for å komme til enighet, er det bare en styrke i det politiske arbeid.

Det er ikke lett å være velger hvis den politiske debatten gir inntrykk av det rene bikkjeslagsmål om alle små og store saker. Da blir det ikke lett å få øye på hva som er de virkelige forskjellene mellom partiene, og hva som virkelig teller når man skal velge sitt eget ståsted.

I de interne drøftingene hadde vi de største problemene med å få Willoch med på å ta inn punktet om at endringene ikke skulle gjøres gjeldende for Statfjordfeltet. Det var den aller siste brikken vi fikk på plass, men den var for oss helt avgjørende.

Dagbladet skriver i en kommentar at «ingen bør gjøre krav på selv å være seierherre, men Arbeiderpartiet kan innkassere en seier over seg selv fordi det denne gangen ikke nøyde seg med å si nei». Det får meg til å tenke på hva Hanna Kvanmo, SVs parlamentariske leder, valgte å si i stortingsdebatten om saken den 8. juni 1984: «Jeg beklager å ha forstyrret også denne store nasjonale høytidsstunden for kompromisset mellom Høyre og Arbeiderpartiet. God sommer hr. president.»

Det er november 1984. Trygve Bratteli har hatt et illebefinnende og ligger på Rikshospitalet. Jeg får vite at tilstanden kan være kritisk.

Jeg besøker ham alene, får noen ord med min legekollega. Trygve sover. Han har ikke vært mye ved bevissthet det siste døgnet. Jeg blir sittende ved sengen og holder ham i hånden. Det er ingen tegn til at berøring bringer ham nærmere.

Jeg tenker på det spesielle livet som har vært Trygve Brattelis. Ofte ensomme ungdomsår. Tunge år i fangenskap, senere tillitsvalgt og nestleder i Arbeiderpartiet sammenhengende fra 1945, partiets leder fra 1960. Dette kan være siste gang jeg ser ham.

Vi sender blomster fra Det norske Arbeiderparti og Arbeiderpartiets stortingsgruppe. «Kjære Trygve. Vi tenker alle på deg. Gro.»

Han visste ikke at jeg var der. Han leste ikke kortet. Blomstene ble sendt den 19. november. Neste morgen var han borte.

Ved minnehøytideligheten i Oslo Rådhus den 28. november kunne jeg uttrykke den respekt, anerkjennelse og sorg som fylte oss alle.

«Vi tar farvel med en av våre store. Han vil bli stående ikke bare i fremste rekke blant arbeiderbevegelsens ledere, men også i norsk historie i vårt århundre.

Hva var det som gjorde at han ble omfattet med en så stor respekt på tvers av partigrensene? Han hadde en overbevisende og særpreget personlig tyngde. En indre styrke og utstråling som ingen kunne unngå å merke. Det var lett å oppdage at man sto overfor en usedvanlig rikt utrustet personlighet. Uten de mange ord og med en atmosfære av en viss tilbakeholdenhet og avstand var det ingen tvil hos noen. Man følte at han virkelig sto for noe.»

Jeg har aldri glemt noe Trygve Bratteli sa til AUFs landsmøte i 1971: «Alle forandringer fødes i strid.» Samtidig har hans holdning, arbeid og innsats, slik jeg har kunnet følge den og forstå den alltid båret preg av en annen like sikker erfaring: At alle forandringer gjennomføres i samarbeid.

Slik opplevet vi det, vi som fikk være vitne til hans innsats også som regjeringssjef. Han sa ikke mer enn det som var nødvendig. For hans regjeringskolleger var også dette nyttig lærdom. Det skulle arbeides effektivt, systematisk og grundig. Det ble stilt krav om å være forberedt og presis og om å ta ansvar. Ja, han stilte krav, til seg selv og andre. Han var en leder i ordets rette forstand. En som gav retning og mening, alvor og ansvar til de politiske oppgavene. Han påvirket oss alle.

Trygve Bratteli var den første av de store som gikk bort.

Den nye frihetsdebatten

I 1987 skulle Arbeiderpartiet feire sitt 100-årsjubileum i kommunevalgåret. Fram mot den milepælen ville vi reise en debatt om vårt frihetsbegrep. Vi begynte å snakke om dette like etter stortingsvalget i 1985. Hva ville frihet innebære i en ny tid og inn i et nytt hundreår? Vi ville ha debatten ute i partiet, ute i lagene.

På landsstyremøtet i oktober ble frihetsdebatten lansert. I det første århundret brukte vi all vår kraft på å bygge opp velferdsstaten. Boligbyggene, sykehusene og veiene står der som bevis. Samtidig har vi laget virkemidler for en mer rettferdig fordeling som overføringsordninger, omfordeling via skattesystemet, boligfinansiering og studiefinansiering. Nå kommer helt naturlig sterkere krav om kvalitet, innhold og form. Vi skal ikke lukke øynene for at den sterke utbyggingen av offentlig sektor også kan ha skapt følelser av maktesløshet og frihetsberøvelse. Virkemidlene kan ha overlevet seg selv. Byråkratiet kan ha vokst mer enn nødvendig, og det er ikke uten videre sikkert at den måten vi har organisert arbeid, utdanning og fritid på til nå, vil passe inn i det nye samfunnet der folk kan og vil stille enda større krav til utfoldelsesmuligheter og valgmuligheter.

I det nye århundre vil vi enda sterkere kunne sette enkeltmennesket i sentrum. Utbyggingen av velferdsstaten skal og må fortsette, men nå må vi konsentrere oss om innholdet i velferdssamfunnet. Hvordan kan vi utnytte alle de offentlige investeringene og de offentlige virkemidlene til å skape større frihet?

Vi ønsker å skape fornyelse, effektivisering og omprøving av offentlig sektor og offentlige virkemidler. Reformer i arbeidstidsbestemmelser og åpningstider som gir folk større handlefrihet, og reformer i arbeidslivet og i utdanningen som gir økt innflytelse og nye muligheter for å realisere seg selv.

I landsstyret ble frihetsdebatten gjennomgående positivt mottatt. Men også skepsis og direkte advarsler kom til uttrykk. Når Arbeiderbladet dagen etter møtet brukte ordene «minefelt for fagbevegelsen», så var det dekning for det: Det var nemlig nettopp denne betegnelsen Jern- og metalls formann Lars Skytøen brukte i sitt innlegg på landsstyremøtet. Han skulle få rett, men det var mer aktiv motstand og større skepsis i Kommuneforbundet enn det var i Jern- og Metall.

Med åpne øyne

Frihet sammen, velferd sammen, tid for hverandre, skole for fremtiden, felles miljø, frihet og bomiljø og økonomisk demokrati. Dette var de sju temaene som vi arbeidet med og laget debattopplegg på. Vi skal ikke bare forsvare våre gamle mål. De nye målene og veiene fram til dem skal vi vinne gjennom debatten. Det ble lagt opp til kritiske spørsmål, også selvransakende spørsmål for arbeiderbevegelsen selv.

Det var spenstige formuleringer i det debattstoffet som gikk ut fra partikontoret: Det offentlige sliter med byråkratiproblemer. Det er viktig å menneskeliggjøre den offentlige forvaltning. Stat og kommune er til for enkeltmennesket – ikke omvendt. Vi sa også at monopoler ikke alltid er så effektive som de skal være enten de er private eller offentlige. Det er ingen konkurrent som kommer og tar kundene. Byråkrati og maktkonsentrasjon er et problem både i offentlig og privat virksomhet.

Kan vi levendegjøre nærmiljøene og gi folk større ansvar? Kan vi organisere oss slik at de eldre i sterkere grad får service og kan hjelpe seg selv der de bor? Barnehager kan drives i samvirke med foreldrene.

Med dette åpningstema under overskriften «velferd sammen» gikk vi rett inn i vårt eget minefelt. Men vi gjorde det med åpne øyne. Temaene var kontroversielle, men de måtte være det. Det utløste til dels en slags ny fløydebatt i partiet. Tradisjonalistene holdt på etablerte løsninger og samfunnsinstitusjoner. Av enkelte ble de oppfattet som radikale, mens de som ønsket nytenkning og fornyelse, ble stemplet som konservative.

På AUFs Utøya-leir i juli 1986 sa jeg at frihetsdebatten dreier seg om at den nye virkeligheten skal skapes slik at velferdssamfunnet kan forsvares og utdypes. Vi må ikke lukke øynene for at høyresidens alternativ kan komme til å vinne ytterligere fotfeste. Vi må være villig til å underlegge velferdssamfunnet og dets ordninger kritikk slik at vi selv kan reformere reformene.

Det var mer støtte å finne i AUF enn mange andre steder.

På slutten av foredraget på landsstyremøtet etter valget følte jeg behov for å dele med andre den frustrasjon jeg selv hadde følt vinteren og våren før landsmøtet i 1985. Helt siden årsskiftet hadde jeg opplevet gang på gang å bli avkrevd svar av politiske motstandere og av pressen på kinkige og konfliktfylte spørsmål som Arbeiderpartiets landsmøte skulle ta stilling til.

Min grunnleggende holdning til at landsmøtet måtte avgjøre, gjorde dette til en umulig oppgave for meg. Jeg sa hvorfor. Likevel ble det utlagt som manglende ledelse, manglende mot, manglende vilje til å avklare, som ubeslutsomhet at jeg ikke kunne gi fyndige, klare og tydelige svar lenge før partiet hadde behandlet vårt program.

Dette dilemma hadde jeg møtt før, men aldri opplevde jeg det så sterkt som i 1985. Da var det ekstra ergerlig at jeg hadde forsøkt å få til en endring av landsmøtets plassering i forhold til valget, uten å få tilstrekkelig oppslutning for den tanken. Nå tenkte jeg det måtte være siste gang. Jeg la vekt på at vi må avklare vår politikk høsten før et valg, særlig før et stortingsvalg. Ellers ville vi i månedsvis tape terreng. Det kostet oss for mye ikke å kunne stå samlet om å markedsføre vårt parti og vår politikk. Arbeiderpartiet måtte ikke enda en gang avslutte sin programbehandling så sent som ved påsketider i valgåret.

Nå tror jeg alle har erfaring nok: La oss ha ferdig vårt politiske budskap før valgåret i 1989 så vi har tid nok til å gjøre det kjent og til å være beredt og samlet på offensiven.

Det skulle vi greie.

Et tillitsbrudd

Noen personlige møter kom etter hvert til å få stor betydning for min holdning til Kåre Willoch og Willochs Høyre.

Det første fant sted den første uken av mars i 1985 i forbindelse med Nordisk Råd i Reykjavik. Finansminister Rolf Presthus hadde bedt sin gamle komitékollega Gunnar Berge om et frokostmøte på Hotell Saga mellom meg og Willoch, pluss de to. Det skulle dreie seg om større økonomiske og politiske oppgaver som ville være sentrale for landet, uansett valgresultatet i 1985, og som det kunne være til gjensidig nytte at vi hadde en viss dialog om.

Jeg var innstilt på det. Vi hadde jo fått til Statoil-kompromisset i et samarbeid mellom regjeringspartiene og Arbeiderpartiet. Det var en positiv og viktig erfaring.

Jeg regnet også med at Gunnar hadde rett når han forsikret meg om at han bare hadde gode erfaringer med Rolf Presthus som en saklig og troverdig politiker.

Flere sentrale spørsmål ble berørt under denne frokosten, bl.a. folketrygdens økonomi, og behovet for å se nærmere på regelverket og rammene for å begrense utgiftsveksten inn i det neste århundre. Det gjaldt også behovet for skattereformer. Her var det viktige poenget å ikke binde partiene for hardt opp til bestemte løsninger før det hadde vært mulig å lete fram eventuelle felles søyler å bygge selve skattesystemet på, selv om vi kunne ha ulike syn på profil og fordeling. Aune-utvalget, den såkalte skattekommisjonen, hadde lagt fram sin innstilling, som nå var på høring. Det gjaldt å unngå å låse fast for mange standpunkter som ledd i en opphetet valgkamp.

Vi fikk en orientering fra Willoch og Presthus om helt konkrete og sentrale spørsmål i denne sammenheng. De forsikret oss om at Høyre ikke ville ta noen standpunkter som ledd i valgkampen. De mente det var viktig for oss å vite dette, så kunne jo vi eventuelt gjøre en tilsvarende vurdering, i forvissning om hvor vi hadde Høyre.

Jeg regnet tross alt med at det som ble sagt i en slik samtale, som fremstod som et typisk «gentlemen's agreement» og det fullt ut på Høyres eget initiativ, måtte være til å stole på. Noe annet gikk anstendigvis ikke an. Men jeg følte meg likevel litt usikker og gav uttrykk for det overfor Gunnar. Han var helt sikker på at vi hadde grunn til å stole på slike utsagn, selv om vi ikke hadde bedt om dem. Vi la dette til grunn, også i forslaget til de konkrete formuleringene i partiprogrammet, og i arbeidet fram mot valgkampen.

Da Høyres valgkamp startet i august, fikk vi likevel oppleve det utenkelige. Høyre gikk rett og slett aktivt ut med et standpunkt de hadde fortalt oss at de overhodet ikke ville innta – fordi de la så stor vekt på sitt ansvar for helhetlig styring og ønske om tverrpolitiske løsninger.

Jeg syntes det var ulidelig flaut – for Willoch, Presthus og Høyre. Et simpelt triks? Et utillatelig tillitsbrudd – uansett.

De hadde ikke engang brydd seg med å ta kontakt med Gunnar på forhånd for å forklare, eller rettere sagt bortforklare, at de kunne bryte over tvert med sine egne initiativ til en ansvarlig forståelse mellom de to største partiene!

Jeg mistet respekt. Grunnlaget for den nagende tvil jeg hadde hatt omkring integritet og det jeg vil kalle gammeldags moral i tilknytning til personen Willoch, ble bekreftet.

Men jeg kunne ikke forstå hvordan Presthus kunne være med på dette! Ham kjente også jeg helt fra yngre år, som en helstøpt personlighet. Gunnar var mørk i ansiktet etter det inntrufne. Han var åpenbart tatt på senga, skuffet og såret over en slik oppførsel.

Denne erfaringen hadde vi begge med oss da det røynet på for Willoch-regjeringen den høsten, og så våren etter. Vi var begge på vakt, og vernet om egen og eget partis integritet.

Hva jeg har lært av Willoch

Jeg ble bedt om å komme til et personlig møte på Statsministerens kontor, i andre halvdel av september 1985, kort tid etter stortingsvalget. Ingen sa hva som var anledningen, eller hva statsministeren ønsket samtale om. Jeg følte meg noe ubekvem. Grunnlaget for fortrolige samtaler oss imellom, uten andre til stede som kunne bekrefte det reelle innholdet i det som foregikk, var som man vil forstå på ingen måte det beste, selv om jeg så langt ikke hadde sagt noe til Willoch om det som tidligere var inntruffet. Gunnar sa det til Presthus, som følte seg ille til mote, men sa lite.

Jeg informerte Gunnar, som også var nestleder i gruppa, både før og etter samtalen. Og jeg tok med meg min sedvanlige A5-protokoll og noterte mens vi snakket.

Willoch tok opp to hovedtemaer: Det første var sikkerhetspolitikken og behovet for et samarbeid som kunne sikre stø kurs, og ikke gi et mindretall, som han mente var representert både på vår side og på borgerlig side, uheldig innflytelse. Jeg viste til mitt arbeid med innstillingen til stortingsmeldingen om sikkerhet og nedrustning, og sa at det brede grunnlaget allerede var lagt der, et grunnlag som ville være holdbart i mange år fremover.

Jeg vet den dag i dag ikke hva han egentlig hadde i tankene. For han tenkte seg vel ikke at det kunne være fnugg av tvil om at det jeg selv så iherdig hadde jobbet for og tømret sammen, i og utenfor mitt eget parti, måtte være plattformen? Den var jo lagt, den. Det lå på ingen måte i kortene at vi ville gi Høyre noen konsesjoner på et felt der *vi* var tyngdepunktet, og der vi hadde vist at vi kunne samle Stortinget bak vår linje.

Det andre temaet var de store spørsmålene fra vinteren før. Den økonomiske styringen og folketrygdens økonomi. Han pekte på at han mente det var uforsvarlig å operere med et høyere grunnlag for rett til tilleggspensjon fremover, enn det som teknisk het 6 G. Man opparbeider rettigheter til pensjon ut fra inntekt opp til seks ganger grunnbeløpet i Folketrygden. Grunnlaget var dengang 8 G – og forskjellen er selvfølgelig betydelig, både når det gjelder samlede utgifter for folketrygden, og når det gjelder folketrygdens plass som det bærende pensjonssystem også for gruppen med noe over middels inntekt.

Jeg viste til hva som stod i Arbeiderpartiets program om dette, – en ganske forpliktende formulering om Folketrygden. Likevel, formuleringen var ikke helt firkantet og ikke forankret i konkrete tallstørrelser.

Jeg minte ham om vår samtale tidlig den våren – og sa hvor overrasket jeg var over at Høyre hadde forlatt de sterke utsagn de den gangen gav meg og Gunnar, også om skattekommisjonens forslag. Han kommenterte det ikke. Så pekte jeg på at Folketrygdens regler også må sees i sammenheng med de skatteregler man ville satse på for skattefordelen ved privat pensjonsforsikring. Det måtte selvfølgelig være en forutsetning for å kunne vurdere noen form for samarbeid på dette feltet – at også Høyre måtte frafalle *sin hjertesak* om ubegrenset eller svært liberal rett til fradrag i inntekt.

Dette, sa jeg, var det eneste balanserte grunnlaget for å kunne ta hensyn til statens samlede finanser. Det ville være å renonsere på eller justere våre programformuleringer og Høyres samtidig. Da ville dette kanskje kunne la seg forsvare, politisk og saklig.

Han så vantro på meg. Nei, det måtte jeg da forstå, at det var utenkelig for Høyre å gi seg inn på noe slikt når det gjaldt så viktige skattepolitiske prinsipper for partiet!

Dermed var jo det meste sagt. Samtalen var avsluttet. Vi skulle gi, han skulle ta! Det var hans holdning til samarbeid med andre. Ham skal du ikke gi lillefingeren.

Det vi her erfarte, stod i kontrast til andre inntrykk, med andre representanter for hans parti. Våren 1984 hadde jeg jo skritt for skritt gjennomført arbeidet som saksordfører i utenrikskomiteen for sikkerhet og nedrustning. Der hadde jeg opplevd å ha Arne Skauge som motpart og Høyres skyggeordfører. Det var aldri noen tvil om hvor han stod. Aldri noen overraskelser, men gjensidig respekt for de roller vi spilte, og de hensyn vi hadde å ivareta i hvert vårt partis interesser. Kontrasten til Willoch var slående.

Jeg husker mine reaksjoner da jeg leste hva Willoch skrev om de begivenheter jeg har fortalt om her. Det var en ganske annen historie. Han gjenga hverken mine svar eller mine begrunnelser, men fremstilte i stedet meg som en totalt avvisende partileder, uten vilje til å ta brede nasjonale hensyn og vise ansvar. Jeg tok notater fra samtalene og gikk rett tilbake til Gunnar Berge i Stortinget, der jeg redegjorde for hendelsesforløpet.

Jeg har lært mye av Willoch, blant annet hvordan man ikke bør behandle andre, hverken personer eller partier, om man vil opparbeide tillit og et reelt grunnlag for felles innsats og samarbeid.

Drapet i Stockholm

Det er natt. En ilter telefonlyd når min bevissthet. Jeg er lys våken. En kvinnestemme sier hun ringer fra NTB. Palme er skutt.

Det lyder utenkelig. Det stod stille et øyeblikk: Kan dette være en spøk? Jeg har opplevd så mye, også av den slags.

Nei, jeg har hemmelig telefonnummer, og bråket i bakgrunnen er ikke fra noe livat selskap. Det jeg hører, er klaprende skrivemaskiner. Sekundet etter forstår jeg at det er sant. Det er ufattelig. Hvem? Hvordan? Hvorfor? Spørsmålene trenger seg på.

De ringer hensynsfullt fra det svenske partikontoret for å informere meg. De vet lite, bare at han var sammen med Lisbeth og på vei hjem fra kino. Jeg samler meg, setter meg ved skrivebordet, noterer ned de ord som kommer først til meg. Så ringer NTB tilbake og får de første reaksjonene på det forferdelige som skal ryste Norden og verden.

Denne helgen er det årsmøte i Oslo Arbeiderparti. Jeg skal holde foredrag om den politiske situasjon lørdag formiddag. Nå blir min første oppgave en annen, å holde minnetale ved møtets åpning. Jeg tenker på Lisbeth og på guttene, de som er aller sterkest rammet. Natten blir urolig. Jeg står tidlig opp for å feste på papiret de inntrykk som fyller meg i en slik stund. For meg var han en personlig venn – for oss alle var han partikamerat og inspirator.

Lørdag 1. mars klokka 10, 1986. Salen er fylt. Pressen er fulltallig tilstede. Bjørn Tore Godal gir meg ordet. Alvorlige ansikter. Mange med tårer. Sjokket sitter i oss. Jeg borer langfingerneglene inn i huden. Stemmen må ikke briste helt.

«For oss var han en av våre egne. Fellesskapet mellom arbeiderbevegelsen i Norge og Sverige gjør at grensene viskes ut. Derfor rammet det meningsløse og brutale mordet oss alle direkte og nært. Vi kjenner innerst i hjerterøttene det smertelige tapet av partivennen, partilederen og inspiratoren Olof Palme.

Han hadde en utålmodig sjel, en uro og drivkraft for å endre det onde, en uoppslitelig optimisme og kampvilje for det han trodde på. Det var egenskaper som gjorde ham til et selvfølgelig midtpunkt, til et ideal ikke minst for de unge, til en lysende leder og veiviser for våre ideer og mål. En tragedie og voldshandling i Stockholm ble et slag mot oss alle, mot Sverige, sosialdemokratiet og en hel verden.

Vi som fikk lære ham å kjenne og som fikk samarbeide med ham i politisk innsats i Norden og internasjonalt, har fått oppleve direkte og på nært hold den tillit og den hengivenhet han ble møtt med i alle verdenshjørner. For verden ble han selve symbolet på Norden og på den progressive sosialdemokratiske bevegelse, håpet om en mer rettferdig og lysere fremtid.

Han reiste opprørsfaner uten nølen, han var fanebæreren, den brennende forkjemper for rettferdighet og anstendighet, i forholdet mellom mennesker og nasjoner. Sammen med Willy Brandt og andre formet han Sosialistiske Internasjonale til en skapende kraft i det internasjonale bildet.

Han utvidet mulighetene for politisk gjennomslag, for de sosialdemokratiske ideene og for det han trodde på og brente for. Bygget på sosialdemokratiet som en progressiv kraft og et fremtidshåp, hadde han den tillit som Norden kan gi, den uavhengighet som det nøytrale Sverige kan gi og den overbevisning om gjensidig avhengighet som verdens fremtid må ta utgangspunkt i.»

I New Dehli

Jeg hadde mine siste sterke minner fra Palme-kommisjonens møte i New Delhi i midten av januar. Det var en spesiell uke på mange måter. Det var kommet mer optimistiske signaler både fra USA og Sovjetunionen. Vårt kommisjonsmedlem Arbatov hadde medvirket til en viktig erklæring fra generalsekretær Gorbatsjov i Moskva to dager før vårt møte startet. Han hadde lagt fram et tretrinnsprogram for eliminering av kjernevåpen innen år 2000.

Vi var nå alle fylt av tro på at det nyttet å komme videre gjennom forhandlinger og tillitskapende tiltak. Ingen kunne oppnå sikkerhet på bekostning av hverandre i atomvåpnenes tidsalder. Det var den erkjennelse som var i ferd med å bre seg.

Gjennom den indiske statsminister Radjiv Gandhi og vårt møte med forskningsmiljøene som var engasjert i sikkerhet og nedrustning, fikk vi sterke inntrykk av den tredje verdens perspektiver og de nøytrale og de alliansefrie landenes holdninger og krav til den prosessen vi stod foran.

Som tidligere norsk statsminister og som nær venn og kollega av Olof Palme fikk jeg mulighet til å være med på et to dagers offisielt besøk da møtene var over. Da fikk jeg se en annen dimensjon: spontaniteten, varmen, vandringen i folkemengden langsmed ruten der vi kjørte. En opplevelse jeg delte med Olof. Han kjente den indiske landsbybefolkningen fra besøk som ung student. Noen av dem visste det, og han hadde fått varige merker i sitt sinn og sitt hjerte.

Hva var det han i sum skapte som gav ham en slik enestående posisjon? Det var hans personlige egenskaper, men det var også hans evne til å utnytte for alt det var verdt den innflytelse og tillit det kan gi å representere Norden, FNs idealer, den våkne samvittighet og en utålmodig driv for forandring. Dette sammen med styrken i den bevegelsen han gikk ut fra og preget så sterkt – sosialdemokratiet – gjorde ham til selve symbolet på verdens håp om en bedre og mer rettferdig fremtid.

«Olof Palme sprengte grenser – vi har en stor arv å løfte etter ham.» Slik følte jeg det, slik opplevde jeg det. Jeg har sett det som min og andres oppgave å løfte den arven.

Han var urolig

Drapet på Olof Palme er fortsatt ikke oppklart. Nettopp derfor har de festet seg så tydelig, inntrykkene fra noen av de samtaler vi førte på en ti timers flyreise fra Frankfurt til New Delhi. På hjemreisen skilte vi lag fordi jeg skulle til Genève i oppdrag for min kommisjon.

På denne reisen, bare noen få uker før han døde, hadde vi mer tid til personlige refleksjoner enn det vi vanligvis hadde i våre møter og samvær. Vi snakket om den utfordring det er å være partileder, det at ditt ansvar aldri tar slutt, det er med deg natt og dag, i helger og ferier. Hele tiden må du føle på pulsen hva som rører seg, hva mer du kan gjøre, hvilke prosesser du kan sette i gang for å skape engasjement, oppslutning, økt tillit også hos nye generasjoner.

Men det var noe mer. Vi snakket om familien, om barna. Vi undret oss over hvilke virkninger vårt arbeid og vårt virke hadde hatt på våre nærmeste. Vi snakket om hets, om trusler, om deler av høyresiden, ikke minst i Sverige, som la opp til det rene hat rettet mot sosialdemokratiet og dets leder Olof Palme.

Vi har sett tendenser til det samme også i norsk samfunnsdebatt, men dette har hele tiden vært enda sterkere uttalt på den andre siden av kjølen. Polariseringen var stort sett sterkere. Politikere som Carl Bildt og Olof Palme bidro nok også selv til et toneleie og en debattstil som kunne inspirere i en slik retning. Men vi var også klar over at dette var del av en internasjonal bevegelse. Det var krefter som samarbeidet over landegrensene, og som rettet sitt hat ikke minst mot det nordiske sosialdemokratiet.

En gang da vi hadde møte i Palme-kommisjonen i Chicago opplevde vi begge en gruppe mennesker foran hotellet med hatefulle plakater rettet mot Olof Palme, som ble slått i hartkorn med verdenskommunismen. Olof fortalte at det var andre opplevelser også som gjorde ham urolig. Han hadde over tid lagt merke til bestemte ansikter som dukket opp på ulike steder i Sverige og av og til i utlandet når han holdt foredrag i store forsamlinger. Enkelte ganger kunne hans medarbeidere vite hvem det var, andre ganger ble det aldri klart, og han kunne ikke nekte for at dette gjorde ham urolig og engstelig selv om han forsøkte å skyve det fra seg.

Jeg merket det. Jeg så det i hans øyne. Jeg glemte det ikke.

Kapittel XX

Willochs fall

Valgkampen i 1985 kom tidlig i gang. Dette året skulle det være nasjonale valg både i Sverige og Norge, noe som skjer bare hvert tolvte år. Statsminister Olof Palme og jeg, som var opposisjonsleder på vår side av kjølen, var sammen to dager på begge sider av grensen. Vi seilte på Iddefjorden, der Norge har et ansvar for å bekjempe forurensningene. Vi talte i Strømstad og Halden.

VG fulgte i kjølvannet og skrev: «Palme sovnet.» Og unektelig. Ved min side i Halden duppet han av, men strålende på talerstolen, det var han. Han sov heller ikke dypere enn at han holdt en rød rose i sin hånd.

Valgkampen på norsk side ble innledet med en tur til Storsteinnes i Balsfjord i Troms. Flott sommervær, fulle hus og god AP-stemning. Sogneprest Thorstein Lalim talte om «Gro-tid» både i Balsfjord menighet og i kirken i sin alminnelighet.

Jeg var fire dager på reise i Nord-Norge. Fra Bodø melder VGs medarbeider: «Gros valgturné forteller lite om hennes grep på den menige velger i øyeblikket, men den sier mye om et veltrimmet partiapparat.» «Under hele Nord Norge-turneen har hun hatt stappfulle hus, også midt på dagen. Men forsamlingen har i det vesentlige bestått av trofaste og lojale partiarbeidere som mer eller mindre er kommandert ut på post for å møte Gro og ta imot hennes budskap.»

Tenk om det var så enkelt at folk kunne utkommanderes rundt omkring på torg og streder, i møtesaler og på bedrifter! Jeg merket godt hvordan jeg ble mottatt, jeg kjente tidlig igjen stemningen fra 1983. En annen kommentar fra VG er denne: «Gro opptrer svært ofte mer som statsminister enn som opposisjonsleder, men det er jo også hennes mål. Gro har tro, og får hun sine tusener av medarbeidere til å tro like sterkt, kan mye endre seg på fire uker.»

Og slik gikk det. Det var mange reisedager, ikke bare i Nord-Norge, men også til Bergen og Trondheim. I Fyllingsdalen var det nesten ikke mulig å komme fram til scenen der jeg skulle holde valgtale. «Selv landsfader Einar Gerhardsen hadde neppe gjort det skarpere her enn Gro,» rapporterte VG. Denne lørdagen snakket jeg bl.a. om frihet: «I motsetning til Willochs frihet så er vår frihet et mål, ikke et virkemiddel. Vi vil utvikle velferdssamfunnet, ikke avvikle det.»

Økonomi og overbud

Høsten 1984 hadde regjeringen Willoch lagt fram et typisk valgbudsjett. De to mellompartiene i regjeringen hadde fått flere av sine saker igjennom. Det var rommeligere rammer for kommuneøkonomien enn i den strammere Høyre-regjeringens tid. Finansdepartementets folk må ha revet seg i håret under budsjettdrøftelsene. Resultatet var en mindre stram finanspolitikk fordi man både økte offentlige utgifter og svekket inntektssiden i budsjettet som følge av Høyres skatte- og avgiftsløfter. Virkningene for norsk økonomi var alvorlige. De bidro til den krisen Norge kom inn i 1985/86.

Det var på kort sikt et fornuftig taktisk grep. De var mer fornøyd i mellompartienes stortingsgrupper. Det ble en mer positiv stemning denne høsten omkring regjeringens linje. Valgresultatet i 1983 med en klar fremgang for Arbeiderpartiet hadde vært et varsko for de tre regjeringspartiene, som alle gikk tilbake.

I stortingsgruppa forberedet vi i 1984 og 85 et langt mer gjennomarbeidet og ambisiøst alternativt opplegg til regjeringens langtidsprogram og langtidsbudsjett enn det noe opposisjonsparti hadde lagt opp til før. Vi hadde dyktige folk til å hjelpe oss, både i og utenfor vårt eget sekretariat. Dette var et regjeringsprogram som vi skulle gå til valg på. Vi mente Willoch-regjeringens opplegg var altfor defensivt, og kalte det et opplegg for fortsatt reformpause og høy ledighet! Vi ville skape sterkere vekst i offentlige og private investeringer og i fellesforbruket enn regjeringen. Det ville gi større vekst og dermed økt sysselsetting. Vårt budsjett og program la opp til at veksten i Fastlands-Norges økonomi skulle opp i 3/4 prosent mer enn det regjeringen hadde lagt fram. Vår ambisjon var å bringe ledigheten ned på 1981-nivå. Da måtte 150 000 flere sikres arbeid – 70 000 flere enn det som lå i regjeringens opplegg. Vi satset på å styrke næringslivet gjennom en «næringslivspakke» til forskning og utvikling innenlands og til internasjonalisering. Vi skulle øke barnehageutbyggingen til 10 000 plasser i året, slik politikken var i slutten av 70-årene, og styrke eldreomsorgen og sykehjemsutbyggingen. Vi skulle senke pensjonsalderen til 66 år og gi rett til deltidspensjon fra 64 år.

På pressekonferansen da vårt alternative langtidsprogram ble lagt fram, svarte jeg at programmet ville være innfridd i løpet av fire år med mindre det skjer dramatiske endringer i hele samfunnsøkonomien. Gunnar Berge, vår finanspolitiske talsmann, avviste at Arbeiderpartiets program ville føre til sterkere prisstigning.

Det var en selvfølgelig og integrert del av Arbeiderpartiets program å satse på et nært samarbeid med fagbevegelsen for å bidra til å dempe en kostnadsutvikling og få til et forsvarlig inntektspolitisk samarbeid. Det er også dette samarbeidet som har vist seg helt nødvendig i den økonomiske krise som landet kom inn i vinteren og våren 1986. Uten en slik kombinasjon av reformpolitikk og oppretting av landets vanskelige økonomi, er det vanskelig å tenke seg at vi kunne oppnådd de resultatene som vi fikk tidlig i 90-årene og senere.

Valgløfter og velgergarantier

Forskeren Tor Bjørklund ved Institutt for samfunnsforskning skrev en interessant artikkel den 1. juni 1985, da partienes ulike forslag foran stortingsvalget allerede avtegnet seg. Artikkelen heter «Valgløfter og troverdighet». Våre programmer er allerede blitt møtt med karakteristikken «uansvarlig løftepolitikk». Resultatet vil bli prisstigning og inflasjon, ifølge regjeringspartiene. Bjørklund tar utgangspunkt i valgundersøkelser som viser at politikertilliten i Norge ikke er for nedadgående, i motsetning til det som er en internasjonal tendens. Han peker på at velgerpanelet som ved jevne mellomrom blir spurt, viser at velgerne har størst tillit til Arbeiderpartiet på de områdene som vårt program spesielt fokuserer – sysselsetting, helse og sosialsektoren. Og han sier: Greier derimot regjeringspartiene å gjøre garantien til et spørsmål om priser og inflasjon, spilles valgkampen over på et felt der regjeringspartiene nyter større tillit som problemløser enn Arbeiderpartiet.

Dette var i de tider. I dag har de gode resultatene vi har oppnådd i norsk økonomi, medført at Arbeiderpartiet har høyest tillit når det gjelder sysselsetting, konkurranseevne og inflasjon.

Partikontoret hadde laget en løpeseddel med overskriften «velgergaranti». Her var programmets hovedpunkter listet opp. Det punktet som i årene senere skulle medføre store vanskeligheter da den økonomiske krisen var et faktum, var punktet om høyere sysselsetting og lavere arbeidsledighet ned til 25 000–30 000. Da vi våren 1986 kom i regjeringsposisjon og arbeidsledigheten økte under den økonomiske krisen, valgte jeg å si om dette punktet: Det var ikke klokt å bruke ordet «velgergaranti» om konkrete tall for arbeidsledigheten. Slike løfter er det faktisk umulig for politiske partier å gi. Slike tall er for sterkt avhengig av internasjonal økonomi og internasjonale konjunkturer som intet parti kan viske vekk virkningene av.

Fire år tidligere var Høyre kommet med sine berømmelige skatteløfter på sju milliarder faste kroner, ifølge partiformannen Jo Benkow. Dette ble gjentatt helt til de siste dagene før valgdagen i 1981. Når troverdigheten og løftene skulle måles mot resultatene i 1985, hadde inflasjonen gjort de sju milliarder til 11–12 milliarder, mens de gjennomførte skattelettelser lå på tre milliarder.

Det å tallfeste politiske målsettinger av denne typen er det flere som har brent seg på. I de par siste årene ser det ut til at lærdommen igjen er gått i glemmeboken. Det burde ikke være nødvendig med de erfaringene dagens politikere har bak seg. Willoch trakk tilbake Høyres skatteløfter fire måneder etter valget i 1981. For å begrunne det nedjusterte regjeringen de beregnede oljeinntekter i fireårsperioden til et altfor lavt tall, seksti milliarder kroner, mens min regjering hadde beregnet det til 130 milliarder før vi gikk av høsten 1981. Tallet viste seg å bli 140 milliarder! Men Willochs nedjustering tjente det formål at Høyre kunne legge seg på et mer realistisk opplegg for sine altfor store skatteløfter. Ved fremleggelsen av vårt program i mai 1985 sørget jeg altså for å ta det nødvendige forbehold «med mindre det skjer dramatiske endringer i hele samfunnsøkonomien». Det gjorde jeg fire måneder før valget – ikke fire måneder etter.

Nå var Willoch på defensiven. Han må forsvare regjeringens politikk og resultater. I 1981 kunne han angripe, være sterkt kritisk til politikken og resultatene fra de ti årene siden Borten-regjeringens fall.

Willoch var ingen enkel motstander, skarp i replikken og med lang erfaring. Han var fullt ut i stand til å utnytte sitt overtak – tolv år eldre som han var, og mann – med en litt nedlatende, ironiserende tone og mine.

Jeg var nok lenge for mye opptatt av å prøve å vinne i kraft av de saklige argumentene for vår politikk. Jeg følte også at jeg måtte få fram at jeg hadde tilstrekkelig oversikt og kunnskap, også om økonomiske spørsmål, selv om jeg var kvinne, og selv om jeg hadde styrt et «mykt» departement i fem år.

Slik kan man som kvinne og som ung føle seg forpliktet til å vise at man holder mål og er på like fot, selv med en eldre mann. Det er klart jeg i disse aller første årene var for mye preget av de byrder likestillingskampen innebærer. Det er noe svært mange jenter har opplevd, i og utenfor politikken. Helst skal du være bedre skikket enn en mann – og helst skal du greie å «bevise» det også.

Fjernsynet var vanskeligst. Jeg ble engasjert, av og til oppriktig indignert – fordi jeg opplevde at Kåre Willoch var smart nok til å vri seg ut av hjørner på en måte jeg oppfattet som uredelig. Dumt nok var min irritasjon synlig. Fjernsynskameraene viser slikt, nesten i «forstørret» utgave. Du må være kontrollert og bevisst rolig. Mildere, vennligere og mer smilende når TV-kameraene går enn det som faller naturlig eller riktig i en debatt som folk opplever «live».

Den gangen var det ikke vanlig med medietrening. TV slo først igjennom som politisk hovedarena før valget i 1981. Men jeg lærte – ut fra de erfaringene jeg selv høstet – av å se på opptak av diskusjoner vi hadde på partikontoret og i partiledelsen, med nære medarbeidere også i gruppa og sekretariatet.

Men lett var det ikke. Jeg ville ikke unnlate å være meg selv heller. Jeg visste at styrke og svakhet kan være to sider av samme sak. Jeg merket på vanlige mennesker ute i landet at de lot seg engasjere fordi jeg var engasjert, fordi de så at jeg hadde noe på hjertet.

Ingen tvil om at øvelse må til, selv om jeg ikke vil gå så langt som å si at øvelse gjør mester.

Men nå var det vi som var på offensiven. Vi snakket om større likhet og rettferdighet, om styrket helse- og omsorgstilbud, om større vekt på offentlig sektor, om Olje-Norge og statens rolle. Og vi sa nei til skattelette for de rike.

Vi fikk 41prosent av stemmene. Dagbladet utropte meg og partiet som valgets vinner på sin førsteside dagen etter valget. Slik opplevde mange det.

Vant vi valget? Var 41 prosent – et resultat som skapte langt større avstand til det største borgerlige partiet, Høyre – å vinne valget? For det var da vel ikke Høyre som vant? Det partiet hadde jo tapt terreng i forhold til 1981.

Det var jo fordi vi kom så styrket ut av dette valget, og så desidert var det største politiske kraftsentrum, at Willoch og Co. kom på defensiven og valgte å kaste kortene åtte måneder etter valget.

Den nye Gro?

Den 7. oktober 1985 er jeg utpekt til månedens navn av Dagbladets lesere. «Fordi hun vant valgkampen og nesten valget, derfor har Dagbladets lesere kåret Gro Harlem Brundtland til månedens navn i september.» Avisen skriver at det i valgkampen var mye snakk om «den nye Gro». «Det nye besto i at hun hadde lagt igjen sin velkjente talleksersis hjemme. Hun snakket enklere og mere avslappet. Best var hun da hun kastet manus men likevel husket sitt budskap og fremfor alt – hun snakket om framtida og ga blaffen i sin tradisjonelle lekse om hvor godt hun og Odvar hadde styrt landet sist.»

«En uke etterpå brakte hun sin hovedmotstander Kåre Willoch til fortvilelse ved å ta en klar seier i fjernsynets åpningsduell. Like etterpå gikk alarmklokkene i Høyres Hus. Willoch må på banen. Gro er i ferd med å kjøre oss i grøfta utover landet.»

Dagbladet mener også å kunne konstatere at jeg ikke viser noen tretthetstegn, som sportsreporterne sier. Tvert imot. «Hun har en styrke som gjør henne i stand til å holde et knallhardt tempo i inn- og utland i årevis framover.» Artikkelen var fulgt av en rekke positive, ja, rent smigrende uttalelser fra leserne.

Var jeg ny? Nei – men jeg hadde fått mer erfaring, og dessuten opplevde jeg medvind også i denne valgkampen. Da sitter smilet lett, da blir man fastere og gladere i stemmen. Når man som leder føler man har et samlet parti bak seg, blir man også en bedre markedsfører av budskapet.

Vi var nok kommet til en korsvei da det å angripe meg – direkte eller indirekte – ved å utnytte at jeg var kvinne, ikke lenger virket, ikke lenger slo an. Dét hadde kostet mye i årene forut.

Regjeringen Willoch mot stupet

Situasjonen etter stortingsvalget 1985 var blitt en annen. Nå var det ikke bare mellompartienes følsomhet overfor sosialdemokratiets profil og utspill Willoch hadde å hanskes med. I tillegg var det Carl I. Hagen.

Hagen var en bevisst spiller og tøff aktør. Virkningen var at situasjonen for den borgerlige regjering ble klart vanskeligere. For nå ble ikke bare sosialdemokratiets alternativer en fristelse for mange i Senterpartiet og Kristelig Folkeparti, som stod nærmere oss i holdninger enn de gjorde Høyre. Hagen ble selve pesten – den de for enhver pris ville unngå å bli pådyttet.

Og det fantes jo ikke noe borgerlig alternativ uten Hagen. Det røk under selve valget, da H, KrF og SP ikke lenger hadde flertall. Willoch forsøkte forgjeves å oppheve tyngdekraften. Han sa og mente at regjeringen burde få nok støtte, både fra Frp og fra AP, til å kunne styre videre. Vi så det slik at skulle vi stemme for en annen politikk enn vår egen, så måtte vi iallfall ha reell innflytelse på innholdet. Slik var det da, og slik har det vært senere når vi har hatt mindretallsregjeringer, fram til i dag.

Jeg tror det som fikk Willoch til å spille for høyt, var at han la for stor vekt på følgende analyse: Det er et borgerlig flertall. Ergo er det grunnlag for en borgerlig politikk. Den, mente han, må være dominert av, eller iallfall sterkt preget av det største partiet, Høyre. Da må også Hagen være med og gjøre det mulig. Gjør han det ikke, så kan han stemples og avvises som populist og uansvarlig, ekstrem og uakseptabel, slik partnerne KrF og SP mente han var. Det må iallfall Arbeiderpartiet støtte opp om! Noe annet ville være uansvarlig – av oss. Fikk han det ikke som han ville, fikk det heller være. Han syntes nok det var vanskelig å bære staur, han som Borten.

Willoch mente verden burde se ut slik han ville. Han undervurderte tre forhold. Han undervurderte Arbeiderpartiet og vår vilje til å ta styring og ansvar når muligheten er der. Han undervurderte strømningene i sentrum, og det reelle problem at tyngdepunktet i Stortinget allerede i 1985 holdningsmessig lå i skjæringspunktet mellompartiene – Arbeiderpartiet. Høyre og Fremskrittspartiet var i klart «mindretall» i holdningen til sentrale politiske spørsmål. Det gjaldt både skattepolitikken og helsepolitikken, og ikke minst Høyres ambisjoner om privatisering. Det gjaldt statens rolle, de største statlige etatene og statsbanksystemet. Det gjaldt distriktspolitikken.

Og for det tredje undervurderte han Hagen og Fremskrittspartiet. Også de krevde reell innflytelse for å gi flertallsdekning for Willoch, men da mer i retning Høyre, og enda lenger fra sentrum i ønsker og holdninger.

Vi stod overfor en mindretallsregjering som red to hester. Den var blitt avhengig av Fremskrittspartiet, men valgte å lukke øynene for konsekvensene. Høyre i tro på at de til sist ville få støtte fra Hagen, Sentrumspartiene i frykt for det samme.

Willoch valgte å omgå problemene. Han fortsatte med en mindretallsregjering av tre partier i koalisjon uten at de hadde sikret sitt parlamentariske grunnlag. Vi gav aldri noe tilsagn om støtte til Willoch-regjeringens politikk. Det skulle da også bare mangle! Likevel opptrådte regjeringen som om den hadde grunn til å regne med at våre 71 stemmer skulle gjøre det mulig for dem å føre høyrepolitikk!

Strikken ble strukket til bristepunktet da julegrana anno 1985 var kommet opp i vandrehallen i Stortinget, og Hagen skrev under på en avtale med regjeringen rett før salderingen av statsbudsjettet. Jeg tror mange i mellompartiene bestemte seg da: En gang – men aldri mer! Vi vil ikke ha noe slikt samrøre med Hagen.

Willoch visste det var slik og satset derfor på å øve enda sterkere press på Arbeiderpartiet! Og underlig nok, i dette fikk han da det røynet på i månedsskiftet april-mai, støtte fra SV! Gang på gang i årene etterpå var dette hans store poeng og trøst: SV hadde forstått, SV hadde vist ansvar, selv SV mente at Willoch-regjeringens forslag til innstramningspakke var noe Arbeiderpartiet burde kunne godta. Her var beviset! Arbeiderpartiet var urimelig, Arbeiderpartiet var uansvarlig, Arbeiderpartiet bidro til at Hagen kunne få en unødig sterk posisjon i norsk politikk.

At SV først og fremst hadde sine egne partitaktiske interesser å ivareta, så han bort fra. Det gjorde dessverre også noen av våre egne.

Og så gjengangeren til Willoch: «Arbeiderpartiet stemte mot noe de var for.» Ja, i en økonomisk krise som landet da var kommet inn i, gikk vi ikke med på å være fødselshjelpere for en kurs som bygget på høyre-baserte løsninger. Dette dreide seg om noe langt mer enn høyere bensinpriser. Det dreide seg om selve innholdet i og retningen på den økonomiske kursen. Det dreide seg om fordelingen.

Høyt spill

17. januar oppsøker finansminister Presthus vår finanspolitiske hovedtalsmann, Gunnar Berge. Han beskrev landets økonomiske situasjon i dramatiske vendinger og varslet forslag om betydelige innstramninger. Nå var det helt åpenbart at valgbudsjettet høsten 1984 og politikken i 1985 hadde ført helt galt av sted. Bildet var at Norge hadde ført nedkonjunkturpolitikk i 1984 og 1985, stikk i strid med all god forvaltningsskikk. Enkelt sagt: Det ble brukt gasspedal da det var behov for bremsepedal. Gunnar var jo helt klar over det og sa at også vi selvsagt ville ta et ansvar for nødvendige tiltak, men for oss ville det være helt sentralt å legge vekt på fordelingsprofilen.

Det stod vi fast på utover våren. I sin bok *Statsminister* skriver Kåre Willoch: «Men Arbeiderpartiet sa også at det kunne støtte forslaget om høyere bensinavgift hvis regjeringspartiene ville støtte dets skatteforslag. Det visste Arbeiderpartiet utmerket godt at regjeringspartiene ikke kunne gå med på.» Nei vel, ja.

Det var økonomisk krise. Det var rimelig at de med høyere inntekter tok den største byrden. Det ville ikke Willoch være med på, men mente vi måtte akseptere hans syn, som representerte et parti med bare halvparten så mange bak seg som Arbeiderpartiet!

Den 28. april, da det så ut til å kunne bli krise, hadde Willoch bedt meg om et møte med ham, finansministeren og de tre borgerlige parlamentariske lederne.

Der la regjeringen fram sine reaksjoner på en rekke punkter som vi hadde reist for eventuelt å kunne medvirke til en bredt forankret budsjettløsning.

Jeg husker hvordan Willoch punkt for punkt argumenterte imot – og så avviste våre forslag, helt ned til siste punktet, en økning av satsen for gevinstbeskatning ved salg av aksjer fra 30 til 40 prosent, som man var villig til å akseptere. Jeg opplevde der og da hvordan Willoch hadde valgt en skremmende ovenfra-og-ned-holdning til det desidert største partiet i Stortinget.

Vi hadde all grunn til å tro at andre i regjeringen, ikke minst mellompartiene, ville vært villige til å strekke seg betydelig lenger. Faktisk tror jeg at også finansminister Rolf Presthus så det slik. Men Willoch bestemte, han satte seg på sin høye hest og prøvde å tvinge Arbeiderpartiet i kne. I dette fikk han SV med som nyttig idiot.

Jeg sa straks fra om at jeg mente dette var et svært dårlig svar, at vi hadde regnet med en større vilje fra regjeringens side Men dette ville jeg drøfte først med vår finansfraksjon og gruppestyret. Det var en viktig beslutning som skulle tas. Den skulle forankres skikkelig i Arbeiderpartiets stortingsgruppe.

Willoch spilte høyt. Svært høyt. Ønsket han egentlig en løsning? For naiv var han jo ikke.

Beslutningen

I møtene som fulgte, var frustrasjonen blant våre stor. Vår finansfraksjon og de fleste i vårt gruppestyre syntes forslaget fra regjeringen var totalt uspiselig. Det burde prompte avvises.

Gunnar Berge var den mest sindige, den som fortsatt veiet for og imot. Han og jeg så jo godt at landet – og dermed regjeringen, uansett hvilken – ville møte store problemer fremover. Det var selvfølgelig ingen idealsituasjon for en eventuell ny regjering av Arbeiderpartiet å skulle starte i en slik åpenbar motbakke. Med alle odds imot, med et borgerlig flertall, selv om det var splittet. Vi ville stå overfor en tidligere regjeringskoalisjon som måtte gi opp – og som hadde lyst på revansj.

Det ble dertil umiddelbart kjent i hele stortingsmiljøet hva statsminister Willoch smilende fortalte pressen: Innrømmelsen om gevinstbeskatning var jo et forslag som bare ville gjelde for 1986! Derfor hadde han heller ikke hatt vanskeligheter med å gå inn for det. Det var avslørende. Det blottla Willochs arroganse. Det ble tungen på vektskålen for mange av våre. Grensen var nådd.

Arbeiderpartiets fraksjon i finanskomiteen var den som skulle gi sin innstilling til vårt gruppestyre og gruppemøte. Overfor gruppestyret kom de med en klar holdning. Vi må si nei og kan ikke gi vår tilslutning til en innstramningspakke med en så dårlig sosial profil! Vårt viktigste forslag var å øke bruttoskatten på høyere inntekter. I gruppestyret var meningene noe mer delte, men det var tydelig at et stort flertall støttet finansfraksjonens holdning. Reiulf Steen og Einar Førde var veldig i tvil om den var det mest fornuftige.

Jeg visste at det nå var viktig at vi fikk en grundig drøftelse i stortingsgruppa. Det måtte ikke være noen tvil om hvor den stod i en så avgjørende valgsituasjon.

Selv var jeg klar over at man kunne argumentere for å gi regjeringen enda en sjanse, slik enkelte av styremedlemmene ønsket. Svakheten var at det så tydelig var demonstrert at regjeringen ingen vilje hadde til å komme oss i møte. Det ville ikke bli lett å begrunne utad det lønnlige håp at denne situasjonen skulle bli bedre en måned senere!

I gruppemøtet ble det holdt hele 33 innlegg. Vi lot gruppa få den tiden den følte behov for. Det i seg selv ble søkt latterliggjort av Willoch og av borgerlige presse. Det var sju representanter som sa seg uenig med finansfraksjonen, eller som uttrykte tvil. Av dem var Knut Frydenlund førstemann ut. Hans poeng var at vi burde utsette saken til revidert nasjonalbudsjett. Oddrunn Pettersen fulgte opp. Hun mente vi burde godta pakken. Vi har fått noe igjen, sa hun. Det samme sa Karl Eirik Schjødt-Pedersen, og la til: «Det er uheldig å komme i en regjeringssituasjon nå. Saken bør avventes.»

Reiulf Steen mente det var et dårlig tidspunkt for krise og en dårlig sak. Pakken er liten og har egentlig ingen stor betydning for fordelingspolitikken. Etter Reiulf kom Hallvard Bakke. Han påpekte straks at Reiulf argumenterte mot det opplegget gruppa selv hadde lagt helt fra starten av, nemlig at fordelingspolitikken ville være det avgjørende for våre holdninger.

Kirsti Kolle Grøndahl mente vi burde godta kompromisset, og at siste frist for regjeringen er neste gang. Oddvar Majala fra Finnmark fulgte opp. Også Liv Aasen var skeptisk og mente at konfrontasjonen kunne skade oss på sikt.

Jens Stoltenberg, som var leder i AUF, mente vi hadde fått for lite.

Folk forstår realiteter og ikke symboler. Det blir ikke bedre av å skifte regjering senere.

Jørgen Kosmo sa at vi ikke må tape ansikt nå, men følge opp de forventninger vårt eget utspill har skapt. Grete Knudsen og Johan Nyland sa: «Stå løpet ut, stå på.» Inger-Lise Gjørv mente det var sterke momenter i begge retninger, men at vi måtte forkaste opplegget. Roger Gudmundset sa at regjeringen har selv lagt løpet, og Arbeiderpartiet må ta ansvar.

Thorbjørn Berntsen var helt klar: «Utsettelsesforslag vil ikke få gehør, vi er best skikket til å lede dette landet, og vi lar oss ikke presse av Kåre Willoch! Ranveig Frøiland mente løpet ble bestemt forrige onsdag da vi kom med vårt utspill overfor regjeringen. Det må ikke herske tvil om at vi er villig til å ta ansvar.»

Kjell Opseth, Kjell Helland, Arve Berg, Kjell Borgen, Solveig Torsvik, Haakon Blankenborg – alle sa de: Stå løpet ut. Vi må ta ansvar. Vi må holde fordelingsfanen høyt.

Einar Førde holdt et innlegg som ikke var helt klart for eller imot, men som uttrykte skepsis til finansfraksjonens innlegg, slik han hadde gjort det i gruppestyret. I gruppemøtet sa han at han reagerte på formen og vendingen i debatten, at vi ikke må stå på tut-og-kjør-linja, men burde dempe ned vår entusiasme for skifte.

Mer enn halve gruppa hadde hatt ordet, og det var bare én av fem som ikke støttet finansfraksjonen!

Hovedargumentene var at vi ikke hadde fått nok, at vi måtte stå på og ikke svikte, at vi må ta fra dem som har mye, og at vi ikke må glemme stemningen ute.

Jeg holdt selv det siste innlegget i dette gruppemøtet. Her er noen av momentene jeg la vekt på: Nå må Arbeiderpartiet overta, sier folk ute. Det er en form for opparbeidet frustrasjon hos velgerne siden valget i fjor høst. Folk sier at nå er det nok. Det løpet vi har diskutert nå, ble lagt på et tidlig tidspunkt. Dette dreier seg om hele fordelingspolitikken. Derfor er det bare én ting å gjøre: Avvise pakken.

Det er ingen rimelighet i å påstå at vi feller regjeringen. Den faller for eget grep og har kjørt en arrogant linje. Det er ikke automatisk slik at AP danner regjering, for det er fortsatt borgerlig flertall! Vi har prøvd det vi kunne uten å nå fram. Det er det borgerlige flertallets ansvar å rydde opp i situasjonen.

Kåre Willoch bør vite at vi hele tiden har ment alvor. Vi styrter ikke regjeringen på bensinavgiften, slik han hevder. Den søker sin egen død fordi den vil ha en annen fordelingspolitikk enn vi vil. Vi har ikke fått noe på våre vesentlige punkter. Vi kan ikke la oss presse i enhver situasjon. Vi kan selge oss for billig.

Kåre Willoch ser ut til å tro at han kan regne med oss til enhver tid. Men la oss ikke glemme at den parlamentariske situasjonen ikke forandres med mindre et av de borgerlige partiene hopper av.

Dette siste sier jeg for å understreke at vi er i en situasjon med et borgerlig flertall, at det er dette vi har lagt til grunn siden valget i september 1985. Likevel kan det ikke bety at Arbeiderpartiet skal la seg lede i sin politikk og sine holdninger av andre partier og aller minst av Høyre. Mellompartiene stod oss jo mye nærmere.

Vinteren og våren 1986 hadde regjeringen bevisst styrt inn i en situasjon der opplegget var å tvinge Arbeiderpartiet inn i rollen som støtteparti for Willoch. Det var en så urealistisk forutsetning at det var det samme som med åpne øyne å søke sin død.

Willoch gjorde alt han kunne i 1986, og han har gjort det i alle år siden, for å gi andre ansvaret. Men Arne Rettedal sa allerede sommeren 1986 det som var sannheten: «Det var ingen som tvang Willoch-regjeringen ut. Den la opp løpet selv og valgte å gå istedet for å stå løpet ut og selv ta ansvar for oppryddingen i økonomien.»

Men Willoch hadde enda større ambisjoner enn dette. Han forsøkte å legge opp til at de tre partiene som satt i regjeringen sammen, skulle opptre som en koalisjon også dersom de kom i opposisjon. Dette fikk noen underlige utslag etter hvert som krisen nærmet seg.

Mellomspill med Kongen – og avklaring

Willoch-regjeringen hadde møte med de parlamentariske lederne for de tre regjeringspartiene før regjeringskonferansen mandag 28. april. Der drøftet de hvor langt de ville strekke seg for å kunne oppnå flertall. Det var ikke langt, som vi har sett. Statsministeren fikk også tilslutning til at han skulle gjøre det klart at han ville innlevere regjeringens avskjedssøknad hvis det ikke ble støtte til regjeringens innstramningspakke. Men Willoch hadde mer på sin dagsorden. Hvis regjeringen skulle søke avskjed, ville statsministeren ha en beslutning om at han skulle henvise Hans Majestet til Arbeiderpartiets leder, Gro Harlem Brundtland!

Allerede samme kveld oppsøkte Willoch meg i Stortinget og informerte meg om dette. Jeg gav ingen reaksjoner, bare registrerte hva han sa. Men stusset, det gjorde jeg. Han ønsket på denne måten å holde fast på de to andre partiene. Han ville åpenbart gjøre dem medansvarlige for at ingen annen borgerlig regjering kunne bli utgangen av en eventuell krise. Dette ville jeg ikke medvirke til, og jeg opplevde det som underlig at Willoch skulle involvere meg i disse interne strategiske overlegninger.

I stortingsmiljøet var det dem i mellompartiene som var lei av den høyrestyrte koalisjonen. De følte seg mer som gisler enn som medarbeidere.

Jeg hadde helt siden 1981 holdt fast på den analyse at det fantes flere enn to regjeringsalternativer. Det var ingen selvfølge at Høyre måtte være med, alene eller sammen med de andre borgerlige partier. Det kunne jo også tenkes et borgerlig samarbeid bak en mellompartiregjering, med Høyre som støtte.

Jeg ville ikke la meg bruke i Høyres spill.

Den annen mai, den dagen Kongen var tilbake fra et besøk i Sverige, ringte Kåre Willoch hjem til meg om morgenen – og bad meg om et møte på sitt kontor klokka 10.00. Jeg sa jeg ville ringe ham tilbake fra kontoret litt senere. Det han ville snakke om, var den forestående samtalen han skulle ha med Kongen. Nå ville han tydeligvis gi inntrykk av at hans råd var noe også jeg var innforstått med. Det ville jeg ikke bli blandet inn i. Jeg måtte stå på egne ben i en eventuell fremtidig samtale med Hans Majestet.

På kontoret bad jeg Svein Roald Hansen komme inn og fortalte ham om det inntrufne. Vi satte opp et kort notat om det som hadde hendt. Jeg opplevde situasjonen slik at regjeringen forsøkte å diktere stortingsgruppenes holdning til situasjonen også etter regjeringens avgang. Dette var skjedd i et forum hvor slike beslutninger ikke hører hjemme. Det er jo stortingsgruppene til de tre partier som er rette vedkommende etter at en regjering er gått av. Til slutt i notatet står det: «Mange mellompartirepresentanter gir da også uttrykk for at de tre partier dannet en koalisjonsregjering, men at det slett ikke var noen koalisjonsopposisjon.»

Jeg ringte til Kåre Willoch og spurte om han ikke kunne ta det på telefonen, dersom han hadde mer å tilføye vår forrige samtale. Det hadde han ikke.

Da jeg ble kalt til Kongen klokka 12.00 denne dagen, var både kong Olav og kronprins Harald til stede. Kong Olav gikk rett på sak. «Jeg vil be Dem om å danne regjering.» Jeg var jo forberedt på å få et slikt spørsmål. Jeg hadde tenkt igjennom hvilke tanker jeg nå måtte dele med Kongen. Derfor bad jeg om å få gi en vurdering av situasjonen før jeg besvarte spørsmålet.

– Den parlamentariske situasjonen har vært og vil være vanskelig hele denne stortingsperioden.

– Den borgerlige mindretallsregjeringen har regjert inntil nå uten en skikkelig klargjøring av sitt parlamentariske grunnlag. Dette er bakgrunnen for den krise som nå er oppstått.

– Grunnlaget for å danne en regjering som har flertall bak seg i Stortinget, burde ha vært avklart i forbindelse med den nye stortingssesjonen etter valget. Når dette ikke skjedde da, må denne avklaringen i hvert fall skje nå.

– I forbindelse med den oppståtte regjeringskrise, bør man nå få en best mulig avklaring av de parlamentariske forhold før det dannes noen ny regjering. Da kan man ikke overse de to representantene fra Fremskrittspartiet, og hvilken holdning de vil innta, hvis de blir bedt om å avklare mulighetene for en eventuell støtterolle for en borgerlig regjering.

– Derfor vil det være behov for å belyse disse forhold i kontakt med samtlige parlamentariske ledere og ikke bare med de tre koalisjonspartienes parlamentariske ledere.

– Når det gjelder det politiske innholdet i denne krisen, dreier det seg om uenighet i fordelingspolitikken. Dette er en så viktig dimensjon i norsk politikk at det også fremover i en tid hvor det må foretas sterke innstramninger, kan få stor betydning for styringsdyktigheten i nasjonalforsamlingen. Det understreker enda sterkere behovet for å komme fram til en avklaring om en regjering som kan bygge på et mulig flertall.

Det var disse momentene jeg gikk gjennom med Kongen. Intuitivt følte jeg at det var viktig å løsne litt på båndene som Høyre la på mellompartiene, og at det kunne bli mest mulig tydeliggjort at de to var sterkt mot Fremskrittspartiet, men at de i mange andre saker stod mellom Høyre og Arbeiderpartiet. Frigjort fra en koalisjon kunne de derfor opptre i samsvar med sin egen politiske profil og i viktige saker gi støtte til Arbeiderpartiet.

Det var også slike politiske perspektiver jeg hadde i bakhodet. Kongen lyttet og stilte så spørsmålet: «Hva vil De si hvis jeg bad Dem danne regjering?» Jeg sa da at et slikt spørsmål ville være vanskelig å besvare nettopp ut fra de forhold jeg hadde redegjort for, og at det ville sette meg i et dilemma. Jeg ville unngå å si nei til Kongen, men samtidig unngå å besvare et spørsmål i strid med min egen overbevisning. Kongen trakk da den konklusjon at han ville henvende seg til Stortingets president og visepresident.

Da jeg var tilbake i Stortinget, gikk jeg til Stortingspresidentens kontor og fortalte Jo Benkow at han kunne regne med at Kongen snart ville innkalle ham.

Jeg informerte Hanna Kvanmo om situasjonen og samtalene så langt. Så informerte jeg Reiulf Steen som reiste til Slottet sammen med Jo Benkow. De to gjennomførte samtalene med alle de parlamentariske lederne og informerte Kongen om utfallet klokka 17.00. Deretter ble jeg igjen kalt til Slottet, og Kongen bad meg om å danne ny regjering. Denne gangen ble det en kort samtale. Jeg gikk til oppgaven.

Noen refleksjoner til slutt. Statsminister Kåre Willoch gav Kongen et råd slik det er vanlig praksis ved et forestående regjeringsskifte. Rådet i seg selv var det ikke noe å si på. Han henviste Kongen til Stortingets største parti. At Kongen valgte å følge rådet, var også naturlig. Kong Olav hadde dessuten opplevd den spesielle situasjonen som oppstod etter regjeringen Bortens fall femten år tidligere. Da var resultatet av en runde med sonderinger i Stortinget et mellomspill der Kjell Bondevik fikk i oppdrag å danne regjering, men ikke oppnådde nok støtte i Stortinget.

Situasjonen i 1986 var en annen. Jeg opplevde sterkt behovet for en best mulig forankring i Stortinget etter den krisen som nå var oppstått til tross for at det var borgerlig flertall. Vi stod overfor en økonomisk krise. Det ville bli svært tunge tak. Alle partier måtte ha et medansvar for å peke ut det regjeringsalternativ man mente var det mest styringsdyktige.

Skiftet

Det ble regjeringsskifte. Det utløste lettelse og entusiasme i brede kretser og en surmulende, fornærmet holdning, ikke minst fra den avgåtte statsministerens side. Han hadde hatt et valg. Vi gav ham en utstrakt hånd, men han tok den ikke. Hans stil, med å forsøke å presse og true andre inn på sitt resonnement og sin kurs, hadde sviktet ham. Vi hadde opplevd en serie episoder i de foregående årene, med åpne eller indirekte kabinettsspørsmål – mot egne regjeringspartier eller mot hele Stortinget.

Jeg hadde dannet meg den helt klare oppfatning: Man styrer ikke et demokratisk Norge – og slett ikke under en parlamentarisk situasjon som den vi har hatt i 1980- og 90-årene – gjennom å true seg fram *mot* det reelle flertallet i den politiske hovedkursen. Enten var jo den aktuelle saken så liten at det både var urimelig og udemokratisk å true med å sette regjeringens stilling inn, eller den var så stor og hadde en slik politisk tyngde at det bare ville være en kortsiktig seier om man skulle lykkes med en slik fremgangsmåte.

Jeg var blitt helt overbevist om dette: De store linjene må trekkes og den viktigste politiske profileringen sikres med et reelt flertall i Stortinget i ryggen.

Det var med denne grunnholdningen Arbeiderpartiets nye regjeringsteam gikk til oppgavene i mai 1986.

Register

Tall i *kursiv* viser til bildesider. I de tilfeller det står slektstilhørighet, gjelder det forfatteren.